REVUE
D'HISTOIRE
LITTÉRAIRE
DU QUÉBEC
ET DU
CANADA
FRANÇAIS

Collection « Histoire littéraire du Québec et du Canada français »

Directeur : René Dionne

Comité de rédaction :

René Dionne (Université d'Ottawa)
Richard Giguère (Université de Sherbrooke)
David M. Hayne (University of Toronto)
Renée Legris (Université du Québec à Montréal)
Laurent Mailhot (Université de Montréal)
Marguerite Maillet (Université de Moncton)
Clément Moisan (Université Laval)

La **Revue d'histoire littéraire du Québec et du Canada français** (*RHLQCF*) est un périodique qui se présente sous la forme d'une collection d'ouvrage étudiant divers aspects de la littérature du Québec et du Canada français.

Cette revue doit sa création au Comité de recherche francophone de l'Association des littératures canadiennes et québécoise (1976-1979), grâce à l'aide du Conseil des arts du Canada et du Conseil de recherches en sciences humaines du Canada. La revue s'adresse aux chercheurs, aux professeurs, aux étudiants, aux bibliothécaires, à tous ceux qui œuvrent dans le domaine littéraire du Québec et du Canada français ou, simplement, s'intéressent au progrès de nos littératures.

Numéros déjà parus

aux Éditions Bellarmin, Montréal

n° 1 (1979) : *Situation de l'édition et de la recherche* (267 p.) (épuisé)
n° 2 (1980-1981) : *Aspects et problèmes* (311 p.)
n° 3 (hiver-printemps 1982) : *La Littérature régionale* (273 p.)
n° 4 (été-automne 1982) : *L'Édition critique* (248 p.)

N.B. La matière du n° 1 a paru d'abord dans la Revue de l'Université d'Ottawa, vol. 49, n°s 1-2, janvier et avril 1979.

aux Éditions de l'Université d'Ottawa

n° 5 (hiver-printemps 1983) : *Le Théâtre* (289 p.)
n° 6 (été-automne 1983) : *Revues littéraires du Québec* (246 p.)
n° 7 (hiver-printemps 1984) : *F.-X. Garneau / Hubert Aquin* (234 p.)
n° 8 (été-automne 1984) : *Alain Grandbois* (252 p.)
n° 9 (hiver-printemps 1985) : *La Littérature personnelle* (178 p.)

Rédaction : René Dionne, département des lettres françaises, Université d'Ottawa, OTTAWA (Ontario), K1N 6N5

Administration : Éditions de l'Université d'Ottawa, 603, rue Cumberland, OTTAWA (Ontario), K1N 6N5

La maquette de la couverture est de Gilles Robert et associés.

REVUE
D'HISTOIRE
LITTÉRAIRE
DU QUÉBEC
ET DU
CANADA
FRANÇAIS

10

Éditer
Hubert Aquin

été-automne 1985

La *Revue d'histoire littéraire du Québec et du Canada français* est publiée avec l'aide financière du Conseil de recherches en sciences humaines du Canada.

Dépôt légal :   4e trimestre 1985, Bibliothèque nationale du Québec, Bibliothèque nationale du Canada

Imprimé au Canada / Printed in Canada

TABLE DES MATIÈRES

5. THÈSES

6. BIBLIOGRAPHIE DE LA CRITIQUE

7. RENSEIGNEMENTS DIVERS

NOTE PRÉLIMINAIRE

Le présent numéro de la RHLQCF *souligne le vingtième anniversaire de parution de l'un des meilleurs romans québécois des années 60 :* Prochain Épisode *d'Hubert Aquin, publié pour la première fois en octobre 1965. Les sections 1 (Études), 2 (Notes) et 3 (Documents) ont été préparées par le groupe de l'EDAQ (Édition critique de l'œuvre d'Hubert Aquin) sous la direction de Jacques Allard. Le comité de rédaction de la* RHLQCF *les remercie de leur collaboration. On nous permettra de rappeler que dans le numéro 7 de la* RHLQCF *(hiver-printemps 1984), Jacinthe Martel a fait l'histoire de l'EDAQ (pp. 231-234) et publié une importante « Bibliographie analytique d'Hubert Aquin, 1947-1982 » (pp. 79-229).*

On trouvera également, dans le présent numéro, le compte rendu de trois livres (section 4), la présentation de deux thèses (section 5), la bibliographie de la critique de la littérature québécoise et canadienne-française dans les revues canadiennes de l'année 1983 (section 6) et un état des travaux du « Corpus d'éditions critiques *» (section 7).*

Le prochain numéro (hiver-printemps 1986) aura pour titre Littérature et cinéma québécois. *Sont en préparation des numéros sur Louis Fréchette et sur la littérature francophone aux frontières du Québec.*

RENÉ DIONNE
Département des lettres françaises
Université d'Ottawa

1. ÉTUDES

JACQUES ALLARD

POUR UNE RELECTURE
D'HUBERT AQUIN

L'une des caractéristiques les plus importantes de la recherche récente en littérature québécoise se trouve du côté de l'histoire littéraire. Depuis une dizaine d'années des chercheurs et enseignants de tous horizons théoriques se sont joints à un vaste mouvement de reconnaissance, d'enquêtes et d'études portant aussi bien sur des auteurs, des époques, voire sur le corpus entier. Diverses entreprises témoignent, chacune à sa manière, de cet effort contemporain d'une mise en perspective systématique d'un territoire textuel qui, pour être limité, n'en restait pas moins à éclairer sinon à ressaisir dans son déploiement historique. C'est à cette tâche que se sont vouées les équipes du *Dictionnaire des œuvres littéraires du Québec* et du « Corpus d'éditions critiques » (qui vont de Jacques Cartier à Grandbois), pour ne prendre que ces deux exemples. La *Revue d'histoire littéraire du Québec et du Canada français*, qui ouvre à nouveau ses pages à l'EDAQ (Édition critique de l'œuvre d'Hubert Aquin), en est un autre, très éloquent.

Les textes que notre équipe propose à votre lecture n'ont, dans le contexte évoqué plus haut, qu'une modeste ambition : faire connaître certains aspects du travail en cours avec les problèmes particuliers que nous avons à résoudre dans l'édition scientifique d'un texte contemporain. En guise d'introduction, on trouvera dans ces lignes préliminaires un rappel des conditions d'émergence de notre programme d'édition et de publication, de même que quelques indications générales sur l'ensemble du travail en cours.

En 1980, soit trois ans après la mort d'Aquin, un groupe s'est constitué en réponse à l'offre de Mme Andrée Yanacopoulo, qui rendait alors disponible le fonds laissé par l'auteur. Devant l'incomparable richesse de cette documentation héritée d'un écrivain déjà consacré par l'institution littéraire et scolaire, nous avons décidé que seul un projet dûment formé d'édition critique permettrait non seulement de diffuser des textes sûrs (tout en garantissant la conservation et la gestion de l'ensemble documentaire), mais aussi de restituer à l'œuvre son profil entier, véritable, et de contribuer même à la connaissance du Québec littéraire contemporain. L'enthousiasme rencontré chez la plupart des chercheurs dans ce domaine, dont beaucoup (une vingtaine) offrirent leur collaboration immédiate, confirma l'équipe originelle dans sa volonté éditoriale.

L'année suivante, l'Université du Québec à Montréal et l'Université de Montréal endossaient le projet conçu par Bernard Beugnot et l'auteur de ces lignes, et accordaient des subventions de 9 000 $ en 1981 et en 1982 rendant ainsi possible le démarrage. Depuis lors, le Conseil de recherches en sciences humaines du Canada a pris le relais, avec des subventions plus importantes (16 782 $, 54 819 $ et 77 996 $ en 1983, 1984 et 1985). Ces supports financiers auront permis l'installation et la constitution d'un centre de travail et de documentation de même que la formation d'assistant(e)s, l'achat d'un micro-ordinateur, etc. De leur côté, les chercheurs-éditeurs ont assuré (sans détachement) leur expertise propre.

C'est dans ces conditions que furent produits depuis quelques années les instruments de travail fondamentaux : une bibliographie analytique de l'œuvre et de la critique par Jacinthe Martel (qui en présente plus loin une mise à jour 1983-1984); une biochronologie, décrite par Chantal de Grandpré dans l'une des études qui suivent; un protocole d'édition par Bernard Beugnot (voir, ci-après, « Éditer Hubert Aquin »); une édition technique (qui ne sera pas publiée) de la correspondance; divers protocoles (déontologiques, gestionnaires, etc.). Et, avant tout cela, un travail ininterrompu de cueillette et d'archivage d'une trentaine de fonds qui ont été mis à notre disposition (Andrée Yanacopoulo en rend compte plus loin).

Tous ces travaux préliminaires à celui de l'édition proprement dite autorisent maintenant une vue nouvelle de l'œuvre aquinienne et de sa critique. L'œuvre se présente actuellement ainsi : huit romans (dont trois inconnus ou inédits : *Tétanos le téméraire* — roman feuilleton —, *l'Invention de la mort* et *Couple numéro un*, le premier et le dernier écrits en collaboration). À ces romans s'ajoutent huit projets. Viennent aussi 22 nouvelles (plus un projet); 35 dramatiques (radio-télévision), dont quatre sont restées à l'état de projet; 12 films (et trois projets); 158 essais; 25 conférences; 56 interventions diverses (entrevues, débats, etc.); 25 réalisations (radio-télévision) diverses. À quoi il faut ajouter 22 dossiers de notes de cours et de lectures (1 049 feuillets) et les écrits intimes : le journal et la correspondance (2 000 lettres). Notre centre dispose de la plus grande partie (quelque quatre-vingts pour cent) des manuscrits et/ou dactylogrammes (approximativement 8 000 pages signées Aquin) en photocopie, les originaux étant aux Archives de l'UQAM. Font toujours défaut : le manuscrit de *Prochain Épisode*; les cinégrammes (ou vidéos) et les bandes radiophoniques (demandées à Radio-Canada). Quant aux films, ils sont tous disponibles, sur demande, à l'Office national du film.

En ce qui concerne, d'autre part, les études consacrées à l'auteur, le centre EDAQ a pu en recueillir jusqu'à maintenant quelque 1 100 (originaux et photocopies) : livres, thèses, mémoires, articles parus jusqu'en 1984 au Canada et à l'étranger. On y trouve aussi quelque 1 500 entrées bibliographiques et 3 000 fiches principales établies à partir de toutes sortes de sources. Quant à la vie de l'auteur, nous disposons maintenant, après un an et demi de travail assidu par Chantal de Granpré et Guylaine Massoutre (depuis février dernier), de 4 000 fiches faisant état sous diverses rubriques du vécu aquinien.

On constatera ainsi à quel point notre principale source (le fonds Aquin-Yanacopoulo) s'est enrichie en quelques années grâce à la collaboration de beaucoup d'institutions et aux dons et témoignages d'un nombre considérable d'amis et de connaissances d'Aquin. L'adoption d'un code déontologique régissant la cueillette, le dépouillement et la gestion des fonds recueillis garantit les droits de quiconque s'est trouvé associé de quelque manière à la vie ou à l'œuvre de l'auteur.

Au moment où ces lignes sont écrites (mai 1985), notre comité éditorial a, comme prévu, commencé l'examen des premiers travaux d'édition. Le Comité réunit, outre les membres de la direction (J. Allard, B. Beugnot et R. Lapierre), Mmes Brenda Dunn-Lardeau, Guylaine Massoutre, Jacinthe Martel et MM. Paul d'Hollander et Vincent Nadeau. Au rythme où se font les travaux, nous pensons pouvoir respecter le plan de publication établi l'an dernier. En voici un rappel, en terminant.

Ce plan prévoit publier l'essentiel de l'œuvre aquinienne d'ici 1992. D'ici 1988 devraient paraître cinq des quinze tomes (d'environ 300 pages chacun) : le 1er, consacré aux récits et nouvelles (préparé par Gilles Cossette, qu'on lira plus loin sur le même sujet; le IIe, regroupant *les Rédempteurs* (par Claudine Potvin) et *l'Invention de la mort* (par Nicole Bédard); le IVe, *Trou de mémoire* (par Janet Paterson et Marilyn Randall); le Ve, *l'Antiphonaire* (par Gilles Thérien et Bertrand Gervais); et le XIe, premier des quatre tomes des œuvres médiatiques (par une équipe : François Baby, Renald Bérubé, Paul-André Bourque, Vincent Nadeau, Jacques La Mothe, Renée Legris, André Vanasse) (voir plus bas la réflexion de V. Nadeau sur le problème du texte de base de l'œuvre médiatique).

Viendront ensuite, de 1988 à 1992, le IIIe, *Prochain Épisode* (par Paul d'Hollander et ses collaborateurs); le VIe, *Point de fuite* (par Réjean Beaudoin); les VIIe et VIIIe, consacrés aux deux « versions » de *Neige noire* (par Pierre-Yves Mocquais); les IXe et Xe, consacrés aux essais (par Jacques Allard et d'autres); les dernières œuvres médiatiques, dans les tomes XII, XIII et XIV, comprenant le journal intime et une partie de la correspondance (par Bernard Beugnot). On le voit, ce plan ne prévoit pas la publication des notes de cours et de lectures (ou de la totalité des écrits intimes). Ces documents seront évidemment utilisés pour les éditions retenues.

Toute notre équipe souhaite que ces publications contribuent à une véritable relecture de l'œuvre aquinienne et à une prise de conscience de la place qu'elle occupe dans l'expression québécoise contemporaine. La proposition de René Lapierre (voir sa contribution qui clôt notre ensemble d'études) sera alors confirmée : on sera passé du sociotexte à son aventure esthétique propre.

JACQUES ALLARD
Département d'études littéraires
Université du Québec à Montréal

(8 mai 1985)

JACINTHE MARTEL

OÙ EN SONT NOS CONNAISSANCES SUR HUBERT AQUIN ?

Première tentative de ce genre à notre connaissance, ce bilan de notre savoir actuel sur Hubert Aquin nous conduira à recenser les travaux bibliographiques et biographiques déjà effectués, puis à tenter l'inventaire d'une œuvre dont on ne soupçonne guère, au delà des romans publiés, la variété et l'importance. Le but de cette étude est donc double : circonscrire exactement l'étendue de l'œuvre d'Aquin et indiquer les principales études dont cet écrivain et son œuvre ont fait l'objet jusqu'en 1982.

I — Bibliographies

Peu nombreuses et le plus souvent fort incomplètes, les bibliographies consacrées à Hubert Aquin ne recensent qu'une partie des textes mêmes de l'auteur; lorsqu'elles signalent aussi la production critique, elles ne retiennent souvent qu'une sélection d'articles et d'essais.

Parmi ces répertoires, qui peuvent être utiles bien qu'ils soient incomplets, signalons les bibliographies des thèses de Christiane Houde-Berthiaume (1976, JM-676)[1] et de Léon-Gérald Ferland (1974, JM-872). Dans la première, la recension des œuvres d'Aquin compte 75 entrées suivies d'un court résumé et d'un extrait du texte recensé. L'auteur signale aussi 139 articles portant sur l'auteur et l'œuvre, publiés entre 1965 et 1972. La deuxième bibliographie, très élaborée, recense 130 titres et une centaine d'ouvrages, articles et thèses consacrés à *Prochain Épisode*.

---

1. Pour tous les renvois, sauf exception, le nom de l'auteur d'une étude ou son titre sera suivi, dans l'ordre, de l'année de publication, ou de rédaction dans le cas des inédits, et du numéro de l'entrée bibliographique correspondant à cette étude dans notre « Bibliographie analytique d'Hubert Aquin, 1947-1982 », que nous désignons par les lettres JM, publiée dans la *Revue d'histoire littéraire du Québec et du Canada français* (voir note suivante).

Deux bibliographies signalétiques sont parues presque simultanément en 1977. La première, établie par Édith Manseau en collaboration avec Gaëtan Dostie (JM-680), propose 150 titres pour les textes d'Aquin, puis 300 études et articles consacrés à son œuvre. Mais cette bibliographie comporte un certain nombre d'erreurs dans les adresses bibliographiques (titres ou dates erronés). De plus, la recension de la production critique aurait certainement gagné à être organisée chronologiquement, le système alphabétique renseignant de façon moins efficace.

Publiée dans *Blocs erratiques* (JM-317), la bibliographie des œuvres d'Aquin dressée par René Lapierre compte près de 130 entrées. Particulièrement riche et utile au niveau de la recension chronologique des articles et essais d'Aquin, elle est cependant moins étoffée au chapitre des films, œuvres radiophoniques et téléthéâtres.

Signalons enfin notre bibliographie analytique[2], qui compte 1 206 entrées dont les 322 premières sont consacrées au corpus aquinien.

II — Biographies

Si aucune étude biographique d'importance n'a encore été publiée sur Hubert Aquin, il existe cependant, sous forme de notices plus ou moins étoffées, quelques sources qui permettent de dater avec une relative précision certaines étapes de la vie et de la carrière d'Aquin. La consultation des articles de journaux parus à des moments particuliers de sa vie peut aussi permettre aux chercheurs d'obtenir ou de préciser certains renseignements, notamment sur son engagement politique (arrestation, procès, etc.), sur son rôle de directeur des Éditions La Presse, etc. L'urgence d'une biographie détaillée et sûre est donc certaine.

Rares et peu précises, les quelques biographies générales publiées à ce jour se présentent le plus souvent sous la forme très synthétique de tableaux, associant à une date un certain nombre d'événements, sans toutefois que l'on en précise la portée ni l'importance dans l'ensemble de la vie et de l'œuvre d'Aquin.

Outre un certain nombre de notices brèves parues dans des répertoires d'auteurs canadiens et québécois (JM-29, 57, 63, 64, 65 et 72), journaux et périodiques divers ou encore les témoignages parus notamment au moment de sa mort[3], citons la biobibliographie de Paulette Caron (1979, JM-74) comme fournissant d'utiles renseignements sur les différentes émissions dont Hubert Aquin a été le réalisateur ou auxquelles il a collaboré comme auteur, adaptateur ou encore comme interviewer. On y trouvera aussi une liste importante de documents radiophoniques ou télévisuels consacrés à l'auteur ou à son œuvre. Malgré certaines imprécisions et erreurs, ce répertoire reste un instrument précieux.

---

2. *Revue d'histoire littéraire du Québec et du Canada français*, n° 7, hiver-printemps 1984, pp. 79-229.
3. On retrouvera la liste de ces témoignages dans JM, II-B-6.

Quant au tableau chronologique paru dans *Hubert Aquin et le Québec* (1977, JM-680), peu précis et parfois trop rapide, il fournit pourtant quelques détails intéressants qui complètent la biobibliographie de P. Caron.

Signalons enfin l'importante chronologie, en voie d'achèvement, établie par Chantal de Grandpré dans le cadre des travaux de l'EDAQ.

III — L'œuvre aquinienne : essai d'inventaire

L'œuvre d'Hubert Aquin compte 12 romans dont sept sont restés à l'état de projets ou de plans, un récit et deux recueils de textes; 17 nouvelles originales et trois traductions; 148 articles et essais divers; 34 œuvres dramatiques dont cinq projets qui ne furent jamais menés à terme, trois traductions et sept adaptations; 12 films; 27 conférences et débats; 23 émissions de radio ou de télévision auxquelles il a participé comme réalisateur, interviewer, auteur ou adaptateur[4].

Outre « les Rédempteurs »[5], récit écrit en 1952 et publié en 1959 dans les *Écrits du Canada français* (JM-305), le corpus romanesque aquinien comprend cinq romans achevés dont le premier, *l'Invention de la mort*[6] (JM-304), est resté inédit.

En 1965, Hubert Aquin publie *Prochain Épisode* (JM-307) au Cercle du livre de France. Le roman est ensuite réédité chez Laffont dans la collection « Préférences » (1966), puis aux Éditions du Renouveau pédagogique (1969) dans la collection « Lecture Québec », sous forme d'édition annotée[7]. *Prochain Épisode* sera finalement publié en édition de luxe, comprenant 14 sérigraphies originales de Fernand Toupin, aux Éditions Art Global, en 1978.

En 1967, les éditions McClelland and Stewart publient une traduction du roman dont des extraits avaient d'abord paru dans le *Maclean's* (JM-307b), puis, en 1972, procèdent à une seconde édition dans la collection « New Canadian Library ». La traduction de Penny Williams est alors précédée d'une courte étude de Ronald Sutherland.

Outre ces éditions, il existe un enregistrement de *Prochain Épisode* sur bande magnétique (Libra Vox, 1974) et cinq éditions partielles; extraits parus dans différentes revues et anthologies.

Si, à ce jour, nous n'avons recensé aucun document préparatoire, tels plans, brouillons ou manuscrits dans le cas particulier de *Prochain Épisode*, nous connaissons cependant l'existence de deux plans de *Trou de mémoire*,

---

4. Les entrevues réalisées avec Hubert Aquin et les émissions auxquelles il a été invité sont au nombre de 47. Elles ne figurent pas dans cette étude mais le lecteur en trouvera la liste dans JM, III-i et III-j.

5. Ce texte est désigné tantôt comme roman tantôt comme récit par Hubert Aquin lui-même. Notons que seulement deux articles portent sur *les Rédempteurs* : JM-709 et JM-710.

6. Sauf indication contraire, tous les documents inédits signalés dans cette étude sont conservés au Centre de documentation de l'EDAQ (local J-3850, UQAM) et sont consultables sous réserve.

7. La présentation du roman et son annotation sont de Gilles Beaudet.

écrits respectivement en 1962 et 1972. Publié au Cercle du livre de France en 1968, *Trou de mémoire* a aussi fait l'objet d'une traduction publiée chez Anansi en 1974, sous le titre *Blackout*, et pour laquelle Alan Brown a reçu un prix du Conseil des arts du Canada. *Trou de mémoire* a aussi été publié sous forme d'extraits, d'abord dans *Liberté* (1966), puis dans *les Lettres nouvelles* (1967) et, enfin, dans la revue suisse *Écriture* (1967).

Le dossier des états préparatoires de *l'Antiphonaire*, publié au Cercle du livre de France en 1969, comprend deux tapuscrits du roman[8], les placards d'imprimerie annotés par Hubert Aquin et deux plans dont le second a été partiellement publié dans *Point de fuite* en 1971. En 1973, The House of Anansi publie *The Antiphonary*, une traduction d'Alan Brown.

Le manuscrit de *Neige noire* compte 1 347 pages; il a été écrit de juillet 1973 à mai 1974. Quant au tapuscrit, daté de 1974 et probablement postérieur au manuscrit, il comprend 282 pages. Le Centre de documentation de l'EDAQ possède aussi copie des galées d'imprimerie annotées par Hubert Aquin et un exemplaire du roman (Éditions La Presse) annoté par l'auteur en vue d'une réédition.

Neige noire paraît pour la première fois en 1974 aux Éditions La Presse dans la collection « Écrivains des Deux Mondes ». Cette édition épuisée, le roman est ensuite publié au Cercle du livre de France en 1978. Un an plus tard, *Hamlet's Twin*, une traduction de Sheila Fischman, paraît aux Éditions McClelland and Stewart.

Les sept projets de romans connus et recensés à ce jour sont, dans l'ordre chronologique : un projet sans titre daté de 1961, *Journal d'un crime* (1966), *la Réussite* (1967), *le Roman* (1968), *Roman* (1974), *Joue, Frédéric, joue* (1975) et *Obombre*, publié en partie dans *Liberté* (1981)[9].

En 1971 et 1977, Hubert Aquin publie deux recueils de textes : *Point de fuite* (Cercle du livre de France) et *Blocs erratiques* (Quinze, collection « Prose entière »). Outre les « Lettres à Louis-Georges Carrier », le premier recueil, préfacé par l'auteur, regroupe dix textes restés jusque-là inédits et sept reprises dont des articles, des nouvelles et des projets. Œuvre posthume, *Blocs erratiques* comprend 34 textes écrits entre 1948 et 1977 (dont trois inédits) qui ont été rassemblés et présentés par René Lapierre. Le livre contient des articles, des conférences, des nouvelles, etc.[10]

Auteur de 17 nouvelles originales dont quatre sont toujours inédites, Hubert Aquin a aussi fait la traduction de trois nouvelles d'auteurs canadiens-anglais : *les Secrets des roses trémières* d'Hugh Garner, *Un problème de cabinet* d'Augustin C. Clarke et *Seconde Main, état neuf*

---

8. En provenance du Cercle du livre de France, ces tapuscrits, dont l'EDAQ possède des copies, sont maintenant conservés aux Archives de l'Université de Montréal. Le premier, dactylographié et annoté par Hubert Aquin, a probablement servi à la dactylographie du second.

9. Outre le texte de présentation qui accompagne *Obombre* (JM-1089), le roman n'a fait l'objet que d'un seul compte rendu : JM-1090.

10. Si les articles consacrés à *Point de fuite* ont en général été peu élogieux (JM-1009 à 1024), il en va autrement de *Blocs erratiques*. Malgré quelques réserves, ce recueil a toutefois reçu de nombreux commentaires très favorables (JM-1074 à 1088).

d'Hugh Hood. Le corpus des nouvelles[11] comprend deux types de textes : dix, très courts, publiés entre 1948 et 1951 dans *le Quartier latin* et *le Haut-Parleur* et dont près de la moitié ont été repris dans *Blocs erratiques*, et six textes plus longs, écrits entre 1967 et 1971.

Le corpus des articles et essais d'Hubert Aquin compte 147 textes datés de 1947 à 1977[12]. Les trois premiers articles paraissent dans *les Cahiers d'Arlequin*, puis, entre 1949 et 1951, Aquin écrit 35 articles pour *le Quartier latin*, journal étudiant de l'Université de Montréal. En 1953 et 1954, il publie 21 textes dans *l'Autorité* et, en 1956 et 1957, sept articles dans le journal *Vrai*. Il signe également, entre 1961 et 1969, 30 articles, critiques littéraires, etc., dans *Liberté*. Une cinquantaine d'autres textes paraissent, entre 1970 et 1977 surtout, dans différentes revues et sept journaux canadiens, français et suisses, dont *la Patrie, le Devoir, le Maclean, le Magazine littéraire, la Gazette de Lauzanne* et *le Jura libre*.

Les œuvres dramatiques originales[13], qu'elles aient été achevées ou encore qu'elles soient restées à l'état de projet, sont au nombre de 21 et ont été écrites entre 1952 et 1971. Parmi ces œuvres, 11 ont été présentées à la radio ou à la télévision de Radio-Canada; 14 sont restées inédites. Les autres ont été publiées dans *Point de fuite, Voix et images* et *Blocs erratiques*.

Exclusion faite des projets, les textes dramatiques originaux qui n'ont été ni publiés ni diffusés sont au nombre de cinq : *le Prophète* (1952), *l'Emprise de la nuit* (1960), *Faites-le vous-même. Smash* (1967-1968), écrit en collaboration avec Louis-Georges Carrier, *Œdipe recommencé* (1971) et *Œdipe* (1974).

Hubert Aquin a aussi traduit trois pièces[14]; ces traductions sont restées inédites. L'une, *le Jour où les p... vinrent jouer au tennis*, a été jouée à l'Égrégore en 1966, alors que les deux autres ont été diffusées à Radio-Canada en 1968 et 1973. Les sept téléthéâtres adaptés[15] par Hubert Aquin, et dont les textes n'ont pas été publiés, ont aussi été diffusés à Radio-Canada.

Tous les films[16] auxquels Hubert Aquin a participé, que ce soit à titre de directeur, d'auteur, de réalisateur ou encore de producteur, ont été produits par l'Office national du film entre 1959 et 1964. Mentionnons *le Sport et les hommes*, film dont Roland Barthes signe le commentaire, *À St-Henri le 5 septembre*, entièrement tourné en direct dans le quartier Saint-Henri de Montréal, et *l'Homme vite*, court métrage réalisé en 1964, dont le sujet traite de la course automobile.

---

11. L'utilisateur en trouvera la liste complète en consultant JM, III-B.
12. Voir JM, III-C.
13. Voir JM, III-D-1.
14. Voir JM, III-D-2.
15. Voir JM, III-D-3.
16. Voir JM, III-E.

Au cours de l'année 1955, Hubert Aquin assure la réalisation[17] de huit émissions de radio présentées à Radio-Canada, dont cinq radiothéâtres de Jacques Languirand. Puis, entre mai 1960 et juillet 1961, il mène sept entrevues[18] pour la télévision d'État; elles ont principalement été diffusées dans le cadre des émissions *Premier Plan* et *Carrefour*.

Entre 1962 et 1968, Aquin écrit sept textes[19] (dont trois adaptations) destinés à la radio de Radio-Canada dont un seul, « Nietzsche », n'a jamais été diffusé. Les adaptations, elles, ont été présentées dans le cadre de la série « Horizons » entre septembre et décembre 1968.

Si l'on connaît l'existence de 22 conférences et discours[20] prononcés par Hubert Aquin de 1962 à 1975, onze de ces textes sont restés introuvables et cinq autres demeurent inédits. On sait aussi qu'Aquin a participé à cinq débats[21] dont il n'existe, à ce jour, aucune trace écrite.

Cet essai d'inventaire, qui s'imposait après la constitution d'un centre de documentation aussi important que celui de l'EDAQ et le dépouillement récent de certains fonds d'archives, permet certainement de prendre conscience de la variété et de l'étendue de cette œuvre, encore inexplorée en certaines de ses parties, qu'il s'agisse du nouvelliste, du cinéaste, ou même de l'auteur dramatique.

IV — *Études critiques*

En dépit de son abondance, la production critique concernant l'œuvre romanesque d'Hubert Aquin est inégalement distribuée et de valeur très variable. On a naturellement éliminé les nombreux articles de journaux et de revues qui ne consacrent le plus souvent que quelques lignes ou quelques paragraphes à l'auteur et/ou à son œuvre sans même en proposer de véritables analyses, comme c'est le cas notamment à la sortie d'un roman. Même s'ils peuvent être utiles pour une étude de fortune littéraire par exemple, ces articles ne trouveront pas place ici[22].

Nous avons presque systématiquement éliminé aussi les articles très généraux qui, souvent trop rapides et peu satisfaisants dans la mesure même où ils ne font qu'amorcer une réflexion, ne permettent pas d'approfondir de façon substantielle notre connaissance de l'œuvre aquinienne. Seuls ont donc été retenus les études de fond, articles, essais, thèses, etc., qui, aujourd'hui encore, apportent un éclairage sur l'œuvre d'Aquin.

Nous passerons en revue d'abord les études générales (celles qui concernent plusieurs œuvres d'Aquin), puis celles qui sont consacrées à une œuvre en particulier.

---

17. Voir JM, F-1.
18. Voir JM, F-2.
19. Voir JM, F-3 et F-4.
20. Voir JM, III-G.
21. Voir JM, III-H.
22. On pourra aisément en dresser la liste en consultant notre bibliographie analytique.

C'est l'ordre chronologique — le seul à épouser l'évolution de la critique — qui sera le plus souvent suivi, sans qu'on s'interdise à l'occasion de regrouper, par souci d'éviter des redites, les études traitant d'un aspect particulier de l'œuvre ou encore utilisant des méthodes d'analyse similaires.

1. Études générales

Les études synthétiques portant sur l'ensemble de l'œuvre romanesque d'Aquin sont peu nombreuses; depuis 1973, quatre livres ont été publiés, le plus récent datant de 1981. Ces ouvrages, dont trois ont d'abord été réalisés dans le cadre d'un programme de maîtrise ou de doctorat, ainsi que quatre mémoires et une thèse restés inédits, constituent les principales études faisant partie de notre recension; les autres sont parues sous forme d'articles ou encore s'inscrivent dans des études plus vastes, consacrées par exemple au roman québécois.

L'Œuvre romanesque d'Hubert Aquin (1972, JM-664), thèse de doctorat, que Françoise Iqbal a soutenue à l'Université de Colombie-Britannique et dont elle s'est largement inspirée pour la rédaction de son livre *Hubert Aquin, romancier* (1978, JM-682), propose une analyse de ses trois premiers romans; elle est centrée sur l'étude de la structuration de chacune des œuvres. Récit romanesque (sa structure, son temps, son espace, ses personnages, ses thèmes), techniques narratives (monologues, dialogues, temps des verbes, etc.) et langage sont les trois éléments moteurs de cette analyse.

Les auteurs d'un ouvrage collectif resté inédit[23] (1972, JM-660), préparé sous la direction d'Anne Gagnon, se sont livrés à des analyses sémiologiques de *Prochain Épisode*, de *Trou de mémoire* et de *l'Antiphonaire*. Sous le titre *Hubert Aquin. Analyses sémiologiques*, ils proposent trois lectures, somme toute assez hermétiques, qui auraient certainement gagné à être organisées en un texte plus cohérent qui offrirait une synthèse de cette approche de l'œuvre romanesque.

Dans *Hubert Aquin, agent double. La Dialectique de l'art et du pays dans « Prochain Épisode » et « Trou de mémoire »*[24] (1973, JM-667), Patricia Smart postule, comme le titre l'indique, qu'une opposition profonde entre l'art et la réalité historique caractérise l'œuvre d'Aquin et lui confère sa puissance révolutionnaire. Dans le cas particulier de *Prochain Épisode*, elle s'attarde notamment au fonctionnement des procédés de distanciation ironique et d'ouverture, au rôle et à la signification des allusions littéraires et historiques et enfin à sa structure. Son analyse de *Trou de mémoire* porte principalement sur les analogies artistiques et scientifiques du roman; Smart procède alors à une étude importante de l'anamorphose. Elle s'attarde ensuite au thème du pays. Même s'il date d'une dizaine d'années, ce livre n'en demeure pas moins encore aujourd'hui très utile aux chercheurs qui continuent de s'y référer.

23. Exception faite de l'entrevue d'Aquin, réalisée par Anne Gagnon, qui a été publiée dans *Voix et images* en 1975 (JM-610).

24. Signalons aussi sa thèse de doctorat (1976, JM-677) qui reprend, avec modifications et ajouts, cet ouvrage. P. Smart y consacre, de plus, un chapitre à *l'Antiphonaire*.

L'aspect baroque de l'œuvre d'Hubert Aquin est certainement l'un de
ceux qui ont été les plus étudiés, principalement à propos de *Trou de
mémoire*[25]. Ainsi, Henri-Paul Thiffault propose, dans *l'Esthétique baroque
dans les romans d'Hubert Aquin* (1974, JM-671), une étude des manifestations du baroque dans *Prochain Épisode, Trou de mémoire* et *l'Antiphonaire*. Son analyse porte surtout sur les éléments structuraux des œuvres, les
personnages et le mouvement spatio-temporel.

L'étude de Claudette Plante, Suzanne Senecal-Wilson et Ghislaine
Tardif, *Triptyque baroque dans l'œuvre romanesque d'Hubert Aquin* (1976,
JM-675), a pour principal objet l'esthétique d'Aquin. Les trois romans du
corpus (*Prochain Épisode, Trou de mémoire* et *l'Antiphonaire*), et plus précisément leur forme et leurs techniques, sont analysés selon les perspectives
de l'art baroque. Les principes fondant leur méthode sont empruntés à la
sémiologie et au structuralisme.

Pour son analyse de la symbolique des espaces dans les quatre romans
d'Aquin, intitulée *l'Espace dans les romans d'Hubert Aquin. Une perspective de l'art baroque et ouvert* (1979, JM-693), Ron Stanko s'inspire des
travaux de Jean Rousset sur le baroque. L'étude des espaces tant réels qu'i-
maginaires amène l'auteur à discuter rapidement, en conclusion, du rapport
œuvre-lecteur.

Le baroque est aussi l'un des aspects de l'œuvre romanesque d'Aquin
que Gilles de La Fontaine étudie dans son livre *Hubert Aquin et le Québec*
(1977, JM-680). En effet, outre son projet de retrouver « l'appartenance
québécoise » des romans, l'auteur s'intéresse aux deux composantes qu'il
dit essentielles de l'œuvre : l'écriture baroque et la conception ouverte.

L'analyse des héros de *Prochain Épisode*, de *Trou de mémoire*, et de
l'Antiphonaire réalisée par Diane Cailhier (1975, JM-673) s'inscrit, elle
aussi, dans une approche socio-historique de l'œuvre. L'auteur montre que
les personnages d'Aquin sont en quelque sorte victimes d'une impuissance
historique qui les conduit à l'échec.

L'écriture des romans est un autre des objets privilégiés de la critique
aquinienne. Ainsi, pour Christiane Houde-Berthiaume qui analyse le système que forment les quatre romans en montrant l'évolution qu'y connaît
l'écriture, l'œuvre d'Aquin est une « tentative de créer une nouvelle fiction ». Elle procède donc, dans *l'Œuvre romanesque de Hubert Aquin. La
Fiction comme lieu de résolution des contradictions* (1976, JM-676), à une
étude des diverses composantes de l'écriture que sont la narration, le récit,
le pararécit, etc.

Dans *l'Imaginaire captif. Une lecture d'Hubert Aquin* (1980, JM-695)[26],
René Lapierre propose une analyse du processus scripturaire d'Aquin; il

---

25. Outre les études signalées ici, on retrouvera, dans la section IV-3, une recension des
travaux les plus importants consacrés au baroque dans *Trou de mémoire*. On pourra aussi consulter le livre de P. Smart : les concepts d'ironie et d'ouverture qu'elle utilise sont empruntés à
l'art baroque.

26. Cette thèse a été publiée en 1981. Voir JM-695a.

montre que l'œuvre romanesque, confrontée à l'esthétique moderne, se situe entre les langages du classicisme et la modernité. Étudiant la résistance à l'écriture, qui va s'intensifiant de *Prochain Épisode* à *Neige noire*, Lapierre remarque qu'elle s'inscrit dans un processus de dégradation qui conduit à la pratique de l'échec.

C'est par le double biais de la temporalité des verbes et de la néologie lexicale que Léon-Gérald Ferland aborde l'œuvre d'Aquin : il étudie l'éclatement des formes et des mots, de *Prochain Épisode* à *Neige noire*, dans son *Hubert Aquin ou l'Écriture éclatée* (1981, JM-702)[27]. Si la définition qu'il propose des néologismes peut être discutée, il en dresse cependant une liste importante[28].

Plusieurs études thématiques ont été réalisées au cours des années soixante-dix. Les thèmes de l'eau, de l'amour, de la révolution, etc., ont donné lieu à diverses analyses dont près d'une dizaine portent exclusivement sur *Prochain Épisode*[29].

Outre les ouvrages précédemment cités (voir entre autres : JM-667, 680 et 682), mentionnons deux articles de M.E. Kidd (JM-690 et 691), publiés en 1978, portant sur le thème de l'eau dans l'œuvre romanesque d'Aquin. L'auteur en analyse la symbolique et le réseau des autres thèmes (amour, noyade, etc.) qui lui sont associés.

Les études empruntant à la psychanalyse sont encore très peu nombreuses. Wladimir Krysinski propose, à l'intérieur d'une série d'essais sur le roman moderne (*Carrefours de signes. Essais sur le roman moderne*, 1981, JM-699), une analyse de la gestualité pulsionnelle du sujet dans les structures narratives et discursives des trois premiers romans d'Aquin dont la référence commune est la pulsion de mort. C'est de la théorie freudienne des pulsions que l'auteur déduit certains des éléments sémiotiques qui lui permettront d'analyser le problème des pulsions « [...] sous le rapport de leur sémiotisation et de leur thématisation ».

C'est aussi à la psychanalyse que Françoise Iqbal et Gilles de La Fontaine empruntent les concepts utiles à la mise en place des hypothèses qu'ils se proposent de vérifier dans les courts articles qu'ils publient en 1981 : « Violence et viol chez Aquin. Don Juan ensorcelé » (JM-706) et « le Mal de vivre chez Hubert Aquin » (JM-705). Françoise Iqbal analyse rapidement la nature du héros aquinien et tente par ce biais d'expliquer la violence faite à la femme dans l'œuvre romanesque d'Aquin, alors que Gilles de La Fontaine, dans un article rapide et peu convaincant, examine les traces de la pulsion de mort dans l'œuvre. C'est sa prédominance sur la pulsion de vie qui expliquerait le suicide d'Aquin.

27. Cette thèse prolonge les travaux amorcés dans le mémoire de maîtrise (1974, JM-872).

28. Signalons enfin l'étude de Franca Marcato Falzoni (1981, JM-700) que nous n'avons pu consulter, faute de traduction. L'auteur analyse l'écriture et les techniques narratives d'Aquin.

29. Voir section IV-2 de la présente étude.

L'approche psychanalytique, on le voit, n'a encore donné que peu de résultats; c'est donc une voie qui reste largement ouverte.

Signalons enfin l'étude de Jacqueline Barrois de Sarigny Gerols : l'*Image du roman québécois en France, de 1945 à 1975* (1982, JM-707). L'auteur analyse les raisons de la mauvaise réception faite à *Prochain Épisode* et à *Trou de mémoire* en France. On aurait souhaité un plus long développement dans le cas particulier de *Prochain Épisode*, publié chez Laffont en 1966, mais l'ampleur du corpus étudié en explique probablement l'absence.

On est souvent porté à réduire la production critique dont l'œuvre d'Hubert Aquin a fait l'objet aux seuls ouvrages parus parce que, d'une part, les mémoires et thèses restent peu connus en dépit d'un apport critique parfois certain et que, d'autre part, les articles n'ont pas toujours l'étoffe nécessaire à une analyse décisive. Si de tels ouvrages constituent les productions marquantes, jusqu'à maintenant, de la critique aquinienne, il s'en faut de beaucoup qu'ils aient résolu tous les problèmes que pose l'œuvre ou épuisé nos possibilités de recherche.

2. Sur *Prochain Épisode*

Comme plus du tiers de la critique aquinienne porte sur *Prochain Épisode*, il faut évidemment y opérer un tri important pour pouvoir en dégager les lignes de force. En effet, le succès quasi immédiat qu'a connu ce roman à sa sortie à l'automne 1965 a provoqué la parution d'une soixantaine de comptes rendus [30] rapides, ne proposant le plus souvent qu'un bref résumé de l'œuvre accompagné d'une courte présentation de son auteur chez qui l'on reconnaît un romancier de talent.

La rapidité et la rareté des articles publiés en France au moment de la publication du roman par les Éditions Laffont (automne 1966) témoignent de la réception très réservée qui lui a été faite par la critique française [31]. En effet, parmi la vingtaine de comptes rendus publiés, rares sont ceux qui traitent du roman en termes élogieux [32].

Les critiques anglophones de *Prochain Épisode*, dont la traduction publiée en 1967 a été sévèrement critiquée, ne lui consacrèrent que quelques articles rapides au moment de sa sortie. Ce n'est que plus tard, à l'occasion notamment de thèses et d'articles plus étoffés, que le roman fera l'objet d'études importantes.

On a beaucoup écrit sur *Prochain Épisode* et ce, en empruntant à l'analyse thématique, à la sémiologie, à la narratologie, à la sociologie, à l'analyse structurale du récit, etc., les concepts utiles à la mise en place d'une méthode ou d'une grille de lecture. Quoique nombreuses et diversifiées, ces différentes approches théoriques ont cependant orienté les travaux des chercheurs dans des voies convergentes, la méthode choisie délimitant quelquefois au départ le champ de l'interprétation. Ainsi, le roman d'espionnage,

30. Voir JM-711 et suivantes.
31. Voir JM-778 et suivantes.
32. Voir à ce sujet la thèse de Jacqueline Gerols (JM-707).

les thèmes, la narration, l'écriture, le temps, l'espace et les personnages sont vite devenus les lieux communs de la critique, pour autant que l'on en ait toujours produit des analyses d'égale ampleur. De plus, l'étude de certaines composantes de l'œuvre n'est encore qu'amorcée.

Outre l'analyse de la technique du roman d'espionnage réalisée dans sa *Lecture d'Hubert Aquin. « Prochain Épisode »* (1971, JM-861), Christiane Tremblay propose une lecture des références littéraires du roman (notamment les références à Ferragus et à Byron) qui est utile, la récurrence de ces deux « figures » justifiant certainement qu'on s'y intéresse. De plus, son analyse de la thématique de la plongée et de la recherche de la mort l'amène à identifier et à commenter l'utilisation du mythe dans le roman.

Bien qu'on ait souvent qualifié *Prochain Épisode* de roman d'espionnage, il existe peu d'études traitant des rapports que cette œuvre pourrait entretenir avec le genre, même si, à quelques reprises, on a tenté d'expliquer la nature, le statut[33], le rôle[34] et l'échec de l'histoire d'espionnage.

En revanche, on a très souvent analysé la structure narrative du roman en termes de dualité; le texte mettant en scène deux intrigues : le roman d'espionnage et l'histoire du narrateur emprisonné[35].

C'est de ce point de vue que Michel Leduc aborde le roman pour son analyse de *la Perspective narrative et thématique dans « Prochain Épisode »* (1974, JM-871). Par le biais notamment d'une étude des thèmes (mort, révolution, violence, etc.) centrés sur le narrateur, M. Leduc montre que la structure sous-jacente au récit d'espionnage, dont il dégage le rôle et la signification, est le récit du narrateur emprisonné.

Dans *Analyse du roman de Hubert Aquin, « Prochain Épisode ». Une dialectique d'illusions* (1975, JM-874), Anthony Purdy, qui s'intéresse aux techniques narratives de *Prochain Épisode*, montre que le mouvement perçu au niveau des deux récits (intrigue policière et aventure intérieure du narrateur) s'opère selon une oscillation binaire qui conduit le roman d'espionnage à l'échec.

Pour Roy Lister dans *Construction/Destruction. Dialectique et problèmes de l'énonciation dans « Prochain Épisode » de Hubert Aquin* (1980, JM-905), la structure de base du roman se situe au niveau du couple antithétique Éros-Thanatos; il emprunte à la sémiologie kristévienne les éléments utiles à sa lecture de l'œuvre. L'auteur se propose donc d'étudier le processus de constitution/déconstitution qu'il identifie comme le fondement de la dialectique du roman.

---

33. Voir JM-871.

34. Voir JM-874.

35. Pour André Brochu (1974, JM-870), les langages de *Prochain Épisode* s'organisent selon une structure « en clavier » et délimitent deux régions narratives reliées soit à la révolution, soit à l'espionnage.

36. L'index rerum de notre bibliographie, à l'entrée « thématique », fournit une liste complète des études thématiques dont nous ne proposons ici qu'une sélection.

L'approche thématique a été privilégiée dès l'apparition des premières études critiques consacrées à *Prochain Épisode*[36]. Parmi les thèmes les plus étudiés, mentionnons ceux de l'eau (ou de la noyade), du pays, de la révolution, de l'amour et, plus récemment, ceux de la violence et de la femme.

Pour André Berthiaume qui analyse « le Thème de l'hésitation dans *Prochain Épisode* » (1973, JM-867), « c'est dans l'intervalle du doute que le roman s'écrit ». Chapitre par chapitre, il parcourt l'œuvre afin de localiser et d'expliquer la résurgence de ce thème, ce qui l'amène à constater, rapidement, que « *Prochain Épisode* est le roman de l'hésitation et de l'eau[37] ».

L'étude de Gillian Davies, *Images d'aliénation et de révolte dans le roman québécois contemporain : Aquin, Jasmin, Godbout* (1973, JM-868), a pour but d'identifier les différents thèmes et métaphores du roman (la métaphore dominante étant celle de l'eau dont le lac Léman est la principale figure) considérés ici comme véhicules de l'aliénation et de la révolte (politique, psychologique et géophysique); la révolte étant le prolongement de la prise de conscience, par les personnages, de leur état d'opprimés et la révolution offrant une solution à l'aliénation.

L'écriture, dans le cas particulier de *Prochain Épisode*[38], est perçue à plusieurs niveaux : on analyse le roman sur le plan de la forme (c'est l'écriture du roman) et l'on étudie sa présence dans le texte (c'est l'écriture dans le roman). On tente alors de cerner la théorie de l'écriture qui y est exposée et d'en comprendre la signification pour le narrateur.

Pour Alexandre Amprimoz (1975, JM-876), « [...] le texte se présente [...] comme l'essai de l'élaboration d'une théorie romanesque » : la théorie de l'écriture est intimement liée à la doctrine unitaire de l'être.

L'écriture, à ses yeux, permet au narrateur de « meubler » le temps, alors que pour Ofelia Cohn-Sfetcu (1976, JM-884) c'est plutôt un projet qui s'inscrit dans une durée, l'écriture offrant une certaine emprise sur le temps.

René Lapierre, dans son essai publié en 1980 : *les Masques du récit. Lecture de « Prochain Épisode » de Hubert Aquin* (JM-890), s'est interrogé sur le fonctionnement et le déroulement de l'histoire qu'il confronte au projet d'écriture, afin de situer le roman par rapport à la modernité. Il constate qu'écrire un roman se traduit par la recherche du code d'un roman.

L'étude d'Agnès Whitfield (1982, JM-910) repose sur le postulat selon lequel un roman innove dans la mesure où il s'écarte des formes romanesques traditionnelles. Elle montre donc que la nouveauté formelle de *Prochain Épisode* consiste en une manipulation habile de la forme propre à la confession dont elle analyse les différentes composantes en les confrontant au roman.

La narration[39] dans *Prochain Épisode* est à la fois cohérente et incohérente selon Clermont Doyon (1979, JM-897) qui, par un recours aux catégo-

---

37. Sur le thème de l'eau, voir JM-690 et 691.
38. On pourra aussi se référer au mémoire de Léon-Gérald Ferland (JM-872) qui emprunte sa méthode à la narratologie.
39. Voir aussi JM-871 signalé précédemment.

ries narratives proposées par Gérard Genette, tente d'en expliquer le fonctionnement. L'enchaînement logique de la narration étant présent dans la diégèse de l'œuvre, son analyse porte d'abord sur les structures narratives du roman, puis sur ses structures diégétiques et, enfin, sur la narration proprement dite. Son étude s'inspire d'une autre publiée en 1976 par Joseph Melançon (JM-880), dans laquelle l'auteur, se référant aux concepts d'entropie et de redondance empruntés à la théorie de l'information et à *l'Œuvre ouverte* d'Umberto Eco, montre que *Prochain Épisode* est une « métaphorisation du je ».

Une analyse du procédé de la mise en abyme, à peine amorcée jusqu'ici[40], permettra probablement une approche, sinon nouvelle, du moins différente de ces aspects du roman.

Les critiques qui ont analysé le temps et/ou l'espace dans *Prochain Épisode* ont mis l'accent sur la dualité qui leur est inhérente[41], la double identité du narrateur entraînant, selon Renée Legris[42], le déroulement du roman selon deux temps.

Jennifer Alison Chuck-Wells (1974, JM-873) propose, de son côté, une étude du « glissement » temporel et spatial qui s'opère entre les deux histoires du roman : l'histoire du narrateur (« histoire réelle ») et son récit (« récit rêvé »). Selon l'auteur, ces deux histoires créent deux plans spatiaux et deux plans temporels dont les oppositions se résolvent dans la révolution.

La méthode choisie par Jacqueline Viswanathan (1976, JM-885) pour son étude de la structure temporelle de *Prochain Épisode* s'inspire de l'analyse structurale du récit proposée par Gérard Genette et Tzvetan Todorov. L'auteur montre que, dans le roman, le mouvement est double; en effet, il se situe au niveau de la structure temporelle du roman, en un va-et-vient entre le présent et le passé, mais aussi, à un second niveau, celui du roman dans le roman, le mouvement s'opère entre le « temps de l'imaginaire » et « le temps du vécu[43] ».

L'étude de *Prochain Épisode* menée par Martha Dvorak (1975, JM-877) prend comme point de départ les personnages du roman dont elle propose une analyse structurale inspirée du système de Greimas. Elle postule que le personnage est une unité fonctionnelle appartenant à un ensemble qui constitue le message. Elle interroge donc tant le pouvoir de la parole que la fonctionnalité de la littérature[44]. Maurice Arguin propose, lui, une analyse sociologique des personnages de *Prochain Épisode* (1980, JM-904).

---

40. Voir JM-855, 864 et 899.

41. Pour une étude de la double temporalité du roman voir aussi JM-910.

42. Voir JM-763a.

43. Mentionnons aussi l'article de Pierre Hébert (1982, JM-909). Pour ce critique, la technique du retour en arrière mise en œuvre dans le roman contribue à la « production de sens ». Hypothèse intéressante qui ne dépasse cependant pas le niveau du constat.

44. Voir aussi JM-682 et l'index rerum à « Personnages romanesques ».

C'est en fin d'analyse que Martha Dvorak aborde rapidement le rôle de la lecture et du lecteur[45] dans le roman; la présence du donataire-narrateur présupposant celle d'un destinataire-lecteur.

Pour son analyse de *Prochain Épisode*, Rosmarin Heidenrich adopte le point de vue du lecteur. Elle s'interroge sur son rôle et sur ses possibilités d'interprétation dans une fiction où la folie est une stratégie textuelle (1981, JM-907).

La critique n'a certainement pas épuisé les possibilités offertes par les récentes théories de la lecture. On pourrait d'ailleurs confronter les résultats d'études portant sur le rôle du lecteur et la place qui lui est réservée dans l'œuvre romanesque d'Hubert Aquin à la pensée de l'auteur, pour qui le lecteur est le cocréateur d'une œuvre.

Signalons enfin que la réflexion de Jean-Jacques Nattiez (1978, JM-894) sur les rapports qu'entretiennent la littérature et la musique le conduit à s'interroger sur la légitimité de l'expression « récit musical ». Son analyse s'élabore de façon à montrer que *Prochain Épisode* est construit selon le modèle de la fugue. Il procède d'abord à une « analyse poétique », afin d'identifier les éléments de la fugue utilisés dans le récit littéraire. Enfin, c'est au niveau de l'interprétation, troisième et dernière étape de son analyse, que Jean-Jacques Nattiez tente de définir la signification de l'écriture pour Aquin et en particulier de l'écriture empruntant son modèle à la fugue.

Si plusieurs aspects de *Prochain Épisode* ont fait, on l'a vu, l'objet d'un certain nombre d'études, il en reste qui n'ont été abordés que très rapidement ou sont même restés entièrement ignorés. Que l'on songe par exemple à la part de l'autobiographie dans l'œuvre, aux influences littéraires et philosophiques subies par l'auteur, etc. L'éditeur qui entreprendra l'édition critique de ce roman devrait au moins poser ces problèmes et résoudre la plupart d'entre eux.

3. Sur *Trou de mémoire*

Si, dès la parution du roman, la critique a été unanime à reconnaître en *Trou de mémoire* un roman important, certains lecteurs ont toutefois émis des réserves notamment sur le langage utilisé, en raison essentiellement de son « aspect blasphématoire » (voir 1968, JM-914; 1968, JM-919; 1969, JM-927).

Cependant, pour Françoise Iqbal (1978, JM-682), les pièces blasphématoires forment un ensemble qui s'immisce de façon harmonieuse dans le décor baroque du roman. De plus, les blasphèmes permettent, aux yeux de l'auteur, d'intégrer une partie de l'héritage historique et culturel du peuple canadien-français.

Tous les critiques ont signalé l'importance du procédé de l'anamorphose dans *Trou de mémoire*, dont le tableau de Hans Holbein le Jeune, intitulé *les Ambassadeurs*, est la représentation. Très tôt, on désigne le cha-

45. Voir aussi JM-702 et 873.

pitre du roman[46] qui en contient une description en termes de « chapitre clé » du roman ou encore de « clé structurale » de l'œuvre.

Ainsi, Robert Fisette remarque, dans « Hubert Aquin, *Trou de mémoire*. L'anamorphose du réel ambigu » (1971, JM-934), que l'anamorphose offre une clé pour la compréhension des ambiguïtés : « l'œuvre artistique se voulant une reproduction minutieuse d'une image engendrée par un miroir complexe, *Trou de mémoire* ne peut qu'accentuer l'ambiguïté de l'objet réfléchi : la réalité ambiguë d'un pays et d'une vie. »

Pour Patricia Smart aussi, le tableau des *Ambassadeurs* est une des clés offertes au lecteur pour le déchiffrement du roman (1973, JM-667). Selon elle, *Trou de mémoire* est le double québécois contemporain du tableau de Holbein, les deux œuvres établissant entre elles tout un réseau de correspondances sur les deux plans de la forme et du fond.

Comme nous l'avons déjà signalé dans la section IV-1, la présence du baroque dans l'œuvre romanesque a fait l'objet de plusieurs analyses. L'esthétique de l'auteur, les personnages des romans, leur espace, leur forme, etc., sont autant d'éléments qui ont été étudiés selon les perspectives de l'art baroque en empruntant surtout à U. Eco et J. Rousset les définitions et concepts utiles aux différentes analyses proposées (voir, entre autres, JM-664, 667, 671, 693).

Pour Jean-Pierre Martel (1974, JM-939), *Trou de mémoire* est une œuvre baroque parce que tout, dans le roman, est poussé à la limite. Son analyse porte donc d'abord sur les multiples dédoublements de personnages, puis sur la domination du décor qui constitue, selon lui, l'essence même du roman.

Dans un second article (1976, JM-945), tiré comme le précédent de son mémoire de maîtrise (1971, JM-935), J.-P. Martel fait porter son analyse sur la forme du roman. Si elle relève du baroque, son ouverture n'est qu'apparente, car le roman emprunte sa forme au roman policier qui confère leur unité aux différentes composantes de l'œuvre : le roman policier autoriserait et organiserait à la fois le « mouvement délirant » du roman, mais la démonstration qui nous est proposée en fin d'article n'emporte guère la conviction.

Dans « *Trou de mémoire* » : *roman policier version baroque* (1973, JM-938), Claude Beausoleil propose une comparaison avec *Dix Petits Nègres* d'Agatha Christie. Confrontant le roman d'Aquin aux règles du genre traditionnel du roman policier dont *Dix Petits Nègres* lui a fourni l'exemple, l'auteur montre que le roman à la fois tient et se distingue du roman policier et du roman traditionnel (le « roman roman »). Il conclut, en se référant à U. Eco, que *Trou de mémoire* offre, sur le plan de la forme, une version baroque du roman policier : *Trou de mémoire* est un roman policier ouvert.

Si l'on excepte les études thématiques portant sur l'ensemble du corpus romanesque et dont nous avons présenté l'essentiel dans la section IV-1,

---

46. Ce chapitre est intitulé « Semi-finale » et figure aux pages 123 à 134 du roman.

l'analyse des différents thèmes du second roman d'Aquin est restée seulement amorcée dans certains comptes rendus de l'ouvrage au moment de sa
publication (voir, entre autres, JM-920, 928 et 933) ou encore dans quelques
articles très généraux et par là bien rapides[47], comme celui de Ramon Hathorn (1980, JM-951) analysant l'image littéraire de l'Anglo-Saxon dans
quelques romans québécois de 1844 à 1980.

Ce mythe littéraire de l'Anglais[48] mériterait certainement une étude
plus développée qui utiliserait notamment *Trou de mémoire*. On aimerait
aussi voir apparaître des études consacrées aux personnages du roman et en
particulier aux personnages féminins[49].

Pour Patricia Smart (1973, JM-667), « [...] *Trou de mémoire* est une
« mise en abyme » de sa propre genèse, une métaphore soutenue du processus de création littéraire ». Or, comme c'est le cas pour *Prochain Épisode*, aucune étude de fond n'a été menée sur ce procédé si souvent utilisé
par Aquin.

De même, si l'on a souvent signalé le rôle particulier réservé au lecteur
de *Trou de mémoire* qui doit sans cesse modifier ou abandonner ses habitudes de lecture (voir, entre autres, JM-934, 936, 945 et 947), il n'existe
que deux études générales, de Linda Hutcheon (1980, JM-950 et 1981,
JM-952), qui abordent quelques romans, dont *Trou de mémoire*, par le biais
de la lecture et du rôle du lecteur.

Une étude qui prendrait pour objet à la fois le procédé de la mise en
abyme et le rôle du lecteur, en s'inspirant des travaux récents sur la lecture
(*the act of reading*) et dont la portée s'étendrait à l'ensemble du corpus
romanesque, permettrait certainement de proposer des conclusions intéressantes.

On voit donc qu'il reste encore beaucoup à faire sur *Trou de mémoire*
dont plusieurs aspects, comme la valeur autobiographique et l'intertextualité[50], demandent à être étudiés.

4. Sur *l'Antiphonaire*

La production critique sur *l'Antiphonaire* est peu abondante et c'est la
structure du roman qui a constitué le point nodal des lectures et analyses
qu'on en a faites; les articles, même les plus rapides, ont signalé sa structure particulière, tâchant d'en rendre compte et d'en éclairer la signification[51].

---

47. Sur les thèmes de la révolution, de la violence et de l'érotisme, voir, entre autres,
JM-663, 672 et 679.

48. L'auteur signale d'ailleurs, dans une note, une étude à venir portant sur une centaine
de romans québécois dont le présent article est en quelque sorte un échantillon.

49. Pour une courte analyse des personnages du roman, voir JM-682.

50. On a notamment signalé l'influence de V. Nabokov particulièrement visible dans
Trou de mémoire. Que l'on songe, entre autres, à son roman *Pale Fire*.

51. Le lecteur trouvera peut-être utile de se référer à une entrevue réalisée avec Hubert
Aquin qui a été publiée dans *le Québec littéraire* (1976, JM-611). Entre autres sujets, Hubert
Aquin traite de *l'Antiphonaire*.

Le titre du roman, son épigraphe (l'axiome de Marie la Copte) et les gravures tirées de l'*Histoire de la mesure du temps* placées en page de couverture sont à la base de la plupart des hypothèses d'interprétation de la structure de l'œuvre. Pour Albert Léonard (1970, JM-963) cependant, le titre du roman « [...] est parfaitement indifférent et ne trouve pas de résonances dans l'œuvre ».

Selon André Berthiaume (1970, JM-977), l'axiome donne la clé du roman : « [...] l'*Antiphonaire* est le roman d'une identité éclatée ». Il propose donc une analyse des quatre personnages importants de chacun des deux récits qui, selon lui, se rejoignent en une seule et même personne dont l'identité serait en crise.

Dans une étude rapide des différents parallélismes du roman qu'elle observe au niveau des personnages, des récits et des lieux, Huguette Roy (1971, JM-978) constate que le titre du roman et l'axiome « [...] annonce [*sic*] la reprise d'un récit dans un autre qui le suit [...] ».

L'analyse de David N. Keypour (1973, JM-982) montre que si les deux récits contenus dans le roman sont alternés sur le plan formel, les deux « [...] développements entretiennent un rapport d'échange et de fusion [...] » au niveau du contenu[52].

Le problème posé par le parallélisme des deux récits reçoit une autre solution sous la plume de Michael Beausang (1973, JM-992) qui se réfère à la notion de rythme musical[53].

Dans son analyse du procédé de l'alternance, Roland Bourneuf (1975, JM-1000) montre qu'il existe entre les deux récits (un récit et un contre-récit) un rapport d'analogie et de causalité : « En créant une forme nouvelle de récit, l'alternance crée le sens. » Principe dynamique de l'intrigue, elle crée en fait une tension dans le roman.

Selon la lecture que propose Albert Chesneau (1975, JM-1001) de la structure de l'*Antiphonaire*, chacune des deux histoires contenues dans le roman serait structurée selon une situation modèle à trois temps (séquence introduite au départ par l'utilisation de l'axiome et le titre) : lecture, viol, meurtre, à laquelle elles reviennent sans cesse. Lorsqu'on rétablit chronologiquement les différents événements du roman, on met en lumière une série d'événements (la « séquence des séquences ») dont le premier (le viol commis par Carlo Zimara) entraîne et commande les suivants. Pour l'auteur qui procède à différents recoupements au niveau des personnages et des événements, l'*Antiphonaire* développe le thème de la « réincarnation expiatoire ».

---

52. Cette idée qui veut que les deux axes d'événements et les deux récits de l'*Antiphonaire* se « [...] touchent, s'interfèrent et s'annoncent réciproquement [...] » sera reprise plus tard lorsque les notions de parallélisme et d'alternance seront remplacées et réorientées, notamment dans l'importante analyse de Robert Mélançon.

53. D.N. Keypour avait rapidement signalé que la composition du roman se rapprochait d'une partition musicale.

La structure du roman, suggère Françoise Iqbal (1976, JM-1003), serait centrée sur la notion de crise d'épilepsie[54]. Abordant la rhétorique, les thèmes, le temps et l'espace de *l'Antiphonaire*, elle constate que la lecture constitue l'espace privilégié du roman. La première strophe du chant antiphonique serait interprétée par le chœur de l'écriture, la seconde, par le chœur de la lecture.

Dans « Parody and Caricature in Hubert Aquin's *L'Antiphonaire* » (1977, JM-1005), Maurice Cagnon étudie les mécanismes de la parodie présente aux deux niveaux de la fiction et de la narration. Pour l'auteur, la structure du roman instaure un dialogue qui est en alternance entre un texte qui se conforme à la littérature et à l'idéologie et un autre, produit d'une déformation opérée par le recours à la parodie, à la caricature et à l'ironie.

L'important article de Robert Mélançon (1977, JM-1006) permet lui aussi de mettre en relief le rôle du lecteur, partenaire de l'auteur, dans l'acte de création. Commentant et critiquant les interprétations que certains lecteurs de *l'Antiphonaire* ont proposées de sa structure, R. Mélançon montre que les deux récits du roman sont distincts, qu'ils constituent les deux voix du roman qui non seulement se répondent par le biais de l'alternance, mais encore « [...] s'interpénètrent pour engendrer une troisième voix, un super-récit qui assume tous leurs aspects, même les plus contradictoires, et qui les réoriente ». Quoique distincts, les deux récits établissent entre eux des rapports d'analogie et de dissemblance qui créent une tension dans l'œuvre. Ainsi, le chiffre du roman donné par l'auteur dans l'axiome de Marie la Copte, en l'occurrence le « quatre », définirait l'activité du lecteur.

L'unité du roman ne se situe cependant pas uniquement au niveau des grandes structures, mais aussi dans sa « performance stylistique » : « les deux voix [...] se confondent dans une écriture dont les artifices assurent au roman une unité de ton [...] » et dont les nombreuses énumérations sont une des manifestations. La profusion des énumérations lyriques confère au roman une structure poétique de type itératif. Cette prosodie en signale une autre qui est de l'ordre des actions et des événements dont le désordre apparent cache une disposition rigoureusement réglée.

Constatant la « fragmentation systématique de la suite narrative », R. Mélançon procède à une analyse de la technique cinématographique du montage utilisé dans *l'Antiphonaire* : montage des différentes séquences de la manière narrative, particulièrement utilisé lors des nombreux passages d'un niveau historique à un autre à la manière de fondus enchaînés dont le résultat est, ici aussi, le domaine de la lecture.

Si donc une lecture réaliste du roman semble impossible, car les artifices littéraires ébranlent souvent « l'illusion réaliste », ce ne sont pas les règles de la représentation vraisemblable qui régissent l'univers romanesque de *l'Antiphonaire*. Il en va ainsi du temps : c'est d'un temps écrit qu'il est question, un temps produit par l'écriture qui « [...] échappe aux lois du

---

54. M. Beausang note, lui, que l'équation reliant l'épilepsie et le sexe est un des éléments organisationnels du roman.

temps physique ». Il ajoute que « *l'Antiphonaire*, chant alternatif, est aussi une « histoire de la mesure du temps », une machine double [...] aux rouages précis et compliqués, dont nous avons à découvrir les mécanismes, les rythmes, les lois que nous avons à faire fonctionner ». R. Mélançon conclut que « [...] *l'Antiphonaire*, par les moyens paradoxaux de la mystification faussement érudite, de la parodie et de la déception stylistique savamment cultivée, propose le procès-verbal du naufrage de l'ordre et des savoirs auquel est en proie aujourd'hui l'Occident ».

Pour Patricia Merivale (1979, JM-1007), la fiction (*the inner fiction* ou *Christine's story*) et la narration (*the outer narrative* ou *Christine's life*) ou encore l'art et l'histoire (ou le livre et la vie), s'alternent et se répondent à l'intérieur de la structure binaire de *l'Antiphonaire*.

Signalons enfin l'analyse de la structure du roman que propose Ghislain Bourque (1980, JM-1008) qui s'articule autour des deux concepts d'entropie et de mimétisme.

On notera que dans bon nombre des études que nous venons de signaler, ainsi que dans celles figurant à la section IV-1, l'analyse de certains autres aspects de l'œuvre, comme sa thématique (JM-963, 977 et 978) et sa stylistique (JM-1006), a été amorcée. Ainsi, André Berthiaume (1970, JM-977) aborde rapidement les thèmes de l'eau et de l'érotisme, Huguette Roy (1971, JM-978), ceux de la médecine et de la pharmacopée, thèmes dont il faudrait probablement étoffer l'étude dans *l'Antiphonaire* pour l'étendre ensuite aux autres romans. La place de l'autobiographie dans l'œuvre reste, dans le cas de *l'Antiphonaire* également, un problème jusqu'ici ignoré par la critique.

Certains lecteurs ont aussi rapproché quelques-uns des procédés utilisés dans *l'Antiphonaire* de ceux qui sont employés dans le nouveau roman (voir, entre autres, JM-982, 1001, 1006 et 1007), en particulier à cause de la présence dans l'œuvre de commentaires critiques à propos notamment de l'écriture. A.-Marcel Gagnon (1976, JM-1002) a ainsi démontré qu'il existe plusieurs niveaux d'écriture dans *l'Antiphonaire* et que, d'expérimentale, l'écriture devient critique : « L'œuvre contient en elle-même sa propre critique. »

L'on pourrait certainement prolonger l'analyse des « pages de critique » contenues dans *l'Antiphonaire* et, par conséquent, poursuivre l'étude de la mise en abyme déjà commencée par David N. Keypour (1973, JM-982), Françoise Iqbal (JM-1003) et Robert Mélançon (1977, JM-1006).

5. Sur *Neige noire*

Les études portant sur *Neige noire* ont presque toutes en commun d'offrir une analyse du cinéma dans le roman, considéré tantôt comme thème, tantôt comme élément structural de l'œuvre. On a aussi proposé quelques études des « commentaires » présents dans l'œuvre et des rapports réalité-fiction qu'ils ont pour effet de créer et d'orienter.

Dans un compte rendu rapide, paru peu de temps après la publication du roman, François Ricard (1974, JM-1033) note très justement que *Neige noire* n'est pas « [...] l'esquisse [...] d'une œuvre à réaliser (le film) mais bien [...] un roman [...] ». L'auteur montre aussi que la présence des commentaires dans l'œuvre a deux fonctions : l'une lyrique, l'autre « [...] d'adjoindre à l'œuvre sa critique simultanée ». Le dévoilement des procédés de création a pour effet de désamorcer l'œuvre « [...] en mettant en évidence son caractère littéraire, son irréalité ».

D.W. Russell (1975, JM-1039) montre que le roman fonctionne à deux niveaux : le scénario de Nicolas (*artful creation*) et les commentaires (*wilful destruction*) qui ont pour conséquence le dévoilement des procédés de création. En étudiant rapidement le rapport réalité-fiction entretenu dans *Neige noire*, l'auteur montre que ces deux niveaux créent un état de tension qui provoque une sorte de « duel » entre l'auteur et le lecteur.

Jacques Pelletier (1975, JM-1047) note, lui, que si le récit de *Neige noire* est double, il est cependant constitué de deux textes indissociables (le scénario de cinéma et le commentaire dont il fait l'objet) qui forment ensemble le roman dont le thème central n'est plus, comme dans les deux premiers romans, la question nationale, mais le temps[55].

Dans une étude importante, Jacqueline Viswanathan (1980, JM-1066) analyse le roman-scénario (« roman écrit sous forme de scénario ») dont elle pose au départ que le texte, d'une part, comprend certains éléments qui sont empruntés au scénario (le texte modèle) et identifiés comme tels par le lecteur et, d'autre part, est reconnu comme roman, « [...] ce qui signifie essentiellement que le texte modèle [...] perd sa fonction originelle et que les traits distinctifs acquièrent un statut proprement littéraire ». Elle montrera que loin d'être le signe d'un roman en crise, le roman-scénario témoigne d'un genre capable de se renouveler en « [...] s'appropriant de nouvelles formes textuelles ».

Elle procède d'abord à une analyse des éléments caractéristiques du scénario pour montrer qu'un certain ensemble de traits formels propres au scénario peuvent se prêter à l'exploitation romanesque[56]. Elle analyse donc les traits distinctifs de la forme scénario (découpage du texte, présentation de dialogues, etc.), les traits stylistiques du discours narratif contenu dans le scénario (systèmes du temps et des pronoms, utilisation de l'ellipse, etc.), la situation narrative du scénario et les rapports scénario-mimesis.

Elle étudie ensuite trois romans-scénarios (dont *Neige noire*) en déterminant l'utilisation faite, dans chacune des œuvres, des éléments caractéristiques du scénario qu'elle a d'abord identifiés. Or, dans le cas de *Neige noire*, le scénario « [...] peut être à la fois le récit d'un passé vécu et le projet d'un film qui sera une représentation fictive de ce passé ». Le scé-

---

55. Pour Monique Roy-Gans (1982, JM-1072) « [...] la question du nationalisme québécois est, comme Sylvie au début du roman, la « structure porteuse » de *Neige noire* ».

56. Si la plupart des critiques ont fait porter leur analyse sur les rapports entretenus entre le roman et le cinéma afin d'identifier les différents procédés cinématographiques utilisés dans *Neige noire* (voir, entre autres, JM-1049 et 1050), c'est ici au scénario considéré comme texte (publié et publiable) que l'auteur se réfère.

nario est le centre d'intérêt de tous les personnages et il devient plus important que le film qui, d'ailleurs, ne sera jamais réalisé. La présence des commentaires a pour effet de déplacer l'attention du lecteur du film au script lui-même.

En étudiant le rôle du lecteur, le processus de visualisation, les descriptions, le métadiscours cinématographique, le temps filmique, etc., dans *Neige noire*, elle montre que le scénario a une fonction capitale dans le roman. En fait, conclut-elle, scénario et roman-scénario se distinguent surtout par le mode de lecture qu'ils commandent.

C'est autour d'*Hamlet* que s'articule la réflexion de Patricia Smart (1975, JM-1043) : « *Neige noire* nous propose une relecture de la grande pièce énigmatique de Shakespeare et nous montre la voie vers la réconciliation de ses mondes en divorce : le sacré et le profane. » Pour elle, le personnage d'Hamlet est le fil conducteur d'une poursuite de la « coïncidence des contraires ». Son analyse porte donc sur les personnages de *Neige noire* et, plus rapidement, sur le procédé de la pièce dans la pièce qui se métamorphose « [...] en une multitude de combinaisons du motif vérité-fiction[57] ».

Quelques critiques ont proposé des études thématiques du roman[58] Ainsi, dans une étude comparative de *Projet pour une révolution à New York* d'Alain Robbe-Grillet et de *Neige noire*, Virginia Harger-Grinling (1979, JM-1054) montre que le thème de la violence et son traitement constituent les composantes essentielles des deux romans[59].

Après avoir identifié quelques-uns des thèmes de *Neige noire* (dont la pornographie, la violence sexuelle et le rapport qu'entretiennent l'amour et la mort), Patricia Merivale (1980, JM-1067) compare leur traitement à celui qu'en proposent d'autres auteurs dont Baudelaire, Yukio Mishima et Alain Robbe-Grillet.

Pour Richard G. Hodgson (1980, JM-1068), les éléments prédominants de *Neige noire* sont baroques. Il analyse donc très rapidement la stylistique de l'œuvre, les structures narratives, les allusions à Hamlet et les thèmes du roman que sont l'illusion, le masque, l'amour et la mort dans une perspective baroque[60].

Signalons enfin l'étude de Jean-Pierre Vidal (1981, JM-1069) qui porte sur les pages couvertures de *Neige noire* dont il montre que les éléments signifiants orientent la lecture du texte et l'article de Françoise Iqbal (1980, JM-1970) proposant une « psychanalyse du texte de *Neige noire* » qui ne convaincra pas nécessairement de sa totale efficacité.

---

57. Michel Euvrard a signalé quelques-uns des thèmes communs à *Hamlet* et à *Neige noire* (JM-1050).

58. Pour une étude rapide des thèmes du suicide et de la sexualité dans *Neige noire*, on pourra consulter JM-1058.

59. Christiane Houde (JM-1052) a aussi abordé le thème de la violence dans *Neige noire*.

60. Patricia Smart (JM-1043) constate que, dans *Neige noire*, Aquin a réalisé une fusion du baroque et du classique, au double niveau de la forme et du style : « classique dans son aspiration vers le repos et baroque dans son affirmation du mouvement [...] ».

On voit que tout reste à dire ou presque sur *Neige noire* puisque la critique s'est principalement intéressée au cinéma dans l'œuvre et a à peine abordé, par exemple, l'importance d'Hamlet et de la mise en abyme, le rôle du lecteur, etc.

Une récapitulation même rapide des travaux consacrés à l'œuvre romanesque d'Hubert Aquin montre que la production critique dont elle a fait l'objet est peu diversifiée. En effet, on constate que d'un roman à l'autre, sauf peut-être dans le cas de *Neige noire*, les analyses, sans toujours être d'égale importance, ont pour principaux objets la thématique, le temps, l'espace, les personnages, le style, etc., des œuvres, alors que la place de l'autobiographie dans l'œuvre, le rôle du lecteur (et de la lecture), l'intertextualité, etc., sont des domaines que la critique a presque systématiquement négligé d'explorer.

On a de plus l'impression que la critique reflète de façon trop exclusive les modes qui ont marqué la critique littéraire québécoise en général. Le moment n'est-il pas venu d'amorcer une autre étape de la critique aquinienne et d'aborder l'étude de l'œuvre et de son auteur par d'autres biais ? Ainsi l'on pourrait maintenant tenter de définir la pensée d'Aquin et de circonscrire son univers culturel dont les résonances sont fort nombreuses dans l'œuvre. À ce titre, les notes de lectures[61], le journal intime, qui contient d'importantes informations à propos notamment des lectures d'Aquin et les marginalia[62] pourront certainement constituer des sources utiles.

Si l'on a beaucoup écrit sur les romans d'Aquin, on constate que rares sont les critiques portant sur les autres textes du corpus : nouvelles, articles et essais, œuvres dramatiques produites tant pour la radio que pour la télévision, films, conférences et débats[63]. La diffusion restreinte de ces textes, restés pour la plupart inédits, explique en partie ce phénomène; leur publication, projetée dans le cadre du projet d'édition critique de l'œuvre d'Hubert Aquin (EDAQ), permettra par conséquent de lire ou de relire ces œuvres et probablement d'en proposer des analyses éclairantes.

JACINTHE MARTEL
Projet EDAQ
Université du Québec à Montréal

(janvier 1985)

---

61. Un premier inventaire des lectures d'Hubert Aquin est paru dans le *Bulletin de l'EDAQ*, n° 2, février 1983, pp. 30-37.

62. À propos des *marginalia*, l'utilisateur pourra consulter, premièrement, un article d'André Brassard intitulé « les *Marginalia* d'Hubert Aquin : intérêts et problèmes d'édition », paru dans le *Bulletin de l'EDAQ*, n° 2, février 1983, pp. 25-29, et, deuxièmement, son mémoire de maîtrise : *Préliminaires à une édition des marginalia d'Hubert Aquin* (Université de Montréal, décembre 1983, IV-79 pp.).

63. Pour une recension des quelques articles portant sur ces textes, voir JM, IV-B-2 à IV-B-9.

Bernard Beugnot

ÉDITER HUBERT AQUIN

> Événement nu, mon livre n'est écrit et
> n'est accessible à la compréhension
> qu'à condition de n'être pas détaché de
> la trame historique dans laquelle il s'in-
> sère tant bien que mal.
>
> H.A., *Prochain Épisode*

Sous ce titre à dessein d'une généralité extrême, les pages qui suivent [1]
se proposent, non de légitimer l'EDAQ, qui est rendue aujourd'hui au stade
de la production et bénéficie de plusieurs aides ou cautions institution-
nelles [2], mais de préciser les frontières de l'entreprise et de présenter les
problèmes spécifiques auxquels elle se heurte, sans prétendre à une exhaus-

---

1. Cet article développe et corrige sur plusieurs points la communication présentée, en
mars 1984, au colloque Hubert Aquin qui s'est tenu à l'UQAM (voir *Bulletin de l'EDAQ*, n° 3,
mai 1984, pp. 12-21, les dernières pages résumant les discussions qui avaient suivi). D'autre
part, cet inventaire des problèmes est redevable de son contenu à une série de travaux préliminaires, plus ou moins étendus, dus aux collaborateurs du projet :
  - *L'Antiphonaire* : échantillon d'édition des pages 83-95, établi par B. Beugnot en septembre 1983;
  - *De retour le 11 avril* : travail de séminaire de Micheline Noreau (UQAM, hiver 1985);
  - *L'Invention de la mort* (roman inédit) : échantillon d'édition préparé par Nicole Bé-
dard (avril 1984 et hiver 1985);
  - *Neige noire* : travail préliminaire de Pierre-Yves Mocquais pour le colloque de mars
1984 (voir *Bulletin de l'EDAQ*, n° 3, pp. 35-40);
  - *Les Sables mouvants*, *Été 1967* : échantillon d'édition établi par Gilles Cossette (avril
1984);
  - *Prochain Épisode* : échantillon d'édition des pp. 7-17 établi par Jacinthe Martel (avril
1984);
  - *Les Rédempteurs* : travail préliminaire de Claudine Potvin (automne 1984);
  - *Trou de mémoire* : première version de l'édition des 53 pages initiales, établie par
Janet Paterson et Marilyn Randall (hiver 1985).
2. Une communication présentée en mai 1982 au congrès de l'ACFAS a déjà répondu
aux principales objections possibles (voir *Bulletin de l'EDAQ*, n° 1, mai 1982, p. 18 (résumé)
et n° 2, février 1983, pp. 9-15 [texte complet]).

tivité encore impossible. Il n'est pas question, ce faisant, d'établir un protocole définitif se substituant à celui qui avait été préparé en 1981 à l'intention des chercheurs associés[3]. Chaque texte, par sa nature propre, appelle en effet des ajustements, des réponses particulières aux problèmes éditoriaux dont chaque éditeur a précisément la responsabilité, et aucune directive ne saurait se substituer ici au jugement critique individuel. Il s'agit donc plutôt, à partir de divers cas concrets, de proposer des axes de réflexion, des solutions possibles à des difficultés représentatives, qui pourront aussi, à l'occasion, s'avérer utiles pour des chercheurs travaillant sur d'autres corpus contemporains. Il faut d'abord rappeler que, dans toute édition critique, beaucoup de choix, en particulier au niveau de l'annotation, dépendent du visage que l'on veut donner au produit final (présentation et poids relatif de l'appareil érudit) et surtout du public que l'on vise. Répondre aux besoins des spécialistes sans renoncer à rejoindre plus largement le public cultivé de la francophonie, telle est l'ambition difficile de l'EDAQ.

I – La définition du corpus

Rien n'est plus irritant pour un projet d'édition critique d'*Œuvres complètes* que la mouvance du corpus qui, dans le cas d'Aquin, tient à la fois à la dispersion de ses textes et à la nature particulière de certains d'entre eux. La première retombée de l'EDAQ aura été à coup sûr de rassembler et de conserver les *disjecta membra* de cette œuvre et d'entreprendre l'inventaire ou la localisation de plusieurs fonds[4]. On sait ce que le dépouillement systématique du *Quartier latin* a permis à Jacinthe Martel de découvrir. Les pièces qui demeurent pour le moment d'accès difficile maintiennent certes une marge d'incertitude, mais qui n'invalide pas le projet dans la mesure où il s'agit surtout de textes documentaires ou de lettres qui, pour intéressantes qu'elles puissent être pour connaître la personnalité d'Aquin ou la genèse de ses œuvres, n'entraient pas de toute façon dans l'édition[5].

C'est dire que l'extension de l'édition ne coïncidera pas exactement avec celle de l'œuvre, entendue comme la totalité de la production écrite ou audio-visuelle. Que faire par exemple des *marginalia* qui vont du simple signe graphique (un soulignement, un trait vertical, un point d'exclamation, etc.) à la note ? Dans les limites mêmes des livres conservés ou consultables de la bibliothèque d'Aquin, le simple relevé est un travail délicat, et

3. On trouvera quelques additions et modifications à ce protocole, disponible auprès de l'EDAQ, dans le *Bulletin de l'EDAQ*, n° 3, pp. 41-45 et dans le n° 4, à paraître en mai 1985.

4. Voir ici même la contribution d'Andrée Yanacopoulo.

5. Alors que les initiateurs du projet avaient d'abord fait de l'édition de la correspondance une priorité, cette exclusion aujourd'hui peut d'autant plus surprendre que se multiplient les éditions de correspondances littéraires (Rousseau, Voltaire, G. Sand, Zola, Mallarmé, Gide...). Plusieurs raisons la motivent : lacunes évidentes qui seront lentes à combler; confidentialité indispensable de certaines; surtout caractère assez rarement littéraire. Il reste que toutes les lettres réunies qui constituent un outil de recherche seront éditées au sens technique du terme, c'est-à-dire transcrites sur les originaux et annotées, et consultables à l'EDAQ, grâce aussi à deux fichiers, alphabétique et analytique.

l'édition encore davantage, même si l'on dispose de quelques modèles (Racine, Voltaire, Stendhal). Il y a pourtant là une source documentaire de premier ordre dont les éditeurs de textes doivent connaître l'existence pour mieux mesurer la culture de l'auteur et en identifier les traces dans ses textes. Il faut donc au moins dresser l'inventaire aussi précis que possible des livres qui ont été lus, tant ceux de la bibliothèque personnelle que ceux dont l'emprunt a laissé des traces dans les fichiers des bibliothèques publiques. Un tel inventaire pourrait d'ailleurs trouver place dans un volume d'appendices documentaires qui s'ajouterait à l'édition une fois terminée.

Dernier aspect de ces problèmes de délimitation : le brouillage des frontières traditionnelles entre les genres qui peut amener[6], en cours de travail, à un redécoupage des volumes. Si le cas des romans est simple, celui des nouvelles l'est déjà moins, des textes courts publiés dans le *Quartier latin* ou dans le *Haut-Parleur* étant de statut incertain par rapport aux critères habituels du genre. Quant aux textes destinés à la radio et à la télévision, leur production est une étape créatrice qui, pour être seconde, n'en est pas secondaire puisque Hubert Aquin y prenait une part active; elle peut donc être source de variantes dont l'origine exacte n'est pas aisée à déterminer[7].

II – Manuscrits et tapuscrits

Au seul stade de sa mise en route, le projet EDAQ a déjà eu pour effet de faire connaître des versions manuscrites ou dactylographiées d'œuvres par ailleurs imprimées (soit sous la forme de brouillons, comme dans le cas de *Neige noire*, soit sous la forme d'états différents, comme pour la nouvelle intitulée *De retour le 11 avril*) et de révéler l'existence de nombreux inédits qui modifient le visage connu de l'œuvre en étendant sensiblement les limites que l'on croyait siennes. La qualité matérielle très inégale de ces manuscrits et tapuscrits met l'éditeur face parfois à des choix proches du dilemme.

1. *Fautes et coquilles : Les Sables mouvants* (33 pages écrites en Italie en mai 1953) présente des défauts, erreurs et anomalies manifestes de ponctuation, d'accentuation et d'orthographe : absence de majuscule pour des noms propres, mots manquants, négligences de frappe qui prouvent que le manuscrit n'a pas été relu. Aucune raison en pareil cas d'avoir pour le « texte de base » un respect superstitieux au détriment des simples exigences de la commodité de lecture[8]. Toutefois, les interventions de l'édi-

---

6. Les éditeurs de Diderot connaissent ce genre de problèmes : voir Michel Delon, « Éditer Diderot », *Revue d'histoire littéraire de la France*, 83ᵉ année, nº 2, mars-avril 1983, pp. 245-246.

7. Voir à ce sujet la contribution de Vincent Nadeau au présent numéro.

8. Il en va de même pour un texte imprimé comme *Trou de mémoire* dont l'édition au Cercle du livre de France en 1968 présente de multiples coquilles. Elles seront évidemment corrigées systématiquement, et la correction ne fera l'objet d'une note que dans les cas où subsiste un doute sur l'origine ou la nature de la « faute » (négligence possible de l'auteur, emprunt à un autre niveau de langue, etc.).

teur, aisées à justifier pour l'orthographe ou l'accentuation, le sont beaucoup moins pour la ponctuation dont les anomalies apparentes peuvent
répondre à des intentions d'auteur. Dans de pareils cas, il convient donc :
A) de fournir en introduction une description détaillée de chaque état;
B) de signaler les grandes catégories de fautes qui ont dû être corrigées;
C) de signaler en note toute modification qui a des incidences sur la nature
ou la lecture du texte. Tout mot ajouté sera, bien sûr, placé entre crochets.

2. *Versions multiples et dossiers* : l'appareil traditionnel des variantes et
leur présentation en bas de page ou en fin d'édition pourra dans ces cas se
révéler inadéquat. Le problème est d'ailleurs bien connu; que l'on songe
aux *Maximes* de La Rochefoucauld, aux manuscrits de Flaubert ou à l'éven-
tuelle édition critique des dossiers de Francis Ponge. Ou bien les réécritures
successives, si fondamentales à toute perspective génétique, sont si nombreuses qu'elles constituent l'avant-texte en totalité autonome, ou bien le
texte subit, d'une version à l'autre, des remaniements sous forme d'ajouts,
d'amputations ou de déplacements que les zones de coïncidence sont trop
réduites pour mettre aisément en évidence superpositions et écarts.

Ainsi, pour *De retour le 11 avril*[9], les modifications affectent non seulement la rédaction, mais le contenu, l'ordre et le nombre des paragraphes.
Sur deux trames narratives assez proches, il s'agit en fait de deux mises en
scène différentes. La solution la plus facile consiste évidemment à publier
successivement les deux versions, laissant au lecteur le travail de confrontation. Peut-être des dispositifs typographiques plus inventifs permettraient-ils
de mettre en évidence le travail textuel, une fois fixée du moins la chronologie relative des états pour faire choix d'un texte de base.

Quant à *Neige noire*, l'existence d'un dossier de travail, d'un manuscrit
(1329, p. r°-v°), de deux séries de galées et d'une copie corrigée rend
indispensable une édition critique, mais multiplie les problèmes de réalisation. Il faudra sans doute envisager, si l'on ne veut pas réduire l'exploitation
de tous ces documents avant-textuels à l'étude de genèse ou sélectionner
arbitrairement des éléments que l'éditeur considérerait comme plus pertinents, une publication à part sous forme d'annexe ou plutôt une présentation

---

9. Voir ici même la contribution de G. Cossette. Il existe, en effet, de ce texte cinq
états qui se répartissent en deux groupes.
Groupe I Il comprend deux états :
    A) état dactylographié avec page de titre manuscrite (15 pages);
    B) état imprimé dans *Point de fuite*, 1971, pp. 145-159, daté de 1967;
    il présente, par rapport au précédent, une longue addition (pp. 146-147, depuis
    « Pourtant tu dois me croire ... » jusqu'à « ... tant d'amours néfastes ») et une
    variante ponctuelle, p. 155.
Groupe II Il comprend trois états :
    A) tapuscrit de Radio-Canada, daté du 8 janvier 1968. Le texte a été diffusé le
    11 août de la même année (14 pages);
    B) état imprimé dans *Liberté*, mars-avril 1969, pp. 7-19;
    C) état imprimé dans *Blocs erratiques*, 1977, pp. 225-246, daté de 1969.
    La faute manifeste des deux états précédents (« Je ne donnais plus triste (pour
    prise) à la mélancolie », *Liberté*, p. 14) est ici corrigée.

page contre page de la version manuscrite et de sa réduction en version imprimée [10].

III–L'annotation du texte

Des échantillons d'édition qui ont été jusqu'à présent examinés, il ressort que les champs d'annotation qu'appellent les textes d'Aquin sont extrêmement variés, souvent complexes, sans que le départ soit toujours aisé à faire entre ce qui relève de l'information et ce qui relève du commentaire littéraire déjà engagé. En bien des cas, impossible de se satisfaire d'une note documentaire qui lève une obscurité ou éclaircit une allusion sans évoquer le jeu qui jetait sur la réalité travestie ou masquée un voile textuel. Aucun protocole ne saurait ici prévoir tous les cas d'espèce, fixer des normes ou des règles; tout au plus peut-il donner des orientations, laissant à chaque éditeur le soin d'inventer sa jurisprudence.

Se pose au préalable la question du style ou du mode de rédaction des notes. Même si leur objet premier est documentaire, même si l'édition critique, de l'avis unanime des spécialistes, ne se prête pas au déploiement d'une analyse littéraire, le style anonyme, voire télégraphique, inspiré du modèle des dictionnaires, est vite rébarbatif. Il faut au contraire que la note invite à la lecture, stimule la réflexion; c'est une question de ton plus que de longueur de la note et un moyen aussi, devant une question épineuse, de suggérer une solution, d'ouvrir des voies sans trancher avec raideur.

1. L'annotation historico-biographique

Une des fonctions premières de l'édition critique est, on le sait, de conserver au texte sa fraîcheur initiale et son actualité en maintenant vivante la mémoire de tout ce qui l'ancre dans son temps et dans la vie de son auteur. Autre chose est de rappeler la présence de ces traces et de mettre en évidence cette nappe historique, autre chose de prétendre replier le texte sur cette seule dimension. Procès d'intention qui est quelquefois fait à l'édition critique, mais qui procède d'une double méconnaissance : d'une part, elle ne prend pas seulement en compte des textes de fiction où l'écart, la transposition ou la rupture avec le réel sont les plus grands; d'autre part, elle vise à inventorier tous les matériaux dont le texte se constitue sans préjuger de leur exploitation dans le cadre de divers systèmes interprétatifs. Seul postulat de départ : un texte littéraire n'est pas intemporel, l'œuvre est, suivant la formule de Barthes, « signe d'une histoire et résistance à cette histoire ».

A) *Assises biographiques* : la correspondance disponible et la biochronologie qui fera bientôt partie des archives de l'EDAQ aideront à dater les textes, à faire l'histoire de leur genèse, à repérer les dépôts autobiographiques sans en faire pour autant les principaux noyaux de sens. Loin de ressortir d'une curiosité indiscrète, cette enquête aide à analyser les processus d'invention et le travail de l'imaginaire tout autant qu'à en rendre percepti-

---

10. Voir dans le *Bulletin de l'EDAQ*, n° 3, mai 1984, pp. 35-40, le document préparé par Pierre-Yves Mocquais.

bles aux lecteurs lointains ou futurs les aspects allusifs transparents pour son premier public. Le discours évoqué au début de *Trou de mémoire*, la phrase de *Prochain Épisode* — « J'ai rencontré Salvador Dali, pris les toasts du matin avec Gérard Souzay, bu un pernod avec Jean Rigaux, un scotch avec Fernandel, un café avec Adlai Stevenson » — appellent une annotation, moins pour retrouver l'événement anecdotique que pour comprendre les choix et ce qui les détermine.

B) *Actualité historique, politique et sociale* : c'est sans doute à ce niveau qu'un texte peut le plus échapper à une lecture différée. Ces allusions peuvent en premier lieu aider à dater la rédaction du texte, ainsi de la phrase : « L'hôtel Windsor a mis tous ses lits à l'encan, il y a quelques semaines » (*L'Invention de la mort*, p. 18). Plus souvent, elles dénotent un contexte, un milieu, une orientation politique comme les mentions du RIN dans *Trou de mémoire*. L'éditeur doit ici prendre sur le texte un regard assez étranger pour se rendre sensible à tout ce qui peut arrêter la lecture courante.

2. *L'érudition aquinienne : sources et intertextualité*

Comme le fait remarquer J. Martel, il nous manque encore une étude systématique sur la culture d'Hubert Aquin et ses multiples réfractions textuelles; ce sera sans doute l'une des premières retombées de cette édition que d'en préparer le matériau. *L'Antiphonaire* illustre exemplairement les jeux sur l'érudition authentique — même si elle est de seconde main, en l'occurrence puisée dans E. de Bruyne, *Études d'esthétique médiévale* (Bruges, 1946, 3 vol.), qui figure dans la bibliothèque d'H. Aquin — et ce qu'on peut appeler l'effet d'érudition qui consiste à glisser un nom fictif, un détail insolite rendus vraisemblables par le contexte. Il y a là une recherche longue et minutieuse à laquelle aucune édition critique ne saurait se dérober; les *marginalia*, les notes de cours ou de lectures, les allusions transparentes, autant de pistes à suivre. Les index établis pour chaque volume aideront aussi, par un effet cumulatif, à dessiner ce paysage mental.

Là encore se posent des questions d'étendue de l'enquête et de niveau de l'annotation. Faut-il, comme le souhaitait jadis G. Lanson, pousser jusqu'à la moindre coloration perceptible ? H. Aquin n'écrit pas dans le contexte de la littérature humaniste ou classique, alors que le texte était imitation et variation sur des originaux multiples dont l'identification faisait partie du plaisir du texte. Il y a donc à distinguer nettement entre ce qui est origine ou référence et ce qui est simple rapprochement suggéré par le texte à la culture du lecteur. Le degré d'explicitation de l'allusion déterminera la nécessité et la nature de la note : l'*Histoire des treize* de Balzac, mentionnée dans *Prochain Épisode*, et *la Chartreuse de Parme* de Stendhal, citée dans *l'Invention de la mort*, méritent à peine une note, à moins que l'allusion n'engendre dans le contexte tout un réseau de sens (intertextualité explicite ou obligatoire). Est-il utile de rappeler que l'auteur du *Discours de la méthode* s'appelait Descartes ? Le petit Larousse et le petit Robert n'ont pas à passer dans les notes.

En revanche, le nom de Thomas de Quincey (*Trou de mémoire*, p. 9) appelle une remarque en tant qu'auteur de *l'Assassinat considéré comme l'un des beaux-arts*, parce que *l'Invention de la mort* parodie ce titre (p. 36 « De l'avortement considéré comme l'un des beaux-arts ») et qu'il y a dans les papiers d'Aquin un dossier sur l'anarchie.

Mais faut-il rappeler que « le Pausilippe et la mer d'Italie » sont l'écho d'un vers du sonnet de Nerval « El desdichado » ? Faut-il voir dans l'expression « nu reflété dans le miroir » (*L'Invention de la mort*, p. 3) une variation mallarméenne ? On voit assez que là encore il n'y a souvent que des cas d'espèce laissés à l'appréciation de l'éditeur.

Le réseau biblique qui sous-tend ou inspire bien des pages ne prête, lui, à aucune hésitation; il sera identifié, annoté, voire commenté lorsqu'il se métamorphose en réseau imaginaire ou donne au texte sa portée symbolique, mythique. Par exemple, l'expression *précieux sang* (« Tout me déscrtc…, toutes les membranes se rompent, laissant fuir à jamais le précieux sang », *Prochain Épisode*, p. 17) doit d'autant plus être rapportée à sa source (Ire épître de saint Pierre, 1, 19) que toute la coloration religieuse de la page s'en trouve éclairée. C'est encore plus vrai pour *l'Invention de la mort* où les traces bibliques affleurent un peu partout.

3. *La géographie : entre réalité et fiction*

Romans et récits suivent souvent un itinéraire très précisément situé et nommé, qu'il s'agisse de la Californie de *l'Antiphonaire*, des Cantons de l'Est dans *Prochain Épisode*, du tissu urbain montréalais dans *l'Invention de la mort* et *De retour le 11 avril*. Un plan en appendice permettrait-il au lecteur de repérer les ancrages et les brouillages ? À tout le moins, il faudra faire sentir par une annotation appropriée le poids textuel de ces références qui souvent connotent un milieu social, un style de vie, qui correspondent à des données sociologiques que le lecteur montréalais par exemple a le privilège de percevoir.

4. *Les registres du lexique aquinien*

C'est là sans aucun doute une des parties les plus délicates de l'annotation puisqu'elle suppose à la fois une exacte représentation du lecteur et une juste perception des niveaux et des nuances propres à la langue du texte. Habituellement intransitif, le verbe *démarrer* s'emploie au Québec avec un complément d'objet : « auto difficile à démarrer » (*L'Invention de la mort*, p. 63); il faudra souligner cet emploi, comme expliquer le mot *chienne* (*Trou de mémoire*, p. 26) pour désigner la blouse blanche. De même, si le lecteur de l'extérieur n'est pas averti que *noirceur* appartient à la langue courante pour désigner l'obscurité, il prendra le terme pour un archaïsme et décèlera dans son emploi un effet stylistique. Ailleurs, c'est le contexte qui exerce une pression sémantique : dans une scène de viol, le verbe *ravir*, que l'usage a banalisé, retrouve peut-être quelque chose de la force qu'il tient de son étymologie (*L'Antiphonaire*). De nouveau, les frontières apparaissent floues entre l'information et ce qui tient déjà de la lecture littéraire. Restent enfin les néologismes ou les inventions verbales qu'il convient de distinguer du simple vocabulaire technique ou savant et dont l'éditeur devra mettre en évidence les processus de formation.

Face au flottement des catégories et à la difficulté parfois de nommer un phénomène lexicologique avec précision, le comité éditorial a estimé préférable que les éditeurs s'abstiennent de classer leurs observations en archaïsmes, néologismes ou québécismes et orientent seulement l'attention des lecteurs vers l'une de ces catégories par la manière de rédiger la note.

Quant à la nécessité d'un glossaire ou d'un lexique[11] en fin d'édition, elle dépendra des récurrences. Si les mêmes notes étaient appelées plusieurs fois, un glossaire auquel renverraient des astérisques serait une solution économique. Sinon, la note ponctuelle demeure plus commode d'utilisation.

5. *L'annotation grammaticale et syntaxique*

La première règle est ici de prudence, surtout dans les cas où l'on ne dispose que d'un manuscrit qui n'a pas été revu. Souligner le caractère insolite d'une construction ou d'une tournure n'est pas les taxer automatiquement de négligence ou d'incorrection. Le rôle de l'éditeur est d'abord explicatif. Ainsi, dans le récit d'un rêve amorcé à l'imparfait (*L'Invention de la mort*, p. 61), le narrateur passe brusquement au présent : « L'autre, le troisième habitant de mon paysage, c'est peut-être moi en tant que rêveur. » Négligence ? Transgression de la cohérence temporelle ou des exigences de la concordance des temps ? Ou intrusion du présent de la narration par la voix de l'interprète ? Le paysage romain qu'évoque Stendhal dans les premières lignes de *la Vie de Henri Brulard* offre un exemple d'un glissement analogue.

6. *Citations et mots étrangers*

À l'exception de l'anglais le plus courant, c'est-à-dire des cas où il n'y a pas d'effet polysémique ou de recours à un niveau argotique par exemple, tout ce qui appartient à une langue étrangère sera traduit et à l'occasion commenté. Ainsi *jump insensé, Blitzkrieg* (« guerre éclair ») dans *Trou de mémoire* ou *Weltschmerz* (« mal du siècle ») dans *l'Invention de la mort* seront annotés.

7. *Problèmes d'onomastique*

Dès 1949, Jean Pommier avait montré, sur le cas de *Madame Bovary*, l'intérêt d'une onomastique littéraire dans la double perspective d'une ana-

---

11. Glossaire ou lexique semblent les deux termes les plus appropriés. On sait en effet qu'un glossaire « donne sous forme de simple traduction le sens des mots rares ou mal connus », qu'un lexique est « une liste des termes utilisés par un auteur », tandis qu'un index est le fruit d'un travail de dépouillement qui donne occurrences et fréquences et qu'une concordance est un index des mots présentés avec leur contexte. Voir J. Dubois *et alii, Dictionnaire de linguistique*, Paris, Larousse, 1973, et R. Brackenier, « Index et concordances d'auteurs français modernes. Étude critique (1re partie) », *Travaux de linguistique*, vol. 3, 1972, pp. 1-43.

lyse des processus d'invention et d'une sémiologie des noms propres. Les récurrences de noms ou de prénoms, comme Madeleine (*L'Invention de la mort; Vingt-quatre heures de trop*), figure à la fois biblique et baroque, méritent d'être soulignées. De même sans succomber à l'illusion réaliste, il sera bon de faire le départ entre noms historiques et noms de fiction, de montrer comment la création verbale fonctionne ici sur le mode du vraisemblable ou de la parodie, façon encore d'entrer dans l'atelier de l'écrivain et de dégager les diverses nappes textuelles qui jouent les unes par rapport aux autres.

Mais pareille annotation engage déjà dans la voie du commentaire dont il reste brièvement à rappeler la nature et la place, une fois assurée par l'annotation une relative autonomie de la lecture pourvue de tout l'appareil d'information nécessaire.

IV – Un mot du commentaire

Si une édition critique n'a pas à s'étendre aux dimensions d'une édition commentée qui accompagnerait le texte d'une analyse littéraire minutieuse — la raison en est que son propos n'est pas d'élaborer une interprétation ou de poser sur le texte un grille éphémère, mais de doter lecteurs et chercheurs d'un instrument de travail aussi précis que possible —, il reste que l'éditeur, par la familiarité qu'il a acquise avec le texte comme avec l'ensemble de l'œuvre en est aussi un lecteur privilégié qui pourra à l'occasion suggérer des pistes dès l'instant qu'il prend appui sur des réalités textuelles dûment établies.

Indépendamment des études de genèse, de fortune et de réception qui sont parties habituelles d'une édition critique et trouvent place sous forme analytique dans les notes et sous forme synthétique dans l'introduction, l'œuvre d'Hubert Aquin soulève un problème très spécifique, celui des récurrences thématiques. Il notait dans son *Journal*, en date du 26 juillet 1961 : « J'ai le sentiment d'écrire des variantes. » Les textes inachevés (*L'Été 1967*) ou inédits (*L'Invention de la mort*) viennent confirmer la prégnance presque obsessionnelle de certains thèmes dans l'imaginaire aquinien; il appartiendra aux éditeurs de mettre en lumière ces réseaux et ces retours par un nombre suffisant de rapprochements et de renvois. Mais sous quelle forme? La sécheresse d'un simple renvoi sera sans vie et ne contribuera pas à apprécier les continuités ou les infléchissements et les métamorphoses; les citations trop longues risquent d'alourdir indûment l'édition. Entre les deux, il faudra sans doute envisager des notes un peu étoffées qui citeront brièvement, justifieront le rapprochement ou le renvoi en signalant quelques analogies et différences, et, en introduction, quelques pages qui mettront en perspective le contenu éparpillé de ces notes.

Faut-il pousser plus loin le commentaire ? Il est tentant par exemple, dans le cas de *l'Invention de la mort*, d'attirer l'attention sur l'imaginaire du lieu clos, si insistant et qui sourd presque naturellement de l'allusion à *la Chartreuse de Parme*. S'y croisent et s'y conjuguent la chambre et la prison, la tombe et la mort, la crypte et le cachot, le ventre maternel et cette phrase clé : « La vraie vie est interdite et se célèbre en lieu clos comme une messe noire. » Sans élaborer un système d'interprétation, il est au moins possible d'inviter au constat.

On voit l'étendue des problèmes qu'auront à résoudre et les éditeurs et le comité éditorial. C'est aussi l'intérêt d'une telle recherche de modifier le visage d'une œuvre en même temps qu'elle soulève des questions méthodologiques plus générales. Disons seulement, pour répondre à des réticences ou à des objections, qu'une édition critique ne vise pas seulement à doter un texte d'une mosaïque de notes disparates, ni à le réduire à une collection de sources ou aux moments de sa genèse par une manière d'aplatissement historique, mais bien plutôt à le mettre en valeur, à révéler ses plans multiples et ses pièges, à en exhiber en quelque sorte le « feuilletage », mais comme autant de détours indispensables pour en comprendre l'organisation et le sens. Ainsi, éditant naguère les *Entretiens* de J.-L. Guez de Balzac, recueil posthume et hétéroclite de 40 textes qui tiennent de la lettre, de la note, de l'essai, du journal parfois et s'échelonnent sur plusieurs décennies, il m'est apparu, au terme de l'entreprise, qu'une intention formelle très tôt conçue et un projet autobiographique organisaient cet ensemble et le constituaient en œuvre.

BERNARD BEUGNOT
Département d'études françaises
Université de Montréal

CHANTAL DE GRANDPRÉ

LA BIOCHRONOLOGIE
D'HUBERT AQUIN

La chronologie de la vie et de l'œuvre d'Hubert Aquin étant un instrument de travail fondamental pour l'édition critique en cours, il s'agira ici de présenter principalement la méthodologie adoptée lors de son élaboration et d'examiner le rôle qu'elle joue auprès des éditeurs. Cependant, l'établissement d'une chronologie permet aussi d'évaluer l'importance d'un écrivain et de mesurer la portée des gestes qu'il a posés. En ce sens, la chronologie d'Hubert Aquin déborde le cadre dont elle dépend par ailleurs et rend possible une étude des rapports entre le sujet de l'écriture et l'individu, le sujet n'étant pas l'individu mais plutôt l'individuation, c'est-à-dire le social devenu l'individuel[1]. Le travail sur la chronologie d'Hubert Aquin peut, par conséquent, contribuer à l'étude de ces rapports; c'est peut-être là sa dimension la plus essentielle au plan théorique.

Parler de chronologie à l'heure actuelle peut sembler prématuré; en effet, bien que l'EDAQ dispose présentement d'un stock d'informations considérable, il reste que ces informations ne constituent pas une chronologie « écrite ». Ce sont simplement des informations mises sur fiches (près de 4 000) selon une codification stricte. Aussi vaudrait-il mieux parler de fichier chronologique plutôt que de chronologie, car ce dernier mot impliquerait qu'une sélection a été opérée de manière à faire ressortir les événements les plus importants. Or, dans le fichier chronologique, aucune sélection n'a été effectuée, de sorte que toutes les fiches ont pour ainsi dire le même poids. Un dîner en ville avec des amis, par exemple, a structurellement la même importance que la parution de *Prochain Épisode* — ce qui ne serait pas le cas dans le cadre d'une chronologie « écrite ».

---

1. Une histoire de ces rapports a été commencée par Bernard Groethuysen dans *Origines de l'esprit bourgeois en France* (Paris, Gallimard, 1927) et continuée de façon fragmentaire par Jean-Paul Sartre dans le tome III de *l'Idiot de la famille* (Paris, Gallimard, 1972).

De plus, l'adoption de ce système oblige à laisser de côté tout ce qui ne relève pas de l'événementiel. Les témoignages sur Hubert Aquin sont donc difficiles à mettre sur fiches : en plus d'être tout à fait subjectifs, ils sont souvent peu précis quant aux faits et aux dates. Or, l'organisation du fichier chronologique repose sur les faits. Une tentative de suicide par absorption de médicaments sera par conséquent recensée, mais il sera délicat, par ailleurs, de mettre sur fiches le rapport qu'Hubert Aquin entretenait avec la médication de façon générale.

À partir de là, l'inventaire des « faits » apparaît tout aussi interprétatif que les témoignages, car, quoiqu'il se présente comme étant davantage objectif, il n'en demeure pas moins un discours sur l'homme et sur l'œuvre[2]. De plus, il est indéniable qu'un choix est opéré, même au plan événementiel, et que ce choix ne peut pas être indépendant des goûts, des intérêts et des préjugés des personnes en cause. Si j'insiste là-dessus, c'est qu'il me paraît essentiel de ne pas laisser l'importance numérique des fiches masquer certains partis pris qu'un inventaire événementiel prétend, par sa nature, éliminer.

Cela dit, malgré des lacunes certaines (qui seront d'ailleurs bientôt palliées par la constitution de dossiers thématiques dont s'occupe activement Guylaine Massoutre, à qui incombe désormais la responsabilité de la chronologie), il reste que nous avons en notre possession un grand nombre d'informations vérifiées à la source. Pour le sérieux de l'édition critique, il est en effet indispensable que tout renseignement que nous utilisons soit confirmé par une ou plusieurs sources. C'est pourquoi la méthodologie adoptée témoigne d'une volonté de rigueur et d'exactitude. Cela, d'autant plus que le travail sur fiches était une étape préparatoire à l'informatisation des données qui est présentement en cours. Il a donc fallu, dès le début, penser à coder la vie d'Hubert Aquin de telle manière que, une fois celle-ci informatisée, on puisse, avec l'aide d'un logiciel de traitement de données, retrouver facilement les œuvres écrites ou les conférences par exemple, sans avoir à multiplier les mots clés.

On a donc divisé la vie d'Hubert Aquin en tranches thématiques en utilisant les codes suivants :

AP pour les activités professionnelles, soit les débats, les conférences, la production filmique, le travail d'écriture ainsi que pour les questions reliées à ces activités, tels les problèmes financiers, les amitiés et/ou inimitiés, etc.

AS pour les activités sociales : rencontres, sorties, dîners, fiançailles, mariage.

BI pour ce qui relève plus spécifiquement du biographique : naissance, vie sentimentale et familiale, autocritiques, etc.

---

2. Il s'agit d'ailleurs d'un discours anonyme, c'est-à-dire qui tend à « l'identification avec son objet » comme le fait remarquer Jean Dubois dans son étude sur le discours du dictionnaire, « Dictionnaire et discours didactique », *Langages*, n° 19, septembre 1970, pp. 35-47.

DE pour les déplacements, soit les déménagements et les voyages.

ET pour les études.

IN pour les intérêts, c'est-à-dire tout ce qui n'est pas directement lié à sa vie professionnelle, mais qui, en un sens, la nourrit : le nationalisme, le cléricalisme, le jazz ... Il est certain que cette rubrique est surtout importante au moment des années d'études au Collège Sainte-Marie et à l'Université de Montréal et lors du séjour d'études en France. Plus Hubert Aquin vieillit, plus ses intérêts ont tendance à se fondre dans sa vie professionnelle et sociale.

LE pour les lectures.

OE pour les œuvres : s'il s'agit d'un texte publié, il est suivi des indications bibliographiques — si non, de la mention « inédit » entre parenthèses. Cette rubrique couvre toute la production écrite. Dès qu'Hubert Aquin parle d'un manuscrit ou d'un tapuscrit fini, celui-ci est fiché sous *OE*; tant qu'il y travaille, sous *AP*. Les négociations relatives à la production écrite (traductions, édition, etc.) sont rangées sous *AP*. Une conférence donnée par Hubert Aquin sera par conséquent notée deux fois, une sous *AP* et une sous *OE*, puisqu'il s'agit à la fois d'une activité professionnelle et d'une œuvre.

PO pour ce qui relève du politique : toute l'activité militante au sein du RIN et de l'Organisation spéciale.

RE est utilisé pour éviter de résumer un événement qui a lieu sur une longue période de temps. Le divorce d'Hubert Aquin, par exemple, met longtemps à se réaliser; plutôt que de résumer ce dont il s'agit à chaque fois qu'il en est question, on écrit *RE* : Divorce.

Dans l'établissement des fiches, l'ordre chronologique est demeuré prioritaire. Pour un projet se réalisant au cours de plusieurs jours, mois ou années, on a fait une fiche à la première date connue et on y a indiqué qu'il s'agissait d'un projet en cours. On a refait une fiche lorsque le projet a été terminé.

La même règle s'est appliquée en ce qui concerne les dates imprécises. Un événement qui débute en 1951, par exemple, a été classé immédiatement après le 31 décembre 1950, à moins que d'autres indications aient permis de le classer à un autre moment.

Une fiche type ressemble par conséquent à l'exemple suivant :

1951 : (printemps)

ET :   1. Il obtient une licence de philosophie avec la mention *Magna cum laude* et la note de 85.4 %

2. Sa spécialisation : Le personnalisme et le bien commun d'après Emmanuel Mounier

3. Son directeur de thèse : Jacques Lavigne

De plus, aux fiches thématiques se sont ajoutées les fiches sources. La fiche source (*SO*) est une fiche blanche qui suit toutes les fiches thématiques de couleur rose consacrées à une journée. Par exemple (j'utilise ici un exemple fictif), pour la journée du 25 novembre 1952, la source commune à tous les thèmes moins un serait la correspondance de novembre (corr.); le thème *IN* aurait sa source dans la correspondance du 12 juin 1950; le thème *DE* serait confirmé par le témoignage de X et le thème *AP1* serait infirmé par le témoignage de Y. La fiche source d'une telle journée ressemblerait à ce qui suit :

    1952 : 11 : 25
    SO :   corr.
            IN : corr. 1950 : 06 : 12
            DE : + tém. de X
            AP1 : + infirmé par tém. de Y

Le signe « + » devant la mention d'une source indique que cette dernière s'ajoute à celle de la correspondance du mois. L'absence du signe « + » indique que seul ce qui suit est la source.

Au début, on a établi les fiches à partir de la correspondance d'Hubert Aquin, qui provient pour la plus grande partie du fonds Andrée Yanacopoulo, et à partir de la bibliographie établie par Jacinthe Martel. Par la suite, il a surtout été question de vérifier les informations floues et/ou contradictoires et de rechercher des textes dont il est fait mention dans la correspondance. C'est ainsi que nous avons finalement mis la main sur des articles écrits par Hubert Aquin pour le journal *la Patrie* en 1953. Hubert Aquin parlait tellement de sa collaboration à ce journal que, malgré l'absence de dates précises, nous avons procédé à un dépouillement systématique de *la Patrie* à partir de 1950, et nous avons trouvé les articles en question.

Cette vérification à la source, dans le cas de dossiers épineux comme ceux relatifs à sa séparation, à son divorce, à son procès pour port d'armes et vol de voiture et à son suicide, cela signifie aussi avoir accès à l'information de base que constituent les dossiers civils.

Quant aux témoignages obtenus lors d'entrevues, il s'agit là d'une autre source importante qui nous permet surtout d'établir des pistes de recherche supplémentaires et d'ajouter du matériel au fonds de l'EDAQ, puisque les personnes interviewées sont souvent en possession de lettres, de photos ou de toute autre documentation relative à Hubert Aquin.

Le fichier chronologique s'articule donc sur une méthodologie rigoureuse et sur une documentation vérifiée à la source dans la mesure du possible. Tout y est consigné, jusqu'aux heures de départ et d'arrivée des avions, et ce, pour la bonne raison que le rôle du fichier chronologique à l'heure actuelle est moins de servir à la constitution d'une chronologie « écrite » ou d'une biographie qu'à servir de référence aux éditeurs dans leur travail d'édition critique :

> Une des fonctions de l'édition critique est de replonger le texte dans son environnement historique (histoire du temps, histoire de l'auteur) et de maintenir ainsi vivante son actualité : *a*) Assise biographique : correspondance et biographie chronologique, qui pourront être consultées à l'EDAQ, aideront à mettre en évidence toute la nappe autobiographique et ce qui se cache de vécu derrière les épisodes d'un roman par exemple. Il ne s'agit pas là d'une sorte de curiosité indiscrète, mais d'une enquête qui intéresse directe-

ment la genèse et toute étude sur les processus de l'invention, de la transposition ou du travail de l'imaginaire[3].

Tout en reconnaissant qu'il s'agit là d'une position nécessaire dans le cadre d'une édition critique comme celle de l'EDAQ, on peut aussi s'interroger, à la manière d'Henri Meschonnic, sur ce qui ressemble fort à un « rapport référentiel univoque avec ce qui n'est pas l'œuvre[4] » en parlant de la source, et où ce qui semble importer le plus est la recherche du vécu comme garantie d'authenticité. Comme si, d'ailleurs, la biographie immédiate ne contredisait pas souvent l'œuvre.

L'homme et l'œuvre ne peuvent d'ailleurs être que dissociés par cette recherche de l'un dans l'autre, où l'écriture risque d'être réduite à un dire sur du vécu. Au lieu que le dire soit le vivre, ce qui ne peut être étudié que dans et par l'écriture.

Ce rôle référentiel fondamental que joue le fichier chronologique peut difficilement ne pas être mis en question, car il s'inscrit au sein d'une entreprise traditionnelle, l'édition critique, que les études littéraires québécoises se sont annexée tardivement. Quant à savoir si la faveur dont jouit cette entreprise est indicative d'un récent repli traditionaliste, il est encore trop tôt pour en juger.

Cela dit, si Hubert Aquin, jeune, souhaitait déjà « faire parler sa vie plus que son œuvre[5] », on pourra dire qu'il y a réussi d'une certaine manière, puisque cette édition critique, qui couronne son œuvre, va bien dans ce sens, sans toutefois exclure d'autres directions possibles. Dans cette optique, j'indiquais d'ailleurs, au début de cet article, un autre rôle éventuel du fichier chronologique qui serait de mener à une étude du processus d'individuation et il est certain que les informations dont nous disposons maintenant sont suffisamment riches pour que nous puissions envisager un projet de cette envergure.

CHANTAL DE GRANDPRÉ
Département d'études littéraires
Université du Québec à Montréal

3. Bernard Beugnot, « Quelques problèmes propres à notre édition critique », *Bulletin de l'EDAQ*, n° 3, mai 1984, pp. 13-14, 19.
4. Henri Meschonnic, *Pour la poétique, I*, Paris, Gallimard, 1970, p. 173.
5. Hubert Aquin, « Sans titre », *Les Cahiers d'Arlequin*, [n° 2], [1947], 2 pp.

NICOLE BÉDARD

L'APPORT D'UN INÉDIT :
L'INVENTION DE LA MORT

En 1959, Hubert Aquin achevait son premier roman : *l'Invention de la mort*[1]. Refusé successivement au Cercle du livre de France et aux Éditions Robert Laffont, ce roman resta inédit. Après avoir retiré le manuscrit à Pierre Tisseyre, Hubert Aquin avait l'intention de le détruire[2], puis il se demanda périodiquement s'il devait le publier ou non, tel quel ou retravaillé au plan formel[3].

Mais, qu'est-ce que *l'Invention de la mort*? Derrière ce titre merveilleusement évocateur, un roman, un premier roman, marquant la venue à l'écriture romanesque d'Hubert Aquin. Si ce premier roman diffère des autres romans de l'écrivain au niveau formel, qui n'y est pas très développé, il renferme cependant déjà toutes les thématiques qui se déploieront par la suite dans son œuvre romanesque, à l'exception du thème politique[4]. Voyons comment celles-ci se présentent sous forme d'un bref résumé.

Un homme, René Lallement, âgé de vingt-neuf ans, journaliste au second quotidien de Montréal (*Le Canadien*), est seul dans une chambre d'hôtel où il s'est inscrit sous une fausse identité. Une femme, Madeleine Vallin, mariée et mère de trois enfants, vient de le quitter après une autre scène de jalousie et doit le rejoindre à minuit. Cet homme sait qu'il ne

---

1. De *l'Invention de la mort* nous ne possédons que le manuscrit : 174 pages dactylographiées sur papier blanc de 8 ½ x 11 pouces.

2. Lire à ce sujet les entretiens de Jean-Pierre Guay avec Pierre Tisseyre, *Lorsque notre littérature était jeune*, Montréal, Pierre Tisseyre, 1983, pp. 197-198.

3. En 1962, Aquin écrivait dans son journal intime, à la date du 12 août : « Ne pas laisser tomber « L'invention de la mort », reprendre cela écrit à deux voies — selon l'axe bipolarisé — la seule possibilité de salut du roman est dans Madeleine. Elle est la rédemptrice. » Nonobstant son intention, il envoya le roman à Georges Belmont en 1966 sans l'avoir retravaillé.

4. Qui n'apparaîtra que sous la forme d'une brève allusion au renversement de Batista par Castro, qui eut lieu le 2 janvier 1959.

reverra jamais plus Madeleine puisqu'il a projeté son suicide pour cette nuit du 27 novembre 1959. Attendant la mort et non plus l'amour, il « refait à contre-courant le chemin qui l'a conduit jusqu'à cette femme qui a été le commencement de tout[5] ». Tout son passé remonte le cours du temps : sa première rencontre avec Madeleine, ses rapports conflictuels avec son père, puis avec un ami, Jean-Paul, qui l'a toujours doublé dans ses entreprises, sa déception de n'avoir pas été nommé à Paris comme correspondant, sa dépression qui l'a conduit à l'institut Prévost, Nathalie, cette ancienne maîtresse qui s'est fait avorter d'un enfant de lui l'année précédente. Tous ces épisodes sont présentés par alternance tandis que René Lallement quitte l'hôtel, revoit Nathalie, lutte contre son désir de téléphoner une dernière fois à Jean-Paul et se dirige en voiture vers le barrage de Beauharnois où il mourra dans un accident de voiture.

Les familiers de l'œuvre aquinienne auront sans doute reconnu les thèmes qui hantent ses textes : l'adultère, la jalousie, le double, la mémoire, le temps, la défaite, la folie, la femme, la mère, la trahison, le suicide. Quel sera donc l'apport de cet inédit ?

Il est incontestable que la vision d'une œuvre dont on pensait que le premier roman était *Prochain Épisode* (1965) et à laquelle on découvre un roman antérieur connaîtra un nouvel éclairage. En effet, il semble bien que la lecture de l'œuvre aquinienne ait été jusqu'à maintenant scindée en deux temps qui semblaient irréconciliables : l'avant et l'après *Prochain Épisode*. Pourtant si *l'Invention de la mort*, restée inédite, n'était pas connue de la critique, il n'en va pas de même d'une grande partie des textes du *Quartier latin* et d'autres textes comme *les Rédempteurs* qui n'ont cependant pas été intégrés aux analyses de l'œuvre d'Aquin[6]. De celle-ci a donc toujours été évacué, dénié, ce premier temps de l'écriture. Pourquoi ? Qu'y a-t-il là d'impensable, de scandaleux, pour des lecteurs québécois de la postrévolution tranquille ? Sont-ce les textes d'Aquin qui résistent mal à l'usure du temps ? Ou ne serait-ce pas plutôt la sensibilité intellectuelle des lecteurs — celle qui, en quelque sorte, est codifiée par l'époque qui définit ainsi, dans un premier temps, la réceptivité de l'œuvre — qui résiste à ce qui s'y écrivait de façon pourtant évidente et que je qualifierais de rapport sacré au langage ? C'est bien la crainte de devoir se confronter à une « certaine mystique » de l'œuvre qui fit baisser le voile, recouvrir le texte. René Lapierre en témoigne lorsqu'il écrit dans la « Présentation » de *Blocs erratiques* d'Aquin :

Ces textes inattendus — parfois même inédits — pourront ainsi surprendre.
C'est d'abord le cas de quelques articles du *Quartier latin* (1948-1951) : bien qu'inspirée

___

5. Soulignons que cette image de la femme comme origine de la conscience de l'homme appellera dans *l'Invention de la mort* l'image de *l'arbre* de la connaissance du Bien et du Mal qui conduisit Adam, sous la pression d'Ève, à la chute ancestrale.

6. Bien sûr, on en soulignera l'existence mais brièvement, honteusement, soit en introduction, soit en conclusion et sans que les auteurs en aient tenu compte dans l'analyse qu'ils proposaient des textes d'Aquin.

par la critique d'une certaine réalité sociale, la réflexion d'Aquin, qui appelle ici une mystique, retrouve difficilement le chemin du réel. Elle semble voiler ses origines, les disposer au cœur du texte comme en abîme, et se défier assez d'elle-même, défier Dieu[7].

Nous pensons donc que la publication des inédits et plus spécifiquement celle de *l'Invention de la mort* — comme passage de l'écriture aquinienne à la forme romanesque, comme jonction entre deux temps d'une même écriture qui semblaient étrangers l'un à l'autre — permettra, si l'on intègre ces textes à la lecture de l'ensemble de l'œuvre, de repenser celle-ci dans sa totalité et de voir l'enjeu d'un travail formel qui n'a fait que se déployer jusqu'à *Obombre* qui en marque la limite.

Bien sûr nous ne saurions nier que le niveau formel soit déterminant chez Aquin qui affirmait que « la littérature est une sorte de formalisme dans lequel le contenu est secondaire. L'idée d'écrire un roman me vient plus par la forme que par le contenu. Je ne cherche pas quoi dire, mais comment le dire[8] ». Mais nous pensons que, s'il l'est à ce point, c'est parce que l'écriture chez lui ne peut aborder qu'une seule et même question qui apparaissait déjà dans *les Rédempteurs*. Aquin en était d'ailleurs lui-même conscient puisqu'il écrivait à Louis-Georges Carrier :

> Je crains de ne jamais pouvoir écrire quoi que ce soit qui ne reprenne fatalement « Les Rédempteurs ». Prisonnier de ma propre histoire, cela me paraît inévitable ; ce que j'ai inventé me retient. J'essaie de m'en libérer, de changer mon histoire, de déplacer ma destinée, de trouver une autre aventure intérieure qui me fixe[9].

Nous posons, pour notre part, que cette question impensée jusqu'à maintenant — qui, nous devons le reconnaître s'est par la suite voilée dans un travail de plus en plus complexe au niveau esthétique et intertextuel — est celle du rapport de l'homme au sacré. Dans *l'Invention de la mort* cette question fondamentale est posée dans un rapport au texte biblique. En effet, ce roman, qui s'ouvre sur « Tout est fini » et qui se termine sur « Ceci est mon corps, ceci est mon sang[10] », renferme de multiples références au texte biblique sous forme citationnelle, métaphorique ou allusive. Il importe de souligner qu'il n'y a pas, chez Aquin, adéquation entre sacré et religion mais bien le creuset d'une question qui, pour nous, de culture judéo-chrétienne, ne saurait être contournée. Ce dernier aspect est, d'après nous, le plus important quant à une nouvelle lecture du texte aquinien. *L'Invention de la mort* permettra donc de relire cette dimension dans l'ensemble de l'œuvre d'Aquin et de mieux comprendre en quoi *Obombre* ne venait que signer un parcours cohérent dont la fin était inéluctable : « Tous les artifices de l'intrigue ne feront jamais oublier au lecteur que derrière cet écran de décombres se cache une pauvre loque qui se prend pour Dieu[11] ».

7. Coll. « Prose entière », Montréal, Quinze, 1977, p. 9.
8. Hubert Aquin, *Point de fuite*, Montréal, Cercle du livre de France, 1971, p. 19.
9. *Ibid.*, p. 125.
10. Formule qui réapparaîtra dans l'œuvre aquinienne : « Tout est fini, tout commence [...] » (*Trou de mémoire*, Montréal, Cercle du livre de France, 1968, p. 131).
11. Hubert Aquin, *Obombre*, extrait paru dans *Liberté*, vol. 23, n° 3, mai-juin 1981, p. 16.

Aquin écrivait dans ses notes de cours sur le baroque : « Dans tous ces exemples, on peut dire que l'auteur a établi un écart entre son ouvrage et une autre histoire située dans le passé [...] ». Or, nous pensons que pour Aquin la Bible représente cette histoire antérieure où s'écrivait la question qui le hanta toute sa vie : le rapport de l'homme à son incomplétude ontologique[12]. De la Bible, Aquin aura retenu la leçon de la double structure formelle. Celle-ci, en effet, impose une lecture récursive du texte depuis son terme, c'est-à-dire qu'elle inverse, dans le parcours que l'on doit en faire, le sens de la lecture, et impose que l'on parcoure le livre à rebours, en partant de son terme : le Christ ... Cet aspect formel, qui ne vient que matérialiser l'idée de l'infini[13], du miroir, du vertige, de la chute et du possible rachat, hante le texte aquinien et se donne à lire de façon explicite dans l'ouverture et dans la fermeture de son premier roman de même que dans *Obombre* qui appelle clairement une lecture rétroactive de l'œuvre du romancier québécois. L'exergue qu'on y lit est, à cet égard, très clair : « Le commencement n'est le commencement qu'à la fin. » (Schelling.) Le texte d'Aquin impose donc à la lecture de remonter le temps de l'écriture. Ce voyage inversé du sens n'est évidemment pleinement réalisable qu'avec la publication des inédits et plus spécifiquement de *l'Invention de la mort*.

Pour nous l'œuvre d'Aquin, de ses débuts exigeants à sa fin lucide et conséquente, n'est qu'un trajet, qu'une écriture, même et sans rupture, de cette question de l'homme livré à la plus grande solitude. Solitude que l'on doit entendre ici comme étant le devoir que l'homme a de donner forme et sens à un monde in-formel, in-signifiant[14]. Bref l'homme doit franchir des frontières — problématique que l'on retrouve dans toute l'œuvre d'Aquin et qui atteint son sommet dans le désir homicide et suicidaire — et, partant d'une subjectivité, atteindre une communicativité. Cette incomplétude ontologique, cette solitude, appellera divers thèmes : le double, la fuite, la trahison, le mensonge, etc., mais elle explique de façon assez évidente celui de la mort puisque là, et là seulement, l'homme retrouve — découvre — son entité, arrive à donner, à rebours, un certain sens à un parcours, à une vie. Ce qu'Aquin souligne sans équivoque dans *Obombre* lorsqu'il

---

12. Soulignons qu'Aquin avait d'abord et avant tout une formation philosophique. En 1950, il fait une licence en philosophie (spécialisation : Husserl et Sartre). De plus, il aurait fait une thèse sur la « communion » qui, malheureusement jusqu'à ce jour, est introuvable. En 1952, il projetait de faire une thèse de doctorat en esthétique dont le sujet aurait été : « Phénoménologie de la création du personnage dans le roman ».

13. Chaque épisode ne prenant sens qu'à partir de celui qui suivra — le « prochain épisode » — , qui à son tour appellera une suite qui elle-même ne sera que l'amorce encore silencieuse de ce qui adviendra et ainsi de suite, à l'infini. Il s'agit bien de toute l'ambiguïté d'une telle écriture dont chaque temps présente une solution de continuité du texte puisqu'il est l'opérateur de son unité rétrospectivement découverte dans sa convergence vers lui.

14. Relire, entre autres textes : « La vie est écrite d'avance; [...] La fatigue, à plus forte raison, ne fait que réitérer la grande déception de toute vie : c'est une variante sans imagination du néant que chacun porte en soi. » (*Trou de mémoire*, p. 113.)

écrit : « Non ce n'est pas la vie qui console de la mort, mais bien la mort de la vie[15]. »

Nous pouvons donc affirmer que la publication de *l'Invention de la mort* a une importance fondamentale puisqu'elle nous livrera une pierre manquante à l'édifice du texte aquinien qui ne pourra plus, à partir d'elle, se penser en termes de coupure ou de rejet d'une phase antérieure à *Prochain Épisode*.

Dans notre édition critique de ce roman, il va de soi qu'une large part sera consacrée à l'étude de la genèse de l'œuvre romanesque, ce qui permettra, nous l'espérons, de mieux comprendre en quoi le travail opéré au niveau formel — la volonté baroque par exemple — ne venait qu'accentuer, que matérialiser, des questions sous-jacentes qui se trouvaient déjà soulevées dès les débuts de l'œuvre.

Nous pouvons d'ores et déjà suggérer que le travail esthétique[16] de plus en plus obsédant chez Aquin était la manifestation d'un vouloir-être qui n'arrivait plus à se médiatiser dans un vouloir-faire. C'est ainsi qu'il aura tenté, avec *Obombre*, de re-jouer cette question originaire que, malheureusement, aucune forme ne pouvait plus traduire. Ce qui lui imposa le silence : « [...] et moi je ne suis qu'une vierge écrivante. Mais j'ai perdu le goût d'affabuler et me voici nu d'une nudité plate et essentiale[17]. »

Il appert donc que l'édition critique dans son ensemble nous permettra, d'une part, de sortir Aquin de l'enfer des textes de l'impuissance liée à la problématique irrésolue du pays et, d'autre part, de voir en quoi l'écriture d'Aquin occupe — et jusqu'à l'ultime limite — « l'espace de sa propre fiction ». Nous pourrons donc lire Aquin comme écrivain, en lutte avec une langue qui l'étrange à lui-même, en quête de l'œuvre, le lire hors frontière, lui donner droit de cité dans *la* littérature. Il s'agit bien, en dernière analyse, de s'autoriser à avoir un *écrivain* parmi nous.

Dieu seul est devant et autour. Et, comme le dit Schiller, « le milieu est plus consistant que les centres ». On n'en sort pas et c'est pourquoi j'y reste. J'y reste en attendant la fin d'une fuite sans fin[18].

NICOLE BÉDARD
Collège Édouard-Montpetit

15. *Obombre, loc. cit.*, p. 17.

16. Nous pensons ici de façon plus précise à la volonté baroque d'Aquin. Si l'on s'entend pour dire que le jeu baroque n'est pas innocent et si l'on accepte d'en parler en terme d'excès dans le sens où celui-ci, à multiplier les procédés détruit un sens unique, préalable et unificateur, matérialisant en cela la multiplication des voies et avenues de préhension du réel tout en mettant en lumière la pratique de l'écriture, alors on pourra, à la suite d'Eco, voir en quoi le texte aquinien peut se penser comme baroque.

17. *Obombre, loc. cit.*, p. 16.

18. Hubert Aquin, « Le Texte ou le Silence marginal ? », *Blocs erratiques*, coll. « Prose entière », Montréal, Quinze, 1977, p. 272.

VINCENT NADEAU

VERS UNE THÉORIE DU TEXTE DE BASE DANS L'ÉDITION CRITIQUE D'ŒUVRES MÉDIATIQUES AUDIO-VISUELLES

Avec la lisibilité, le critère le plus généralement admis pour la sélection d'un texte de base est l'authenticité, dont on sait que le degré varie au moins selon la conservation des documents (ou témoignages) pertinents, et selon l'attention qu'a pu, ou voulu, porter l'auteur aux états successifs de son œuvre, manuscrit, tapuscrit, première édition, édition révisée, dernière édition de son vivant. Le XXe siècle a vu se développer prodigieusement la production destinée aux médias audio-visuels, comme le XIXe siècle avait connu une véritable explosion en matière de journaux et de revues. Si bien que préparer de nos jours la publication, critique ou non, des œuvres complètes d'un auteur oblige à faire la part la plus juste possible aux médias. Quoi de plus normal, les écrivains d'autres époques ayant bénéficié de prouesses d'érudition par quoi nous ont été scrupuleusement transmis non seulement leur correspondance, mais souvent leurs opuscules, leurs pamphlets, et même parfois des fragments et des *marginalia*. Or, un bon tiers de l'activité littéraire d'Hubert Aquin, par exemple, a été consacré au cinéma, à la radio ou à la télévision. Quel pourra être dans ces cas le texte de base ?

Le poids encore très grand, dans l'institution littéraire contemporaine, de la re-présentation par les notions ou expressions de mage, phare, voyant, prophète, créateur, original, inspiré, de l'écrivain-à-valoriser — représentation qui voile à peine un fonctionnement du marché axé sur le vedettariat et la fabrication au moindre coût, avec des machines de plus en plus coûteuses, perfectionnées et rapides, d'un maximum d'exemplaires par tirage, en vue d'un maximum de profit —, donnerait à croire, la protection accrue ou droit d'auteur aidant (convention de Berne, *De Gutenberg à Télidon*[1]),

---

1. *Livre blanc sur le droit d'auteur, proposition en vue de la révision de la loi canadienne sur le droit d'auteur*, Gouvernement du Canada, Consommation et Corporations Canada — Ministère des Communications, 1984, VI, 113 pp.

que pour l'édition critique de textes ordinaires la situation est limpide. Le texte le plus conforme aux intentions de l'auteur serait, dit-on, le plus authentique.

Intentions ? Le mot, rendu suspect par une certaine critique littéraire « interniste », incite à la circonspection : il ne peut guère s'agir du sens que l'auteur voulait donner à son œuvre, sauf s'il est manifesté dans le texte. Il ne peut s'agir non plus d'une quelconque étape de la genèse. Restent les intentions historiquement vérifiables ou, faute de mieux, plausibles, dont les témoins privilégiés demeurent manuscrit(s), épreuves et éditions diverses. Tout irait bien si cette tentative de généralisation ne présentait pas le risque de contourner un peu allégrement un problème éternel des études littéraires, difficile à cerner, encore plus à résoudre. C'est la mesure dans laquelle un texte est déterminé aussi par une tradition (ou une rupture de tradition), par une époque, par une clientèle (euphémisme : destinataires) et par un éditeur. Pour bien entretenu que soit le mystère — au profit de l'unicité du génie à mettre en valeur —, si l'on s'en tient au seul rapport auteur-éditeur, on admettra à tout le moins l'existence de contraintes du type profil de collection, nombre de pages, modifications demandées par le comité de lecture, préférences personnelles du directeur littéraire, protocole typographique et orthographique de la maison, etc. Sans parler des contraintes plus purement commerciales liées à la conjoncture, à la mode, au réseau de distribution, etc. Sans compter l'horizon d'attente, les lubies, ou les relations, des critiques.

À son point d'aboutissement logique et habituellement souhaité (le marché), les textes littéraires sont ainsi le résultat d'un travail collectif mettant en œuvre nombre de compétences et des moyens de production importants. Qui soulignera assez à quel point un texte peut être rendu plus ou moins intelligible — lisible — par la maquette, la typographie et la mise en pages ? On choisit, simplement et fonctionnellement, de monter en épingle le nom et parfois l'image médiatique de l'auteur, de faire oublier les relais, à l'exception de la raison sociale de l'éditeur, afin de créer l'illusion de la communication immédiate (dans le temps de la lecture) et intime avec une personne exceptionnelle, l'AUTEUR, dont le statut conventionnellement valorisé semble rejaillir en partie sur le lecteur, pour qui le héros auteur est presque aussi fictif que le héros personnage, le jeu consistant à les rendre vraisemblables l'un par l'autre.

Si l'on voulait à toute force rester fidèle aux intentions de l'auteur, il faudrait, lorsqu'il a été conservé, adopter systématiquement le manuscrit comme texte de base. Ce n'est toutefois pas sans raison que les éditions critiques lui préfèrent souvent la première édition ou la dernière édition revue par l'auteur : il y a reconnaissance, implicite ou plus, du rôle de l'éditeur et des autres partenaires de l'entreprise. On suppose aussi que l'auteur a pu, s'il l'a voulu, introduire des corrections de dernière minute, corriger les erreurs typographiques et, surtout, refuser des modifications introduites sans son aveu par l'éditeur. Et puis, l'édition critique établit par là l'une des formes, attestée historiquement, sous lesquelles l'œuvre a été diffusée.

Naturellement l'auteur, dont la survie artistique et/ou matérielle pouvait en partie dépendre de sa complaisance ou qui était peu porté à l'exactitude du moindre détail, aura été plus ou moins fidèle à ses propres intentions.

Si le réalisateur, le producteur et leur équipe sont à l'éditeur ce que le scripteur[2] est à l'auteur, si la bande sonore, la bande magnétoscopique ou le film sont pour le scripteur ce que l'imprimé est pour l'auteur, contraintes pour contraintes, rien n'interdit de prendre en compte la réalisation médiatique dans le choix du texte de base. D'autant qu'Hubert Aquin lui-même a écrit en guise de préface à *Table tournante* :

> Et cette idée que je m'étais faite d'une émission de 90 minutes, je la partageais entièrement avec Louis-Georges Carrier, le réalisateur.
>
> Je crois savoir que notre entreprise commune n'a pas été reçue comme quelque chose de tellement nouveau. [...] Il est peut-être difficile, du point de vue du spectateur, d'apprécier la qualité d'un spectacle vide et sciemment organisé comme tel par ceux qui l'ont composé[3].

Au même titre et davantage que l'œuvre ordinaire, le texte cinématographique, radiophonique ou télévisuel est l'élément premier d'une entreprise collective.

Tout se complique lorsqu'on s'informe de la nature des rapports scripteur-réalisateur. N'en prenons pour indice que le générique de *Double Sens*, « de Hubert Aquin ... *Double Sens* ... Louis-Georges Carrier trahit l'auteur ... en signant ce contresens[4] ». Si l'on accepte d'oublier un instant le travail des comédiens, des cameramen et des autres artisans, en clair, quelqu'un d'autre que le traditionnel auteur revendique le statut valorisant de créateur, malgré la modestie de l'allusion du métier de traducteur (*traduttore, traditore*).

À comparer le tapuscrit, signé Aquin, de *Vingt-quatre Heures de trop*, à sa réalisation télévisuelle cosignée Aquin-Carrier, etc., on ne peut que constater le caractère fondé de la revendication : suppressions, ajouts, modifications du dialogue, l'écart est substantiel.

Si l'établissement du texte de base ne se fondait que sur la seule réalisation médiatique, on aurait du mal à faire le partage entre ce qui est d'Aquin (à la réserve de discussions préliminaires plus ou moins nombreuses et non conservées), et ce qui est d'Aquin-Carrier et collaborateurs. Il faut prendre en compte le tapuscrit.

Aussi, pour rendre lisible, non seulement un texte de base quelconque, tapuscrit ou médiatisé, mais encore le travail de transformation qui a permis de passer du « script » à la réalisation, nous nous proposons, à chaque fois que cela est possible, d'établir deux textes de base en parallèle, celui d'Aquin et celui d'Aquin-Carrier, etc.

Une hypothèse de travail analogue a d'ailleurs été retenue dans certaines éditions critiques traditionnelles : quand les versions également lisi-

---

2. Au sens d'auteur de textes pour les médias audio-visuels.
3. Hubert Aquin, « *Table tournante* », *Voix et images du pays*, II, 1969, p. 145.
4. Diffusé à la télévision de Radio-Canada le 30 janvier 1972.

bles et authentiques, mais sensiblement différentes, d'une même œuvre subsistent, on a pu prendre le parti, soit d'éditer en parallèle, soit de reproduire en annexe *in extenso* la version considérée comme secondaire, soit, à la limite, comme ce pourrait aussi être le cas pour *la Nuit* et *le Ciel de Québec* de Jacques Ferron, de préparer deux éditions critiques différentes.

VINCENT NADEAU
Département des littératures
Université Laval

† *GILLES COSSETTE*

HUBERT AQUIN, NOUVELLISTE

On connaît pour le moment dix-huit récits, contes ou nouvelles d'Hubert Aquin. Ils forment un ensemble d'une centaine de pages environ. Tous ces textes sont courts (de deux à neuf pages), sauf *les Sables mouvants* (33 pages) et *De retour le 11 avril* (12 pages). Quatre de ces textes sont inédits : *l'Instant d'après, les Sables mouvants, la Dernière Cène* et *Été 67.* Six autres textes ont été publiés une seule fois, à la fin des années quarante, dans des journaux, et sont donc très mal connus : *Messe en gris, Histoire à double sens, Dieu et moi, l'Enfer du détail, Rendez-vous à Paris, l'Intransigeante.* Six autres textes ont déjà été publiés au moins deux fois : *les Fiancés ennuyés, Pèlerinage à l'envers, Tout est miroir, le Dernier Mot, le Pont VIII, De retour le 11 avril.* Ils avaient d'abord été publiés dans *le Quartier latin* et ont été repris, en 1977, dans *Blocs erratiques.*

Deux des textes inédits sont manuscrits et d'une lecture difficile. Andrée Yanacopoulo en a fait une retranscription dactylographiée, mais ils posent encore quelques problèmes d'édition. Certains mots, peu nombreux il est vrai, sont illisibles; mais ce sont surtout les variantes qui posent un problème. Elles sont inscrites au-dessus des mots qu'elles doivent remplacer, mais ceux-ci ne sont pas toujours raturés, comme si Aquin, hésitant, avait remis son choix à plus tard. Faudra-t-il retenir, par exemple, « à l'envers du cœur » ou plutôt « au verso du cœur »?

Dans les textes inédits déjà dactylographiés, il arrive que des mots manquent; par exemple : « je ne sais pas ce qui m'arrive ». On trouve aussi : « Je ne donnais plus triste à la mélancolie, ni à la tristesse, ni à la peur [...] », pour « Je ne donnais plus *prise* à la mélancolie [...] ». La ponctuation pose aussi un problème; il y a de nombreuses phrases interrogatives sans point d'interrogation. D'autre part, dans *les Sables mouvants*, il y a plusieurs phrases en italien. Il faudrait peut-être les corriger (Aquin, par

† Gilles Cossette est décédé le 7 juin 1985

REVUE D'HISTOIRE LITTÉRAIRE DU QUÉBEC ET DU CANADA FRANÇAIS, 10, 1985

exemple, écrit *busogno*, pour *bisogno*, sans doute). Il faudrait aussi en faire
une traduction qui pourrait être mise en notes infra-paginales. Enfin, l'un
des textes inédits dactylographiés est inachevé et n'a pas de titre. Il date de
l'été 1967, d'où son titre provisoire : *Été 67*.

La nouvelle intitulée *De retour le 11 avril* pose un autre problème
d'édition. On connaît présentement cinq états de ce texte, correspondant en
fait à deux versions très différentes. Voici, par exemple, les deux versions
d'un même segment. La première est extraite du texte publié en 1971 dans
Point de fuite :

> Je ne donnais prise ni à la mélancolie, ni à la peur; en fait, j'étais recouvert par la
> solennité de ma solitude. Puis, après, l'oblitération s'est démultipliée jusqu'à me rendre
> mortuaire sans que je sois mort ... et m'a fait basculer dans un néant total ...
>
> Tu me diras, mais comment fais-tu pour m'écrire cette lettre d'outre-tombe? ...
>
> Voici : j'ai échoué ! Cette tentative de suicide ne m'a procuré que les séquelles d'un
> coma qui a duré quelques heures : j'étais détérioré. Cet échec — s'il n'y avait d'autres
> signes accablants — suffirait à me démontrer ma faiblesse — cette infirmité diffuse que
> nulle science ne peut qualifier et qui me conditionne à tout gâcher, sans cesse, sans répit,
> sans aucune exception[1].

La deuxième version est tirée du texte publié dans *Liberté* en 1969 et repris
dans *Blocs erratiques* en 1977; cette version avait d'abord été lue à une
émission de radio de Radio-Canada, « Nouvelles inédites », le 11 août
1968 :

> Je ne donnais plus triste à la mélancolie, ni à la tristesse, ni à la peur; en fait, j'étais
> comme solennel, j'étais recouvert par ma propre solitude, mortuaire déjà sans être mort
> encore. Puis après, je ne sais plus trop ce qui est arrivé : l'oblitération a dû s'aggraver
> doucement, sans doute à la manière de l'ensommeillement. Et après, je ne sais plus. Je
> ne me rappelle plus rien : je me suis anéanti à la vitesse ralentie du coma. J'ai cessé de te
> voir au loin, j'ai cessé d'entendre la musique diffusée par CJMS, j'ai cessé de sentir mon
> corps et d'apercevoir les murs assombris de notre appartement ...
>
> Je comprends que ceux qui utilisent une arme à feu ou la violence traversent la frontière
> entre la vie et la mort avec grand fracas. Leur initiative transforme en drame ce qui pour
> moi s'est opéré comme un glissement hypocrite dans un sommeil trop profond. La diffé-
> rence entre ceux-là et les gens qui procèdent comme moi, ne fait que mettre en évidence
> ma lâcheté, voir même une timidité navrante. Je n'ai pas osé quitter la vie en grande
> pompe, je me suis laissé induire dans une transe comateuse; j'ai flanché tout simplement,
> et s'il n'y avait d'autres signes accablants, celui-là suffirait à prouver ma faiblesse vita-
> le — cette espèce d'infirmité diffuse que nulle science ne peut qualifier et qui me déter-
> mine à tout gâcher sans cesse, sans répit, sans exception[2] ...

De telles différences se retrouvent tout au long du texte. Si la dernière version parue, dans *Blocs erratiques*, en 1977, sert de texte de base, ne
faudrait-il pas, dans l'édition critique, ajouter, en appendice, la version
parue dans *Point de fuite* en 1971 ? On peut se demander pourquoi Aquin, en
1971, avait décidé de ne pas publier telle quelle la version parue dans
Liberté en 1969 et reprise dans *Blocs erratiques*.

---

1. Hubert Aquin, *Point de fuite*, Montréal, Le Cercle du livre de France, 1971,
pp. 144-159.
2. Hubert Aquin, *Liberté*, vol. 11, n° 2, mars-avril 1969, pp. 5-19.

Mes recherches pour trouver d'autres récits encore inconnus d'Hubert Aquin n'ont pas été très fructueuses jusqu'ici. J'en ai trouvé un, intitulé *Ma crèche en deuil*, dans *le Quartier latin* du 16 décembre 1949. D'autre part, selon Claude Paulette, dédicataire d'un récit d'Aquin, *l'Enfer du détail*, et collaborateur au *Quartier latin* à la fin des années 40, Hubert Aquin aurait été l'auteur, avec lui, d'un feuilleton publié dans *le Quartier latin*. Ce feuilleton était toujours signé « Moi », mais Claude Paulette en a gardé une copie où est identifié l'auteur de chaque épisode, c'est-à-dire Claude Paulette ou Hubert Aquin.

Aquin, au début des années cinquante, a collaboré au journal *le Haut-Parleur* (l'ancien *Clairon*), dont T.-D. Bouchard était le directeur. *Le Haut-Parleur* a publié, le 21 juillet 1951, une nouvelle d'Hubert Aquin, *l'Intransigeante*. J'ai dépouillé *le Haut-Parleur* du 1er janvier 1950 au 15 août 1953, date à laquelle le journal a cessé de paraître; je n'ai pas trouvé d'autre texte d'Aquin, mais, dans un entrefilet intitulé « Hubert Aquin, boursier en France », paru le 6 octobre 1951, j'ai trouvé ceci : « L'un des trente-six boursiers de notre province est M. Michel [*sic*] Aquin, dont nos lecteurs ont pu lire *plusieurs contes*[3], publiés dans les colonnes du *Haut-Parleur*. » Cette phrase et le lapsus calami ont attiré mon attention sur une nouvelle publiée dans *le Haut-Parleur* un mois plus tôt (et un mois après *l'Intransigeante*). Elle s'intitule *Geneviève* et elle est signée Michel Hubert[4]. Il s'agit d'une histoire fort singulière qui rappelle, par son atmosphère plutôt macabre et son traitement du thème du couple, plusieurs autres nouvelles d'Aquin : *l'Intransigeante, Histoire à double sens, les Fiancés ennuyés, Messe en gris, Tout est miroir*. Ces faits me portent à croire que « Michel Hubert » est un des pseudonymes d'Hubert Aquin et qu'il est l'auteur de *Geneviève*.

GILLES COSSETTE
Collège Vanier

---

3. C'est moi qui souligne.
4. Michel Hubert, *Le Haut-Parleur*, 8 septembre 1951, p. 5.

René Lapierre

AQUIN, LECTEURS CACHÉS :
UNE POÉTIQUE DE LA PRÉDICTION

> [L'auteur] s'adresse au seul auditeur qui
> lui reste, l'auditeur muet et caché qui
> n'admet aucune réserve, aucun men-
> songe, aucune prudence, et qui pourtant
> ne répond jamais[1].
>
> L. Goldmann

Il serait sans doute excessif de prétendre qu'Hubert Aquin ait jamais
été au Québec un écrivain *populaire*, dans le sens à la fois ambigu et sommaire que traduit le mot quand on l'applique à des auteurs comme Michel
Tremblay, Antonine Maillet, Yves Beauchemin ou même Roch Carrier. Il
est pourtant indéniable que l'auteur de *Prochain Épisode* soit devenu, à
partir de 1965, l'un des écrivains les plus représentatifs de sa génération,
l'un de ceux par lesquels assez subitement toute la littérature québécoise a
voulu se définir, se signaler au reste du monde. (Il y avait déjà Anne Hébert, il y aurait très bientôt Marie-Claire Blais, Réjean Ducharme, Jacques Godbout; ceux-là du moins, entre autres, publiés chez Gallimard ou
au Seuil, ou celle consacrée par le prix Médicis, et qui allaient faire parler
d'eux. Tout cela s'enchaînait vivement, s'animait; la critique était enthou-
siaste, les lecteurs choyés. Ce que l'on pourrait peut-être appeler, comme en
acoustique, le *signal* textuel était fort, soutenu par une tension culturelle et
sociale dont l'intensité inaccoutumée promettait quelque durée.)

Or, tout en occupant une part importante de ce nouveau tableau (dans
lequel la littérature québécoise réservait sans équivoque la première place
au roman), il semble bien qu'Hubert Aquin n'ait pas exactement retenu le
type d'attention qui s'attachait alors aux autres têtes d'affiche. Comme si la
forme même de *Prochain Épisode* (*premier* roman d'un jeune auteur, le pro-
dige n'en resplendissait que davantage) appelait quelque déférence, sinon

---

1. Lucien Goldmann, *Le Dieu caché*, Paris, Gallimard, [1959], p. 77.

l'égard un peu craintif dû au génie — celui-là même que Jean Éthier-Blais
appelait de tous ses vœux. (Du reste il n'était pas le seul : Normand Cloutier [*Maclean*, vol. 6, n° 9, septembre 1966] évoquait d'entrée de jeu
James Bond et Balzac; André Major [*le Petit Journal*, novembre 1965] parlait pour sa part du « roman d'un grand rêve »; et André Bertrand [*le Quartier latin*, janvier 1966] y allait encore plus carrément en demandant :
« *Prochain Épisode* est-il un chef-d'œuvre ? ».)

Une attente sociale spécifique se reconnaissait, se révélait soudain —
lourde d'impatiences et de frustrations — dans le premier roman d'Hubert
Aquin, dans cet auteur dont elle allait aussitôt faire la *figure* de ses espoirs
complexes, incomplètement formulés. *Prochain Épisode* lui proposait effectivement une *forme*, une esthétique raffinée de l'attente, et du renouvelle-
ment de cette attente : une reprise condensée, ritualisée, sacralisée, de toute
la série des commencements historiques et politiques du Québec. Plus
encore : une perspective infiniment lyrique du discours et de l'action (dialec-
tiquement articulés), c'est-à-dire la promesse d'un recommencement conti-
nuel du monde, dans le recueillement amoureux du héros. La durée enjam-
bait de la sorte le devenir, l'absolu abolissait la preuve historique, engageait
la diversité même du monde dans un principe de condensation extrême de la
signification, promise à un éclatement qui du coup se ferait origine, création. Retournement du refus et de la damnation historiques en péremption,
en rédemption. Fallait-il s'en étonner : l'écrivain serait un génie. C'était
peut-être romantique, mais apparemment c'était écrit. Il n'y avait qu'à lire,
ce qu'on fit. Empressés. (Il faudrait d'ailleurs rappeler, à ce propos, que
toutes les propositions thématiques de l'œuvre d'Aquin [tout le profil, en
fait, des relations plus ou moins symboliques qui s'établissent dans ses
livres entre les héros et le monde] procèdent d'une dialectique angoissée du
Salut et de la Chute, et du renversement savant de l'Un dans l'Autre. Pour le
narrateur anonyme de *Prochain Épisode,* coincé dans une église, pour
Byron à Missolonghi, Christine à San Diego, Sylvie à l'intérieur du cercle
polaire, Eva, Linda Noble ou Joan Ruskin, pour Nicolas Vanesse ou Jean-
William Forestier, enfin, tous les dispositifs narratifs repassent tôt ou tard
par quelque évocation directe de la Passion, comme douloureuse et ultime
vérité du sujet.) Il faut aussi remarquer que à partir du moment où ce processus de représentation a commencé à se complexifier (tout de suite après
Prochain Épisode, en fait, avec *Trou de mémoire*), Aquin paraît avoir été de
moins en moins perçu comme écrivain professionnel (dans ce détachement
qu'implique l'habitude, le métier) et de plus en plus conçu comme *figure*,
effigie d'une résistance *de fond* de l'existence culturelle québécoise au
cours accidenté et fluctuant des choses. Du même coup l'auteur de *Trou de
mémoire* et de *l'Antiphonaire* s'éloignait de la lecture « ordinaire » (dont il
décourageait ou piégeait de toute façon les élémentaires stratégies) pour
s'intéresser plutôt au double — complice ou adversaire — de l'écriture.

Ses interlocuteurs les plus visibles se retrouvent donc assez logique-
ment, à partir de 1968 environ, parmi les intellectuels francophones que ras-

semblait le projet d'indépendance politique du Québec. Les deux romans d'Aquin qui ont suivi *Prochain Épisode* n'ont certes pas bénéficié d'un succès comparable à ce dernier (dont les tirages continuent d'ailleurs de s'écouler régulièrement, année après année), mais ils ont suscité chez les lecteurs qui ont bien voulu s'y aventurer un enthousiasme connivent, profondément ressenti comme quelque chose de collectif, d'engagé politiquement et culturellement dans la voie d'une affirmation *productrice de réel*. Le textuel et le social s'articulaient ainsi, sans faille, dans la concordance du désir et du devenir, l'accord de la forme et du sens : le *sociotexte* dont Aquin devenait alors le signataire portait d'ailleurs un nom — le « texte national[2] » — qui ressemblait assez à un programme. Aquin devait y travailler jusqu'à la fin, convaincu que le réel recevrait du fait d'être nommé (c'est-à-dire nommé en français) un nouveau statut politique, et qu'il érigerait là-dessus certaine autorité historique.

> Il n'y a pas d'antinomie entre la dimension individuelle de l'entreprise littéraire et son enchâssement dans l'entreprise de tout un peuple. Cette ligature entre l'œuvre personnelle et le grand projet est faite à un tel niveau de subconscience que cela la rend imperceptible, indiscernable et par moment inavouable. Depuis tout à l'heure, depuis le début de ce texte, j'essaie d'avouer l'inavouable et de discerner en moi l'indiscernable cheminement de tout un peuple et, dès lors, je suis agi beaucoup plus que je n'agis; ou plutôt j'agis, mais le coefficient d'initiative qui n'est dévolu faible que, du coup, je me sens porteur d'une inspiration nationale qui, selon toute vraisemblance, explique beaucoup plus qu'elle n'obscurcit la presque totalité des grandes œuvres québécoises[3].

Le problème est que l'on a très vite assimilé, par là-même, les écrits d'Aquin au contexte global de l'époque, et que les conditions de production que l'on sait ont paru hypothéquer la signification même de l'œuvre, dont les lectures « politiques » se sont mises à proliférer. C'était jusqu'à un certain point logique, l'écriture d'Aquin engageant dans chacun de ses romans une sorte de crise des paramètres culturels du texte québécois, appelé à se définir chez lui de façon plus universelle qu'il n'avait accoutumé de le faire, et selon une poétique que l'on a souvent conçue comme *immédiatement* politique, avènementielle. Comme si la dimension esthétique se faisait totalement transparente, et laissait les formes du texte s'épuiser au niveau des contenus. La chasse aux codes commença là-dessus, forte de l'idée d'une concordance entre l'écriture et le processus historique, c'est-à-dire entre la signification textuelle et une probabilité référentielle qui en établirait positivement le sens. Tout près, donc, de l'écrivain-messie et du précis de politique transcendantale, la littérature-prophétie; et aussitôt, comme pour empêcher l'éventuel court-circuit de la lecture de se produire (et éviter par là de voir le texte du roman doublé, grillé par le sociotexte national), l'espace ouvert de *Neige noire, l'infini* précisément du sens, le cosmogramme. Et le lecteur, une nouvelle fois, coiffé.

---

2. Voir René Lapierre, « Hommes de paille », *Liberté*, vol. 26, n° 3, juin 1984, pp. 67-75.

3. *Forces*, n° 38, 1er trimestre, 1977, p. 39.

Il n'est d'ailleurs pas impensable que « l'obsession du lecteur » dont parlait si souvent Aquin ait pu trouver quelque motif dans ce parti pris référentiel de la lecture, assez encombrant évidemment du point de vue de la démarche esthétique et de la polyvalence des significations de l'œuvre. L'auteur était bel et bien, dans sa recherche, *doublé* (plutôt que double); le processus d'écriture relevait constamment d'une sorte de partage de la responsabilité textuelle, pratiquement d'une épreuve d'autorité. Jamais sans doute la rencontre, la confrontation de l'écrivain et du public ne fut ici plus exigeante, plus complexe, et finalement plus prescriptive : « Je n'écris pas, je suis écrit. » (*Prochain Épisode*, p. 89.) Jamais non plus la réception ne se fit plus possessive, plus prévisible, plus exclusive dans ses attentes. Quelque chose de prédit s'ouvrait sans cesse dans le cours des récits — du Récit —, quelque chose à quoi l'écriture essayait aussitôt d'échapper. Décevoir, alors? Non : tromper l'attente, feindre, innover. Posséder, aussi bien; ravir : tuer. À la menace de la prédiction répond l'audace de la transgression, au « cercle prédit » (p. 48) de *Prochain Épisode* réplique l'ébranlement verbal de *Trou de mémoire* et de *l'Antiphonaire*, puis l'infini problématique de *Neige noire* et d'*Obombre*.

Mais cela même, enfin, n'était-il pas écrit? « Infini, je le serai à ma façon et au sens propre. Je ne sortirai pas d'un système que je crée dans le seul but de n'en jamais sortir. » (*Prochain Épisode*, p. 14.) Précisément. Tout devient alors lisible, la *vie* même (avec l'italique de Lukacs) devient du texte, de l'œuvre, et qualifie la forme écrite.

Il semble que cette coïncidence de l'empirique et de l'essentiel entre pour beaucoup dans la fascination — pour l'homme et pour l'œuvre — dont témoigne la bibliographie de la critique d'Hubert Aquin[4], l'une des plus considérables de toute la littérature québécoise. De telle sorte que pareil rayonnement, s'il ne s'explique pas par la simple *popularité* de l'écrivain, nous oblige à envisager un processus de reconnaissance plus complexe, plus tendu. Le pacte d'écriture se trouve en quelque sorte surpris par le lecteur, dont le profil anonyme — protéen — traverse de biais l'espace de la représentation romanesque, signant et autorisant toujours les significations du sociotexte dont l'auteur fournit la figure; prestation consentie à perte, bien sûr, par ce dernier, puisque l'autonomie de l'œuvre se trouve en grande partie contrée par le principe de la pré-diction sociale (on pourrait presque dire, en fin de compte, *socio-lectale*).

Cette assimilation de l'œuvre d'Aquin au « texte national » des années 60-70 laisse sans doute plus clairement entrevoir aujourd'hui son mécanisme, et son insuffisance. Retourner cela n'est pas l'affaire de quelques lignes. À l'heure toutefois où le scénario socio-politique du Québec se modifie de façon appréciable, peut-être pourrait-on souhaiter une lecture un peu moins fixée sur l'inscription programmatique du *sociotexte* Aquin et plus sensible aux variations de son entreprise esthétique, à la mixité de ses

4. Voir Jacinthe Martel, « Bibliographie analytique d'Hubert Aquin, 1947-1982 », *Revue d'histoire littéraire du Québec et du Canada français*, n° 7, hiver-printemps 1984, pp. 79-229.

techniques et de ses matériaux, bref, aux risques élevés qui la spécifient et la *réservent*, à la fois, sur le plan de l'expression culturelle et littéraire.

RENÉ LAPIERRE
Département d'études littéraires
Université du Québec à Montréal

2. NOTES

Andrée Yanacopoulo

INVENTAIRE DES FONDS

La première tâche à laquelle se trouve confrontée une entreprise d'édition critique est le collationnement de tous les documents susceptibles de l'aider à réaliser ses fins : établir, à partir des différents états du texte, le texte de base, éclairer sa genèse, asseoir son commentaire. C'est donc à l'inventaire du corpus d'Aquin que s'est, depuis ses débuts, adonnée l'EDAQ.

L'EDAQ disposait au départ du fonds Andrée-Yanacopoulo, totalisant plusieurs milliers de pages et pouvant se détailler comme suit :

1. Correspondance :
   Affaires courantes (1960-1977)
   Cercle du livre de France et autres éditeurs
   Famille
   Andrée Yanacopoulo
2. Projets de scénarios :
   L'Aquintessence (avec l'Office du film québécois)
   L'Anarchie (avec l'Office national du film)
   Sacrilège alias *la Reine de Pologne* (avec Ozali Films)
3. Notes de lecture, souvent très élaborées et assorties de commentaires personnels.
4. Notes de cours :
   Le Baroque
   Honoré de Balzac
   James Joyce
5. Téléthéâtres :
   Double sens (deux versions)
   Œdipe recommencé (non produit)
   Faites-le vous-même — Smash

Opération labyrinthe (projet)
Traduction et adaptation : *Une femme en bleu au fond d'un jardin de pluie*, de George Ryga.
6. Plans de romans :
   L'Antiphonaire (moins la partie publiée dans *Point de fuite*)
   Trou de mémoire (1962)
   Obombre
   Divers projets : *Les Plaisirs de la mort — Joue Frédéric, joue — Le Livre secret* (Saga Segreta), *La Réussite*, ? (1973), *La Mort de l'écrivain*.
7. Radiothéâtres :
   L'Emprise de la nuit (inédit)
   Confession d'un héros
   Le Choix des armes
   La Toile d'araignée
8. Conférences :
   Fiction et réalité
   Rôle de l'écrivain dans la société
   A Writer's View of the Situation in Québec
   La Révolution de 37-38 au Bas-Canada
   Réception du prix David
   Discours au RIN
9. Émissions de radio :
   César
   Don Quichotte
   Nietzsche
10. Nouvelles inédites :
    Le Prophète (1952)
    Les Sables mouvants (1953)
    La Dernière Cène (1960)
    L'Instant d'après
    ? (fin été 67)
12. Journal intime
    1960-1964 (deux cahiers)
    notes personnelles
13. Romans inédits
    L'Invention de la mort (1959)
14. Écrits divers

Il est à noter que cet inventaire ne tient pas compte du dossier de presse (1958-1980), des cinq ouvrages publiés, soit : *Prochain Épisode, Trou de mémoire, Point de fuite, L'Antiphonaire, Neige noire* (dans ses deux éditions, dont la deuxième inclut les corrections effectuées par Aquin à partir de la première), ainsi que des avant-textes de *Neige noire* : manuscrit (1 329 pages recto-verso), tapuscrit, galées, et tapuscrit de la version anglaise de *Neige noire*, relue par Aquin.

Une remarque importante : le corpus est, comme on peut le voir, diversifié dans ses genres — et donc l'œuvre extra-romanesque occupera une place aussi grande dans l'édition critique que la production romanesque. Mais surtout il ne se ramène pas aux seuls écrits; les radiothéâtres, les films, les dramatiques, les entrevues (de et par Hubert Aquin) en constituent une partie sonore et audio-visuelle non négligeable dont l'édition critique est assurée par une équipe spécialisée.

Le repérage des lettres, textes, articles ou autres documents existants et susceptibles de venir enrichir la documentation de l'EDAQ se fait à partir de trois instruments de travail :
— la bibliographie analytique de l'œuvre d'Hubert Aquin et des écrits critiques la concernant, établie par Jacinthe Martel[1];
— la correspondance (un millier de lettres), dont le dépouillement est pratiquement terminé et à partir de laquelle ont été constitués :
  • l'index des noms cités;
  • l'index des correspondants;
  • la liste des lettres manquantes;
— la chronologie, établie par Chantal de Grandpré[2].

La correspondance, à quelques exceptions près, n'a pas grand intérêt littéraire. Par contre, elle s'est révélée très utile pour l'établissement de la chronologie (dont elle a été le point de départ). De plus, à partir des noms cités et des correspondants, il a été possible d'établir un réseau de relations, de connaissances, qui sont autant de pistes offertes pour retrouver des documents.

À ce jour, un certain nombre de fonds ont été localisés, dépouillés et archivés à l'EDAQ. Nous distinguerons les fonds des particuliers et ceux des institutions :
— les fonds des particuliers : certains ne comprennent que de la correspondance : Florence Blouin (lettres de Hubert Aquin à Marcel Blouin 1950-1966), Gilles de La Fontaine, Alexis Klimov, André Patry, Lucien Pépin, André Raynaud. Les autres contiennent, outre des lettres, des documents divers (articles, coupures de presse, photos, renseignements biographiques) : Gaëtan Dostie, et d'autres à venir.
— les fonds provenant d'organismes publics sont très variés (tapuscrits et placards de romans, entrevues ou événements filmés : Centre de recherche en civilisation canadienne-française (Ottawa), Cercle du livre de France, Archives du Collège Sainte-Marie (Montréal et Saint-Jérôme), *Dictionnaire des œuvres littéraires du Québec* (DOLQ), House of Anansi (*clipping service*), revue *Liberté*, Archives Lionel-Groulx, Office national du film (Montréal), Palais de Justice de Montréal, Radio-Canada, Rassemblement

---

1. Voir Jacinthe Martel, « Bibliographie analytique d'Hubert Aquin, 1947-1982 », *Revue d'histoire littéraire du Québec et du Canada français*, n° 7, hiver-printemps 1984, pp. 79-229. Voir aussi *id.*, « Où en sont nos connaissances sur Hubert Aquin ? », dans le présent numéro.
2. Voir Chantal de Grandpré, « La Biochronologie d'Hubert Aquin », *ibid.*

pour l'indépendance nationale (RIN — archives déposées à la Bibliothèque nationale), Université de Montréal, Université du Québec à Montréal.

Il ne se passe pas de semaine que ne soit repérés ou archivés de nouveaux documents. Cette édition critique, dont on a pu parfois fustiger la
« précocité », aura plutôt pour effet de sauvegarder de la destruction
nombre de documents importants. C'est ce que nous constatons presque jour
après jour, et ce n'est pas la moindre des satisfactions de notre entreprise.

ANDRÉE YANACOPOULO
Collège de Saint-Laurent

Jacinthe Martel

MISE À JOUR (1983-1984) DE LA BIBLIOGRAPHIE ANALYTIQUE D'HUBERT AQUIN

Introduction

La bibliographie que nous présentons ici constitue une mise à jour, pour les années 1983 et 1984, de notre « Bibliographie analytique d'Hubert Aquin 1947-1982 » (*Revue d'histoire littéraire du Québec et du Canada français*, n° 7, hiver-printemps 1984) à laquelle s'ajoute la recension des textes et articles écrits ou parus antérieurement à 1983 et qui n'y apparaissaient pas.

Si tous les textes concernant la vie ou l'œuvre d'Aquin ont été incorporés dans cette mise à jour, en ont été systématiquement exclus les articles publiés à propos de l'EDAQ (Édition critique de l'œuvre d'Hubert Aquin). Nous tenons toutefois à signaler aux chercheurs intéressés aux travaux du groupe les quatre parutions du *Bulletin de l'EDAQ*, publiées respectivement en mai 1982, février 1983, mai 1984 et mai 1985, qui les renseigneront efficacement sur le projet.

Afin de faciliter la consultation en parallèle de cette mise à jour et de notre bibliographie, nous en avons repris intégralement la table des matières et nous l'avons légèrement modifiée. Parmi les modifications qui ont été apportées, signalons l'apparition de nouvelles rubriques; c'est le cas notamment des rubriques III-K « Notes de cours et de lectures », III-L « Entrevues menées par Hubert Aquin pour des films de l'Office national du film du Canada » et IV-B-5c) et d) qui recensent des articles portant sur les films *À l'heure de la décolonisation* et *la Fin des étés*.

La recension des notes de cours et de lectures pose quelques problèmes qui relèvent, d'une part, de la difficulté d'identifier précisément les titres des cours qu'a donnés Hubert Aquin entre 1967 et 1970 au Collège Sainte-Marie, puis à l'UQAM et, d'autre part, de l'état des dossiers qui sont le plus souvent très incomplets et qui ne fournissent par conséquent que peu de renseignements. Pour ces raisons, nous avons conservé les titres qu'Hubert Aquin avait lui-même inscrits sur les chemises dans lesquelles les documents ont été rangés et nous les avons classés selon l'ordre alphabétique; cela, même si certains d'entre eux ne sont pas très significatifs par rapport à leur contenu. Ceci s'explique d'ailleurs en partie par le fait qu'Aquin réutilisait souvent des chemises qui avaient préalablement servi à ranger d'autres documents.

Les dossiers contenant des notes de lectures sont souvent identifiés comme tels par H. Aquin; ils réunissent le plus souvent des notes (citations et/ou commentaires) portant sur un ou plusieurs ouvrages qui ne sont pas toujours identifiés. Dans la plupart des cas, il nous a donc été impossible de décrire avec précision le contenu des dossiers.

Pour chacun des dossiers de notes de cours et aussi pour chacun de ceux qui regroupent à la fois des notes de cours et des notes de lectures, nous avons tenté d'identifier sinon le titre, du moins le sujet du cours ou des cours auxquels ces notes se rapportent. En effet, nos recherches ont jusqu'à présent révélé que, au cours de l'année scolaire 1967-1968, H. Aquin aurait donné un cours sur Balzac et que, en 1969-1969, il en aurait donné quatre, dont un portant probablement exclusivement sur James Joyce et deux sur le baroque littéraire. Il aurait de plus dirigé un séminaire sur les techniques d'écriture. En 1969-1970, alors qu'Hubert Aquin est directeur du département de littérature et d'esthétique de l'UQAM, il donne au moins trois cours : « l'Érotisme dans la littérature moderne », « le Baroque littéraire et artistique au 20ᵉ siècle » et un cours sur James Joyce. Bien entendu, nous ne limitons pas l'enseignement d'Aquin aux seuls cours mentionnés ici; cependant, ce sont les seuls à propos desquels nous avons retrouvé des notes en dépouillant les dossiers personnels d'Aquin et les documents conservés aux Archives de l'UQAM.

La rubrique « Corrections » est un autre ajout important à la table des matières. Sans vouloir dresser une liste complète des erreurs qui se sont glissées dans notre bibliographie analytique, nous croyons utile de signaler dans cette rubrique quelques corrections qui la rendront plus efficace. L'utilisateur y trouvera, d'abord, une liste des articles dont l'existence avait été signalée dans notre bibliographie et dont nous avons, pour cette mise à jour, vérifié la référence à la source, puis un certain nombre d'ajouts : notes et additions.

Sans reprendre dans sa totalité l'introduction de notre bibliographie analytique, nous voulons tout de même signaler certaines des règles qui régissent cette mise à jour et rappeler quelques-uns des principes utiles pour la compréhension de son organisation.

Les deux premières rubriques de cette mise à jour regroupent les études bibliographiques et biographiques. Elles sont d'abord suivies de la recension signalétique des œuvres d'Aquin, puis du relevé analytique des études dont ces différentes œuvres ont pu faire l'objet. Les rubriques de la seconde partie (production critique) sont progressivement restrictives : on passe des études générales portant sur l'auteur et l'ensemble de son œuvre aux études relatives à un groupe d'œuvres, puis à celles portant sur telle œuvre particulière.

Parmi les études qui ont été consacrées à plusieurs textes, romans ou sujets et qui ont été rangées dans la rubrique la plus représentative de leur contenu, seules ont fait l'objet de renvois celles qui sont suffisamment développées pour les justifier. Nous signalons aussi, par le biais de renvois, les textes déjà répertoriés dans notre bibliographie analytique et auxquels il faut associer les entrées recensées dans notre mise à jour. Pour éviter toute confusion entre ces deux types de renvois, nous avons utilisé, pour les renvois du premier type, les lettres JM suivies du numéro de l'entrée figurant dans notre bibliographie analytique. Ainsi, « Voir JM-318 » signifie qu'il faut se reporter à l'entrée numéro 318 de notre bibliographie analytique alors que « Voir 26 » indique que nous renvoyons à l'entrée numéro 26 de notre mise à jour.

Chaque fois qu'un inédit d'Aquin est recensé dans une rubrique ou une autre de la bibliographie, il est identifié comme tel; s'il ne figure pas dans l'appendice I groupant tous les inédits qui n'ont pas encore été localisés, l'utilisateur pourra avoir la certitude d'en retrouver soit l'original soit une reproduction aux archives de l'EDAQ. Si, au contraire, il figure dans l'appendice I, ce qu'indiquera un astérisque placé au tout début des adresses bibliographiques, la description du document sera le plus souvent assez explicite pour que puisse être localisé le texte en question si celui-ci existe toujours. Dans quelques cas cependant, comme par exemple certaines conférences ou causeries dont des témoignages nous assurent qu'elles ont eu lieu, nous ne pouvons affirmer que le texte s'est conservé.

Certains des textes d'Aquin répertoriés ici ne portent pas de titres distinctifs. Lorsque cela nous a été possible, nous avons placé entre crochets celui qui nous semblait être le titre probable. (Les titres placés entre crochets sont donc de nous.) Dans d'autres cas, les titres signalés sont ceux qui figurent sur les chemises qui contiennent le ou les textes recensés. Dans ce dernier cas, nous préciserons l'origine du titre retenu. Si certains de ces titres sont significatifs et d'autres moins, nous avons tout de même préféré les retenir chaque fois qu'aucune page de titre ou qu'aucune indication de la part d'Aquin ne nous informe du titre du texte recensé.

L'appendice II auquel renverra le double astérisque regroupera les textes non encore localisés, mais dont l'existence a été signalée dans un répertoire bibliographique ou ailleurs. Tel est le cas notamment des articles dont on n'a pas (ou dont on a faussement) indiqué la provenance et pour lesquels aucun indice ne permet, a priori, de retrouver la source.

Dans chacune des rubriques, les textes ont été classés selon l'ordre chronologique de leur première parution. Ceux des inédits et des textes qui ne sont pas datés apparaissent en tête de rubrique. Les rééditions sont signalées à la suite de la première publication. Quant aux articles dont la datation peut varier sensiblement en précision selon les cas, leur insertion dans l'ordre chronologique peut de ce fait devenir délicate et demande en tout cas à être régie par des règles strictes. Celles qui ont été adoptées ici sont les suivantes :

1. En principe, toute datation comportera le jour, le mois, l'année.
2. Si l'on ne connaît que le mois ou l'année, l'article sera placé *au début* de la production relative à ce mois ou à cette année.
3. Si la date d'un article comporte la mention de deux mois ou davantage, cet article sera placé *après* les articles datés du premier mois mentionné. Il en sera de même pour les articles comportant la mention de plus d'une année.
4. Si la date d'un article fait mention seulement de la saison, cet article sera placé *après* les textes datés du dernier jour du premier mois complet de cette saison (printemps : 30 avril; été : 31 juillet; automne : 31 octobre; hiver : 31 janvier de l'année suivante).
5. Si plusieurs saisons sont mentionnées, les règles relatives à la première saison ont été retenues.
6. La mention du trimestre fera ranger un article à la suite des articles datés du 31 janvier (premier trimestre) ou du 30 avril (deuxième trimestre) ou du 31 juillet (troisième trimestre) ou du 30 octobre (quatrième trimestre) selon le cas.
7. Les articles datés « semaine du x » sont rangés après les articles datés du x.
8. Les articles datés « semaine du x au y » sont rangés après les articles datés du y.
9. Les textes ayant la même date exactement de parution sont groupés à cette date par ordre alphabétique (nom de l'auteur, titre du périodique, titre de l'article).
10. Les articles non datés, dont on sait qu'ils apparaissent en tête de rubrique, y sont rangés selon l'ordre alphabétique.

Nous tenons à remercier le Service de dactylographie pour la recherche (Faculté des arts et sciences, Université de Montréal) et, en particulier, Line Arès pour la dactylographie de notre bibliographie et de cette mise à jour.

JACINTHE MARTEL
Projet EDAQ
Université du Québec à Montréal

(Juin 1985)

Liste des sigles et abréviations

— Chap. Chapitre
— coll. Collection
— éd. Éditeur
— EDAQ Édition critique de l'œuvre d'Hubert Aquin[1]
— f. Feuillet(s)
— mm Millimètres
— n° Numéro
— p. Page(s)
— RIN Rassemblement pour l'indépendance nationale
— [s.d.] Sans date

1. EDAQ : Projet d'édition critique de l'œuvre d'Hubert Aquin, dont le Centre de documentation est situé à l'Université du Québec à Montréal, local JJ-3850.

— t. Tome
— UQAM Université du Québec à Montréal
— * Renvoie à l'appendice I (Inédits d'Hubert Aquin non encore localisés)
— ** Renvoie à l'appendice II (Textes non encore localisés)
— ▶ Indique que la publication se poursuit depuis la date mentionnée

TABLE DES MATIÈRES

C) Articles et essais
D) Œuvres dramatiques
   1) Œuvres originales
   2) Traductions
   3) Adaptations
E) Filmographie
F) Émissions de radio ou de télévision de Radio-Canada
   1) Réalisations
   2) Entrevues conduites par Hubert Aquin
   3) Textes écrits pour la radio
   4) Adaptations pour la radio
G) Conférences et discours
H) Débats
I) Entrevues avec Hubert Aquin
J) Émissions de radio ou de télévision de Radio-Canada auxquelles Hubert Aquin fut invité
K) Notes de cours et de lectures
L) Entrevues menées par Hubert Aquin pour des films de l'Office national du film du Canada

IV – ÉTUDES ET CRITIQUES   00
A) Études générales
   Sont recensés ici les articles ou livres traitant de sujets très généraux.
B) Sur des œuvres
   1) Romans, recueils de textes, récit
      a) Études générales
         Cette rubrique rassemble les livres et les articles consacrés à plusieurs œuvres d'Hubert Aquin.
      b) Sur *les Rédempteurs*
      c) Sur *Prochain Épisode*
      d) Sur *Trou de mémoire*
      e) Sur *l'Antiphonaire*
      f) Sur *Point de fuite*
      g) Sur *Neige noire*
      h) Sur *Blocs erratiques*
      i) Sur *Obombre*
   2) Nouvelles
      a) Sur *De retour le 11 avril*
   3) Articles et autres textes
      a) Études générales
      b) Sur des articles en particulier
   4) Œuvres dramatiques
      a) Sur *la Toile d'araignée*
      b) Sur *Passé antérieur*
      c) Sur *le Choix des armes*

I - BIBLIOGRAPHIES

A)   Ouvrages bibliographiques généraux

1) Bibliographies courantes

1.   *Canadian Periodical Index/Index de périodiques canadiens*, Ottawa, Canadian Library Association, 1938

2.   *Point de repère. Index analytique d'articles de périodiques québécois et étrangers*, Montréal, Bibliothèque nationale du Québec, 1984

2) Autres répertoires, incluant les revues

3.   DEMERS, Pierre, *Filmographie à l'usage des professeurs. Français, philosophie, cinéma*, Jonquière (Québec), Presses collégiales de Jonquière, 1972, 11, 55, 67, 84 p.

4.   BIBLIOTHÈQUE NATIONALE DU CANADA, *Canadian Thesis/Thèses canadiennes, 1947-1960*, t. I, II, Ottawa, Bibliothèque nationale du Canada, 1973, 719 p.

5.   BEAUDRY, Jacques, *Philosophie et périodiques québécois. Répertoire préliminaire 1902-1982*, Trois-Rivières, Éditions Fragments, coll. « Les Cahiers gris », 2, 1983, 131 p.

6.   GODARD, Barbara et Heliane DAZIRON, *Inventory of Research in Canadian and Quebec Literatures. Répertoire des recherches en littératures canadiennes et québécoise*, préparé pour le comité de recherches de l'Association des littératures canadiennes et québécoise, Université York, septembre 1983, 126 p.

7.   *Répertoire des mémoires de maîtrise et thèses de doctorat*, Montréal, UQAM : Décanat des études avancées et de la recherche, Secrétariat des études avancées, décembre 1983, 212 p.

8.   *Dictionnaire des œuvres littéraires du Québec*, sous la direction de Maurice Lemire, t. IV, Montréal, Fides, 1984, XLI-1 123 p.

9.   DIONNE, René, « Classiques de la littérature québécoise (essai de bibliographie fondamentale) », dans *le Québécois et sa littérature*, sous la direction de René Dionne, Sherbrooke, Naaman, coll. « Littératures », 7, 1984, 408-424.

10.   « L'Édition critique », *Revue d'histoire littéraire du Québec et du Canada français*, Ottawa, Éditions de l'Université d'Ottawa, 4, été/automne 1982.

11.   « Le Théâtre », *Revue d'histoire littéraire du Québec et du Canada français*, Ottawa, Éditions de l'Université d'Ottawa, 5, hiver/printemps 1983.

12.   « Revues littéraires du Québec », *Revue d'histoire littéraire du Québec et du Canada français*, Ottawa, Éditions de l'Université d'Ottawa, 6, été/automne 1983.

13.   « Alain Grandbois », *Revue d'histoire littéraire du Québec et du Canada français*, Ottawa, Éditions de l'Université d'Ottawa, 8, été/automne 1984.

B)   Bibliographies propres à Hubert Aquin

14.   « Aquin, Hubert », dans Édouard-G. RINFRET, *Le Théâtre canadien d'expression française. Répertoire analytique des origines à nos jours*, t. I, Montréal, Leméac, coll. « Documents », 1975, 16-17. (Voir aussi « Carrier, Louis-Georges », 110.)
       Génériques partiels et résumés des œuvres signalées.

15.   « Aquin, Hubert », dans Édouard-G. RINFRET, *Le Théâtre canadien d'expression française. Répertoire analytique des origines à nos jours*, t. IV, Montréal, Leméac, coll. « Documents », 1978, 5-10.
       Génériques et résumés des œuvres signalées.

16.   MARTEL, Jacinthe, *Bibliographie analytique d'Hubert Aquin : 1947-1980*, mémoire de maîtrise, Université de Montréal, février 1984, VIII-216 p.
       Reprise, corrigée et augmentée, dans :

16a.   *Revue d'histoire littéraire du Québec et du Canada français*, 7, hiver-printemps 1984, 79-229. Voir aussi : 131, 134, 140, 153, 170, 199.

II - BIOGRAPHIE

A)   Générales

17.   **[ANONYME], [Hubert Aquin], *Who's Who Among Students in American Universities and Colleges*, 1950-51.

18.   ANONYME, « Aquin, Hubert », *The Canadian Who's Who*, XIII, 1973-1975, 23.
      Courte biobibliographie d'Hubert Aquin.

19.   ANONYME, « Aquin, Hubert », *Jeunesses littéraires du Québec*, [I], 1, janvier-février 1974, 17.
      Courte biographie d'Aquin, probablement rédigée par Aquin lui-même, suivie d'une « pensée de l'auteur ».

20.   **ANONYME, « Hubert Aquin », *Magazine littéraire*, mars 1978.
      Courte biographie d'Aquin.

21.   ANONYME, « Hubert Aquin. Un destin d'écrivain », *L'Uqam hebdo*, 1983, 44.
      Tour d'horizon de la carrière d'Aquin.

22.   SMART, Patricia, « Aquin, Hubert », dans COLLECTIF, *The Oxford Companion to Canadian Literature*, sous la direction de William Toye, Oxford, Toronto, New York, Oxford University Press, 1983, 27-29.
      Courte biographie d'Aquin suivie d'une étude rapide sur son œuvre romanesque, de *Trou de mémoire* à *Obombre*.

23.   UNION DES ÉCRIVAINS QUÉBÉCOIS, *Dictionnaire des écrivains québécois contemporains*, recherche et rédaction : Yves Légaré, Montréal, Québec/Amérique 1983, 33.
      Courte biographie d'Aquin suivie d'une liste de ses romans.

24.   LAPIERRE, R. [René], « Aquin, Hubert », dans Jean-Pierre de BEAUMARCHAIS, Daniel COUTY et Alain REY, *Dictionnaire des littératures de langue française (A-F)*, Paris, Bordas, 1984, 60.
      Courte biographie d'Aquin.

25.   BEAUDRY, Jacques, « Aquin, Hubert (1929-1977) », *Fragments*, 20, août-septembre 1984, 1-2.
      Courte biographie d'Aquin.
      Voir aussi : 127, 129, 167.

B)   Concernant un moment particulier de la vie ou de la carrière d'Hubert Aquin

      3) Expulsion du territoire suisse

26.   **GALLAND, Bertil, « Hubert Aquin a recouru », *Le Jura libre*, 4 janvier 1967.
      Reprise de JM-125.

      4) Directeur littéraire aux Éditions La Presse

27.   ANONYME, « Hubert Aquin intente une poursuite de $45,000 contre La Presse Ltée », *La Presse*, 23 septembre 1976, A-14.
      Reprise, avec modifications, de JM-158.

      5) Rédacteur en chef du journal *Le Jour*

28. O'NEILL, Pierre, « Mutinerie chez les rédacteurs du *Jour* », *Le Devoir*, 24 août 1976, 1, 6.
   Au sujet de la nomination d'Aquin au poste de rédacteur en chef du journal *Le Jour*.

6) Mort : hommages et témoignages

29. LIZOTTE, Louise, « Hubert Aquin », *Le Journal de Montréal*, 25 mars 1977, 8.
   Court témoignage suivi d'extraits de « la Fatigue culturelle du Canada français ».

30. GIBSON, Paul, « Two Films Put the Private Lives of Two Writers into a Public Context », *Books in Canada*, XI, mai 1982, 3.
   Compte rendu de *Deux Épisodes dans la vie d'Hubert Aquin*. (Voir JM-226 et JM-1205.)

8) Prix littéraires

31. ANONYME, « Hubert Aquin refuse un prix de 2,500 $ pour des raisons politiques », *Le Soleil*, 22 avril 1969, 2.
   Annonce du refus d'Aquin suivie d'une courte biographie de l'auteur. L'article reprend, en partie, un autre paru dans *la Tribune*. (Voir JM-257.)

32. PELLERIN, Jean, « Chers amis du Goncourt », *La Presse*, 25 octobre 1974, A-4.
   On mentionne l'attribution du prix La Presse à H. Aquin.

9) Divers

33. ANONYME, « Across the Land », *Time*, (édition canadienne), 13 novembre 1950, 32.
   Entrefilet sur un conflit entre l'Université de Montréal et *le Quartier latin*.

34. ANONYME, « Hubert Aquin, boursier de la France », *Le Haut-Parleur*, 6 octobre 1951, 5.
   On annonce qu'Hubert Aquin a reçu une bourse d'études.

35. ANONYME, « Superior Court », *The Gazette*, 11 juillet 1966, 38.
   Reprise, en anglais, de JM-299. Repris aussi dans :

35a. *The Gazette*, 12 juillet 1966, 34.

36. HIBOU DES NEIGES, le (pseudonyme de Gaëtan DOSTIE), « L'art de fabriquer et de détruire un écrivain », *Le Jour*, 20 août 1976, 14.
   G. Dostie dénonce le sort réservé aux écrivains québécois et la situation de l'édition au Québec. En début d'article, il mentionne le cas d'Aquin.

37. FERRON, Jacques, « Historiette. André Mandeville », *L'Information médicale et paramédicale*, 4 juillet 1978, 21.
   À l'intérieur de cette historiette, J. Ferron évoque Hubert Aquin.

38. ANONYME, « Qui a connu Hubert Aquin ? », *24 heures*, 16 mars 1983, 4.
   Bref article faisant état des recherches effectuées en Suisse par M. H.-D. Paratte.

39. GODBOUT, Jacques, « Bourgault, Scully, même combat. Du vent, ces journalistes qui relient leurs opinions », *L'Actualité*, VIII, 8, août 1983, 76.
   Critiquant sévèrement les *Écrits polémiques* de P. Bourgault, J. Godbout cite l'opinion d'Aquin sur ce qu'il appelait les « non-livres ».

40. LALONDE, Michèle, « Hubert Aquin, mort ou vif... il aidait à articuler une pensée globale », *Le Devoir*, 5 novembre 1983, V, XXIII.

Témoignage de M. Lalonde à propos de la collaboration d'Aquin à *Liberté*.

41. MAILHOT, Laurent, « Le Combat de *Liberté* », *Le Devoir*, 5 novembre 1983, I, XXIII.

À l'intérieur de ce bilan des 25 années de *Liberté*, L. Mailhot se réfère quelquefois à Aquin.

III - ŒUVRES D'HUBERT AQUIN

A) Romans, recueils de textes, récit

42. MOI [AQUIN, Hubert *et al.*], *Tétanos le téméraire* (roman feuilleton), *Le Quartier latin*, 24 janvier-17 mars 1950.

Ce feuilleton a été écrit d'après une idée d'Hubert Aquin, en collaboration avec Jean-Guy Blain, Luc Geoffroy et Claude Paulette. Selon Claude Paulette, H. Aquin aurait signé le premier chapitre, cosigné avec lui le troisième et probablement collaboré aux quatrième et neuvième chapitres. Tous sont cependant signés « Moi », à l'exception du dernier qui est signé « Tétanos ». Tous les chapitres, sauf trois (IV, VI et VIII), possèdent, en plus du titre général, un titre distinctif :
- « La Volonté de puissance ou le refoulement », (chap. I), 24 janvier 1950, 2.
- « Le Spectateur ahuri et satisfait », (chap. II), 31 janvier 1950, 4.
- « Tétanos à l'Académie », (chap. III), 7 février 1950, 6.
- [Sans titre], (chap. IV), 14 février 1950, 5.
- « Tétanos et les chesterfields », (chap. V), 17 février 1950, 4.
- [Sans titre], (chap. VI), 28 février 1950, 3.
- « Tétanos à Québec ou initiation à l'esprit », (chap. VII), 3 mars 1950, 4.
- [Sans titre], (chap. VIII), 14 mars 1950, 2.
- « Testament de Tétanos », (chap. IX), 17 mars 1950, 3.

43. MURALT, S. et W. (pseudonymes d'Hubert AQUIN et d'Andrée YANACO-POULO), *Couple numéro un* (roman), [1966], tapuscrit, 132 p. (Inédit.)

44. AQUIN, Hubert, *L'Antiphonaire* (roman), 1969.
Aux textes déjà recensés (JM-312), il faut ajouter :

44a. *L'Antiphonaire*, [s.d.], tapuscrit, 292 p., distribuées dans deux cahiers : le premier contient la page de titre et les pages 1 à 161, le second, les pages 162 à 292 (les pages 33 à 44 inclusivement ne sont pas originales; ce sont des photocopies).

En provenance du Cercle du livre de France et conservé aux Archives de l'Université de Montréal et à l'EDAQ, ce tapuscrit diffère, en quelques endroits, de l'autre tapuscrit et du texte publié.

44b. *The Antiphonary*, Toronto, General Publishing Co. Limited, coll. « New Press Canadian Classics », 1983, 196 p.
Traduction d'Alan BROWN.

45. AQUIN, Hubert, « Hubert Aquin. From *Prochain Épisode*, dans Mordecai RICHLER, *Canadian Writing Today*, Harmondsworth (England), Penguin Books, coll. « Writing Today », 1970, 59-63.

Cette anthologie contient un extrait de *Prochain Épisode* (traduction de Penny WILLIAMS) : (Voir JM-307h.)
Courte notice biographique (p. 323).

46. AQUIN, Hubert, *Saga Segretta* ou *Livre secret* (projet de roman), [1970-1971], manuscrit, 47 p., dont 7 dactylographiées. (Inédit.)
Selon les dates figurant sur les différents documents du dossier, ce projet aurait été rédigé à partir du 9 novembre 1970 et jusqu'au 6 février 1971. Un court texte manuscrit (4 p.) daté des 15 et 18 avril 1972 clôt cependant le dossier; il s'agit de réflexions d'Hubert Aquin sur le projet. Dans un autre dossier (Voir 47a), nous avons aussi retrouvé deux pages de notes manuscrites, datées du 27 décembre 1972, à propos de ce projet de roman.

47. AQUIN, Hubert, *Copies conformes* (projet de roman), [1973], manuscrit, 151 p. (Inédit.)
Le dossier complet de ce projet de roman comprend deux dossiers distincts :

47a. « Roman 73-Plan I », 78 p.

47b. « Roman 73-Plan II », 73 p.
Ces titres figurent sur les chemises contenant ces dossiers.

48. AQUIN, Hubert, *Neige noire* (roman), 1974.
Aux textes déjà recensés (JM-314), il faut ajouter :

48a. « À citer. Phrases. Mots + phrases », [s.d.], manuscrit, 55 p., dont 2 dactylographiées. (Inédit.)
Notes diverses concernant probablement toutes *Neige noire*.
Le titre figure sur la chemise contenant les documents.

48b. *Neige noire*, [s.d.], galées d'imprimerie comportant des corrections manuscrites, 120 p.

48c. *Neige noire*, juillet 1973 à mai 1974, manuscrit, 1 347 p., dont 18 dactylographiées et 1 329 manuscrites.

48d. « Roman » (notes sur *Neige noire*), 25 novembre 1973, manuscrit, 1 p.

49. AQUIN, Hubert, *Obombre* (projet de roman), [1975-1976].
Outre le texte déjà signalé (JM-318a), le dossier *Obombre* comprend :

49a. « Mots générateurs », [s.d.], manuscrit, 12 p. (Inédit.)

49b. « Roman II », [s.d.], manuscrit, 4 p. (Inédit.)

49c. « Roman », 19 octobre 1968, manuscrit, 8 p. (Inédit.)
Dans l'état actuel de nos travaux, nous ne pouvons affirmer que ce manuscrit concerne exclusivement *Obombre*.

49d. *Obombre*, 1er décembre 1975, manuscrit, 65 p., numérotées de 1 à 66, sauf une page qui porte deux folios, et précédées d'une page de titre et d'une page de notes.

49e. « O.B. Texte (1er jet) HA 1976 ». (Chemise vide.)

49f. « Obombre/Roman/HA 76-2 », 18 avril 1976, manuscrit, 5 p., numérotées de 96 à 100. (Inédit.)

49g. « *Obombre* (roman) 21 mars 1976-1. Livre deuxième ». (Chemise vide.)

49h. « Plan », 13 mars, 12 avril, 31 octobre 1976, manuscrit, 9 p., dont 6 inédites.

49i. « Mots générateurs. HA 75-76. Roman OB », 5 novembre 1976, 18 p. (Inédit.)

Les titres figurant en *a, e, f, g* et *i* sont ceux des chemises contenant ces documents. Les autres apparaissent sur la première page de chacun des documents.

50. AQUIN, Hubert, « Continuacion II (Fragmento de la novela *Lapso de Memoria*) », *Plural*, XIV-III, 159, décembre 1984, 16-22.
Extrait de *Trou de mémoire*. Traduction de Nicole MERCIER. (Voir JM-310.)

B) Nouvelles et courts récits

1) Nouvelles originales

51. AQUIN, Hubert, « Rêve... », *Le Trait d'union*, VI, 3, janvier-février 1945, 4.

52. AQUIN, Hubert, « Ma crèche en deuil », *Le Quartier latin*, 16 décembre 1949, 5.

53. AQUIN, Hubert, [Sans titre], projet de nouvelle, 1962.
Le dossier comprend deux cahiers. Le premier porte le chiffre « II », le second la mention « Roman III ».
Sur la première page du premier cahier, Hubert Aquin note : « Faire une nouvelle avec ce cahier si je ne retrouve pas les autres parties égarées du roman. 10 nov. » Selon Andrée Yanacopoulo, il pourrait s'agir de *Trou de mémoire*.
Au début du premier cahier, on peut lire : « Écrit le 7 oct. 1962 (24 avril), 8 oct., 12 oct., 16 oct., 1er juin, 29 sept., 31 déc. (tome III) ».
Au début du second cahier : « Mardi le 16 oct. (20 février), mercredi le 17 oct. (4 mai), vendredi 19 oct. (1er juin), samedi 20 oct. (19 juillet), dimanche 21 oct. (24 oct.), lundi 22 oct. »

C) Articles et essais

54. AQUIN, Hubert, « Une possession », *Sainte-Marie*, IV, 2, novembre 1947, 4.

55. AQUIN, Hubert, « Billet de rhéto », *Sainte-Marie*, IV, 4, février 1948, 4.

56. AQUIN, Hubert et Ls [Louis]-Georges CARRIER, « Extrait du gros album », *Sainte-Marie*, IV, 6, avril 1948, 8.

57. AQUIN, Hubert, « « La Cité parfaite » (Platon) », *Sainte-Marie*, VI, 7, mai-juin 1950, 11.

58. AQUIN, Hubert, « Une nouveauté en Amérique : des missionnaires auprès des Juifs », *La Patrie*, 1er août 1953, 21, 23.

59. AQUIN, Hubert, « Démonstration de puissance du CF-100 à North-Bay, Ont. », *La Patrie*, 21 août 1953, 5.

60. AQUIN, Hubert, « Un étudiant de Rhodésie à l'Université d'Ottawa », *La Patrie*, 9 septembre 1953, 9.

61. AQUIN, Hubert, « Margaret Truman ne chante jamais *Missouri Waltz* », *La Patrie*, 17 octobre 1953, 42.

62. AQUIN, Hubert et Andrée YANACOPOULO, « Le Français à la portée de tous », [1967], tapuscrit, 14 p. (Inédit.)
État préparatoire :

62a. [1967], tapuscrit, 15 p. (Inédit.)
Cet article aurait été écrit au début de l'année 1967.

63. AQUIN, Hubert, « La Perception du sport-spectacle à la télévision », 7 février 1971, tapuscrit, 1 p. (Inédit.)
    Notes pour « Éléments pour une phénoménologie du sport ». (Voir JM-466.)

64. AQUIN, Hubert, [Le Joual-Refuge], [1973].
    Deux importants dossiers de documents et de textes préparatoires (Voir JM-472) :

64a. [Le Joual], [1973], extraits de « le Joual-Refuge » comportant quelques modifications par rapport à la version publiée. Le dossier comprend :
    1) [s.d.], tapuscrit, 10 p.
    2) [s.d.], notes manuscrites, 13 p., dont une est datée du 3 mai 1973.

64b. « Manifeste sur la langue (VLB, GM, HA) 73 », 1973, notes préparatoires pour l'article « le Joual-Refuge ». Le dossier comprend :
    1) [Sans titre], 28 mai 1973, manuscrit, 22 p. (Inédit.)
    2) [Sans titre], 8 juin 1973, manuscrit, 10 p. (Inédit.)
    3) [Sans titre], 18-19 juillet 1973, manuscrit, 1 p. Le verso est daté du 20 juillet 1973. (Inédit.)
    Le titre « Manifeste sur la langue (VLB, GM, HA) » figure sur la chemise contenant les documents. Les initiales VLB et GM renvoient probablement à Victor-Lévy Beaulieu et à Gaston Miron.

65. AQUIN, Hubert, « Les Patriotes », 1973. Ce dossier comprend :

65a. « Présentation Globensky », [s.d.], manuscrit, 3 p. (Inédit.)
    Texte préparatoire à la présentation du livre de M. Globensky.

65b. Présentation, [s.d.], tapuscrit, 4 p.
    (Publié dans Notes d'un condamné politique de 1838, F.-X. Prieur.)

65c. Notes de lectures, [s.d.], manuscrit, 9 p. (Inédit.)
    Ces notes concernent les livres de F.-X. Prieur et de L. Ducharme.

65d. [s.d.], tapuscrit, 62 p., numérotées de 1 à 71 (les pages 25 à 32 et 53 sont manquantes).
    Ces pages contiennent des documents divers concernant l'Acte d'Union du Haut et du Bas-Canada. Probablement dactylographiées par Aquin, elles sont le fait de plusieurs auteurs tantôt identifiés, tantôt anonymes.

65e. Notes de lecture, [s.d.], manuscrit, 20 p. (Inédit.)
    Ces notes concernent le livre de M. Globensky. (Voir JM-471.)

66. AQUIN, Hubert, « Le Football et la stratégie guerrière », (projet d'article), août 1973, manuscrit, 36 p. (Inédit.)

67. AQUIN, Hubert, [Pourquoi je suis désenchanté du monde merveilleux de Roger Lemelin], 26 juillet 1976, manuscrit, 37 p.
    Le manuscrit diffère du tapuscrit :

67a. 2 août 1976, tapuscrit, 7 p.
    Ce tapuscrit diffère, en quelques endroits, de la version publiée. (Voir JM-477.)

68. AQUIN, Hubert, « Éloge des États-Unis », dans Lars DAMKJAER et Finn ERIKSEN, Québec Presqu'Amérique. Textes du Québec moderne, Danemark, Nyt Nordisk Forlag Arnold Busck, 1983, 113-115.
    Reprise intégrale du JM-464.

69. AQUIN, Hubert, « Hubert Aquin. Générateur inépuisable de fatigue culturelle (1962) », dans « La liberté intellectuelle : autour de *Liberté* », chapitre XIV, de Georges VINCENTHIER, *Histoire des idées au Québec. Des troubles de 1837 au référendum de 1980*, Montréal, VLB Éditeur, 1983, 272-286.

Extraits de « la Fatigue culturelle du Canada français » précédés d'une énumération des principaux thèmes qui y sont développés. (Voir JM-415.)

70. AQUIN, Hubert, « Lettre morte (à Gaston Miron) », *Liberté*, XXV, 6 (150), décembre 1983, 4-6.

Reprise de JM-416.

71. AQUIN, Hubert, « Hubert Aquin », dans Laurent MAILHOT, *Essais québécois 1837-1983. Anthologie littéraire*, avec la collaboration de Benoît Melançon, Montréal, Hurtubise HMH, Cahiers du Québec, « Textes et documents littéraires », 79, 1984, 427-443.

Cette anthologie comprend trois textes d'Aquin précédés d'une brève présentation de l'auteur :

71a. « Éloge de l'impatience », 429-430. (Voir JM-345.)

71b. « La Fatigue culturelle du Canada français » (extraits), 431-437. (Voir JM-415.)

71c. « Profession : écrivain » (extraits), 438-443. (Voir JM-419.)

72. AQUIN, Hubert, « Occupation : Writer », *Border/lines*, 1, automne 1984, 12-14.

Traduction, par Paul GIBSON, de « Profession : écrivain » (JM-419), précédée d'une présentation rapide du texte et de son auteur.
Voir aussi : 19.

D) Œuvres dramatiques

1) Œuvres originales

73. AQUIN, Hubert, *Projet de pièce de théâtre*, 12 mai 1967, manuscrit, 6 p.

Le dossier contenant ce manuscrit porte le titre *Deux Auteurs* et est daté de 1967; la page de titre porte cependant la date du 16 avril 1972.

74. AQUIN, Hubert et Louis-Georges CARRIER, *Opération labyrinthe* (projet pour un téléthéâtre de 90 minutes). Réalisation : Louis-Georges CARRIER. Le dossier comprend, dans l'ordre :

74a. « Plan de l'*Opération labyrinthe*, [s.d.], manuscrit, 5 p. (Inédit.)

74b. [Notes], [s.d.], manuscrit, 2 p. (Inédit.)

74c. « HA. *Opération labyrinthe*. Émission dramatique pour la TV », 16 ou 17 novembre 1970, tapuscrit, 12 p., dont 4 manuscrites. (Inédit.)

Les pages 3 et 4 sont datées du 31 octobre 1970, la 11ᵉ, du 10 novembre 1970.

La page 12 comprend des notes de lecture à propos de *la Folie à travers les âges* (Paris, Laffont, 1967) de Michèle Ristch de Groote.

74d. [Notes], 18 et 19 février 1971, tapuscrit, 5 p. (Inédit.)

75. AQUIN, Hubert, *Double Sens*, téléthéâtre diffusé le 30 janvier 1972.

Au dossier des états préparatoires (JM-507), il faut ajouter :

75a. [*Double Sens*], [s.d.], tapuscrit, 5 p. (Inédit.)

Il s'agit probablement d'un extrait du tapuscrit original de *Double Sens*, suivi de notes d'Aquin.

75b.   [Changements apportés au texte *Double Sens*], [17 septembre 1971], tapus-
        crit, 46 p. (numérotation discontinue). (Inédit.)

75c.   [Remarques relatives à *Double Sens*], 8, 23, 25, 26 juin, 2, 13, 14 juillet,
        5 août 1971, tapuscrit, 9 p. (Inédit.)

76.   AQUIN, Hubert, *Les Plaisirs de la mort*, projet de téléthéâtre de 90 minutes
        datant de 1974. Le dossier comprend quatre textes :

76a.   *Les Plaisirs de la mort. Je suis mort*, [s.d.], manuscrit, 14 p. (Inédit.)

76b.   *Je suis mort d'après les Plaisirs de la mort*, [s.d.], manuscrit, 6 p. (Inédit).

76c.   *L'Invention de la mort. Les Plaisirs de la mort*, 4 septembre [1974], manus-
        crit, 2 p. (Inédit.)

76d.   *Les Plaisirs de la mort*, 12 octobre 1974, manuscrit, 22 p. (Inédit.)

        2) Traductions
           Voir : 77

        3) Adaptations

77.   AQUIN, Hubert, *Hamlet*, projet de texte dramatique destiné à la télévision;
        (adaptation et traduction : H. AQUIN).
        Texte préparatoire :

77a.   *Hamlet*, 22 mars 1970, tapuscrit, 2 p. (Inédit.)
        Il s'agit ici d'une description rapide du projet.

E)   Filmographie

78.   AQUIN, Hubert, *Projet de film expérimental* (projet de poème filmique pour
        l'ONF), [s.d.], tapuscrit, 4 p. (Inédit.)

79.   AQUIN, Hubert et Jacques GODBOUT, [*L'Anarchie*], projet de film (court-
        métrage) destiné à l'ONF, conçu au cours des années 1970-71; produc-
        tion : François SÉGUILLON; scénario : Hubert AQUIN et Jacques GODBOUT;
        réalisation : Jacques GODBOUT.
        Ce dossier en regroupe cinq sortis des archives personnelles d'Hubert Aquin
        et qui concernent ce projet de film :

79a.   [*L'Anarchie*], manuscrit et tapuscrit, 7 p. (Inédit.)

79b.   « Anarchie — H. Aquin 15.11.71 », tapuscrit, 26 p. (Inédit.)

79c.   « L'Anarchie '70. Aquin-Godbout », tapuscrit et manuscrit, 45 p. (Inédit.)

79d.   « Histoire de l'anarchie (2) ha », tapuscrit, 34 p. (Inédit.)

79e.   « Anarchie (8.10.70) God-Aq-Sé », tapuscrit et manuscrit, 27 p. (Inédit.)
        Plusieurs titres provisoires ont été considérés tels *Double double* et *Des-
        cendre dans la rue*. L'idée initiale ayant été de faire un film sur l'anarchie et
        ce titre figurant sur le dossier personnel d'Aquin, nous avons préféré retenir
        ce dernier pour notre classement.
        Il nous est impossible de dater précisément ce projet, la datation des docu-
        ments n'étant pas systématique et s'échelonnant entre le 28 mai 1970 et le
        1er mars 1971. (Voir note 7, JM-p. 134.)

80.   AQUIN, Hubert, *La Reine de Pologne* ou *Sacrilège* ou *le Meurtre-Image*
        (projet de film); scénario : Hubert AQUIN; réalisation : Gordon SHEPPARD ;
        1976. (Inédit.)
        Selon Andrée Yanacopoulo, ces titres étaient provisoires, mais il semblerait
        que le choix d'Hubert Aquin et de G. Sheppard se soit porté sur *la Reine de*

Pologne ou *Sacrilège* plutôt que sur *le Meurtre-Image*. C'est pourquoi nous avons distribué ainsi les titres.

L'ensemble du dossier relatif à ce projet est composé de cinq chemises et de cinq cahiers. La constitution des chemises et cahiers ainsi que les titres des chemises sont d'Hubert Aquin.

Les descriptions qui suivent comprennent, par ordre chronologique, les titres des chemises, suivis de la liste des documents qu'ils contiennent. Aucun des cahiers ne porte de titre distinctif ni ne contient de documents originaux.

80a. Chemise I : « *Sacrilège* ».
    1 — « Document pour Aquin », [s.d.], tapuscrit, 1 p.
    2 — *Le Meurtre-Image*, [s.d.], tapuscrit, 9 p.
    3 — *La Reine de Pologne*, [s.d.], tapuscrit, 6 p.

80b. Chemise II : « Scénario H. Aquin. Avril 1976 (pour Shepard [*sic*]) ».
    Cette chemise ne contient aucun document.

80c. Chemise III : « Scénario. 23 juin 1976 ».
    1 — *La Reine de Pologne*, juin 1976, tapuscrit, 6 p.

80d. Chemise IV : « Scénario. 27 juin 1976 ».
    1 — *Le Meurtre-Image*, [s.d.], tapuscrit, 9 p.

80e. Chemise V : « Original Scénario. 27 juin 1976 ».
    1 — *Sacrilège*, [s.d.], tapuscrit, 9 p.
    2 — [Notes], 16 juin 1976, 19 juin, 20 juin, manuscrit, 9 p. [s.p.]

80f. Cahier I : [Sans titre].
    1 — *La Reine de Pologne*, [s.d.], tapuscrit, 6 p.

80g. Cahier II : [Sans titre].
    1 — *Sacrilège*, [s.d.], tapuscrit, 9 p.

80h. Cahier III : [Sans titre].
    1 — *Sacrilège*, [s.d.], tapuscrit, 9 p.

80i. Cahier IV : [Sans titre].
    1 — *Sacrilège*, [s.d.], tapuscrit, 9 p.

80j. Cahier V : [Sans titre].
    1 — *Le Meurtre-Image*, 27 juin 1976, tapuscrit, 10 p.

F) Émissions de radio ou de télévision de Radio-Canada

2) Entrevues menées par Hubert Aquin

81. *AQUIN, Hubert, [Sans titre], émission de radio (ou de télévision), probablement destinée à Radio-Canada, consacrée à la psychologie et à l'art : les nouvelles découvertes de la psychiatrie et de la psychanalyse vont-elles permettre d'élucider le mystère de la création artistique ?

Hubert Aquin interviewe M. René Huyghe, membre de l'Académie française, professeur au Collège de France et critique d'art ainsi que le docteur Guy Rosselato, membre de la Société française de psychanalyse; durée : 30 minutes.

(Si un texte a été produit et s'il est conservé, il est resté inédit.)

3) Textes écrits pour la radio

82. AQUIN, Hubert, « Projet pour CBF (1973) », projet pour une émission (ou une série) pour la radio de Radio-Canada, [1973], manuscrit, 11 p. (Inédit.)

G) Conférences et discours

83. AQUIN, Hubert, « Liberté de pensée et sincérité », *Croire et savoir*, I, 5, novembre 1950, 15-21.

Texte d'une communication présentée dans le cadre des rencontres « Carrefour 50 » organisées par le Centre catholique des intellectuels canadiens, le 18 février 1950, à l'Université de Montréal.

La communication aurait aussi été publiée dans *Carrefour 50* mais il nous a été impossible de retracer cette publication.

84. AQUIN, Hubert, [Sans titre], discours préparé à l'occasion de la réception du prix David, mais qui ne fut pas prononcé, 30 janvier 1973, tapuscrit, 1 p. (Inédit.)

H) Débats

85. AQUIN, Hubert, [Débat], 4 avril 1973, Cégep François-Xavier Garneau.

Participation d'Aquin à la « Quinzaine des Écrivains québécois » qui se déroulait du 3 au 13 avril 1973. Il s'agissait en fait d'une série de rencontres avec des écrivains québécois.

Sujet : l'anarchie.

85a. Enregistrement sonore disponible au Centre des médias du Cégep François-Xavier Garneau, sous la cote CA-3/C 848.54/A657/Y.

86. *AQUIN, Hubert, rencontre avec des étudiants du Collège Sainte-Marie organisée à la suite de la parution du numéro 135 de la revue *Maintenant*, qui avait pour thème : « La langue au Québec », le 10 avril 1974.

(Selon un feuillet publicitaire conservé à l'EDAQ. Si un texte a été produit, et s'il s'est conservé, il est resté inédit.)

87. *AQUIN, Hubert, séance de discussion réalisée en novembre 1975 à l'Université du Québec à Rimouski par Jacques Pelletier et Renald Bérubé.

87a. Enregistrement sonore conservé au Centre de documentation de l'EDAQ.

I) Entrevues avec Hubert Aquin

88. REMPLE, Jean, *Quebec now*, « Midday Magazine », entrevue de Jean Remple avec Hubert Aquin, destinée probablement à une émission de radio de Radio-Canada ou de Radio-Canada International; date d'enregistrement : 2 mai 1973.

88a. Enregistrement sonore conservé à l'EDAQ.

Nous ne savons pas si cette entrevue a donné lieu à une émission.

(Il semble qu'un texte ait existé, mais, s'il s'est conservé, il est resté inédit.)

89. FAUTEUX, Jacques et Lise PAYETTE, *Appelez-moi Lise*, émission de télévision de Radio-Canada; date de diffusion : 24 avril 1975.

Lise Payette et Jacques Fauteaux interviewent Hubert Aquin.

K) Notes de cours et de lectures

90. AQUIN, Hubert, [Notes de cours].

90a. « Baroque (21e semaine) 60 h. », [s.d.], manuscrit, 6 f.

Notes diverses sur le baroque (Collège Sainte-Marie).

90b. « Le Baroque », [s.d.], tapuscrit, 6 f.

Notes diverses sur le baroque (Collège Sainte-Marie).

90c. « L'Érotisme dans la littérature moderne », [1969], 20 f., dont 16 manuscrits.
Notes pour le cours intitulé « l'Érotisme dans la littérature moderne ». (UQAM)

90d. « James Joyce (JCF et HA) », [1969-1970], 82 f., dont 6 manuscrits.
Notes concernant probablement les cours sur Joyce et sur le baroque (UQAM).

90e. « *Point de fuite* (1970)/5 », [s.d.], 241 f., dont 47 manuscrits.
Ce dossier comprend des notes concernant probablement le cours sur Joyce et celui sur le baroque littéraire (Collège Sainte-Marie).

90f. « Pour le cours 224 », [s.d.], 83 f., dont 7 manuscrits.
Notes concernant probablement le cours sur Joyce (Collège Sainte-Marie).
Voir aussi : 91.

91. AQUIN, Hubert, [Notes de cours et de lectures].
Les dossiers recensés ici contiennent des notes de cours et des notes de lectures.

91a. « *Copies conformes* », [1967], 119 f., dont 93 manuscrits.
Notes sur Balzac (Collège Sainte-Marie).
Le dossier comprend 27 feuillets de notes de lectures.

91b. « *Ulysse* de J. Joyce (1971) », [1970], tapuscrit, 5 f.
Notes concernant probablement le cours intitulé : « Le Baroque littéraire et artistique au 20e siècle » (UQAM).
Le dossier comprend deux feuillets de notes de lectures.

91c. « *Ulysse*, de James Joyce », [1970], 42 f., dont 14 manuscrits.
Notes concernant probablement le cours sur Joyce (UQAM).
Le dossier comprend 20 feuillets de notes de lectures, dont certains concernent vraisemblablement l'article « De Vico à James Joyce, assassin d'Ulysse » (JM-468).

92. AQUIN, Hubert, [Notes de lectures].

92a. « 1972 », [s.d.], 64 f., dont 55 manuscrits.
Notes diverses.

92b. « André Green, *Un œil en trop* », [s.d.], 24 f., dont 23 manuscrits.
Ce livre ne figure pas dans la bibliothèque d'Aquin.

92c. « Cher lecteur. 5 février 1975 », [5 février 1975], tapuscrit, 2 f.
Il s'agit probablement de notes prises en vue de la conférence. (Voir JM-574.)

92d. « Citations », [s.d.], 50 f., dont 49 manuscrits.
Notes diverses.

92e. « Doubrovski/J.P. Richard », [s.d.], manuscrit, 27 f.
Le dossier comprend :
- une première liasse (22 f.) de notes sur : *Pourquoi la nouvelle critique. Critique et objectivité* (Paris, Mercure de France, 1967, 262 p.) de Serge Doubrovski.
- une deuxième liasse (5 f.) de notes sur : *Littérature et sensation. Stendhal et Flaubert* (Paris, Éditions du Seuil. coll. « Point », 1970, 252 p.) de Jean-Pierre Richard.
Ces deux livres figurent dans la bibliothèque d'Aquin.

92f. « Éléments et terminologie (temps) », [s.d.], manuscrit, 23 f.
Notes diverses; certaines d'entre elles (f. 9) concernent *Neige noire*.

92g. « Hamlet (1970) », 1970-1971, tapuscrit, 108 f.
Notes diverses à propos d'Hamlet et d'Œdipe.

92h. « Hamlet. Notes + projet », 1970, tapuscrit, 22 f.
Notes de lecture à propos d'*Hamlet*.

92i. « Mots générateurs IV », [s.d.], manuscrit, 25 f.
Ce dossier comprend 7 feuillets de notes de lectures et 18 autres de notes diverses : citations, listes de mots, listes de noms, etc.

92j. « Notes de lecture — 1970 ha », [s.d.], tapuscrit, 32 f.
Notes diverses.

92k. « Notes de lecture — 1971 (ha) », [s.d.], 23 f., dont 2 manuscrits.
Notes diverses.

92l. [Notes trouvées dans des livres], [s.d.], manuscrit, 17 f.
Notes diverses.

92m. « Œdipe », [1971], 25 f., dont 2 manuscrits.
Notes de lectures et notes de travail concernant probablement le texte *Œdipe*. (Voir JM-506.)

92n. [Sans titre], [s.d.], tapuscrit, 1 f.
Notes à propos d'Œdipe. Voir : 92f, g, m, o.

92o. « Texte du roman (CC) 1973 », [s.d.], 21 f., dont un manuscrit.
Notes sur Œdipe. Le premier feuillet de la liasse porte la date du 21 mars 1971. (C'est le seul qui en porte une.)
Voir aussi : 49a, 49i, 65, 91.

L)   Entrevues menées par Hubert Aquin pour des films de l'Office national du film du Canada

93. AQUIN, Hubert, [Entrevue avec Charles-Henri Favrod], [1962], tapuscrit, 5 p. (Inédit.)
Entrevue réalisée pour le film *À l'heure de la décolonisation* (JM-526), mais non utilisée.

94. AQUIN, Hubert, [Entrevue avec Cheik Hamidon Kane], [1962], tapuscrit, 13 p. (Inédit.)
Entrevue réalisée et utilisée pour le film *À l'heure de la décolonisation* (JM-526).

95. AQUIN, Hubert, [Entrevue avec Jean Lacouture], [1962], tapuscrit, 8 p. (Inédit.)
Entrevue réalisée et utilisée pour le film *À l'heure de la décolonisation* (JM-526).

96. AQUIN, Hubert, [Entrevue avec Jean-Pierre Dannaud], [1962], tapuscrit, 6 p. (Inédit.)
Entrevue réalisée et utilisée pour le film *À l'heure de la décolonisation* (JM-526).

97. AQUIN, Hubert, [Entrevue avec Messali Hadj], [1962], tapuscrit, 16 p. (Inédit.)
Entrevue réalisée et utilisée pour le film *À l'heure de la décolonisation* (JM-526).

98. AQUIN, Hubert, [Entrevue avec Octave Mannoni], 12 juin 1962, tapuscrit, 7 p. (Inédit.)

Entrevue réalisée pour le film À *l'heure de la décolonisation* (JM-526), mais non utilisée.

Autres versions :

98a. [s.d.], tapuscrit, 6 p., numérotées de 11 à 16.
Version abrégée légèrement différente de *a*.

98b. [s.d.], tapuscrit, 2 p.
Courte entrevue « bilingue » (questions en français (sauf la première), réponses en anglais).

98c. [s.d.], tapuscrit, 2 p.
Version annotée de *b*.

99. AQUIN, Hubert, [Entrevue avec Olympe Bhêly Quénum], [1962], tapuscrit, 5 p. (Inédit.)
Entrevue réalisée pour le film À *l'heure de la décolonisation* (JM-526), mais non utilisée.

Autres versions :

99a. [s.d.], tapuscrit, 2 p.

99b. [s.d.], tapuscrit, 2 p., numérotées 3, 4.
Courte entrevue « bilingue » (questions en français, réponses en anglais).

99c. [s.d.], tapuscrit, 2 p.
Version annotée de *b*.

100. AQUIN, Hubert, [Entrevue avec Paul Ricoeur], [1962], tapuscrit, 5 p. (Inédit.)
Entrevue réalisée et utilisée pour le film À *l'heure de la décolonisation* (JM-526).

IV - ÉTUDES ET CRITIQUES

A)   Études générales

101. VINCENT, Bruno, « De la Loire inférieure au Québec », *Le Magazine littéraire*, 15, février 1968, 30-32.
Dans cet article consacré à la littérature québécoise, B. Vincent mentionne et cite Aquin.

102. COTNAM, Jacques, « Cultural Nationalism and its Literary Expression in French-Canadian Fiction », dans « North America : the Besieged Minority Culture », IIe partie de H. Ernest LEWALD éd., *The Cry of Home. Cultural Nationalism and the Modern Writer*, Knoxville, University of Tennessee Press, 1972, 268-298.
Dressant en quelque sorte un bilan de l'expression nationaliste dans le roman québécois, J. Cotnam se réfère quelquefois à Hubert Aquin.

103. PAGÉ, Pierre, « Les Interlocuteurs français et québécois dans le discours littéraire canadien-français », dans COLLECTIF, *Mélanges de civilisation canadienne-française offerts au professeur Paul Wyczynski*, Ottawa, Éditions de l'Université d'Ottawa, coll. « Cahiers du Centre de recherche en civilisation canadienne-française », 10, 1977, 217-224.
Analysant le problème de la langue littéraire et de sa réception, P. Pagé renvoie, au passage, à Hubert Aquin.

104. SUTHERLAND, Ronald, *Essays in Comparative Quebec/Canadian Literature, The New Hero*, Toronto, MacMillan of Canada, 1977, XV-118 p.
Ce livre a été traduit en 1979 par Jacques de Roussan. (Voir JM-646.)

105. PELLETIER, Jacques, « Victor-Lévy Beaulieu, écrivain professionnel », *Voix et images*, III, 2, décembre 1977, 177-200.
     À l'intérieur de cette entrevue, V.-L. Beaulieu commente, rapidement, l'œuvre d'Aquin (178-179).

106. IQBAL, Françoise, *Feuillaison*, émission de radio de Radio-Canada; animateur : Guy CÔTÉ; réalisateur : François ISMERT; invitée : Françoise IQBAL; date de diffusion : 18 janvier 1979; durée : 30 minutes.
     Émission consacrée à Hubert Aquin.

107. BESSETTE, Gérard, « Romancier(s) québécois », *University of Toronto Quarterly*, L, 1, automne 1980, 43-52.
     À l'intérieur d'un bilan rapide de la production romanesque québécoise des années trente à quatre-vingt, G. Bessette signale, au passage, l'œuvre d'Aquin.

108. LA BOSSIÈRE, Camille-R., « Of Renaissance and Solitude in Quebec : A Recollection of the Sixties », *Studies in Canadian Literatures*, VII, 1, printemps 1982, 110-114.
     Au début de son article, l'auteur se réfère rapidement à H. Aquin.

109. WEINSTOCK, Daniel-M., « Le Prochain et ultime épisode », *Le McGill Daily*, 22 février 1983, 6.
     Court témoignage sur l'homme et l'œuvre.

110. NEPVEU, Pierre, « Abel, Steven et la souveraine poésie », *Études françaises*, XIX, 1, printemps 1983, 27-40.
     À l'intérieur de cet article consacré à Victor-Lévy Beaulieu et à son œuvre, P. Nepveu se réfère parfois, rapidement, aux œuvres d'autres romanciers québécois dont Hubert Aquin.

111. BRASSARD, André, *Préliminaires à une édition des marginalia d'Hubert Aquin*, mémoire de maîtrise, Université de Montréal, décembre 1983, IV-79 p. (Inédit.)
     Étude du phénomène de la margination qui s'ouvre sur une analyse des problèmes et intérêts des *marginalia* et de leur édition, puis à partir des *marginalia* d'Hubert Aquin, propose un certain nombre de solutions à ces problèmes. Le mémoire se clôt sur une liste partielle des œuvres annotées figurant dans la bibliothèque de l'auteur.

112. JOHNSON, William, « Using Literature to Kill les Anglais », *The Globe and Mail*, 21 décembre 1983, 8.
     Article rapide concernant le personnage et le rôle de l'Anglais dans la littérature québécoise.

113. BEAULIEU, Victor-Lévy, « L'Écriture québécoise, entre la sainteté et le terrorisme », dans *les Œuvres de création et le français au Québec. Actes du congrès « Langue et société au Québec »*, t. III, textes colligés et présentés par Irène Belleau et Gilles Dorion, Québec, Éditeur officiel du Québec, 1984, 15-22.
     Texte d'une conférence prononcée au cours du congrès « Langue et société au Québec », qui s'est tenu en 1982.
     À l'intérieur de cette critique sévère du roman québécois des XIXe et XXe siècles, V.-L. Beaulieu fait l'éloge de l'œuvre d'Aquin.

114. COLLECTIF, *Le Québécois et sa littérature*, sous la direction de René Dionne, Sherbrooke, Naaman, coll. « Littératures », 7, 1984, 464 p.

À l'intérieur de cette synthèse de la littérature québécoise, les auteurs renvoient quelquefois à Hubert Aquin et à son œuvre.

115. LEMONDE, Anne, *Les Femmes et le roman policier. Anatomie d'un paradoxe*, Montréal, Québec/Amérique, coll. « Littérature », 7, 1984, 464 p.

À l'intérieur de cet essai, l'auteur mentionne et présente rapidement l'œuvre d'Aquin : « [...] les textes-fictions d'Hubert Aquin sont, dans l'univers policier strict, des limites, des éclatements. » (Voir : 13, 245, 246.)

116. SMART, Patricia, « L'Espace de nos fictions : quelques réflexions sur nos deux cultures », *Voix et images*, X, 1, automne 1984, 23-36.

Ce texte est une adaptation du discours inaugural prononcé au colloque de l'Association nordique des études canadiennes (Aarhus, Danemark, 30 avril 1984) : « Some Reflections on Our Two Cultures ».

Analysant et comparant les littératures canadiennes-anglaises et québécoises, P. Smart se réfère quelquefois à Hubert Aquin à propos notamment de *Prochain Épisode*.

117. BEAUDET, André et Nicole BÉDARD, « Panorama de la literatura quebequense », *Plural*, XIV-III, 159, décembre 1984, 4-8.

À l'intérieur de ce panorama du roman québécois, les auteurs présentent, rapidement, l'œuvre romanesque d'Hubert Aquin.

118. ROY, Denis, « La BNQ au Salon du livre », *L'Incunable,* XVIII, 4, décembre 1984, 33.

Sur l'hommage rendu à Hubert Aquin par la Bibliothèque nationale du Québec au Salon du livre de Montréal.

B)   Sur des œuvres

1) Romans, recueils de textes, récit
    a) Études générales

119. HESSE, M.G., « The Theme of Suicide in the French-Canadian Novel Since 1945 », *Mosaic*, V, 4, summer 1972, 119-134.

Dans cette étude du thème du suicide, l'auteur se réfère rapidement à *Prochain Épisode* et à *l'Antiphonaire.*

120. SHEK, Ben, « The French-Canadian Novel, 1967-1972 : An Overview », dans COLLECTIF, *Creative Literature in Canada Symposium*, Ontario, Ministry of Colleges and Universities, [1974], 18-26.

Communication présentée dans le cadre du Creative Literature in Canada Symposium, Université de Toronto, 7 et 8 mars 1974.

À l'intérieur de ce bilan de la littérature canadienne-française publiée entre 1967 et 1972, l'auteur présente, rapidement, *Trou de mémoire* et *l'Antiphonaire.*

121. RACETTE, Gilles, « « Lignes » de repère souvent insuffisantes d'auteurs québécois », *La Presse*, 17 août 1974, E-3.

Compte rendu de *Hubert Aquin, agent double.* (Voir JM-667.)

122. B., C. [BEAUSOLEIL, Claude], [*Le Québec littéraire, 2 : Hubert Aquin*], *Le Jour*, 23 avril 1976, 26.

Compte rendu. (Voir JM-674.)

123. SHEK, Ben-Zion, « The Search for Identity », chapitre X de « Opposition and Revolt », IVe partie de *Social Realism in the French-Canadian Novel*, Montréal, Harvest House, 1977, 272-296 (surtout : 274, 278-281).

Étude du thème de la recherche de l'identité dans *Prochain Épisode* et *Trou de mémoire*.

124. LA BOSSIÈRE, Camille-R., « An Impasse : Hubert Aquin's Revolutionary *Commedia dell'Arte* », chapitre III de *The Dark Age of Enlightenment. An Essay on Québec Literature*, Fredericton (New Brunswick), York Press, 1980, 31-38.

Analyse de l'œuvre romanesque d'Aquin dont une version légèrement abrégée avait d'abord paru dans *Mosaic*. (Voir JM-687.)

125. VAN ROEY-ROUX, Françoise, *La Littérature intime au Québec, de 1760 à 1979*, thèse de doctorat, Université de Montréal, février 1981, VII-487 p.

Repris, dans une version remaniée, dans :

125a. *La Littérature intime du Québec*, Montréal, Boréal Express, 1983, 254 p.

L'introduction et le chapitre IV de la thèse ont été supprimés et la conclusion a été remaniée pour servir d'introduction au livre.

À l'intérieur des chapitres consacrés à l'étude de l'autobiographie et de la correspondance, l'auteur se réfère, au passage, à l'œuvre d'Aquin à propos notamment de *Prochain Épisode* et de *Point de fuite*.

126. MALCUZYNSKI, Pierrette, *La Fiction néobaroque aux Amériques, 1960-1970. Littérature carnavalisée et aliénation narrative chez Hubert Aquin, Guillermo Cabrera Infante et Thomas Pynchon*, thèse de doctorat, Université McGill, septembre 1981, XII-551 p. (Inédit.)

Utilisant une méthode qui s'inspire des travaux de M. Bakhtine et de son cercle, l'auteure se propose de définir un paradigme théorique relatif à une fiction néobaroque contemporaine.

En première partie, l'auteure démontre la pertinence de l'utilisation des concepts théoriques de Bakhtine pour décrire l'esthétique des œuvres des romanciers de son corpus; en seconde, elle définit les différentes notions utiles à la mise en place de sa méthode (intertextualité, « *neobarocco* », multiplicité polyphonique, etc.); et en troisième et dernière partie, elle procède à une analyse des rapports qui existent entre le texte littéraire et « la totalité sociale » dans laquelle il s'insère.

127. MERIVALE, Patricia, « Hubert Aquin », *Profiles in Canadian Literature*, 54, 1982, 101-108.

Courte biographie d'Aquin suivie d'analyses des quatre romans à l'intérieur desquelles l'auteure aborde rapidement la notion d'intertextualité. L'article est suivi d'une courte bibliographie sélective. (Voir JM-1204.)

128. **BINETTE, Mary Clowes, *La Relation auteur-lecteur dans les romans de Hubert Aquin*, thèse de doctorat, Australian National University, 1983. (Inédit.)

129. GUAY, Jean-Pierre, « Hubert Aquin », chapitre XVII de *Lorsque notre littérature était jeune. Propos de Pierre Tisseyre recueillis et présentés par Jean-Pierre Guay*, Montréal, CLF, 1983, 197-208.

P. Tisseyre décrit son rôle d'éditeur auprès du romancier H. Aquin; il situe et commente les œuvres qu'Aquin lui a soumises, notamment *l'Invention de la mort* dont il est allusivement question, *Prochain Épisode* et *Neige noire*.

130. LASNIER, Louis, « 1965 to 1970 », IIe partie de « Novels in French. 1960 to 1982 », dans COLLECTIF, *The Oxford Companion to Canadian Literature*, sous

la direction de William Toye, Oxford, Toronto, New York, Oxford University
Press, 1983, 608-609.
Courte présentation de l'œuvre d'Aquin.

131. RICHARD, Robert, *La Voix de l'inceste dans l'œuvre d'Hubert Aquin*, thèse de
doctorat, Université d'Ottawa, 1983, 277 p. (Inédit.)
Étude du thème de l'inceste dans l'œuvre romanesque d'Hubert Aquin qui
contient, selon l'auteur, une véritable théorie de l'inceste et de l'Œdipe. Il
montre que l'inceste forme la trame pulsionnelle des quatre romans et qu'elle
en « [...] alimente la structure et la stratégie d'écriture ».
Bibliographie (272-274) qui signale d'abord les romans et recueils de textes,
puis 18 études consacrées à l'auteur.

132. MICHON, Jacques, « Hubert Aquin et le théâtre du XIXe », *Voix et images*,
VII, 2, hiver 1982, 405-407.
Compte rendu de *l'Imaginaire captif*. (Voir JM-695.)

133. GAGNON, Maurice, [*L'Imaginaire captif*], *The French Review*, LVI, 4, mars
1983, 628.
Compte rendu de *l'Imaginaire captif*. (Voir JM-695.)

134. MOCQUAIS, Pierre-Yves Alain, *La Quête de l'auteur par l'écriture. Une lecture de l'œuvre romanesque de Hubert Aquin*, thèse de doctorat, Université
de Western Ontario, mars 1983, XII-477 p. (Inédit.)
Étude de l'écriture comme instrument de la quête de l'autre dans l'œuvre
romanesque d'Aquin. L'auteur propose une analyse des différents types
d'énoncés qui dérivent des cinq catégories (espace, temps, culture, carnava-
lesque, sacré) qu'il a retenues et qui constituent le champ de son étude.
Bibliographie (463-465) des œuvres, essais et articles cités ou utilisés dans
la thèse (21 entrées), suivie d'une recension de 18 études consacrées à
l'œuvre d'Aquin.

135. MACCABÉE-IQBAL, Françoise, « Aquin en relief », *Canadian Literature*, 97,
été 1983, 170-171.
Compte rendu de *l'Imaginaire captif*. (Voir JM-695.)

136. MERIVALE, Patricia, « Hubert Aquin and Highbrow Pornography : The Æsthe-
tics of Perversion », *Essays on Canadian Writing*, 26, été 1983, 1-12.
La pornographie, l'érotisme, etc., et le rôle du lecteur dans *Trou de
mémoire* et *Neige noire*.

137. LAPIERRE, René, « Hubert Aquin : le silence du dedans », *L'Esprit créateur*,
XXIII, 3, automne 1983, 73-76.
Cet article propose une sorte de bilan des lectures (faites et à faire) de
l'œuvre romanesque d'Aquin.

138. MERIVALE, Patricia, [*L'Imaginaire captif*], *L'Esprit créateur*, XXIII, 3,
automne 1983, 105-106.
Compte rendu de l'ouvrage. (Voir JM-695.)

139. LAROCQUE, Michel, *Le Suicide comme discours ultime. Approche religiolo-
gique du suicide chez Hubert Aquin*, mémoire de maîtrise, UQAM,
novembre 1983, VI-125 p. (Inédit.)
Étude du thème du suicide, considéré comme discours ultime, dans l'œuvre
romanesque d'Aquin.

140. PIERCE-RICHARDSON, Joanna, *The Role of the Narrator, Narratee and Implied
Reader in Three Novels of Hubert Aquin : A Study in First-Person Narration*,

thèse de doctorat, University of New England (Australie), décembre 1983, V-283 p. (Inédit.)

Après une synthèse des différentes recherches faites en narratologie notamment par Gerald Prince, Gérard Genette, Seymour Chatman et Susan Sulliman, et des travaux de Wolfgang Iser (concept du lecteur implicite : « implied reader »), l'auteure propose des analyses textuelles des trois premiers romans d'Aquin (*Neige noire* n'étant pas un roman au « Je » il est exclu du corpus). Pour chacun, elle étudie le rôle et la fonction du narrateur et du narrataire (et les rapports de l'un à l'autre), ainsi que le rôle du lecteur implicite.

Bibliographie des romans et recueils d'Aquin (223 : 10 entrées) suivie d'une importante bibliographie analytique de la critique (223-269 : 301 entrées) qui, malgré quelques erreurs et imprécisions, reste très utile.

141. ALLARD, Jacques et René LAPIERRE, *Relectures*, émission de radio de Radio-Canada; réalisateur : Gilbert PICARD; textes : Jacques ALLARD; invité : René LAPIERRE; animatrice : Claudette LAMBERT; lecteurs : Andrée LACHAPELLE et Gérard POIRIER; date de diffusion : 16 février 1984; durée : 1 heure.

Lecture de l'œuvre romanesque d'Aquin ponctuée d'extraits des romans.

141a. Enregistrement disponible, pour consultation sur place, au Centre de documentation de l'EDAQ.

c) Sur *Prochain Épisode*

142. **HÉTU, Dolorès-Camille, *L'Engagement littéraire durant les années soixante*, mémoire de maîtrise, University of Alberta, [s.d.], XI-137 p. (Inédit.)[1]

143. JOSSELIN, J.-F. [Jean-François], [*Prochain Épisode*], *Les Nouvelles littéraires*, 8 septembre 1966, 2.

On mentionne la parution de *Prochain Épisode* chez Laffont. Un extrait de cet article avait déjà paru dans *Sept Jours*. (Voir JM-789.)

144. WEAVER, Robert, « *Prochain Épisode* by Hubert Aquin », *The Canadian Reader*, VIII, 7, mai 1967, 2-3.

Compte rendu du roman; l'auteur en recommande la lecture.

145. SUTHERLAND, Ronald, « The Fourth Kind of Separatism », dans *Second Image. Comparative Studies in Quebec/Canadian Literature*, Don Mill (Ontario), New Press, 1971, 108-134.

Reprise légèrement modifiée d'un article paru dans *Canadian Literature*. (Voir JM-858.)

146. SUTHERLAND, Ronald, « Twin Solitudes », dans *Second Image. Comparative Studies in Quebec/Canadian Literature*, Don Mill (Ontario), New Press, 1971, [XIV]-27.

Reprise légèrement modifiée d'un article paru dans *Canadian Literature*. (Voir JM-845.)

147. BRAZEAU, J.-Raymond, « Hubert Aquin », chapitre VII de *An Outline of Contemporary French Canadian Literature*, Toronto, Forum House, 1972, 75-82.

---

1. Dans l'état actuel de nos recherches, il nous est impossible de localiser ce mémoire. Nous renvoyons donc le lecteur à notre source : *Dictionnaire des œuvres littéraires du Québec*, t. IV (Voir 8).

Critique de *Prochain Épisode* : l'auteur étudie notamment le thème de l'impuissance et les relations existant entre le roman autobiographique et le roman d'espionnage. (Voir JM-1201.)

148. ROBITAILLE, Louis-Bernard, *L'Idée de littérature dans Parti Pris*, mémoire de maîtrise, Université McGill, juin 1972, III-215 p. (Inédit.)

Identifiant et analysant la problématique partipriste, l'auteur se réfère quelquefois aux articles d'Aquin et notamment à « Profession : écrivain » et à « la Fatigue culturelle du Canada français ». Dans le quatrième chapitre, consacré aux productions littéraires du groupe et de l'époque de Parti pris, l'auteur montre l'importance de la problématique nationaliste en littérature. Il propose alors une brève analyse de *Prochain Épisode* (193-196).

149. HARGER, Virginia, « Towards an Understanding : the New Novel of French Canada », *The Chelsea Journal*, I, 2, mars-avril 1975, 76-80.

Étudiant le nouveau roman québécois, V. Harger se réfère, au passage, à *Prochain Épisode*.

150. COHN-SFETCU, Ofelia, « To Live in Abundance of Life. Time in Canadian Literature », *Canadian Literature*, 76, printemps 1978, 25-36.

L'auteur analyse l'utilisation du temps, mis au service de l'existence humaine, dans l'œuvre de Grove, Purdy, Avison, Aquin (*Prochain Épisode*) et Richler.

151. BROCHU, André et Gilles MARCOTTE, *La Littérature et le reste (livre de lettres)*, Montréal, Quinze, coll. « Prose exacte », 1980, 185 p.

Dans une lettre de Gilles Marcotte à André Brochu datée du 7 juillet 1979 (142-151), Gilles Marcotte consacre quelques lignes à *Prochain Épisode*.

152. WHITFIELD, Agnès, *La Problématique de la narration dans le roman québécois à la première personne depuis 1960*, mémoire de maîtrise, Université Laval, décembre 1980, VI-439 p. (Inédit.)

Après avoir élaboré un modèle qui lui permette d'analyser le roman autobiographique du Québec, l'auteure analyse quelques romans québécois dont *Prochain Épisode*. Elle étudie d'abord l'organisation syntagmatique du roman, puis son organisation discursive et, enfin, ses innovations formelles. C'est au « roman du romancier », l'une des formes du roman autobiographique, qu'elle confronte *Prochain Épisode*.

« Bibliographie sélective » (420-439) : l'auteur signale les livres et articles utiles pour sa thèse.

Sur *Prochain Épisode* : « *Oh Miami Miami* et *Prochain Épisode* : le roman du romancier ou les multiples possibilités du roman autobiographique » (chap. V, 349-414).

153. VACCHI, Anna Maria, « *Prochain Épisode de Hubert Aquin : du signifiant au signifié* », thèse de doctorat, Universita Degli Studi di Bologna, 1980-81, 347-LXXVI p. (Inédit.)

Étude de la signification du rapport établi entre le narrateur de *Prochain Épisode* et son récit qui a pour but d'identifier et de définir la « personnalité » du narrateur. L'auteur étudie notamment les métaphores du récit, de l'espace, du temps et de l'eau, les thèmes du roman et les « motifs » qui amènent le narrateur à écrire.

Importante bibliographie signalétique des œuvres d'Aquin (I-XV : 143 entrées) et de la critique (XVI-L : 340 entrées).

154. **JAROSZ, Krysztof, « Un roman abymé, *Prochain Épisode* de Hubert Aquin », *Prace historycznoliterackie*, 19, 1982, 67-86.

155. JAMESON, Fredric, « Euphorias of Substitution : Hubert Aquin and the Political Novel in Québec », *Yale French Studies*, 65, 1983, 214-223[2, 3].

   Critique de *Prochain Épisode* qui prend en compte plusieurs aspects du roman dont sa forme et sa structure, sa chronologie et son espace et finalement ses allégories dont la principale est la nationale (*national allegory*).

156. NEPVEU, Pierre, « A (Hi)story that Refuses the Telling : Poetry and the Novel in Contemporary Québécois Literature », *Yale French Studies*, 65, 1983, 90-105[3].

   P. Nepveu analyse les relations qu'entretiennent poésie et roman, au Québec, autour de 1965. Parmi les œuvres étudiées, mentionnons *Prochain Épisode* d'Aquin.

157. SMART, Patricia, « *Prochain Épisode* », dans COLLECTIF, *The Oxford Companion to Canadian Literature*, sous la direction de William Toye, Oxford, Toronto, New York, Oxford University Press, 1983, 683.

   Courte critique de *Prochain Épisode*.

158. STRATFORD, Philip, « The Uses of Ambiguity : Margaret Atwood and Hubert Aquin », chapitre VII de *Margaret Atwood : Language, Text, and System*, Grace SHERRILL, E. et Lorraine WEIR, éd., Vancouver, University of British Columbia Press, 1983, 113-124.

   P. Stratford analyse la fonction de la métaphore et de l'ambiguïté dans *Surfacing* et *Prochain Épisode*.

159. VANASSE, André, « Turgeon, Beauchemin, Tremblay et les autres », *Voix et images*, VII, 2, hiver 1982, 417-419.

   À l'intérieur de sa critique de *Première personne* de P. Turgeon, A. Vanasse se réfère à *Prochain Épisode*, le « génial roman policier raté » d'H. Aquin.

160. HÉBERT, Pierre, « Sémiotique, histoire littéraire et philosophie : le cas du Québec », *The French Review*, LVI, 3, février 1983, 424-431.

   Dans cette étude de l'apparition de l'autobiographie et de l'évolution des analepses dans le roman québécois, *Prochain Épisode* sert rapidement d'exemple.

161. **CHAMBERS, Ross, « Narrative Point », *The Southern Review*, XVI, 1, mars 1983, 60-73.

   Selon notre source (Voir 140), l'auteur « [...] *defines narrative point as 'Tellability within a specific circumstance'* ». Il analyse trois romans, dont *Prochain Épisode*, « [...] *in terms of interrelated concepts such as authority and authorisation [sic], seduction and the denial of seduction, duplicity and cleavage, and narrative 'tactics'* ».

   2. Compte rendu :
Norman Snider, « Scholars Discover Pepsi Generation », *The Globe and Mail*, 24 mars 1984, L-2.
Cet article aurait été repris sous le titre « The Darlings of the Critics » dans *The Globe and Mail*, 28 mars 1984, 13.
   3. Compte rendu :
Pierre-Louis Vaillancourt, « Nous connaissons-nous trop bien ? Deux numéros de revues américaines consacrées à la littérature du Québec : *Yale French Studies* et *l'Esprit créateur* », *Lettres québécoises*, 35, automne 1984, 80-81.

162. *Musique en fête*, émission de radio de Radio-Canada, date de diffusion : 25 mars 1983; durée totale de l'émission : 3 heures.

À la troisième heure, les invités, dont Mme Françoise Siguret de l'Université de Montréal, analysent la construction en fugue de *Prochain Épisode*. (Références nombreuses aux travaux de Claude Lévi-Strauss.)

163. MOORHEAD, Andrea, « Double Life : An Analysis of Hubert Aquin's *Prochain Épisode* », *L'Esprit créateur*, XXIII, 3, automne 1983, 58-65[3].

Étude rapide de *Prochain Épisode*.

164. SMITH, Stephen, « Playing to Lose : Fictional Representations as Formulas for Failure in Aquin's *Prochain Épisode* », *L'Esprit créateur*, XXIII, 3, automne 1983, 66-72[3].

Ce texte s'inspire d'une communication présentée à la September 1982 Conference of the Northeast Council for Quebec Studies (Burlington, Vermont).

L'auteur étudie et compare les différents personnages et événements propres aux trois niveaux de la narration préalablement identifiés dans *Prochain Épisode* avec l'histoire même d'Aquin afin d'éclairer la structure complexe du roman.

165. ALLARD, Jacques, « Littérature et politique. De la solidarité des rêves à la politique littéraire », *Le Devoir*, 5 novembre 1983, XVI, XXIII.

À l'intérieur de cette réflexion sur la littérature québécoise engagée, J. Allard se réfère rapidement à *Prochain Épisode*.

166. DORSINVILLE, Max, « Nationalisme et littérature. Cahiers d'un retour au pays québécois ? », *Le Devoir*, 5 novembre 1983, XV, XXIII.

À l'intérieur de cet article consacré au nationalisme comme caractéristique de l'évolution du roman québécois, l'auteur aborde rapidement la rhétorique fanonienne de *Prochain Épisode*.

167. JOHNSON, William, « Rebel's Career Really a Farce », *The Globe and Mail*, 16 décembre 1983, 8[4].

Critique rapide de *Prochain Épisode* suivie d'un court résumé de la vie de son auteur.

168. JOHNSON, William, « Aquin Reflected the Hangups », *The Globe and Mail*, 19 décembre 1983, 8[4].

Court article consacré à l'auteur de *Prochain Épisode*.

169. CHAMBERS, Ross, « Authority and Seduction : the Power of Fiction », chapitre IX de *Story and Situation. Narrative Seduction and the Power of Fiction*, Minneapolis, University of Minnesota Press, 1984, 205-223.

Brève analyse du pouvoir et de la séduction dans *Prochain Épisode*.

170. DOYON, Clermont, « *Prochain Épisode*, roman d'Hubert Aquin », dans *Dictionnaire des œuvres littéraires du Québec*, sous la direction de Maurice Lemire, t. IV, Montréal, Fides, 1984, 733-736.

Courte étude de la narration dans *Prochain Épisode*.

Bibliographie de 172 entrées (736-738).

171. GARNEAU, René, « Hubert Aquin. Deux dialogues : Louise Payette — René Garneau », *Écrits du Canada français*, 50, 1984, 120-128.

---

4. Patricia Smart, « A Sigh of Relief », *The Globe and Mail*, 1er février 1984, 6. Commentaires de P. Smart à propos des articles de W. Johnson. (Voir aussi 186.)

Texte d'une entrevue réalisée pour Radio-Canada International (Europe de l'Ouest) en 1981. R. Garneau commente l'œuvre romanesque d'Hubert Aquin et plus particulièrement *Prochain Épisode* et *l'Antiphonaire*.

172. GEROLS, Jacqueline, *Le Roman québécois en France*, Montréal, Hurtubise HMH, Cahiers du Québec, « Littérature », 76, 1984, 363 p.
    Reprise quasi intégrale de sa thèse de doctorat. (Voir JM-707.)

173. PELLETIER, Jacques, « Nationalisme et roman : une inévitable conjonction », chapitre I de *Lecture politique du roman québécois contemporain. Essais*, Montréal, Université du Québec à Montréal, coll. « Les Cahiers d'études littéraires », 1, 1984, 1-10.
    Reprise intégrale d'un article paru dans la *Revue des sciences humaines*. (Voir JM-896.)

174. CHAZEL, Christian, « Trois Brouillons », *La Nouvelle Barre du jour*, 134, janvier 1984, 30-33.
    Traductions analogiques de *Prochain Épisode*.

175. MAJOR, Robert, « *Prochain Épisode* et *Menaud, maître-draveur*. Le Décalque romanesque », *Canadian Literature*, 99, hiver 1983, 55-65.
    R. Major étudie ici *Prochain Épisode*, et notamment sa thématique, pour montrer qu'Hubert Aquin « [...] reprend le discours de Monseigneur Savard et nous offre un double troublant de *Menaud, maître-draveur* ».

176. GOURDEAU, Jacqueline, « *Prochain Épisode* : l'incidence autobiographique », *Études littéraires*, XVII, 2, automne 1984, 311-332.
    L'auteur propose d'abord une analyse des éléments autobiographiques du roman qui vise à cerner leur influence sur l'œuvre, puis elle tente de montrer, par l'utilisation d'une grille psychanalytique (nombreuses références à Ronald D. Laing), que la fiction consiste en une métaphorisation des craintes d'un « moi divisé » qui renvoie à l'auteur-narrateur du roman.
    Voir aussi : 123, 126, 127, 129, 131, 134, 139, 140, 141.

    d) Sur *Trou de mémoire*

177. ANONYME, « *Trou de mémoire* », *Fiches bibliographiques de littérature canadienne*, II, 10, juin 1968, fiche n° 439.
    Brefs résumé et compte rendu du roman.

178. ANONYME, « Hubert Aquin critiqué par *les Nouvelles littéraires* », *L'Action*, 21 février 1969, 17.
    Reprise de JM-928.

179. ROUSSAN, Wanda de, *La Signification de l'étrangère dans le roman québécois contemporain*, mémoire de maîtrise, Université de Montréal, août 1973, VII-133 p. (Inédit.)
    Courte étude de *Trou de mémoire* d'Hubert Aquin dans « L'Option politique : l'étrangère comme adversaire » (chap. III, 40-56 surtout : 51-56).
    Étudiant le personnage de l'étrangère à partir de la classification proposée par Vladimir Propp dans *Morphologie du conte*, l'auteure analyse rapidement le personnage de Joan dans *Trou de mémoire*.

180. MacSKIMMING, Roy, « A Novel of Puzzles from Quebec Writer », *The Toronto Star*, 4 janvier 1975, 6-7.
    Compte rendu du roman.

181. MORLEY, Patricia, « Over-Ripe Incantation », *Ottawa Journal*, 11 janvier 1975, 36.
Compte rendu du roman.

182. DIOS, Wolfgang, « Blackout. A Novel of Dull Tirades », *The Saturday Citizen*, 1er février 1975, 62.
Compte rendu rapide.

183. WILLIAMSON, David, « Points of View », *Winnipeg Free Press*, 22 mars 1975, 21 (Cahier « New Leisure. Saturday Magazine »).
Compte rendu de *Trou de mémoire*.

184. LENEY, Jane Elizabeth, *Two Canadian Views of Africa : The New Ancestors and Trou de mémoire*, mémoire de maîtrise, University of Western Ontario, VII-154 p. (Inédit.)
L'auteure compare l'utilisation faite de l'Afrique, comme décor, par deux auteurs différents : l'un Canadien français, l'autre Canadien anglais. Elle étudie d'abord la narration multiple (*multiple narration*) des deux romans, puis elle analyse l'influence de l'utilisation d'éléments africains sur le style et la technique narrative des romans et, enfin, elle aborde la thématique des œuvres. C'est en conclusion qu'elle tente d'expliquer les différences identifiées d'un roman à l'autre.
Bibliographie des œuvres d'Aquin (146-148 : 39 entrées) suivie d'une sélection de 11 études.

185. DURANLEAU, Irène, « Le Texte moderne et Nicole Brossard », *Études littéraires*, XIV, 1, avril 1981, 105-121.
Étudiant les « différentes mutations du récit romanesque » à partir de la terminologie proposée par Gérard Genette, l'auteure aborde rapidement *Trou de mémoire*.

186. JOHNSON, William, « Degradation in Revolution », *The Globe and Mail*, 20 décembre 1983, 8[5].
Courte critique de *Trou de mémoire*.

187. MELANÇON, Joseph, « *Trou de mémoire*, roman d'Hubert Aquin », dans *Dictionnaire des œuvres littéraires du Québec*, sous la direction de Maurice Lemire, t. IV, Montréal, Fides, 1984, 896-897.
Courte critique de *Trou de mémoire* suivie d'une bibliographie de 59 entrées.

188. LEVINE, Jennifer, « Metasyntheses », *Canadian Literature*, 99, hiver 1983, 121-124.
Compte rendu de *Narcissistic Narrative. The Metafictional Paradox.* (Voir JM-950.)

189. SÖDERLIND, Sylvia, « Hubert Aquin et le mystère de l'anamorphose », *Voix et images*, IX, 3, printemps 1984, 103-111.
Définissant les deux œuvres anamorphes de *Trou de mémoire* comme « [...] des variantes du même principe formel à la base du roman », S. Söderlind analyse la fonction et l'interaction des deux discours de *Trou de mémoire* (autobiographique et éditorial) considérés comme genres.

190. SAINT-MARTIN, Lori, « Mise à mort de la femme et « libération » de l'homme : Godbout, Aquin, Beaulieu ». *Voix et images*, X, 1, automne 1984, 107-117.

5. À propos des articles de W. Johnson, voir la note 4.

Étude du personnage de la femme dans *Trou de mémoire* basée sur la définition de la « structure érotique » proposée par A.-M. Dardigna dans *les Châteaux d'Éros* à propos des romans éroto-pornographiques français.
Voir aussi : 22, 123, 126, 127, 131, 134, 136, 139, 140, 141.

e) Sur *l'Antiphonaire*

191. ROYER, Jean, « *L'Antiphonaire* d'Hubert Aquin », *L'Action*, 31 janvier 1970, 18.
Compte rendu du roman.

192. **DOBBS, Kildare, « Kamouraska Should Find a Place on Bestseller List », *Toronto Star*, 12 mai 1973.
Critique favorable du roman.

193. BELLEAU, André. *Y a-t-il un intellectuel dans la salle ?*, Montréal, Primeur, 1984, 203 p.
À l'intérieur du chapitre intitulé « Culture populaire et culture sérieuse dans le roman québécois », A. Belleau se réfère rapidement à la culture « sérieuse » de *l'Antiphonaire*.

194. MACCABÉE-IQBAL, Françoise, « *L'Antiphonaire*, roman d'Hubert Aquin », dans *Dictionnaire des œuvres littéraires du Québec*, sous la direction de Maurice Lemire, t. IV, Montréal, Fides, 1984, 32-34.
Courte critique du roman suivie d'une bibliographie de 43 entrées.

195. GERVAIS, Bertrand, *Conventions et contraintes. Essai sur les contrats de lecture*, mémoire de maîtrise, UQAM, septembre 1984, VI-233 p.
Étude de la relation, établie par la lecture, entre un texte et son récepteur : l'auteur analyse le contrat de lecture posé par une situation textuelle donnée. B. Gervais propose d'abord un modèle de la communication narrative, puis il analyse le fonctionnement de la situation textuelle définie par cette communication et, enfin, il analyse le contrat de lecture installé par *l'Antiphonaire*. Ce dernier chapitre est une version augmentée d'une communication intitulée « *L'Antiphonaire* : la rupture comme contrat », présentée le 5 juin 1984 au congrès des Sociétés savantes à l'Université Guelph en Ontario.
Voir aussi : 22, 126, 127, 134, 139, 140, 141, 171.

f) Sur *Point de fuite*

196. M., J. [MONTALBETTI, Jean], « *Point de fuite* par Hubert Aquin », *Les Nouvelles littéraires*, du 19 au 25 novembre 1971, 12.
Critique favorable du recueil. Cet article avait été signalé dans *le Magazine littéraire*. (Voir JM-807.)

g) Sur *Neige noire*

197. BARBERIS, Robert, « Ces ailes blanches de l'âme », dans *La Fin du mépris. Écrits politiques et littéraires (1966-1976)*, Montréal, Parti pris, coll. « Aspects », 1978, 227-229.
Reprise d'un article paru dans *le Jour*. (Voir JM-1044.)

198. O'CONNOR, John J., [*Hamlet's Twin*]. *University of Toronto Quarterly*, XLIX, 4, été 1980, 385-386.
Critique élogieuse de la traduction de *Neige noire*.

199. SALETTI, Robert, *Éléments pour une sociocritique de « Neige noire » d'Aquin*, mémoire de maîtrise, Université McGill, mars 1982, V-186 p. (Inédit.)

L'auteur tente « [...] de dévoiler le lieu socio-historique qu'occupe *Neige noire* dans la littérature québécoise [...] en regard de la lisibilité générale de la littérature contemporaine ». Il étudie donc les structures diégétiques et narratives du roman, le problème de la représentation et le procédé de la mise en abyme, l'intertextualité (à propos notamment d'*Hamlet*), les processus esthétique et historique du roman et son espace social (et libidinal). (Voir JM-1073.)

Bibliographie (180-182) des romans d'Aquin suivie d'une sélection de 23 ouvrages et articles consacrés à l'œuvre d'Aquin.

Voir aussi : 22, 127, 131, 134, 136, 139, 141.

h) Sur *Blocs erratiques*

200. MAY, C.R.P. [Cedric Roger Paul], [*Blocs erratiques*], dans « The Anguish of Lucidity », VIIe partie de « Essays in French », dans COLLECTIF, *The Oxford Companion to Canadian Literature*, sous la direction de William Toye, Oxford, Toronto, New York, Oxford University Press, 1983, 239.

Présentation rapide du recueil.

2) Nouvelles

a) Sur *De retour le 11 avril*

201. GAY, Paul, « Douze Écrivains, douze nouvelles », *Le Droit*, 9 août 1969, 7.

Compte rendu du numéro 62 de *Liberté* à l'intérieur duquel l'auteur consacre quelques lignes à *De retour le 11 avril*.

202. KATTAN, Naïm, « Douze Nouvelles », *Canadian Literature*, 43, hiver 1970, 77-78.

Compte rendu du numéro 62 de *Liberté* : l'auteur se réfère, une fois, à *De retour le 11 avril*.

3) Articles et autres textes

b) Sur des articles en particulier

Sur « l'Existence politique » (mars 1962)

203. MAUGEY, Axel, « Étude des idéologies dans le contexte global de la société québécoise depuis 1945 », chapitre premier de « La Relève », Ire partie de *Poésie et société au Québec (1937-1970)*, Québec, Les Presses de l'Université Laval, coll. « Vie des lettres canadiennes », 9, 1972, 11-56.

À propos de *Liberté*, l'auteur cite « l'Existence politique » d'Aquin.

Sur « Essai crucimorphe » (juillet-août 1963)

204. BONENFANT, Yolande, « *Liberté* », *Le Soleil*, 14 décembre 1963, 24.

Courte critique.

Sur « Un âge ingrat » (novembre-décembre 1967)

205. FRANCION (pseudonyme de Lisette Morin), « L'Érotisme « revu » par *Liberté* », *Le Progrès du golfe*, 15 février 1968, 10-11.

Compte rendu du numéro 54 de *Liberté* : l'auteur signale l'article d'Aquin.

Sur le « Dictionnaire politique et culturel du Québec » (janvier-février 1969)

206. MAJOR, André, « *Liberté* 61 et conférence de Sève », *Le Devoir*, 31 mai 1969, 15.

Compte rendu du numéro 61 de la revue *Liberté* : l'auteur signale les textes d'Aquin.

Sur *Notes d'un condamné politique de 1838* de F.-X. Prieur
et *Journal d'un exilé aux terres australes*
de Léandre Ducharme (1974)

207. IMBERT, Patrick, « *Notes d'un condamné politique de 1838* par F.-X. Prieur. *Journal d'un exilé aux terres australes* par L. Ducharme. Lecture et idéologie », *Lettres québécoises*, 35, automne 1984, 65-66.

Commentant ces textes publiés à nouveau en 1974 par les Éditions du Jour, l'auteur se réfère quelquefois à la préface d'Hubert Aquin.

Sur « Sans titre » (1979)

208. MARCIL-LACOSTE, Louise, [*Histoire et philosophie au Québec. Anarchéologie du savoir historique*], *Livres et auteurs québécois, 1979*, 1980, 304-306.

Proposant un compte rendu du livre de R. Houde, l'auteur signale l'article d'Aquin.

4) Œuvres dramatiques

a) Sur *la Toile d'araignée* (jouée à l'Eskabel du 8 novembre au 4 décembre 1984; adaptation et mise en scène : Serge RIVEST)

209. BONHOMME, Jean-Pierre, « Au théâtre de l'Eskabel. Une toile d'araignée qui étouffe la vie », *La Presse*, 11 novembre 1983, C-8.

Critique de la pièce : éloge.

210. BONHOMME, Jean-Pierre, « Hubert Aquin au théâtre. La Révélation de nos violences », *La Presse*, 12 novembre 1983. D-2.

Courte entrevue avec le metteur en scène de *la Toile d'araignée* jouée à l'Eskabel : Serge Rivest. Il résume, présente et commente la pièce.

211. LÉVESQUE, Robert, « Une belle initiative de l'Eskabel. Hubert Aquin à la scène », *Le Devoir*, 17 novembre 1983, 17.

Courte critique et présentation de la pièce.

212. ANDRÈS, Bernard, « Si Mozart m'était conté, si Aquin tenait à un fil... », *Spirale*, 40, février 1984, 16.

Critique de *la Toile d'araignée* qui comporte quelques réserves à propos notamment de la mise en scène.

g) Sur *Ne ratez pas l'espion*

213. PONTAUT, Alain, « Comédie musicale. *Ne ratez pas l'espion* chez Marjolaine », *Le Devoir*, 4 juillet 1966, 8.

Courte critique de la pièce qui comprend quelques réserves. (Voir JM-1134.)

h) Sur *Table Tournante*

214. BRABANT, Madeleine, [*Table tournante*], *Ici Radio-Canada*, II, 36, 31 août au 6 septembre 1968, 6.

Annonce de la diffusion de *Table tournante*.

215. G., J. [GARON, Jean], « Monde imaginaire et farfelu », *Le Soleil*, 23 septembre 1968, 8.

Critique sévère de *Table tournante* écrite en réponse à l'article de M. Brabant paru dans *Ici Radio-Canada*. (Voir JM-1137b.)

216. PONTAUT, Alain, « Tourner... en rond », *La Presse*, 23 septembre 1968, 10.

Courte critique de la pièce.

217. DÉSILETS, Christian, « *Table tournante*, téléthéâtre d'Hubert Aquin », dans *Dictionnaire des œuvres littéraires du Québec*, sous la direction de Maurice Lemire, t. IV, Montréal, Fides, 1984, 849.

Résumé et compte rendu rapides de *Table tournante*. Bibliographie de 11 entrées.

i) Sur *Vingt-quatre Heures de trop*

218. ANONYME, « Un télé-théâtre de Hubert Aquin », *La Presse*, 8 mars 1969, 62.
Court texte servant de légende à une photo.

219. ANONYME, « À la poursuite d'une journée disparue... », *La Presse*, semaine du 1er au 8 mars 1969, 28 (Supplément « Télé-Presse »).
Courte présentation de la pièce.

220. CORRIVAULT, Martine, « En regardant en arrière », *Le Soleil*, 14 mars 1969, 27.
Courte critique peu favorable de la pièce.

221. BRABANT, Madeleine. « *Les Beaux Dimanches*. Pièce d'Hubert Aquin présentée en reprise », *Le Courrier de Saint-Hyacinthe*, 11 mars 1970, 31.
Reprise d'un article paru dans *Ici Radio-Canada*, 8-14 mars 1969. (Voir JM-1144.)

222. DÉSILETS, Christian, « *24 Heures de trop*, téléthéâtre d'Hubert Aquin », dans *Dictionnaire des œuvres littéraires du Québec*, sous la direction de Maurice Lemire, t. IV, Montréal, Fides, 1984, 951-952.
Résumé et compte rendu rapides. Bibliographie de 9 entrées.

j) Sur *Double Sens*

223. JASMIN, Claude, « Avez-vous aimé la sainte face de Jean-Louis Millette ? », *Le Journal de Montréal*, 2 février 1972, 29.
Courte critique de *Double Sens* qui comporte des réserves.

5) Filmographie

c) Sur *À l'heure de la décolonisation*

224. ANONYME [PARATTE, Henri-Dominique], « Éditorial », *Swiss French Studies/Études romandes*, IV, 2, printemps 1984, 2-10.
À l'intérieur de son texte de présentation, H.-D. Paratte se réfère rapidement à Hubert Aquin à propos notamment du film *À l'heure de la décolonisation*.

d) Sur *la Fin des étés*

225. PRÉVOST, Francine, « L'Itinéraire cinématographique d'Anne-Claire Poirier », *Séquences*, 116, avril 1984, 12-26.
Présentant et commentant l'œuvre cinématographique d'A.-C. Poirier, F. Prévost renvoie quelques fois à *la Fin des étés*, dont Hubert Aquin a été le coscénariste.

7) Conférences et discours

Sur « Liberté de pensée et sincérité » (novembre 1950),
conférence présentée à Carrefour 50.

226. ANONYME, « Carrefour 50, prélude à une rencontre internationale d'intellectuels, en 52. Le Carrefour 51 serait à l'échelle nationale, et tiendrait ses séances durant une semaine », *Le Devoir*, 20 février 1950, 2.
Résumant et commentant les journées d'études de Carrefour 50, l'auteur mentionne la communication d'Aquin.

227. PERRAULT, Pierre, « Carrefour 50 », *Le Quartier latin*, 24 février 1950, 1-2.
Présentation et résumé de la communication d'Aquin.

Sur « Quelle part doit-on réserver à la littérature québécoise
dans l'enseignement de la littérature » (mai-juin 1968),
conférence prononcée à la VIe Rencontre des écrivains.

228. GAY, Paul, « Littérature française ou littérature québécoise ? », *Le Droit*, 12 octobre 1968, 7.
Compte rendu du numéro 57 de *Liberté* : P. Gay signale la conférence d'Aquin.

Sur « la Mort de l'écrivain maudit » (mai-juin-juillet 1969), conférence prononcée à la VIIe Rencontre des écrivains.

229. DULAC, Claude, « Les Écrivains, la littérature et les mass media », *Beauce nouvelle*, 9 septembre 1969, 12.
Compte rendu de la VIIe Rencontre des écrivains; l'auteur cite rapidement Aquin.
Sur « l'Écrivain et les pouvoirs » (1971), conférence prononcée à la IXe Rencontre des écrivains.

230. MARTEL, Réginald, « Écrivains, êtes-vous du monde? », *La Presse*, 5 juin 1971, D-3, D-4.
Compte rendu de la IXe Rencontre des écrivains : R. Martel mentionne la conférence d'Aquin et sa démission du comité de direction de *Liberté*.

APPENDICES

Appendice I

Inédits d'Hubert Aquin non encore localisés. 81, 86, 87.

Appendice II

A. Textes des archives de l'EDAQ dont les références n'ont pu être vérifiées à la source.
20,192.

C. Textes non localisés dont les références n'ont pu être vérifiées à la source.
17, 26, 128, 154.

231. HARGER-GRINLING, Virginia et Richard HODGSON, « Violence in the New Novel of France and Québec : the Production of Meaning in the Work of Alain Robbe-Grillet and Hubert Aquin », dans *Die Entwicklung des Romans*, Zoran Konstantinovic, Eva Kushner, Béla Köpeczi, éd., Innsbruck, Instituts Für Sprachwissenschaft der Universitat, 1982, 265-269.

232. JAROSZ, Krysztof, « Du roman d'espionnage au roman symbolique », *Prace historycznoliterackie*, 22, 1983, 51-63.

233. MADSEN, Gunhild Lund, *Hubert Aquin, faussaire d'Hamlet*, mémoire de maîtrise, Université McGill, août 1983.

D. Textes non localisés dont les références sont inexactes.
142, 161.

234. WALLER, Myriam, *Les Manifestations du discours chez Réjean Ducharme et Hubert Aquin*, thèse de doctorat, Université de Montréal, 1976.

CORRECTIONS

I — Liste des articles dont l'existence avait été signalée dans notre « Bibliographie analytique d'Hubert Aquin 1947-1982 » et dont nous avons pu, pour cette mise à jour, vérifier la référence à la source.

JM-80   ANONYME, « Pour la région de Montréal. Les Chefs indépendantistes », *Montréal-Matin*, 11 mai 1964, 6.

JM-96   FOLEY, Donald, « Ex-RIN Boss Is Sent To a Mental Hospital », *The Montreal Star*, 15 juillet 1964, 2.

JM-212   ANONYME, « In Memoriam », *Quill & Quire*, XLIII, 6 mai 1977, 27.

JM-226.20 THORNTON, Martine, [*Deux Épisodes dans la vie d'Hubert Aquin*], *TV Hebdo*, semaine du 29 août au 4 septembre 1981, 4A.

JM-630   BERGER, Yves, « Canada : la génération perdue », *Le Magazine littéraire*, 1, novembre 1966, 48-51.

JM-666   REMPLE, Jean, « Pre-Gutemberg terrorism », *The Gazette*, 10 février 1973, 47.

JM-784   BOSQUET, Alain, « L'Heure canadienne », *Le Combat*, 20 septembre 1966, 1.

JM-1055   BONENFANT, Joseph, « *Neige noire* », *Grimoire*, II, 3, 22 février 1979, 24.

           Reprise de la fin d'un article sur *Neige noire* paru dans *Livres et auteurs québécois, 1974*. (Voir JM-1037.)

Voir aussi : 30, 127, 147, 199, 213.

II — Notes et additions

JM-314   AQUIN, Hubert, *Neige noire*, tapuscrit, 1974, 282 p.

           Dans la note 4, nous signalions l'existence de ce tapuscrit mais nous ne savions pas s'il avait été dactylographié par Aquin. Nous pouvons maintenant affirmer qu'il s'agit du tapuscrit de l'auteur.

JM-339   AQUIN, Hubert, « Assassin d'Ulysse », [s.d.], 2 p.

           Ce texte est le tapuscrit original de « De Vico à James Joyce, assassin d'Ulysse ». (Voir JM-468.)

JM-498   AQUIN, Hubert, Projet de pièce de théâtre, 12 mai 1967, manuscrit, 6 p. (Inédit.)

           Le titre devrait être placé entre crochets.

JM-523   AQUIN, Hubert, *Le Temps des amours*, 16mm, noir et blanc, 58 minutes, 30 secondes, 1961; script et réalisation : Hubert AQUIN.

           Scénario :

           a) « Fréquentations et mariage », [s.d.], tapuscrit, 10 p. (Inédit.)

           b) « *Le Temps des amours* (Fréquentations) », (post-script), 1er novembre 1961, tapuscrit, 18 p. (Les pages 12 à 15 présentent une version corrigée de a). (Inédit.)

JM-526   AQUIN, Hubert, *À l'heure de la décolonisation*, 16mm, noir et blanc, 28 minutes, 27 secondes, 1963; recherches et textes : Hubert Aquin.

           Textes constituant les dossiers de l'ONF (les textes sont signalés selon l'ordre de classement adopté dans les dossiers) :

           A) « *À l'heure de la décolonisation*. Commentaire et dialogue », 1963, tapuscrit, 8 p. (Inédit.)

           B) « Décolonisation. Commentaire », 21 août 1963, tapuscrit, 7 p. (Inédit.)

           Reprise intégrale de a). (Dactylographie et mise en page différentes.)

           C) « Commentaire. Décolonisation », [s.d.], tapuscrit, 4 p. (Inédit.)

           Version abrégée et légèrement différente de b).

           D) « *À l'heure de la décolonisation*. Commentaire », [s.d.], tapuscrit, 7 p. (Inédit.)

           Reprise intégrale, annotée, de a).

E) « *À l'heure de la décolonisation*. Commentaire », [s.d.], tapuscrit, 3 p. (Inédit.)
Version abrégée et légèrement différente de a) et de c).
Voir aussi : 93-100.

JM-545   AQUIN, Hubert, « Décolonisation. Albert Memmi. Paris, 1963 », entrevue avec Albert Memmi réalisée à Paris en 1963 pour le film *À l'heure de la décolonisation*, tapuscrit, 13 p. (Inédit.)
Cette entrevue n'ayant pas été faite à Radio-Canada, elle devrait figurer dans la rubrique : « Entrevues conduites par Hubert Aquin pour des films de l'Office national du film du Canada ».

JM-688   KRYSINSKI, Wladimir, Conférence prononcée lors du Congrès annuel de The Canadian Semiotics Research Association qui se déroulait du 25 au 27 mai 1978 à London, Ontario.
Le texte de cette conférence, dont un résumé avait d'abord paru dans *Semiotic Scene* (JM-688), a été repris et développé dans *Carrefours de signes. Essais sur le roman moderne*. (Voir JM-699.)

JM-889   NADEAU, Jacques, « *Prochain Épisode* » *d'Hubert Aquin*, mémoire de licence, Département des littératures, Université Laval, 1977, 43 p. (Inédit.)
Cette étude ne devrait pas figurer dans notre bibliographie puisque son auteur a repris intégralement le premier chapitre du mémoire de maîtrise de Michel Leduc intitulé *la Perspective narrative et thématique dans* « *Prochain Épisode* ». (JM-871.)

JM-909   HÉBERT, Pierre, « Vers une typologie des analepses », *Voix et images*, VIII, 1, automne 1982, 97-109.
Plutôt que « Étude de l'analyse (technique du retour en arrière) [...] », on devrait lire : Étude de l'analepse (technique du retour en arrière) [...]

JM-960   ROBERGE, Françoy, « *L'Antiphonaire* », *Sept jours*, IV, 15, 27 décembre 1969, 14.
Le titre devrait être placé entre crochets.

JM-993   GODARD, Barbara, « *The Antiphonary* », *Canadian Forum*, LIII, novembre-décembre 1973, 33-34.
Le commentaire analytique devrait se lire : Compte rendu de *l'Antiphonaire* comportant quelques remarques à propos de la traduction.

JM-1008   BOURQUE, Ghyslain, « *L'Antiphonaire*, un récit épidémique », tapuscrit, 40 p. (Inédit.)
Le tapuscrit est daté de 1980.

Index nominum

a)   Noms à ajouter

BINETTE, Mary : JM-697.
MERIVALE, Patricia : JM-1204.
SCHAFFTER, Roger : JM-128.

b)   Noms à éliminer

SUTHERLAND, Ronald : JM-128.

3. DOCUMENTS

JACINTHE MARTEL

DEUX INÉDITS D'HUBERT AQUIN

Les deux documents qui suivent sont extraits d'un dossier intitulé « Copies conformes », titre d'un projet de roman resté inédit datant du début des années soixante-dix.

26.12.72

<u>P1</u>

Le livre que vous tenez
entre vos mains
n'existe pas encore.
Il ne peut exister &
acquérir un certain
poids réel que si
vous entreprenez de le
parcourir. Sans cela,
il demeure infini

Hubert Aquin

AUTOBIOGRAPHIES

––––––––––––––––

ro
man

––––––––––––––––––––––
––––––––––––––––––––––
––––––––––––––––––––––

- mes   vies   (ou plutôt: celles des autres "moi"
            dont   l'altérité est douteuse) .

- CLÉ DE COPIES CONFORMES: le mobile du crime: la
         disparition de la seule personne (le
         notaire)   capable de démasquer incontestable-
         ment l'imposteur. Après. la mort,   la veuve
     pourra voir un autre homme sans   créer
     d'incident; elle aura aussi changé d'aire
     de circulation (aller   à Seattle,vg), a ren-
     contré cet homme (Cornélis), puis revenir
     dans la   région du Montréal métropolitain.

4. LIVRES

Philippe Aubert de Gaspé fils, *L'Influence d'un livre. Roman historique*, notice biographique, introduction, bibliographie, notes, variantes et appendices établis par André Senécal, [Montréal], Hurtubise HMH, Cahiers du Québec, « Textes et documents littéraires », 78, [1984], 214 pp.

Annoncé dès la mi-avril 1837, *l'Influence d'un livre* de Philippe-Ignace-François Aubert de Gaspé parut au mois de septembre de cette année troublée. Expurgé par les soins de l'abbé Henri-Raymond Casgrain et affublé d'un nouveau titre, le roman fut repris dans le recueil *La Littérature canadienne de 1850 à 1860* (Québec, 1864); on le réédita en 1878, en 1885 et en 1968, toujours sous une forme sensiblement différente de celle que son jeune auteur lui avait donnée. Ce n'est qu'en 1984, presque un siècle et demi après la première publication, qu'on s'est enfin avisé de nous donner le texte authentique du roman, dont à peine une dizaine d'exemplaires d'époque nous sont parvenus.

Nous sommes redevables de cette heureuse initiative à André Senécal, professeur titulaire à l'université du Vermont et spécialiste de la littérature québécoise. Dans son édition, parue à juste titre dans la collection « Textes et documents littéraires » des Cahiers du Québec, A. Senécal nous offre une reproduction photographique de l'exemplaire de l'édition originale (et non pas « originelle », p. 10, note 3) conservé à la bibliothèque de l'Université Laval. La reproduction laisse à désirer, conséquence du mauvais état (plutôt que de la « mauvaise qualité » dont se plaint l'éditeur) de l'original, mais la plupart des lecteurs seront heureux de posséder une photocopie plus ou moins lisible de cet ouvrage rarissime. Il est toutefois regrettable que, par suite d'une erreur d'assemblage, les pages 87 et 88 figurent cinq fois dans l'exemplaire que nous avons examiné.

Non content de mettre à la disposition des chercheurs un ouvrage presque introuvable, A. Senécal y a ajouté une présentation et une documentation en grande partie inédite, lesquelles occupent plus du tiers du volume. Nous y trouvons en premier lieu une notice biographique concise sur le romancier, tirée des articles de Luc Lacourcière; ce dernier nous présentera une version définitive de la biographie d'Aubert de Gaspé fils dans le tome VII du *Dictionnaire biographique du Canada*. Mentionnons en passant que le « Poors Asylum » (3) de Halifax n'était pas un orphelinat mais un hospice (détail que nous devons au docteur Mary Lu MacDonald de Halifax), et que le tome II du *Répertoire national* parut en 1848 et non pas en 1850 (3, 31). Les pages 5 à 7 contiennent des portraits de Philippe Aubert de Gaspé père, de son fils et de Napoléon Aubin; d'autres illustrations sont insérées dans le texte du roman.

L'introduction (9-41), qui s'inspire en partie des travaux de Robert Escarpit et du regretté Michel Zéraffa, analyse la narration événementielle du récit pour démontrer que « l'œuvre n'est effectivement ni un roman historique, ni un roman de mœurs, ni même un roman » (10). Les faits divers et les anecdotes incorporés au texte « se greffent à l'intrigue plutôt qu'[ils] ne s'y intègrent pour jouer un rôle déterminant » (11), servant à enjoliver un simple récit d'aventures, conclusion qui confirme l'intuition du docteur Louis-Prosper Bender dans ses *Literary Sheaves* de 1881 (194). L'unité fondamentale du texte consisterait plutôt en un discours moral véhiculé par le narrateur et par son *alter ego* Saint-Céran. L'attitude ambivalente de celui-ci à l'égard de la société matérialiste de son milieu refléterait celle du jeune auteur devant l'échec de ses ambitions et de celles de son père, interprétation qui rejoint en partie celle proposée par Léopold LeBlanc dans sa présentation de l'édition de 1968.

Poursuivant son analyse narratologique, Senécal conclut, avec Louise Desforges, que la technique narrative d'Aubert de Gaspé fils, relève de celle du conte oral et que le récit serait le produit d'une « symbiose hétéroclite de la culture européenne du lettré et des traditions autochtones du conteur » (22), aspect du roman qui a été étudié également par Margot Northey dans le quatrième chapitre de son ouvrage *The Haunted Wilderness : The Gothic and Grotesque in Canadian Fiction* (Toronto, 1976).

A. Senécal passe ensuite à la question de l'attribution du chapitre V de l'ouvrage, intitulé « L'Étranger ». Après l'abbé Casgrain et Luc Lacourcière, le critique approuve l'attribution à Philippe Aubert de Gaspé père et ajoute un certain nombre de rapprochements nouveaux aux indices signalés par d'autres commentateurs. La dernière partie de l'introduction traite de la fortune de l'œuvre, proposant un parallèle suggestif entre le succès du *Véritable Petit Albert* (1861) de Joseph-Norbert Duquet et la réédition de *l'Influence du livre* trois ans plus tard. Le critique souligne en même temps le rôle de censeur assumé par l'abbé Casgrain en 1864, ainsi que celui, plus profitable encore, d'éditeur officiel que l'abbé s'est attribué par la suite, et que nous connaissons grâce aux recherches de Réjean Robidoux. Pour conclure, A. Senécal apporte une importante confirmation à l'interprétation du mouvement de la littérature québécoise entre 1850 et 1860 que nous avions proposée dans le premier tome (1961) des « Archives des lettres canadiennes » (157).

Le texte du roman s'accompagne d'utiles « Appendices » (173-201) qui reproduisent avec de légères retouches les critiques d'Hyacinthe-Poirier Leblanc de Marconnay et d'André-Romuald Cherrier parues dans le *Populaire* et devenues inaccessibles de nos jours.

À la fin du volume, des « Notes et variantes » (203-212) indiquent les principales modifications apportées au texte du roman par Casgrain et fournissent une annotation précieuse sur les allusions historiques et littéraires contenues dans le roman. Il faut remercier A. Senécal du soin évident avec lequel il a préparé son commentaire. On aurait peut-être désiré plus de renseignements sur le docteur L'Indienne dans les notes 16 et 26, ou sur certaines allusions intertextuelles (« Et c'est ce qui fait que votre fille est muette » [p. 88 du roman], *Le Médecin malgré lui*, acte II, sc. IV). Les questions d'antériorité et de priorité (*L'Influence d'un livre* versus *Les Révélations du crime* de François-Réal Angers) méritaient aussi une mention, ainsi que les sources « alchimiques » du roman, que Louis Lasnier vient d'étudier dans un ouvrage intéressant.

Dans cette très utile édition, il n'y a que la « bibliographie sommaire » des pages 213 et 214 qui déçoit, car elle n'offre ni une histoire des éditions ni un guide des études. On y cherche en vain les noms de Pierre Berthiaume, d'André-G. Bourassa, de Jeanne Demers et Lise Gauvin, d'Olive Hews, de Jeanne La France, de Séraphin Marion, de Maurice Lemire, de Margot Northey, de Gérard Ouellet, de Gérard Parizeau ou bien de Pierre-Georges Roy. Les études sur le premier roman québécois et sur la famille Aubert de Gaspé sont de valeur inégale, il est vrai, mais tout lecteur sérieux du roman aurait intérêt à en connaître l'existence.

Pour un ouvrage rempli de renseignements de toutes sortes, les erreurs de date et de détail sont rares (*Le Libéral* fut lancé en juin 1837 plutôt qu'en août, p. 30; deux ou trois citations ne respectent pas les majuscules du texte, pp. 10, 35; deux noms sont déformés : Ronald MacDonald, p. 38, et Otis Fellows, p. 41) et les coquilles sont presque inexistantes (« Sercice », p. 41). En attendant la grande édition critique de *l'Influence d'un livre* que Luc Lacourcière nous promet depuis vingt ans (*Livres et auteurs canadiens, 1964*, p. 157), nous pouvons nous réjouir d'avoir dès maintenant l'excellente édition en fac-similé qu'André Senécal nous a procurée.

DAVID M. HAYNE
Department of French
University of Toronto

Ruth L. White, *Louis-Joseph Papineau et Lamennais. Le Chef des Patriotes canadiens à Paris, 1839-1845, avec correspondance et documents inédits,* Montréal, Hurtubise HMH, Cahiers du Québec, « Documents d'histoire », 72, 1983, 648 pp.

La rénovation des études historiques en Occident au XIXe siècle revalorisa le document d'archives. Il s'ensuivit la publication de massifs recueils de sources. Chez nous, ce mouvement fut amorcé par la *Québec Historical and Literary Society* et connut ses plus belles années dans les rapports annuels de l'Archiviste de la province de Québec. Cette publication ayant fait long feu sous sa forme de recueil de documents, on trouve de moins en moins de publication de sources. Bien entendu, les difficultés actuelles de l'édition savante ne favorisent pas l'impression de textes destinés plus à la consultation qu'à la lecture suivie.

Il faut savoir gré à Ruth L. White, à son éditeur et à la Fédération canadienne des études humaines, dont les fonds proviennent du Conseil de recherches en sciences humaines du Canada, de nous offrir une riche gerbe de textes du « Grand Homme ». Tous les écrits de Papineau imprimés jusqu'ici méritaient la publication depuis l'*Histoire de l'insurrection au Canada* (réimpression de 1968) jusqu'aux lettres à sa femme et à d'autres correspondants dans les éditions de Ouellet (*RAPQ*), de P.-G. Roy (*BRH*), de même que ses lettres à Margry (éd. Cormier) ou celles qu'a données Jean Bruchési (*Cahiers des Dix*). La présente édition ajoute de nombreuses et riches pièces qui permettent particulièrement de suivre les rapports de Papineau avec la France à partir de 1823, date de sa première visite dans l'ancienne métropole, jusqu'à 1848. L'auteur s'est livré à une impressionnante quête dans les archives des Deux Mondes qui ont révélé bien des pièces inédites.

Ce corpus comprend des lettres de Papineau qui forment incontestablement la part la plus importante d'un appendice de quelque 500 pages. Nous en avons dénombré 61. Les lettres sont inédites ou n'ont connu antérieurement qu'une publication partielle. Le cas échéant, l'auteur a eu raison de restituer intégralement le texte de ces missives à Julie Papineau, à Amédée Papineau et à d'autres correspondants.

Ruth L. White donne un grand nombre de lettres reçues par Papineau qui ne sont pas sans intérêt. Elle aurait pu se contenter de les résumer, mais l'historien de la période y aurait souvent perdu.

Plus discutable est son parti pris de publier des documents ayant trait à P.-E. Guillemot (acte de naissance, contrat de mariage, lettre à Lamartine) qui constituent des hors-d'œuvre dans cet ouvrage. On tolère plus facilement les soixante pages du journal d'Amédée Papineau à Paris, qui sont d'un grand intérêt et éclairent le séjour de son père.

La transcription des textes, pas toujours facile pour qui connaît l'écriture de Papineau, laisse parfois à désirer. Il faut lire, par exemple : de Forbin-Janson (p. 284), Pinsonnault (p. 290), Sabin Raymond, p. 389 et *passim*), Chiniquy (p. 600), sans doute Puibusque (p. 527). Il aurait été utile d'identifier des personnages comme le Delisle de la page 479. Et il n'est pas sûr que tous les lecteurs connaissent le Maska de la page suivante. Soulignons que l'auteur ne nous informe pas des règles d'édition qu'elle a suivies. Par contre, elle indique soigneusement les sources des documents et la publication en extraits, quand il y a lieu. Elle donne aussi de trop rares et utiles notes sur des fautes de lecture, des personnages ou des mots difficiles à transcrire.

La correspondance de Papineau se révèle du plus grand intérêt en ce qui a trait à la vie de l'homme et à son activité en France, voire au Canada. Sa longue lettre de la Petite-Nation (14 pages), datée du 10 janvier 1855, illustre admirablement son rôle de seigneur tel qu'il le conçoit et l'exerce.

Dans les lettres de Paris, on trouve un Papineau admirateur des États-Unis, élogieux à l'endroit de l'Angleterre et sévère à l'égard de la France de la monarchie de Juillet. Les premières impressions de Paris en 1823 restent parmi les meilleures pages de ce recueil. Sa lettre au ministre de la Marine en 1843 est précieuse pour l'étude de l'historiographie. Ses pages sur l'éducation de Gustave au séminaire de Saint-Hyacinthe, sur les pères trop faibles devant leurs filles, sur « l'orgueil anglais » et la « vanité française », sur le programme du collège de Juilly, se lisent avec agrément et profit.

La première partie de ce copieux ouvrage consiste en une étude fouillée de Papineau en France, période moins connue de sa vie et sur laquelle l'auteur apporte des lumières neuves. Selon Ruth L. White, tout le séjour de Papineau à Paris tourne autour de Lamennais. Et, paradoxalement, nous ne disposons d'aucune lettre échangée par les deux hommes.

En somme, cet ouvrage, malgré un manque certain d'unité et une présentation un peu trop brute des matériaux, constitue à la fois une étude et un recueil de documents indispensables sur Papineau et son temps. Il instruira aussi les curieux de la fortune de Lamennais que l'auteur connaît si bien.

PIERRE SAVARD
Département d'histoire
Université d'Ottawa

Paul-Chanel Malenfant, *La Partie et le tout. Lecture de Fernand Ouellette et Roland Giguère,* Québec, les Presses de l'Université Laval, « Vie des Lettres québécoises », 20, 1983, 399 pp.

Fernand Ouellette et Roland Giguère comptent parmi les poètes les plus importants de la génération de l'Hexagone. Plusieurs articles de revue portent sur leur poésie, mais aucun volume, si l'on excepte l'essai de Pierre Nepveu — qui consacre 89 pages à l'œuvre de Ouellette — ne présente une étude systématique de leurs œuvres complètes.

Les deux « poèmes clés » : « Et nous aimons », de Fernand Ouellette, et « Roses et ronces », de Roland Giguère, sur lesquels Paul-Chanel Malenfant fait reposer les bases de son étude, s'avèrent d'une importance capitale non seulement dans l'architecture de ces deux univers particuliers, mais également dans l'imaginaire poétique québécois. Aussi le livre de Malenfant constitue-t-il un instrument indispensable pour qui désire mieux connaître l'œuvre de Ouellette et celle de Giguère. Véritable fil d'Ariane, il facilitera la pénétration de ces deux œuvres passablement complexes, sinon hermétiques.

L'introduction est remarquable de clarté et de rigueur. Malenfant situe son étude dans le courant d'analyse de Jean-Pierre Richard dont il présente la méthode avec beaucoup de précision. Il reconnaît également sa dette envers André Brochu, qui a été, au Québec, l'un des premiers et des plus intelligents disciples de Richard. Il rend hommage aussi à Lucien Dällenbach, à Gilbert Durand, à Charles Baudoin... L'insistance de Malenfant sur les méthodes de ces maîtres met peut être en veilleuse, du moins dans l'introduction, sa propre liberté et spontanéité de poète. Heureusement, dans le cours de son étude, l'essayiste fait la preuve que sa fidélité aux lois et aux méthodes modernes d'analyse peut cohabiter avec ses dons de créateur.

C'est en artiste que l'analyste s'est servi des grilles des critiques nommés plus haut. Au début de son étude, Malenfant propose l'image du poème-phare. Il y aurait d'ailleurs un rapprochement à faire entre cet essai-poème et le magnifique roman-poème de Virginia Woolf : *The Lighthouse.* La conscience errante de Mrs. Ramsay rebâtit, dans chaque instant, la totalité des destins qu'elle abandonne, l'instant d'après, à leur vie propre, à leurs ténèbres fécondes et à leur liberté. Ainsi, à chacun des mouvements de son regard sur tel ou tel aspect du poème, le critique « donne à voir », en l'éclairant, la transparence, la fulgurance et l'éclatement de la partie et du tout. Celui qui l'accompagne tout au long de sa démarche s'aperçoit que le regard de ce lecteur-poète a toutes les qualités de luminosité, de continuité et de fidélité du phare qui projette sur l'étendue qu'il scrute son propre mouvement et sa propre clarté, mais réussit à « donner à voir » la richesse insoupçonnée de l'objet qu'il met en lumière, le jeu infini de ses couleurs, de ses rythmes propres, de ses jeux de lumières et d'ombres et à suggérer en même temps la profondeur, « l'en dessous » qu'il sonde à travers la transparence de ces apparences.

C'est en continuant son mouvement de rotation ou de spirale que Malenfant propose ses conclusions. Il ne prêche pas, ne pontifie pas. Il a essayé d'éclairer en fouillant l'obscurité. Il sait que, dans un domaine vivant comme l'est celui de la poésie, rien n'est définitivement acquis. Pourtant, nul ne pourra désormais ignorer le travail sérieux, méthodique et profondément personnel de Malenfant. On pourra partir de ses conclusions pour ouvrir de nouvelles voies d'accès; il serait inutile et présomptueux de vouloir refaire sa démarche. En outre, la méthode qu'il a complètement rajeunie et renouvelée en l'utilisant, Malenfant propose qu'on l'expérimente sur d'autres grands poèmes québécois : « Accompagnement » de Saint-Denys Garneau, « le Tombeau des rois » d'Anne Hébert, etc., pour déceler « les grandes structures architecturales et les diverses constellations imaginaires des œuvres auxquelles ils appartiennent ».

Explorer des œuvres poétiques aussi importantes et aussi riches que celles de Ouellette et de Giguère, ce serait déjà, en dehors de toute tentative d'expression et de reconstitution, un apport positif à la cause de la poésie. Malenfant ne s'est pas contenté de lire ces œuvres, de tenter de les comprendre pour les rendre ensuite davantage accessibles. Il a su éviter le piège toujours ouvert de la paraphrase élégante comme celui de l'explication de texte traditionnelle, réconfortante, ou de la froide et morte exégèse. C'est avec ses ressources personnelles et son expérience de la poésie, alliées à des lectures « assimilées », qu'il a lu et relu les œuvres de Ouellette et de Giguère. Cette lecture/écriture lui a permis de découvrir, par-delà la multiplicité des thèmes et leur enchevêtrement, la source dont ils procèdent et dont ils témoignent à chacun de leur jaillissement. En choisissant des poètes aussi différents que Fernand Ouellette et Roland Giguère, Malenfant a fait jouer en faveur de sa propre exploration les dynamismes propres à chacune de ces œuvres. La fulgurance, qui est toujours à la source de l'activité poétique de Ouellette, et que Malenfant a bien perçue, prépare le lecteur aux éclats de la parole et de l'image dans l'univers de Giguère. En juxtaposant ces démarches apparemment opposées, en reliant leurs pôles adverses, la lecture/écriture de Malenfant renouvelle leur puissance et fait découvrir au lecteur un champ poétique dans lequel les images, les rythmes, les couleurs, les gestes, voire les sentiments, acquièrent une nouvelle énergie et une beauté à la fois étrange et inédite.

Un rapide coup d'œil sur la table des matières permet déjà de voir comment un poète, quand ce poète s'appelle Paul-Chanel Malenfant, peut donner, même à une nomenclature, une forme belle et vivante. Dans sa prose, comme dans sa poésie, Malenfant se révèle un virtuose de la langue. Le jeu des parenthèses auquel il recourt de temps en temps instaure dans le procédé d'analyse une sorte de distance, comme s'il y avait place, dans l'appréhension d'une œuvre, pour un regard second, plus audacieux encore celui-là, fantaisiste parfois, toujours neuf et capable de faire des trouvailles comme en se jouant.

GABRIELLE POULIN
Ottawa

5. THÈSES

Sous cette rubrique, nous tâchons de faire connaître les thèses (de maîtrise et de doctorat) qui présentent quelque intérêt pour l'histoire littéraire du Québec et du Canada français. À cette fin, nous demandons aux auteurs de thèses récentes les renseignements suivants :

1. Niveau (et secteur) de la thèse.
2. Université qui a décerné le diplôme.
3. Titre exact de la thèse (tel qu'il apparaît sur la page de titre).
4. Nombre de pages (en chiffres romains et arabes).
5. Lieu de la soutenance.
6. Date de la soutenance.
7. Directeur de la thèse.
8. Membres du jury.
9. Méthode utilisée.
10. Corpus étudié.
11. Photocopie de la table des matières.
12. Résumé de la thèse.
13. Difficultés rencontrées; originalité de la thèse; à qui et à quoi celle-ci peut-elle servir?
14. La thèse a-t-elle été publiée intégralement ou le sera-t-elle? Où? Quand? Par qui?
15. Des parties de la thèse (ou un résumé) ont-elles (a-t-il) été publiées (publié)? Où? Quand? Par qui? (Description bibliographique complète.)

* * *

Beaulieu, Bertille
1. Ph. D. (lettres françaises).
2. Université d'Ottawa.

3. *La Religieuse dans le roman canadien-français de 1837 à 1979.*
4. 593.
5. Université d'Ottawa.
6. Le 15 mai 1984.
7. René Dionne, département des lettres françaises, Université d'Ottawa.
8. Nicole Deschamps, Université de Montréal; John Hare, Pierre Lemieux, Roger Le Moine, département des lettres françaises, Université
   d'Ottawa.
9. À la fois formelle et thématique, la méthode d'analyse utilisée pour
   l'étude d'un ensemble de romans parus durant une période de cent cinquante ans environ tient compte du contexte historico-littéraire et se réa-
   juste continuellement en fonction du contenu des œuvres et des techniques
   d'écriture de leurs auteurs. La combinaison d'une approche traditionnelle
   et d'une méthode « fonctionnelle » qui considère le personnage en tant
   que « signe », méthodes auxquelles s'ajoute une investigation par le biais
   de la symbolique et de la psychanalyse, touche à la plupart des aspects
   de la religieuse dans le roman canadien-français.
10. Tous les romans canadiens-français publiés de 1837 à 1979 inclusive-
    ment, soit environ 1 600 titres.

11. INTRODUCTION   4

12. Depuis les débuts du pays, la religion a joué un rôle prépondérant dans la vie du Canada français, et l'étude de la religieuse dans le roman permet d'en dégager l'influence sur l'imaginaire collectif. La moitié des romans publiés entre 1837 et 1979, soit environ 800 ouvrages, contiennent des éléments relatifs à la vie religieuse : parfois, la présence d'un couvent dans le décor est signalée, et une future religieuse figure dans l'intrigue principale du roman; très souvent, des personnages épisodiques, religieuses hospitalières ou éducatrices, paraissent auprès de protagonistes; récemment, quelques religieuses sécularisées prennent place au centre de l'œuvre.

Afin de retracer une évolution dans la façon de percevoir et de représenter la religieuse, notre étude tient compte du contexte idéologique et narratif, des préoccupations d'ordre esthétique ou utilitaire des romanciers ainsi que des diverses tendances qui marquent le roman. La chronologie du roman, qui a servi de guide pour la lecture, a permis de déceler des courants et des modes, puis de répartir les romans étudiés selon quatre tendances dont les manifestations, sauf dans le cas de la première, ne correspondent pas rigoureusement aux périodes reconnues généralement par les historiens de la littérature.

Le prototype du personnage qui prend forme dans le roman au XIXe siècle est une religieuse romantique et exemplaire, personnage hautement idéalisé qui, durant les quatre premières décennies du XXe siècle, continue de paraître dans le « roman de la fidélité ». Cependant, dès les débuts des années trente, se manifeste un souci d'analyse psychologique et sociologique qui contribuera à la démystification de la religieuse. À partir de 1960 environ, on assiste à une transformation assez radicale du personnage : durant les années précédentes, les romanciers avaient délaissé les thèses nationalistes au profit de visées sociales et existentielles; voici maintenant que, préoccupés presque exclusivement d'esthétique littéraire, ils inventent en toute liberté des religieuses de rêve et de cauchemar, créatures fantasmatiques, dont les univers tiennent tantôt du comique, tantôt du fantastique ou du merveilleux.

13. Le corpus choisi pour cette thèse était vaste, et il nous a d'abord fallu compléter les bibliographies du roman canadien-français, tout en lisant les œuvres dans l'ordre chronologique de leur parution. Il s'agissait d'une première thèse sur le thème de la religieuse dans le roman canadien, et nous avons voulu faire une étude exhaustive du sujet. L'abondance de la documentation a exigé un effort de synthèse soutenu, ce qui nous a permis de tirer des conclusions sur l'ensemble de la production romanesque; notre étude, en couvrant toute l'histoire de la littérature canadienne-française sous un angle particulier, laisse apercevoir en même temps les divers courants et modes qui ont marqué la littérature d'imagination depuis ses débuts. Une perspective à la fois historique et analytique intègre le personnage dans un contexte idéologique et littéraire.

Notre thèse pourra être utile non seulement aux littéraires, mais aussi aux chercheurs, aux étudiants et à toutes les personnes qui s'intéressent aux rapports entre la religieuse, fictive ou réelle, et des domaines variés tels que l'histoire, la sociologie, la religion, la psycho logie des profondeurs et, plus précisément, l'esthétique littéraire.

14. Manuscrit en préparation pour la publication.
15. Non

BERTILLE BEAULIEU

Melançon, Benoît

1. M.A. (études françaises).
2. Université de Montréal.
3. *Victor-Lévy Beaulieu. Institution, personnage, texte.*
4. VI, 163.
5. Université de Montréal.
6. 7 février 1985.
7. Laurent Mailhot, département d'études françaises, Université de Montréal.
8. Laurent Mailhot, Gilles Marcotte et Pierre Nepveu, département d'études françaises, Université de Montréal.
9. L'approche institutionnelle, dans ses dimensions matérielles (*cf.* Jacques Dubois, *l'Institution de la littérature*) et textuelles (*cf.* André Belleau, *le Romancier fictif*).
10. L'œuvre, ainsi que le personnage, de Victor-Lévy Beaulieu — et plus particulièrement, dans le troisième chapitre, *Don Quichotte de la démanche*.
11. TABLE DES MATIÈRES   II

12. Inspiré des travaux de Jacques Dubois sur *l'Institution de la littérature* et de ceux d'André Belleau sur la notion de code littéraire, ce mémoire est une contribution à l'analyse institutionnelle de la littérature québécoise. Telle que définie par Dubois, l'institution littéraire y est considérée dans ses dimensions matérielles et textuelles. Nous ne nous limitons pas à présenter l'infrastructure littéraire; nous voyons également les effets de l'institution sur les textes et vice versa. D'un point de vue littéraire, l'analyse institutionnelle ne peut être autre que textuelle. L'institution littéraire est un texte qu'il faut lire comme et avec d'autres textes.

Les positions de Victor-Lévy Beaulieu dans l'institution littéraire québécoise, les stratégies qu'il y déploie, le prestige qu'il tire de ces positions et stratégies nous semblent témoigner à la fois d'une carrière d'écrivain et des caractéristiques propres à la littérature du Québec. De même façon, les textes de Victor-Lévy Beaulieu doivent être lus dans leurs rapports à la tradition littéraire québécoise et aux codes littéraires qu'elle implique. *Don Quichotte de la démanche* est analysé dans cette perspective. Aux fins de la discussion, nous étudions d'abord l'institution littéraire québécoise, puis les positions qu'y occupe Beaulieu et enfin ses textes et déclarations esthétiques.

Nous arrivons à la conclusion que Victor-Lévy Beaulieu, au plan des faits d'appareil, joue de toutes les caractéristiques de l'institution littéraire : sa jeunesse, son autonomie, son exiguïté, son « subventionnement », sa centralisation, et ce pour mieux asseoir son statut d'écrivain. En occupant plusieurs créneaux institutionnels, Beaulieu concentre en lui les principaux traits de l'institution littéraire québécoise. Au plan textuel, le rapport de Beaulieu est plus complexe. L'auteur, tout en prônant une relecture de la tradition, ne peut que relever de cette tradition. On voit que le traitement que Beaulieu réserve au thème du personnage-écrivain et aux tensions roman-poésie au Québec s'oppose à une certaine norme, tout en ne pouvant pas ne pas y adhérer, consciemment ou inconsciemment. Victor-Lévy Beaulieu, institution, personnage, texte : c'est là notre plan et notre programme.

13. L'originalité du mémoire se situe dans la fusion (souhaitée) entre analyse matérielle et analyse textuelle, fusion qu'a eu peine à réaliser l'analyse institutionnelle jusqu'à maintenant.

14. Non.

15. Une première version du deuxième chapitre a paru dans *Études françaises*, vol. 19, n° 1, printemps 1983, pp. 5-16.

BENOÎT MELANÇON

6. BIBLIOGRAPHIE DE LA CRITIQUE

La présente bibliographie voudrait être un inventaire aussi exhaustif que possible de la critique récente en littérature québécoise et canadienne-française.

On trouve toutefois, dans la première partie (A : *Livres*), en plus des œuvres de critique proprement dite, des ouvrages susceptibles d'aider les chercheurs : dictionnaires des auteurs et des œuvres, répertoires, inventaires d'archives, bibliographies, index, manuels d'histoire littéraire, etc. Divisée en quatre sections, cette partie de la bibliographie est absente du présent numéro; elle couvrait les années 1983 et 1984 dans le numéro précédent.

La seconde partie (B : *Revues*) fait suite, en quelque sorte, sous une forme légèrement différente et selon des critères révisés, à la *Bibliographie de la critique de la littérature québécoise dans les revues des XIXe et XXe siècles* (coll. « Documents de travail du Centre de recherche en civilisation canadienne-française », 12-16, Ottawa, C.R.C.C.F., Université d'Ottawa, 1979, 1 254 pp.). L'ouvrage de Pierre Cantin, Normand Harrington et Jean-Paul Hudon s'arrête au 31 décembre 1973; les numéros 1 à 8 de notre revue contiennent la bibliographie des années 1974-1975, 1976-1977, 1978, 1979, 1980 et 1981, 1982; le présent numéro contient celle de 1983.

Cantin, Harrington et Hudon avaient examiné 689 revues, parues depuis le début du XIXe siècle jusqu'à la fin de l'année 1973; ils en avaient retenu 425. Plusieurs de ces revues avaient connu une existence éphémère, d'autres avaient duré quelques dizaines d'années; au fil des ans, de nouvelles sont nées, alors que d'autres disparaissaient. Notre inventaire porte sur quelque 300 revues publiées au Canada. Nous avons retenu, des francophones, presque toutes celles, quelle que soit leur nature, qui contenaient des articles (de critique ou d'histoire) sur la littérature québécoise et canadienne-française; parmi les revues anglophones, nous avons d'abord choisi celles qui, régulièrement, publiaient ce genre d'articles (numéros 1 à 4); à partir du numéro 5 (bibliographie de l'année 1980), des subventions du Conseil de recherches en sciences humaines du Canada (Projet BCQCF) nous ont permis d'étendre notre inventaire à l'ensemble des revues anglophones du Canada.

Nous avons divisé en cinq sections la partie consacrée aux revues. La première (1) comprend les études sur la littérature québécoise et canadienne-française en général (histoire, théorie de la littérature, langue, culture, enseignement, édition, etc.); la deuxième (2), les études qui se rapportent aux genres suivants : roman, poésie, théâtre, conte et nouvelle, essai, presse (journalisme), littérature orale; la troisième (3), les études qui concernent un auteur en particulier; l'index des auteurs (selon l'ordre alphabétique de leurs noms) des articles répertoriés dans les trois premières parties forme la quatrième (4), et la liste (selon l'ordre alphabétique des titres) des revues dépouillées, la cinquième (5).

À l'intérieur des différentes subdivisions des sections 1, 2 et 3, nous avons disposé les articles selon l'ordre chronologique de leur parution, c'est-à-dire selon le jour du mois et de l'année; la seule mention du mois sur un numéro de revue a fait ranger ses articles au premier jour de ce mois; la mention de deux mois ou plus, au premier jour du premier mois mentionné; la mention de la saison, au premier jour de cette saison (21 mars, 21 juin, 21 septembre, 21 décembre*); la mention de l'année seulement, après le dernier jour de ladite année. Lorsque deux ou plusieurs articles avaient la même date de parution, nous les avons classés d'abord selon l'ordre alphabétique des titres de revues, puis, à l'intérieur d'un même numéro de revue, selon l'ordre alphabétique des noms d'auteurs.

Ce que nous avons appelé jusqu'ici étude ou article peut n'être, en certains cas, qu'une partie d'une étude (les pages indiquées renvoient alors à la partie de cette étude qui a rapport à la vedette du classement : soit un auteur, soit un groupe, une période, un genre, etc.) et, très souvent, qu'un compte rendu d'ouvrage (l'astérisque qui précède le nom d'un auteur d'article indique qu'il s'agit d'un compte rendu ou de l'équivalent d'un compte rendu). Nous avons mis entre crochets [...] les titres qui sont de nous ou qui n'étaient qu'un sous-titre d'articles regroupant, par exemple, plusieurs comptes rendus. Pour l'emploi des majuscules, l'accord du verbe et de l'adjectif et l'usage des contractions dans les titres d'ouvrages, nous avons suivi les règles énoncées par Adolphe-V. Thomas dans son *Dictionnaire des difficultés de la langue française* (Paris, Librairie Larousse, 1956, pp. 406-407); nous avons fait de même dans le cas des titres d'articles.

Dans la section 3 de la partie B, nous avons essayé de ne retenir que les auteurs qui ont fait œuvre de création, de critique ou d'essai littéraire; il n'a pas toujours été facile, on nous le concédera facilement, de distinguer entre un essayiste littéraire et un essayiste qui ne l'est pas. Il y a certainement des lacunes et des erreurs dans cette bibliographie; nous remercions d'avance

---

* À moins qu'il ne s'agisse du premier numéro de l'année suivante, auquel cas ce numéro est classé au premier janvier.

ceux qui voudront bien les relever et nous faire part de leurs commentaires**.

RENÉ DIONNE
Département des lettres françaises
Université d'Ottawa

PIERRE CANTIN
Collège de l'Outaouais

B) REVUES (1983)

1 GÉNÉRALITÉS

1.1 ÉTUDES GÉNÉRALES

1. CLOUTIER, Guy, « What About the... Crise ? », *Nuit blanche*, n° 8, hiver 1983, p. 11.
2. SAVARD, Pierre, « Lettres québécoises et canadiennes-françaises en Trinacrie », *Revue d'histoire littéraire du Québec et du Canada français*, n° 5, hiver-printemps 1983, p. 287-289.
3. MOTUT, Roger, « L'État de la recherche et de la vie française dans l'Ouest canadien », *Bulletin du Centre d'études franco-canadiennes de l'Ouest*, n° 13, février 1983, p. 2-6.
4. TEBOUL, Victor, « Écrire et être Juif aujourd'hui au Québec », *Jonathan*, n° 10, février 1983, p. 2-6.
5. SIROIS, Antoine et David M. HAYNE, « Preliminary Bibliography of Comparative Canadian Literature (English-Canadian and French-Canadian) : Seventh Supplement, 1981-82 », *Canadian Review of Comparative Literature/Revue canadienne de littérature comparée*, Vol. 10, No. 1, March 1983, p. 80-85.
6. SAINT-JARRE, Chantal, « D'une fin qui ne ferait pas mélancolie », *La Nouvelle Barre du jour*, n° 124, mars 1983, p. 102-110.
7. LORD, Michel et Donald MCKENZIE, « Le Fantastique et la science-fiction dans les romans québécois pour la jeunesse », *Lurelu*, vol. 6, n° 1, printemps-été 1983, p. 3-8.

** La subvention que nous avons reçue du Conseil de recherches en sciences humaines du Canada (Projet BCQCF) nous a permis de profiter des services de trois assistantes-étudiantes : Suzanne Bossé-Caron, Louise Castonguay et Josée Therrien, et d'un programmeur : M. Roland Serrat.

8. GAY, Paul, « La Religion dans la littérature franco-ontarienne contemporaine », *Bulletin du Centre de recherche en civilisation canadienne-française*, n° 26, avril 1983, p. 2-6.
9. *HÉBERT, Robert, «*Philosophie et littérature* », *Philosophiques*, vol. 10, n° 1, avril 1983, p. 188-191.
10. MANGUEL, Alberto, « The Other Solitude », *Books in Canada*, Vol. 12, No. 5, May 1983, p. 7-10.
11. ÉMOND, Maurice, « Le Fantastique au Québec. Le XXe siècle », *Québec français*, n° 50, mai 1983, p. 27-29, 31.
12. FABRE, Jean, « Du fantastique... », *Québec français*, n° 50, mai 1983, p. 40-44.
13. LAPIERRE, René, « Littérature québécoise et histoire : 'qui se désâme castre bien' », *Liberté*, vol. 25, n° 3, juin 1983, p. 141-146.
14. SHEK, Ben-Z[ion], « Bulwark to Battlefield : Religion in Quebec Literature », *Journal of Canadian Studies/Revue d'études canadiennes*, Vol. 18, No. 2, Summer 1983, p. 42-57.
15. MAILLET, Marguerite, « Un peuple à rassembler (journaux et discours) », *Les Cahiers de la Société historique acadienne*, vol. 14, n° 3, septembre 1983, p. 91-94.
16. AMPRIMOZ, Alexandre L., « La Science-Fiction et l'érotisme : une vie 'définologique' », *Imagine*, vol. 5, n° 2, octobre-novembre 1983, p. 27-34.
17. BÉLIL, Michel, « La Science-Fiction 'canadienne-française' », *Imagine*, vol. 5, n° 2, octobre-novembre 1983, p. 8-9.
18. GAGNON, Madeleine, « Histoire — fiction », *Possibles*, vol. 8, n° 1, 1983, p. 149-159.
19. GAUVIN, Lise, « Littérature et nationalisme : une question piégée, pourtant inévitable », *Possibles*, vol. 8, n° 1, 1983, p. 71-84.
20. WARREN, Paul, « L'Adoption de notre littérature par notre cinéma », *Québec français*, n° 51, octobre 1983, p. 44-46.
21. ABLAMOWICZ, Aleksander, « Études canadiennes-françaises en Pologne : état et perspectives », *Bulletin du Centre de recherche en civilisation canadienne-française*, n° 27, décembre 1983, p. 13-15.
22. SIMON, Sherry, « Écriture et minorités au Québec », *Spirale*, n° 39, décembre 1983, p. 7.
23. CHASSAY, Jean-François, « La Stratégie du désordre. Une lecture de textes montréalais », *Études françaises*, vol. 19, n° 3, hiver 1983, p. 93-103.
24. VANASSE, André, « La Rencontre des écrivains à Sainte-Adèle. Écrire au Québec. Ruptures et continuités [Colloque] », *Lettres québécoises*, n° 32, hiver 1983-1984, p. 8.

1.2 ÉTUDES PARTICULIÈRES

1.2.1 PÉRIODES

25. DOUCETTE, L[éonard] E., « Théâtre, parathéâtre et politique 1847-1868 », *Revue d'histoire littéraire du Québec et du Canada français*, n° 5, hiver-printemps 1983, p. 23-42.
26. GARCIA-MENDEZ, Javier, « Les Romanciers du 19e siècle face à leurs romans. Notes pour la reconstitution d'une argumentation », *Voix et images*, vol. 8, n° 2, hiver 1983, p. [321]-343.
27. *MICHON, Jacques, « La Littérature selon Saint-Sulpice et Gérard Tougas. Marcel Lajeunesse, *Les Sulpiciens et la vie culturelle à Montréal au XIXe siècle* », *Voix et images*, vol. 8, n° 3, printemps 1983, p. 511-512.
28. LARRUE, Jean-Marc, « Montréal à la belle époque », *Jeu*, n° 27, 2e trimestre 1983, p. 5-26.
29. MEZEI, Kathy, « Translations », *University of Toronto Quarterly*, Vol. 52, No. 4, Summer 1983, p. 385-397.

30. R[apoport], J[anis], « Editor's Note », *Ethos*, No. 2, Autumn 1983, p. 3.
31. Campeau, Lucien, « Les *Mémoires* d'Allet rendus à leur auteur », *Les Cahiers des Dix*, nº 43, 1983, p. 27-59.

1.2.2 MOUVEMENTS, ÉCOLES, SOCIÉTÉS

32. [Anonyme], « 40ᵉ Anniversaire [de la section Ottawa-Hull de la Société des écrivains canadiens] », *Liaison*, nº 28, septembre 1983, p. 8.

1.2.3 PRIX ET CONCOURS LITTÉRAIRES

33. Ravary-Kanopka, Lise, « 'Je suis optimiste malgré tout'. Marcel Pépin, prix Olivar-Asselin », *Le 30*, vol. 7, nº 1, janvier 1983, p. 21.
34. [Anonyme], [Prix littéraire France-Canada 1982 à Roger Fournier], *Québec Hebdo*, vol. 5, nº 1, 24 janvier 1983, p. 4.
35. Beaulieu, Ivanhoé, « La Question des prix. Le Jules-Fournier : par secteur », *Le 30*, vol. 7, nº 2, février 1983, p. 14.
36. Beaulieu, Ivanhoé, « La Question des prix. Le Sogidès a manqué d'auteurs. Un grand prix géré par la FPJQ ? », *Le 30*, vol. 7, nº 2, février 1983, p. 14.
37. Cameron, Hamish, « Awards [Prix Fémina, Anne Hébert] », *Quill and Quire*, Vol. 49, No. 2, February 1983, p. 27.
38. Wallot, Jean-Pierre, « Les Prix de l'ACFAS [Prix Marcel-Vincent de sciences humaines à Gilles Marcotte] », *Bulletin de l'ACFAS*, vol. 4, nº 4, printemps 1983, p. 6.
39. [Anonyme], « Les Prix du Québec 1982 [Prix David à Marie-Claire Blais et Roland Giguère] », *Lettres québécoises*, nº 29, printemps 1983, p. 13.
40. [Anonyme], « Prix Champlain [à Hélène Brodeur-Saint-James] », *Lettres québécoises*, nº 29, printemps 1983, p. 13.
41. [Anonyme], « Le Prix Émile-Nelligan [à Jocelyne Felx et Philippe Haeck] », *Lettres québécoises*, nº 29, printemps 1983, p. 13.
42. [Anonyme], « Prix Alfred-DesRochers [à Lise Lacasse] », *Lettres québécoises*, nº 29, printemps 1983, p. 12.
43. [Anonyme], « Le Prix Gaston-Gouin [à Sylvie Cloutier] », *Lettres québécoises*, nº 29, printemps 1983, p. 12.
44. [Anonyme], « Prix France-Canada 1982 [à Roger Fournier] », *Lettres québécoises*, nº 29, printemps 1983, p. 12.
45. [Anonyme], « Le Prix Esso du Cercle du Livre de France [à Josette Labbé] », *Lettres québécoises*, nº 29, printemps 1983, p. 12.
46. [Anonyme], « Le Prix Solaris 1982 [à Daniel Sernine] », *Lettres québécoises*, nº 29, printemps 1983, p. 12.
47. Filson, Bruce K., [Prix du Gouverneur général 1981], *Poetry Canada Review*, Vol. 4, No. 3, Spring 1983, p. 13.
48. L[apierre], R[ené], « Les Prix de la crise », *Liberté*, vol. 25, nº 2, avril 1983, p. 78-82.
49. Breton, André, « Un prix d'excellence journalistique dans l'Estrie. Marcel Gagnon, de Télé 7, premier récipiendaire », *Le 30*, vol. 7, nº 6, juin 1983, p. 18-19.
50. [Anonyme], « The Awards Season [Governor General's Literary Award] », *Canadian Author and Bookman*, Vol. 58, No. 4, Summer 1983, p. 12.
51. [Anonyme], « Prix Duvernay de la Société Saint-Jean-Baptiste de Montréal : Jean Éthier-Blais », *Lettres québécoises*, nº 30, été 1983, p. 13.
52. [Anonyme], « Le Prix du Nouvel Ontario [à Germain Lemieux] », *Lettres québécoises*, nº 30, été 1983, p. 12.
53. [Anonyme], [Prix Albert B.-Corey à Guildo Rousseau], *Lettres québécoises*, nº 30, été 1983, p. 12.

54. DUVAL, Thérèse, « Par ici les prix [Prix France-Québec-Jean-Hamelin] », *Châtelaine*, vol. 24, n⁰ 7, juillet 1983, p. 10.

55. LEFEBVRE, Paul, « Encore à Ottawa [Prix du Gouverneur général 1982 : Réjean Ducharme] », *Jeu*, n⁰ 28, 3ᵉ trimestre 1983, p. 172.

56. [ANONYME], « G.G. Winners », *Quill and Quire*, Vol. 49, No. 7, July 1983, p. 2.

57. BOURQUE, Paul-André, [Prix France-Québec à Gaétan Brulotte. Prix France-Canada à Roger Fournier], *Au masculin*, vol. 1, n⁰ 2, août 1983, p. 31.

58. [ANONYME], [Prix littéraire Belgique-Canada 1982 à François Charron], *Québec Hebdo*, vol. 5, n⁰ 28, 8 août 1983, p. 4.

59. [ANONYME], « Prix de traduction du Conseil des arts du Canada 1982 [à Claude Aubry] », *Lettres québécoises*, n⁰ 31, automne 1983, p. 17.

60. [ANONYME], « Prix du Gouverneur général 1983 [à Roger Fournier, Michel Savard et Réjean Ducharme] », *Lettres québécoises*, n⁰ 31, automne 1983, p. 15.

61. [ANONYME], « Le Prix France-Acadie [à Melvin Gallant] », *Lettres québécoises*, n⁰ 31, automne 1983, p. 15.

62. [ANONYME], « Prix France-Québec 1983 [à Gaétan Brulotte et Guy Gervais] », *Lettres québécoises*, n⁰ 31, automne 1983, p. 15.

63. GIGUÈRE, Richard, [Prix du Gouverneur général à Michel Savard], *Lettres québécoises*, n⁰ 31, automne 1983, p. 40.

64. GIGUÈRE, Richard, [Prix Émile-Nelligan à Jocelyne Felx], *Lettres québécoises*, n⁰ 31, automne 1983, p. 40.

65. [ANONYME], « Remise des prix littéraires de l'ASTED [Prix Marie-Claire-Daveluy] », *Nouvelles de l'ASTED*, vol. 2, n⁰ 4, octobre-novembre-décembre 1983, p. 1.

66. [ANONYME], « Remise des prix littéraires de l'ASTED [Prix Alvine-Bélisle] », *Nouvelles de l'ASTED*, vol. 2, n⁰ 4, octobre-novembre-décembre 1983, p. 1.

67. LANGEVIN, Lysanne, « Le Rire à l'eau de rose. *37 1/2 AA* [Prix Robert-Cliche] », *Spirale*, n⁰ 37, octobre 1983, p. 4.

68. [ANONYME], « Remise des prix du Québec 1983 [Prix Athanase-David à Gaston Miron] », *Québec Hebdo*, vol. 5, n⁰ 38, 24 octobre 1983, p. 4.

69. [ANONYME], « Remise des prix du Québec 1983 [Prix Denise-Pelletier à Gilles Vigneault] », *Québec Hebdo*, vol. 5, n⁰ 38, 24 octobre 1983, p. 4.

70. [ANONYME], [Prix Molson à Jacques Folch-Ribas], *Québec Hebdo*, vol. 5, n⁰ 41, 21 novembre 1983, p. 4.

71. GERMAIN, Georges-Hébert, « La poésie tire le diable par la queue [Prix David 1983] », *L'Actualité*, vol. 8, n⁰ 12, décembre 1983, p. 132.

72. GAULIN, André, « Les Prix du Québec 1983 ou la Connivence du subconscient collectif », *Québec français*, n⁰ 52, décembre 1983, p. 23-24.

73. [ANONYME], « Prix Lionel-Groulx et Prix Guy-Frégault », *Revue d'histoire de l'Amérique française*, vol. 37, n⁰ 3, décembre 1983, p. [526].

74. BEAUSOLEIL, Claude, « La Passion selon Gaston Miron [Prix David] », *Spirale*, n⁰ 39, décembre 1983, p. 15.

75. PARADIS, Andrée, « Les Six Prix du Québec [Prix Athanase-David à Gaston Miron] », *Vie des arts*, vol. 28, n⁰ 113, décembre 1983-janvier-février 1984, p. 20.

76. [ANONYME], [Prix Émile-Nelligan à Lucien Francoeur], *Québec Hebdo*, vol. 5, n⁰ 44, 12 décembre 1983, p. 4.

77. [ANONYME], « Grand Montréalais de l'avenir [Gilbert LaRocque] », *Lettres québécoises*, n⁰ 32, hiver 1983-1984, p. 9.

78. [ANONYME], « Les Prix de littérature de jeunesse du Conseil des arts [à Ginette Anfousse] », *Lettres québécoises*, n⁰ 32, hiver 1983-1984, p. 11.

79. [ANONYME], « Prix des arts Maximilien-Boucher [à Rina Lasnier] », *Lettres québécoises*, n⁰ 32, hiver 1983-1984, p. 11.

80. [ANONYME], [Prix Denise-Pelletier à Gilles Vigneault], *Lettres québécoises*, n⁰ 32, hiver 1983-1984, p. 9.

81. [ANONYME], [Prix Paul-Émile-Borduas à Madeleine Ferron], *Lettres québécoises*, nᵒ 32, hiver 1983-1984, p. 9.

82. [ANONYME], [Prix Athanase-David à Gaston Miron], *Lettres québécoises*, nᵒ 32, hiver 1983-1984, p. 9.

83. [ANONYME], « Grand Montréalais de l'avenir [René-Daniel Dubois] », *Lettres québécoises*, nᵒ 32, hiver 1983-1984, p. 9.

84. FILSON, Bruce K., [Prix France-Québec, prix du Gouverneur général, prix Octave-Crémazie], *Poetry Canada Review*, Vol. 5, No. 2, Winter 1983-1984, p. 8.

1.2.4 COMPTES RENDUS D'ESSAIS, DE MANUELS, D'ANTHOLOGIES

85. *BASKERVILLE, Fran, «*A Reader's Guide to the Canadian Novel* [de John Moss] », *Canadian Library Journal*, Vol. 40, No. 1, February 1983, p. 43-44.

86. *IGARTUA, José E., «*Dictionnaire biographique du Canada*, t. 4 : *De 1771 à 1800* », *Revue d'histoire de l'Amérique française*, vol. 36, nᵒ 4, mars 1983, p. 586-587.

87. *CHARTIER, Monique, « [Fernand Dumont et Yves Martin], *Imaginaire social et représentations collectives. Mélanges offerts à Jean-Charles Falardeau* », *Nos livres*, vol. 14, avril 1983, p. 17-18.

88. *[ANONYME], « Yves Légaré, *Dictionnaire des écrivains québécois contemporains, 1970-1982* », *Québec Hebdo*, vol. 5, nᵒ 18, 30 mai 1983, p. 4.

89. MARCHILDON, Daniel, « Enfin, un dictionnaire d'Amérique française [*Dictionnaire encyclopédique de la francophonie nord-américaine hors Québec*, sous la direction de Pierre Savard] », *Liaison*, nᵒ 27, été 1983, p. 38.

90. *SHEK, B[en]-Z[ion], [*Imaginaire social et représentations collectives. Mélanges offerts à Jean-Charles Falardeau*], *University of Toronto Quarterly*, Vol. 52, No. 4, Summer 1983, p. 508-510.

91. *LANDRY, Kenneth, «*Lectures européennes de la littérature québécoise.* Actes du colloque international de Montréal (avril 1981) », *Recherches sociographiques*, vol. 24, nᵒ 3, septembre-décembre 1983, p. 451-452.

92. *BÉLAND, Jean-Pierre, « Recueil de textes québécois au Danemark [*Textes du Québec moderne*] », *Québec français*, nᵒ 51, octobre 1983, p. 6.

93. *BOIVIN, Aurélien, [Union des écrivains québécois, *Dictionnaire des écrivains québécois contemporains*], *Québec français*, nᵒ 51, octobre 1983, p. 19, 21.

94. *KING, Deirdre, « French Short Stories Shine [*The Oxford Book of French-Canadian Stories*] », *Quill and Quire*, Vol. 49, No. 12, December 1983, p. 29.

1.3 ÉTUDES THÉORIQUES

1.3.1 THÉORIE DE LA LITTÉRATURE

95. BELLEAU, André, « La Démarche sociocritique au Québec », *Voix et images*, vol. 8, nᵒ 2, hiver 1983, p. [299]-310.

96. KWINTER, Kerri, « La Parole, une habitude. Limites [Traduction de Mario Campo] », *Parallelogramme*, Vol. 8, No. 3, February-March 1983, p. 37-40.

97. BERGER, Richard, « Approche sémantique de la connotation », *Recherches sémiotiques/Semiotic Inquiry*, vol. 3, nᵒ 1, mars 1983, p. 9-34.

98. VAILLANTCOURT, Jacques et Nicole AUDIFFREN, « Écriture et philosophie », *Considérations*, vol. 6, nᵒ 1, avril-mai 1983, p. 83-97.

99. MILOT, Louise, « La 'Savante'. Mise en discours du discours populaire », *Études littéraires*, vol. 16, nᵒ 1, avril 1983, p. 135-159.

100. NAVET, Michèle et Jean-Luc ѴESPOULOS, « Fonctionnement de la cohérence. Étude de textes littéraires et pathologiques », *Recherches sémiotiques/Semiotic Inquiry*, vol. 3, nº 2, juin 1983, p. 141-158.

101. PONTBRIAND, Chantal, « The Question in Performance », *Open Letter*, 5th Series, No. 5-6, Summer-Fall 1983, p. 18-26.

102. LÉONARD, Martine, « De la science comme cliché, ou Comment penser la littérature », *Études françaises*, vol. 19, nº 2, automne 1983, p. 97-110.

103. BABY, François, « Du roman au film : une alchimie complexe », *Nuit blanche*, nº 10, automne 1983, p. 40-45.

104. MICHON, Jacques, « La Quête du sens », *Voix et images*, vol. 9, nº 1, automne 1983, p. [151]-153.

105. SAINT-MARTIN, Fernande, « De la critique formaliste à la sémiologie visuelle », *Voix et images*, vol. 9, nº 1, automne 1983, p. [85]-95.

106. AMPRIMOZ, Alexandre L., « La Science-Fiction et l'érotisme : une vie 'définologique' », *Imagine*, vol. 5, nº 2, octobre-novembre 1983, p. 27-34.

107. BAUDON, Pierre, « Le Logos greimassien : narrativité et discursivité (première partie) », *Recherches sémiotiques/Semiotic Inquiry*, vol. 3, nº 4, décembre 1983, p. 376-408.

108. BRUNET, Manon, « Pour une esthétique de la production de la réception », *Études françaises*, vol. 19, nº 3, hiver 1983, p. 65-82.

109. FOURNIER, Marcel, « Littérature et sociologie au Québec », *Études françaises*, vol. 19, nº 3, hiver 1983, p. 5-18.

1.3.2 L'ÉCRIVAIN ET L'ÉCRITURE

110. DOTTO, Lydia, « Le Droit d'auteur à l'âge de l'électronique », *Forces*, nº 62, 1983, p. 35-42.

111. BEAUREGARD, Chantal, « 'Pourquoi se dire ?' De la peur de l'écriture à la prise de parole », *Liaison*, nº 25, janvier-février 1983, p. 26.

112. BELLEAU, André, « Les écrivains québécois sont-ils des intellectuels ? », *Liberté*, vol. 25, nº 1, février 1983, p. 86-88.

113. LAFLEUR, Jacques, « Écrire... », *Grimoire*, vol. 6, nº 3, mars 1983, p. 14.

114. [ANONYME], « Pour une nouvelle loi sur le droit d'auteur [Mémoire] », *La Revue canadienne du droit d'auteur*, vol. 3, nº 1, mars 1983, p. 23-29.

115. [ANONYME], « Révision de la loi canadienne sur le droit d'auteur [Mémoire] », *La Revue canadienne du droit d'auteur*, vol. 3, nº 1, mars 1983, p. 17-22.

116. THÉORET, France, « Ce grand vide qu'on dit intérieur », *Études littéraires*, vol. 16, nº 1, avril 1983, p. 163-166.

117. LAROSE, Jean, « * * * », *Liberté*, vol. 25, nº 2, avril 1983, p. 60-65.

118. MACDUFF, Pierre, « Un programme prometteur », *Dramaturgies nouvelles*, vol. 4, nº 4, mai 1983, p. [1].

119. BROSSARD, Nicole, « La Conscience à vif », *La Vie en rose*, nº 11, mai 1983, p. 58.

120. SAVARD, Marie, « Une sonde dans l'imaginaire femelle », *La Vie en rose*, nº 11, mai 1983, p. 58.

121. HAECK, Philippe, « Au milieu du discours », *Phi-Zéro*, vol. 11, nº 1, été 1983, p. 100-107.

122. BAILLIE, Robert, « Écrire comme vivre le roman », *Arcade*, nº 4-5, septembre 1983, p. 37-53.

123. TISSEYRE, Pierre, « Nécessité de sanctions dissuasives en droit d'auteur. Le Rôle joué par Louvigny de Montigny », *La Revue canadienne du droit d'auteur*, vol. 3, nº 3, septembre 1983, p. 7-14.

124. LEBRUN, Denis, « Négocier son contrat », *Nuit blanche*, nº 11, décembre 1983, p. 62-63.

125. MIRON, Gaston, « Les Signes de l'identité [Texte de l'allocution prononcée lors de la remise du prix Athanase-David] », *Québec français*, n° 52, décembre 1983, p. 22-23.
126. THÉRIO, Adrien, « Payer pour le prêt en bibliothèque ? », *Lettres québécoises*, n° 32, hiver 1983-1984, p. 15.

1.3.3 LA CRITIQUE

127. DIONNE, René et Pierre CANTIN, « Bibliographie de la critique [1980] », *Revue d'histoire littéraire du Québec et du Canada français*, n° 5, hiver-printemps 1983, p. 147-285.
128. MARKLAND, Murray F., « Taking Criticism — and Using It », *Scholarly Publishing*, Vol. 14, No. 2, February 1983, p. [139]-147.
129. HUOT, Gisèle, « Édition critique de Groulx », *Revue d'histoire de l'Amérique française*, vol. 37, n° 1, juin 1983, p. [148]-154.
130. *HERLAN, James, « Quebec Criticism in Translation : The Ideology of Aesthetics [*Contemporary Quebec Criticism* de Larry Shouldice] », *Essays on Canadian Writing*, No. 26, Summer 1983, p. 150-168.
131. DIONNE, René et Pierre CANTIN, « Bibliographie de la critique [1981] », *Revue d'histoire littéraire du Québec et du Canada français*, n° 6, été-automne 1983, p. 99-246.
132. BEAUSOLEIL, Claude, « Lectures d'errances actuelles », *La Nouvelle Barre du jour*, n° 129, septembre 1983, p. 89-92.
133. BEAUSOLEIL, Claude, « Le Prétexte égyptien », *La Nouvelle Barre du jour*, n° 129, septembre 1983, p. 101-103, 109-111.
134. HUOT, Gisèle, « Édition critique de Groulx », *Revue d'histoire de l'Amérique française*, vol. 37, n° 3, décembre 1983, p. [517]-523.
135. OUELLET, Réal, « Le mythe de l'édition critique frappe encore et passe toujours dans le beurre [Lettre de Guy Laflèche] », *Lettres québécoises*, n° 32, hiver 1983-1984, p. 74-76.

1.4 LA LANGUE

136. *LAPIERRE, André, «*Études sur la langue parlée des enfants québécois (1969-1980)* [de Gilles Gagné, Michel Pagé et collaborateurs] », *The Canadian Modern Language Review/La Revue canadienne des langues vivantes*, Vol. 39, No. 2, January 1983, p. 286-287.
137. *CHAPUT, Sylvie, «*Léandre et son péché* [de Danielle Trudeau] », *Nuit blanche*, n° 8, hiver 1983, p. 6.
138. *[ANONYME], «*Trésor de la langue française au Québec* [de Marcel Juneau et Claude Poirier] », *Québec Hebdo*, vol. 5, n° 2, 31 janvier 1983, p. 3.
139. DORAIS, Louis-Jacques, « La Louisiane [et la langue des Cadjins] », *Québec français*, n° 49, mars 1983, p. 20-22.
140. POIRIER, Claude, « Le Trésor de la langue française au Québec (4) », *Québec français*, n° 49, mars 1983, p. 23.
141. *N., W., [*The Québécois Dictionnary* de Léandre Bergeron], *Canadian Literature*, No. 96, Spring 1983, p. 190.
142. CARRIER, Roch, « C'est pas comme à Paris, mais... », *Langue et société/Language and Society*, n° 9, printemps 1983, p. 14-15.
143. *GODBOUT, Jacques, « Léandre Bergeron déshabillé [*Léandre et son péché* de Danielle Trudeau] », *L'Actualité*, vol. 8, n° 4, avril 1983, p. 117.
144. BELLEAU, André, « Langue et nationalisme », *Liberté*, vol. 25, n° 2, avril 1983, p. 2-9.
145. *R[ICARD], F[rançois], « La Langue québécoise [Danielle Trudeau, *Léandre et son péché*] », *Liberté*, vol. 25, n° 2, avril 1983, p. 115.

146. LAPRÉS, Raymond, « Pierre A.R. Monod, *Danger... anglicismes !* », *Nos livres*, vol. 14, avril 1983, p. 27.

147. *BALCAEN, Hubert L., «*Danger... anglicismes !* [de Pierre A.R. Monod] », *Bulletin du Centre d'études franco-canadiennes de l'Ouest*, n° 14, mai 1983, p. 23-25.

148. POIRIER, Claude, « Le Trésor de la langue française au Québec (5) », *Québec français*, n° 50, mai 1983, p. 19.

149. *[ANONYME], « Léandre coincé ! [*Léandre et son péché* de Danielle Trudeau] », *Châtelaine*, vol. 24, n° 6, juin 1983, p. 14.

150. DESHAIES, Denise et Jacques OUELLET, « Rapports d'interlocution et références personnelles », *Protée*, vol. 11, n° 2, été 1983, p. 55-69.

151. LAVOIE, Thomas, « Vocabulaire de la nature et société québécoise », *Protée*, vol. 11, n° 2, été 1983, p. 83-85.

152. MARTEL, Pierre, « Les variables lexicales sont-elles sociolinguistiquement intéressantes ? », *Protée*, vol. 11, n° 2, été 1983, p. 36-41.

153. NOËL, Danièle, « Les Questions de la langue au Québec : 1760-1867 », *Protée*, vol. 11, n° 2, été 1983, p. 92-104.

154. PARADIS, Claude, « La Diphtongaison : stabilité et changement dans le système vocalique du français de Chicoutimi-Jonquière », *Protée*, vol. 11, n° 2, été 1983, p. 43-53.

155. SIMARD, Guy, « La Féminisation des titres et des textes », *Protée*, vol. 11, n° 2, été 1983, p. 87-90.

156. MEZEI, Kathy, [*The Québecois Dictionary* de Léandre Bergeron], *University of Toronto Quarterly*, Vol. 52, No. 4, Summer 1983, p. 396.

157. *RUSSON WOOLDRIDGE, Terence, [*Vocabulaire du moulin traditionnel au Québec des origines à nos jours. Documents lexicaux et ethnographiques* de Réjean L'Heureux], *University of Toronto Quarterly*, Vol. 52, No. 4, Summer 1983, p. 537-538.

158. *RUSSON WOOLDRIDGE, Terence, [*The Québécois Dictionary* de Léandre Bergeron], *University of Toronto Quarterly*, Vol. 52, No. 4, Summer 1983, p. 537.

159. *RUSSON WOOLDRIDGE, Terence, [*Léandre et son péché* de Danielle Trudeau], *University of Toronto Quarterly*, Vol. 52, No. 4, Summer 1983, p. 535-537.

160. MANGUEL, Alberto, « Le Mot juste », *Saturday Night*, Vol. 98, No. 7, July 1983, p. 53-54.

161. BLOUIN, Jean, « Les Gardiens de la langue », *L'Actualité*, vol. 8, n° 8, août 1983, p. 49-56.

162. BLOUIN, Jean, « Les Gardiens de la langue », *L'Actualité*, vol. 8, n° 5, mai 1983, p. 49-56.

163. BOURBEAU, Robert, « Les Transferts linguistiques au Canada », *Langue et société/ Language and Society*, n° 11, automne 1983, p. 14-22.

164. STRONG, Charles, « Chat échaudé ou Lion qui dort », *Langue et société/Language and Society*, n° 11, automne 1983, p. 3-7.

165. MASSON, Alain, « L'Image de la langue », *Si que*, n° 6, automne-hiver 1983-1984, p. 103-109.

166. POIRIER, Claude, « Le Trésor de la langue française au Québec (6) », *Québec français*, n° 51, octobre 1983, p. 28.

167. [GAUTHIER, Maurice], « Le Manitoba deviendra-t-il officiellement bilingue ? », *Vie française*, vol. 37, n° 10-11-12, octobre-novembre-décembre 1983, p. 5-9.

168. POULIN, Andrée, « Le Statut de la langue en Israël et au Québec. Même combat ? », *Jonathan*, n° 15, novembre 1983, p. 6-9.

169. LAURIER, Michel, « La Langue orale véhiculée par trois générations d'une famille habitant la région de Sudbury », *Laurentian University Review/Revue de l'Université Laurentienne*, Vol. 16, No. 1, November 1983, p. 13-24.

170. [ANONYME], « Création de l'Alliance Champlain », *Québec Hebdo*, vol. 5, n° 40, 14 novembre 1983, p. 2-3.

171. BEAUPRÉ, Viateur, « La Pavane des francogènes », *L'Action nationale*, vol. 73, n° 4, décembre 1983, p. 331-336.

172. KERPAN, Nada, « Les jeunes savent-ils encore lire et écrire ? », *Circuit*, no 3, décembre 1983, p. 14-15.

173. DUMAIS, Hélène, « La Féminisation des noms de profession », *Québec français*, no 52, décembre 1983, p. 30-33.

174. POIRIER, Claude, « Chronique du trésor de la langue française au Québec (7) », *Québec français*, no 52, décembre 1983, p. 19.

175. CLOUTIER, André, « L'Université en Ontario : où est le français ? », *Bulletin de l'ACFAS*, vol. 4, no 3, hiver 1983, p. 25-26.

176. MASSICOTTE, Micheline, « À propos du colloque. Langages et collectivités : le cas du Québec (Liège, 1980) », *Langues et linguistique*, no 9, 1983, p. 203-232.

177. POIRIER, Claude, « L'Intrication des mots régionaux et des mots du français général dans le discours québécois », *Langues et linguistique*, no 9, 1983, p. 45-67.

1.5 ÉTUDES DIVERSES

1.5.1 CULTURE

178. WAYNE, Joyce, « Home Truths [Sur le rapport Applebaum-Hébert] », *Books in Canada*, Vol. 12, No. 1, January 1983, p. 9-12.

179. BÉDARD, Christian, « Quelques Réflexions sur le Rapport Applebaum-Hébert », *Dramaturgies nouvelles*, vol. 4, no 2, janvier 1983, p. [1].

180. BOURGET, Élizabeth, «*Noir sur blanc* : la culture », *Dramaturgies nouvelles*, vol. 4, no 2, janvier 1983, p. [4].

181. CLOUTIER, Guy, « What About the... Crise ? », *Nuit blanche*, no 8, hiver 1983, p. 11.

182. BISSONNETTE, Lise, « La Spécificité culturelle du Québec : hors d'oeuvre ou question d'égalité », *Possibles*, vol. 7, no 2, 1983, p. 132-135, 146-149.

183. GAUVIN, Lise, « La Spécificité culturelle du Québec : hors d'oeuvre ou question d'égalité », *Possibles*, vol. 7, no 2, 1983, p. 140-142, 146-149.

184. LAROSE, Jean, « La Spécificité culturelle du Québec : hors d'oeuvre ou question d'égalité », *Possibles*, vol. 7, no 2, 1983, p. 136-140, 146-149.

185. PERRAULT, Pierre, « La Spécificité culturelle du Québec : hors d'oeuvre ou question d'égalité », *Possibles*, vol. 7, no 2, 1983, p. 143-145, 146-149.

186. CAMERON, Hamish, « Applebert's Verdict on the Book Trade [Applebaum-Hébert Report] », *Quill and Quire*, Vol. 49, No. 1, January 1983, p. 13-14.

187. MACSKIMMING, Roy, « Running the Ottawa Obstacle Course : Will There Be a Book Policy ? [Applebaum-Hébert Report] », *Quill and Quire*, Vol. 49, No. 2, February 1983, p. 20.

188. *VACHER, Laurent-Michel, « Michel Morin, *L'Amérique du nord et la culture. Le Territoire imaginaire de la culture, II* », *Spirale*, no 31, février 1983, p. 12.

189. [ANONYME], « Le Discours de l'État en matière de culture. Le Théâtre dans le Rapport Applebaum-Hébert : un flop », *Dramaturgies nouvelles*, vol. 4, no 3, mars 1983, p. [4].

190. [ANONYME], « Le Discours de l'État en matière de culture. La Consultation du ministre Clément Richard : des chiffres », *Dramaturgies nouvelles*, vol. 4, no 3, mars 1983, p. [3].

191. HÉBERT, François, « Québé... quoi ? », *Critère*, no 35, printemps 1983, p. 273-283.

192. MONTPETIT, Raymond, « L'Autre Culture québécoise », *Critère*, no 35, printemps 1983, p. 133-145.

193. ROUSSEAU, Louis, « Les Croyances populaires des français d'Amérique », *Medium*, no 19, printemps 1983, p. 24-27.

194. LAMBERT, Ronald D. et James E. CURTIS, « Opposition to Multiculturalism Among Québécois and English-Canadians », *The Canadian Review of Sociology and Anthropology/La Revue canadienne de sociologie et d'anthropologie*, Vol. 20, No. 2, May 1983, p. 193-207.

195. *Messier, Réal, «Les Habitudes de lecture des québécois de 10-12 ans [de Gérard Héon]», Documentation et bibliothèques, vol. 29, nº 2, avril-juin 1983, p. 79-80.

196. Massicotte, Diane, «Montréal, métropole culturelle», Forces, nº 63, 1983, p. 34-47.

197. *Gagnon, Claude, «Défaire l'histoire, de Réal Rodrigue», Philosophiques, vol. 10, nº 1, avril 1983, p. 111-117.

198. MacDuff, Pierre, «Un programme prometteur», Dramaturgies nouvelles, vol. 4, nº 4, mai 1983, p. [1].

199. Holland, Clifford G., «Canada Greets the Apostle of Culture», Dalhousie Review, Vol. 63, No. 2, Summer 1983, p. 242-255.

200. Stratford, Philip, «Deux Littératures à se partager», Langue et société/Language and Society, nº 11, automne 1983, p. 8-13.

201. Mendenhall, Vance, «Essai sur l'incompétence esthétique», Philosophiques, vol. 10, nº 2, octobre 1983, p. 341-359.

202. Fournier, Marcel, «Autour de la spécificité», Possibles, vol. 8, nº 1, 1983, p. 85-112.

203. Gaboury, Jean-Pierre, «La Culture politique des francophones de l'Est ontarien et de l'Outaouais», Bulletin du Centre de recherche en civilisation canadienne-française, nº 27, décembre 1983, p. 10-12.

204. Dorais, Louis-Jacques, «Qu'est-ce que l'Amérique française ?», Québec français, nº 52, décembre 1983, p. 34-37.

205. Desjarlais, Lionel, «Identité culturelle», Revue de l'ACELF, vol. 12, nº 3, décembre 1983, p. 13-16.

206. Roquet, Ghislaine, «Qu'est-ce que l'école française ?», Revue de l'ACELF, vol. 12, nº 3, décembre 1983, p. 2-6.

207. *P[aradis], A[ndrée], «Michel Morin, L'Amérique du nord et la culture. Le Territoire imaginaire de la culture, II», Vie des arts, vol. 28, nº 113, décembre 1983-janvier-février 1984, p. 89.

208. Sarrazin, Jean, «Questions de culture», Forces, nº 65, 1983, p. 3.

1.5.2 ENSEIGNEMENT ET LITTÉRATURE

209. Falardeau, Benoît, «L'Éditorial et l'article critique, pourquoi ?», Québec français, nº 49, mars 1983, p. 49.

210. Renaud, Jacques, «Il n'y a pas de pays sans contraires, 1. L'Affaire des textes et du Cassé au Cégep de Shawinigan ; 2 : Le Cassé et le meurtre de Bouboule ou la Mutation différée», Moebius, nº 17, printemps 1983, p. 5-23.

211. Pestre de Almeida, Lilian, «Regard périphérique sur la francophonie ou Pourquoi et comment enseigner les littératures francophones dans les Amériques», Études littéraires, vol. 16, nº 2, août 1983, p. 253-273.

212. Cotnoir, Louise, «Pratiques de décodages», Arcade, nº 4-5, septembre 1983, p. 23-28.

213. Vonarburg, Élisabeth, «Science-Fiction, fantastique, création et enseignement», Arcade, nº 4-5, septembre 1983, p. 57-63.

214. Gadbois, Vital, «La Science-Fiction : une littérature pour tous les cégépiens», Québec français, nº 52, décembre 1983, p. 54-56.

1.5.3 DIFFUSION DE LA LITTÉRATURE

215. Melançon, Benoît, «L'Angoisse de l'idéaliste devant la politique culturelle fédérale», Jeu, nº 26, 1er trimestre 1983, p. 90-97.

216. Anaouïl, Louise, «Viva Mexico bis [Rencontre d'écrivains mexicains et canadiens]», Littérature du Québec, nº 1, 1983, p. 4.

217. Anaouïl, Louise, «Les 25 Ans de Leméac», Littérature du Québec, nº 1, 1983, p. 8.

218. [ANONYME], « Conférences internationales », *Littérature du Québec*, no 1, 1983, p. 5.
219. BEAUSOLEIL, Claude, « Un journal européen », *Littérature du Québec*, no 1, 1983, p. [1]-2.
220. GUAY, Jean-Pierre, « Une affaire nord-américaine », *Littérature du Québec*, no 1, 1983, p. [1], 3.
221. JULIEN, Lucie, « Une décennie de succès [Communication-Jeunesse] », *Littérature du Québec*, no 1, 1983, p. 4-5.
222. GUAY, Jacques, « Le Crime de Monsieur Lemelin », *Nuit blanche*, no 8, hiver 1983, p. 3.
223. HOMEL, David, « Acrobats and Acrimony at Salon du livre », *Quill and Quire*, Vol. 49, No. 1, January 1983, p. 14-15.
224. SLOPEN, Beverley, « Le Crime des Lemelins... Hurtig Hustles Encyclopedias [*Le Crime d'Ovide Plouffe*] », *Quill and Quire*, Vol. 49, No. 1, January 1983, p. 21.
225. WILLIAMS, Miller, « The Writer and the Editor », *Scholarly Publishing*, Vol. 14, No. 2, February 1983, p. [149]-154.
226. [ANONYME], « Le Colloque-Atelier du 8 octobre 1982 », *Corpus*, no 2, mars 1983, p. 1-2.
227. [ANONYME], « Rights [*The Tomcat*] », *Quill and Quire*, Vol. 49, No. 3, March 1983, p. 54.
228. STATON, Eleanor, « Lanctot Retires at U. of Ottawa Press », *Quill and Quire*, Vol. 49, No. 3, March 1983, p. 53.
229. [COLLECTIF], « Pour une nouvelle loi sur le droit d'auteur », *La Revue canadienne du droit d'auteur*, vol. 3, no 1, mars 1983, p. 23-29.
230. [ANONYME], « 'Québec 10/10', Stanké. 'Biblio', Livre de poche. Collection 'Balise', Hexagone/Minerve », *Spirale*, no 32, mars 1983, p. 5.
231. [ANONYME], « La recherche scientifique se porte bien dans l'Ouest », *Bulletin de l'ACFAS*, vol. 4, no 4, printemps 1983, p. 39.
232. LÉVESQUE, Michel, « Les Hauts et les bas d'un libraire à la bourse des valeurs », *Des livres et des jeunes*, vol. 5, no 14, printemps 1983, p. 14-17.
233. HUART, Michèle, « Les Éditions Ville-Marie », *Lurelu*, vol. 6, no 1, printemps-été 1983, p. 24-25.
234. [ANONYME], « Hearst Corporation publie des livres de poche en français », *Québec Hebdo*, vol. 5, no 8, 21 mars 1983, p. [3].
235. LEBEL, Marc, « Livres et bibliothèques chez les Ursulines de Québec », *Bulletin du Centre de recherche en civilisation canadienne-française*, no 26, avril 1983, p. 15-20.
236. LEFEBVRE, Paul, « Montréal ! Montréal ! [Conseil des arts de la communauté urbaine de Montréal et le théâtre] », *Jeu*, no 27, 2e trimestre 1983, p. 181-182.
237. ROBITAILLE, Louis-Bernard, « Le Livre québé... quoi ? », *L'Actualité*, vol. 8, no 5, mai 1983, p. 91-96.
238. POULIN, Jeanne, « Le Secteur littéraire en quête d'un marché populaire pour survivre », *P.S. Post-Scriptum*, vol. 4, no 1, mai 1983, p. 34-38.
239. HOMEL, David, « The Confessor : Québec-Amérique's LaRocque », *Quill and Quire*, Vol. 49, No. 5, May 1983, p. 22.
240. ANDRÉ, Marion, « Who Should Pay for Theatre ? », *The Canadian Forum*, Vol. 63, No. 729, June 1983, p. 38-40.
241. PERINET, France, Elizabeth CHITTY, Michaelle McLEAN et autres, « Réponse au rapport du Comité d'étude de la politique culturelle fédérale », *Parallelogramme*, Vol. 8, No. 5, June-July-August 1983, p. 36.
242. [ANONYME], « 'Littérature d'Amérique' aux Éditions Québec/Amérique », *Lettres québécoises*, no 30, été 1983, p. 13.
243. [ANONYME], « Collection 'Balises' aux Éditions L'Hexagone/Minerve », *Lettres québécoises*, no 30, été 1983, p. 13.
244. THÉRIO, Adrien, «*Livre d'ici*. Nouvelle Vocation ou Démission ? », *Lettres québécoises*, no 30, été 1983, p. 9.

245. FILSON, Bruce K., [Salon international du livre de Québec], *Poetry Canada Review*, Vol. 4, No. 4, Summer 1983, p. 12.
246. CAMERLAIN, Lorraine, « Portraits d'éditeurs [*Jeu*] », *Littérature du Québec*, nº 2, 1983, p. 5-7.
247. CARON, Louis, « Conférences internationales [Échange d'écrivains] », *Littérature du Québec*, nº 2, 1983, p. 5.
248. GUAY, Jean-Pierre, « Questions pour sortir d'une utopie », *Littérature du Québec*, nº 2, 1983, p. [1]-2.
249. T[RÉPANIER], M[arie]-C[laude], « BCP : 'Lectures pour tous' », *Littérature du Québec*, nº 2, 1983, p. 8.
250. T[RÉPANIER], M[arie]-C[laude], « Portraits d'éditeurs [VLB Éditeur] », *Littérature du Québec*, nº 2, 1983, p. 7-8.
251. HOMEL, David, « Québécor Takes over Hachette Interests », *Quill and Quire*, Vol. 49, No. 7, July 1983, p. 40.
252. CAMERON, Hamish, « 1981 Stats Can Figures Show Little Growth », *Quill and Quire*, Vol. 49, No. 8, August 1983, p. 11-14.
253. HOMEL, David, « The Classics, Quebec-Style », *Quill and Quire*, Vol. 49, No. 8, August 1983, p. 17-18.
254. [ANONYME], « Aux éditions les Boréales », *Liaison*, nº 28, septembre 1983, p. [9].
255. [ANONYME], « Une première pour l'Interligne », *Liaison*, nº 28, septembre 1983, p. [9].
256. [ANONYME], « Prise de parole fête en grand », *Liaison*, nº 28, septembre 1983, p. [9].
257. HOMEL, David, « Quebec Government Pushes Book Exports », *Quill and Quire*, Vol. 49, No. 9, September 1983, p. 62.
258. YANACOPOULO, Andrée, « Situation de l'édition pour les femmes... au Québec et plus précisément à Montréal », *Canadian Women's Studies/Les Cahiers de la femme*, Vol. 5, No. 1, Fall 1983, p. 60.
259. PRATTE, Louise, « En librairie, ce n'est pas tous les jours fête ! », *Des livres et des jeunes*, vol. 6, nº 16, automne 1983, p. 23-26.
260. STRATFORD, Philip, « Deux Littératures à se partager », *Langue et société/Language and Society*, nº 11, automne 1983, p. 8-13.
261. [ANONYME], « 6.3 million $ à 89 maisons d'édition », *Lettres québécoises*, nº 31, automne 1983, p. 16.
262. GIGUÈRE, Richard, « Le Noroît en 1982-1983 : une nouvelle collection et deux prix littéraires », *Lettres québécoises*, nº 31, automne 1983, p. 40-44.
263. MAJOR, Jean-Louis, « La littérature est aussi un commerce. À propos de Jacques Hébert et de Pierre Tisseyre », *Lettres québécoises*, nº 31, automne 1983, p. 59-61.
264. POULIN, Monique, « La Bibliothèque à l'hôpital », *Lurelu*, vol. 6, nº 2, automne 1983, p. 26.
265. LEFEBVRE, Jean-Pierre, « Des histoires pour le cinéma », *Nuit blanche*, nº 10, automne 1983, p. 53-55.
266. SÉVIGNY, Marc, « Cinéma québécois. Les Écrivains à la rescousse », *Nuit blanche*, nº 10, automne 1983, p. 48-51.
267. GAGNON, Claude-Marie, « La Censure au Québec », *Voix et images*, vol. 9, nº 1, automne 1983, p. [101]-117.
268. ROBERT, Michel, « La Politique québécoise du livre », *Documentation et bibliothèques*, vol. 29, nº 4, octobre-décembre 1983, p. 143-146.
269. *B[EAUDOIN], R[éjean], [Claude Janelle, *Les Éditions du Jour, une génération d'écrivains*], *Liberté*, vol. 25, nº 5, octobre 1983, p. 152-153.
270. GERMAIN, Georges-Hébert, « Les Hauts et les bas de la vie littéraire », *L'Actualité*, vol. 8, nº 11, novembre 1983, p. 171-172.
271. HOMEL, David, « Primeur Premiered by Turgeon », *Quill and Quire*, Vol. 49, No. 11, November 1983, p. 11.
272. [ANONYME], « Concours national de livres d'artistes du Canada », *Vie des arts*, vol. 28, nº 113, décembre 1983-janvier-février 1984, p. 85.

273. THÉRIO, Adrien, « Payer pour le prêt en bibliothèque ? », *Lettres québécoises*, n⁰ 32, hiver 1983-1984, p. 15.

274. GALARNEAU, Claude, « Les Métiers du livre à Québec (1764-1859) », *Les Cahiers des Dix*, n⁰ 43, 1983, p. 143-165.

275. GALARNEAU, Claude, « Les Métiers du livre à Québec (1764-1859) », *Les Cahiers des Dix*, n⁰ 43, 1983, p. 143-165.

276. LÉGER, Jacques-A., « Recours civils en matière de droits d'auteur ou 'la Frustration d'être créateur' », *La Revue canadienne du droit d'auteur*, [no spécial], 1983, p. 35-57.

1.5.4 JEUNESSE ET LITTÉRATURE

277. JULIEN, Lucie, « Une décennie de succès [Communication-Jeunesse] », *Littérature du Québec*, n⁰ 1, 1983, p. 4-5.

278. *PELLETIER, Rosaire, [Louise Warren, *Répertoire des ressources en littérature de jeunesse*], *Nouvelles de l'ASTED*, vol. 2, n⁰ 1, janvier-février 1983, p. 8.

279. MINASSIAN, Chaké, « La Littérature québécoise pour la jeunesse. Acquis et perspectives », *Voix et images*, vol. 8, n⁰ 2, hiver 1983, p. [357]-359.

280. GAUTHIER, Bertrand, « Savoir regarder ses propres valeurs », *Des livres et des jeunes*, vol. 5, n⁰ 14, printemps 1983, p. 8-12.

281. LÉVESQUE, Michel, « Les Hauts et les bas d'un libraire à la bourse des valeurs », *Des livres et des jeunes*, vol. 5, n⁰ 14, printemps 1983, p. 14-17.

282. PAQUETTE, Florence, « Je serai bon... quand je saurai lire... ? ? », *Des livres et des jeunes*, vol. 5, n⁰ 14, printemps 1983, p. 18-21.

283. PAQUETTE, Florence, « Bibliographie [de livres de jeunesse] », *Des livres et des jeunes*, vol. 5, n⁰ 14, printemps 1983, p. 22-25.

284. PASQUET, Jacques, « Dis-moi quel livre tu choisis, je te dirai qui tu es... », *Des livres et des jeunes*, vol. 5, n⁰ 14, printemps 1983, p. 26-28.

285. LORD, Michel et Donald MCKENZIE, « Le Fantastique et la science-fiction dans les romans québécois pour la jeunesse », *Lurelu*, vol. 6, n⁰ 1, printemps-été 1983, p. 3-8.

286. *MINASSIAN, Chaké, « Signes avant-coureurs [Claude Potvin, *Le Canada français et sa littérature de jeunesse*] », *Voix et images*, vol. 8, n⁰ 3, printemps 1983, p. 531-532.

287. *MINASSIAN, Chaké, « Signes avant-coureurs [Louise Warren, *Répertoire des ressources en littérature de jeunesse*] », *Voix et images*, vol. 8, n⁰ 3, printemps 1983, p. 530-531.

288. *LATREILLE-HUVELIN, France, «*Le Canada français et sa littérature de jeunesse* [de Gérard Potvin] », *Documentation et bibliothèques*, vol. 29, n⁰ 2, avril-juin 1983, p. 79.

289. RUBIO, Mary, « Canadian Children's Literature 1980 : A Bibliography/ Bibliographie de la littérature canadienne pour la jeunesse, 1980 », *Canadian Children's Literature*, No. 30, 1983, p. 42-60.

290. FORTIN-GAGNON, Thérèse, « Les Romans Harlequin, la drogue douce des adolescentes », *La Gazette des femmes*, vol. 5, n⁰ 1, mai-juin 1983, p. 17-19.

291. *L., G., « Louise Warren, *Répertoire des ressources en littérature de jeunesse* », *Lettres québécoises*, n⁰ 30, été 1983, p. 86.

292. *LAURIN, Michel, « Suzy Lebrun, Suzanne Brûlotte, *Le Voyage des mots. Poèmes écrits et illustrés par des enfants de dix ans, élèves de l'école Le Boisjoli de Rock Forest* », *Nos livres*, vol. 14, septembre 1983, p. 45-46.

293. VIELLERIBIÈRE, Odette et Michel MESMIN, « La Fête du livre », *Des livres et des jeunes*, vol. 6, n⁰ 16, automne 1983, p. 20-21.

294. LOUTHOOD, Louise et Michèle GÉLINAS, « Le Sexisme et les romans québécois pour les jeunes », *Lurelu*, vol. 6, n⁰ 2, automne 1983, p. 3-9.

295. POTVIN, Claude, « La Minorité acadienne et sa littérature de jeunesse », *Si que*, n⁰ 6, automne-hiver 1983-1984, p. 164-177.

296. Cusson, Chantale, « L'Éditorial inutile : la mort du $ », *Jeu*, n⁰ 29, 4ᵉ trimestre 1983, p. 5-9.

297. *Boivin, Aurélien, [Louise Warren, *Répertoire des ressources en littérature de jeunesse*], *Québec français*, n⁰ 51, octobre 1983, p. 21.

298. Lord, Catherine, « Un crapaud mélangeur de desserts », *La Gazette des femmes*, vol. 5, n⁰ 4, novembre-décembre 1983, p. 27.

2 GENRES

2.1 ROMAN

2.1.1 ÉTUDES

299. Garcia-Mendez, Javier, « Les Romanciers du 19ᵉ siècle face à leurs romans. Notes pour la reconstitution d'une argumentation », *Voix et images*, vol. 8, n⁰ 2, hiver 1983, p. [321]-343.

300. Pelletier, Jacques, « Renaissance du roman social ? », *Voix et images*, vol. 8, n⁰ 2, hiver 1983, p. [371]-377.

301. Lord, Michel et Donald McKenzie, « Le Fantastique et la science-fiction dans les romans québécois pour la jeunesse », *Lurelu*, vol. 6, n⁰ 1, printemps-été 1983, p. 3-8.

302. L[apierre], R[ené], « Les Prix de la crise », *Liberté*, vol. 25, n⁰ 2, avril 1983, p. 78-82.

303. Fortin-Gagnon, Thérèse, « Les Romans Harlequin, la drogue douce des adolescentes », *La Gazette des femmes*, vol. 5, n⁰ 1, mai-juin 1983, p. 17-19.

304. Janelle, Claude et Maurice Émond, « Quelques Récits fantastiques québécois du XXᵉ siècle [*Bibliographie*] », *Québec français*, n⁰ 50, mai 1983, p. 47.

305. Shek, Ben-Z[ion], « Bulwark to Battlefield : Religion in Quebec Literature », *Journal of Canadian Studies/Revue d'études canadiennes*, Vol. 18, No. 2, Summer 1983, p. 42-57.

306. Michon, Jacques, « Romans », *University of Toronto Quarterly*, Vol. 52, No. 4, Summer 1983, p. 332-342.

307. Louthood, Louise et Michèle Gélinas, « Le Sexisme et les romans québécois pour les jeunes », *Lurelu*, vol. 6, n⁰ 2, automne 1983, p. 3-9.

308. Brochu, André, « De la mer à la mer », *Voix et images*, vol. 9, n⁰ 1, automne 1983, p. 142.

309. Gagnon, Claude-Marie, « Autobiographie religieuse et roman sentimental québécois [*Une vie dans le Christ* de Don Léonce Crenier] », *Études littéraires*, vol. 16, n⁰ 3, décembre 1983, p. 441-462.

310. Belleau, André, « Carnavalisation et roman québécois : mise au point sur l'usage d'un concept de Bakhtine », *Études françaises*, vol. 19, n⁰ 3, hiver 1983, p. 51-64.

2.1.2 COMPTES RENDUS D'ANTHOLOGIES, DE MANUELS, D'OUVRAGES COLLECTIFS

2.2 POÉSIE

2.2.1 ÉTUDES

311. Marchand, Micheline M., « Reflet de la poésie ontaroise ? Soirée de poésie 'Des mots pour se dire' », *Liaison*, n⁰ 25, janvier-février 1983, p. 28.

312. Brochu, André, « Poésie et protéines », *Voix et images*, vol. 8, n⁰ 2, hiver 1983, p. [361]-369.

313. NURSALL, J.R., « To Dare to Attempt Impious Wonders. Science & Canadian Literature », *Canadian Literature*, No. 96, Spring 1983, p. 13-33.

314. YERGEAU, Robert, « Évolution du discours sur la poésie au journal *Le Devoir* (1950-1980) », *Moebius*, n° 17, printemps 1983, p. 57-85.

315. BROCHU, André, « Des femmes et des mots », *Voix et images*, vol. 8, n° 3, printemps 1983, p. [503]-510.

316. DUPRÉ, Louise, « De la chair à la langue », *La Vie en rose*, n° 11, mai 1983, p. 54-55.

317. FILSON, Bruce K., [Salon international du livre de Québec], *Poetry Canada Review*, Vol. 4, No. 4, Summer 1983, p. 12.

318. BAYARD, Caroline, « Poésie », *University of Toronto Quarterly*, Vol. 52, No. 4, Summer 1983, p. 358-370.

319. LAROCHE, Maximilien, « La Littérature québécoise face à la littérature latino-américaine », *Études littéraires*, vol. 16, n° 2, août 1983, p. 185-201.

320. POZIER, Bernard, « Des poèmes dans la classe », *Arcade*, n° 4-5, septembre 1983, p. 29-36.

321. ROY, Bruno, « Du code à la parole », *Arcade*, n° 4-5, septembre 1983, p. 11-22.

322. BEAULIEU, Michel, « Contemporary Québécois Poetry [Article traduit par Jane Casey] », *CVII : Contemporary Verse Two*, Vol. 7, No. 3, September 1983, p. 13-14.

323. FILSON, Bruce K., « Québec », *Poetry Canada Review*, Vol. 5, No. 1, Fall 1983, p. 14.

324. C[HEVRIER], C[hantal], « Un événement unique. 'Poésie, ville ouverte' », *Virus-Viva*, vol. 6, n° 8, octobre 1983, p. 38.

325. DEGUY, Michel, « Relais », *Liberté*, vol. 25, n° 6, décembre 1983, p. 11-18.

326. MÉLANÇON, Robert, « Un chapitre de suggestion sur la poésie », *Liberté*, vol. 25, n° 6, décembre 1983, p. 58-69.

327. FILSON, Bruce K., « Québec », *Poetry Canada Review*, Vol. 5, No. 2, Winter 1983-1984, p. 8.

2.2.2 COMPTES RENDUS D'ANTHOLOGIES, DE MANUELS, D'OUVRAGES COLLECTIFS

328. *TH[ÉRIO], A[drien], « [Robert Dickson et Gaston Tremblay, éd.], *Poèmes et chansons du Nouvel Ontario* », *Lettres québécoises*, n° 30, été 1983, p. 86.

329. *MARCHILDON, Daniel, « Dix Ans de création poétique [Robert Dickson et Gaston Tremblay, éd., *Poèmes et chansons du Nouvel Ontario*] », *Liaison*, n° 27, été 1983, p. 42.

330. *LAURIN, Michel, « Susy Lebrun, Suzanne Brûlotte, *Le Voyage des mots. Poèmes écrits et illustrés par des enfants de dix ans, élèves de l'école Le Boisjoli de Rock Forest* », *Nos livres*, vol. 14, septembre 1983, p. 45-46.

331. *AMPRIMOZ, Alexandre L., « Une source [*Petite Anthologie du Noroît* de Célyne et René Bonenfant] », *Canadian Literature/Littérature canadienne*, No. 98, Autumn 1983, p. 110.

332. *SALESSE, Michèle, «*Mourire aux éclats...* », *Lettres québécoises*, n° 31, automne 1983, p. 81.

333. *D'ALFONSO, Antonio, «*Poèmes et chansons du Nouvel Ontario* », *Nos livres*, vol. 14, octobre 1983, p. 21-22.

334. *ANDERSEN, Marguerite, « Robert Dickson et Gaston Tremblay, éd., *Poèmes et chansons du Nouvel Ontario* », *Poetry Canada Review*, Vol. 5, No. 2, Winter 1983-1984, p. 4.

2.3 THÉÂTRE

2.3.1 ÉTUDES

335. DAVID, Gilbert, « Faut-il oublier la 'comédie nationale' ? Non, mais... », *Jeu*, n⁰ 26, 1ᵉʳ trimestre 1983, p. 85-88.

336. DELDIME, Roger et Jeanne PIGEON, « Sur le théâtre pour l'enfance et la jeunesse », *Jeu*, n⁰ 26, 1ᵉʳ trimestre 1983, p. 53-57.

337. GASCON, France, « La Performance 1981-1982 : après les choix », *Jeu*, n⁰ 26, 1ᵉʳ trimestre 1983, p. 19-29.

338. GINGRAS, René, « Le Neuvième Festival québécois de théâtre pour enfants », *Jeu*, n⁰ 26, 1ᵉʳ trimestre 1983, p. 50-52.

339. MELANÇON, Benoît, « L'Angoisse de l'idéaliste devant la politique culturelle fédérale », *Jeu*, n⁰ 26, 1ᵉʳ trimestre 1983, p. 90-97.

340. SAINT-YVES, Alain, « Le Théâtre à marée basse. Autour de Gaspé », *Jeu*, n⁰ 26, 1ᵉʳ trimestre 1983, p. 5-18.

341. THÉBERGE, Mariette, « Temps de réflexion pour le théâtre franco-ontarien. Constater le présent, rêver l'avenir », *Liaison*, n⁰ 25, janvier-février 1983, p. 23.

342. RICHARD, Alain-M., « Québec, le théâtre hybride », *Possibles,* vol. 7, n⁰ 2, 1983, p. 49-63.

343. DOUCETTE, L[éonard] E., « Théâtre, parathéâtre et politique 1847-1868 », *Revue d'histoire littéraire du Québec et du Canada français*, n⁰ 5, hiver-printemps 1983, p. 23-42.

344. GODIN, Jean-Cléo, « Une 'Belle Montréalaise' en 1913 », *Revue d'histoire littéraire du Québec et du Canada français*, n⁰ 5, hiver-printemps 1983, p. 55-62.

345. HATHORN, Ramon, « Sarah Bernhardt et l'accueil montréalais », *Revue d'histoire littéraire du Québec et du Canada français*, n⁰ 5, hiver-printemps 1983, p. 43-54.

346. JOUBERT, Ingrid, « Le Théâtre franco-manitobain », *Revue d'histoire littéraire du Québec et du Canada français*, n⁰ 5, hiver-printemps 1983, p. 107-114.

347. LAVOIE, Laurent, « Le Théâtre d'expression française en Acadie. Situation de la recherche et de la publication », *Revue d'histoire littéraire du Québec et du Canada français*, n⁰ 5, hiver-printemps 1983, p. 115-123.

348. LE BLANC, Alonzo, « Femmes en solo », *Revue d'histoire littéraire du Québec et du Canada français*, n⁰ 5, hiver-printemps 1983, p. 89-97.

349. MAILHOT, Laurent, « Prolégomènes à une histoire du théâtre québécois », *Revue d'histoire littéraire du Québec et du Canada français*, n⁰ 5, hiver-printemps 1983, p. 13-21.

350. O'NEIL-KARCH, Mariel et Pierre-Paul KARCH, « Le Théâtre québécois à Toronto », *Revue d'histoire littéraire du Québec et du Canada français*, n⁰ 5, hiver-printemps 1983, p. 99-105.

351. PAGÉ, Raymond, « Le Théâtre paroissial : une formule d'intégration », *Revue d'histoire littéraire du Québec et du Canada français*, n⁰ 5, hiver-printemps 1983, p. 63-74.

352. ROBERT, Lucie, « Réflexions sur trois lieux communs concernant les femmes et le théâtre », *Revue d'histoire littéraire du Québec et du Canada français*, n⁰ 5, hiver-printemps 1983, p. 75-88.

353. [ANONYME], « Le Discours de l'État en matière de culture. Le Théâtre dans le Rapport Applebaum-Hébert : un flop », *Dramaturgies nouvelles*, vol. 4, n⁰ 3, mars 1983, p. [4].

354. MACDUFF, Pierre, « Pour un Conseil québécois du théâtre », *Dramaturgies nouvelles*, vol. 4, n⁰ 3, mars 1983, p. [1-2].

355. ALAINGO, « Le Théâtre invisible », *Intervention*, n⁰ 18, mars 1983, p. 42-43.

356. CARBONNEAU, Marc, « La Rencontre du théâtre étudiant et communautaire à Sturgeon Falls. Une 'dose' d'échanges véritables entre générations », *Liaison*, n⁰ 26, mars-avril 1983, p. 23.

357. O'SULLIVAN, Marc, « L'Auto-Formation au théâtre. Quand les corbeaux deviennent des serins », *Liaison*, n° 26, mars-avril 1983, p. 21, 32.

358. THÉBERGE, Mariette, « 10e Festival du théâtre franco-ontarien, Sudbury, 25 juin-2 juillet », *Liaison*, n° 26, mars-avril 1983, p. 23.

359. THÉRIAULT, André, « Le Lendemain du 26... Théâtre en tête, théâtre en fête », *Liaison*, n° 26, mars-avril 1983, p. 24.

360. LE BLANC, Alonzo, « Pièces à un personnage ou spectacles solos », *Québec français*, n° 49, mars 1983, p. 37-39.

361. MAILHOT, Laurent, « De la littérature orale au théâtre. L'Évolution du monologue », *Québec français*, n° 49, mars 1983, p. 40-41, 43.

362. [ANONYME], « La recherche scientifique se porte bien dans l'Ouest », *Bulletin de l'ACFAS*, vol. 4, n° 4, printemps 1983, p. 39.

363. BEAULNE, Guy, « Un demi-siècle de théâtre de langue française dans la région Ottawa-Hull », *Theatre History in Canada/Histoire du théâtre au Canada*, Vol. 4, No. 1, Spring 1983, p. [100]-110.

364. LARRUE, Jean-Marc, « Montréal à la belle époque », *Jeu*, n° 27, 2e trimestre 1983, p. 5-26.

365. DESJARDINS, Marc, « Tenessee Williams et le Québec », *Le Temps fou*, n° 27, avril 1983, p. 50-51.

366. *BOURASSA, André, « Les Fruits de l'hiver dernier [*Diogène*] », *Lettres québécoises*, n° 30, été 1983, p. 29-31.

367. HAENTJENS, Marc, « 5e Festival théâtral fransaskois. Une fête de la fransasque autour du théâtre », *Liaison*, n° 27, été 1983, p. 10.

368. MATTE, Louise, « Rencontre avec André Brassard. Réconcilier des préoccupations publiques et personnelles », *Liaison*, n° 27, été 1983, p. 19, 20, 46.

369. DEMERS, Pierre, « Les Drogués du théâtre instantané ou Tout ce qu'il faut savoir sur l'impro », *Résistances*, n° 5-6, été 1983, p. 10-19.

370. DEMERS, Pierre, « Les Drogués du théâtre instantané ou Tout ce qu'il faut savoir sur l'impro », *Résistances*, n° 5-6, été 1983, p. 10-19.

371. GIRARD, Gilles, « Théâtre », *University of Toronto Quarterly*, Vol. 52, No. 4, Summer 1983, p. 379-385.

372. BERTIN, Raymond, « Scènes (roses) de voix d'hommes. Pour rendre compte, infiniment, d'une parole qui me touche », *Jeu*, n° 28, 3e trimestre 1983, p. 66-75.

373. COLBERT, François, « L'Offre et la demande au théâtre », *Jeu*, n° 28, 3e trimestre 1983, p. 174-176.

374. FÉRAL, Josette, « Colloques et festivals ou Comment mettre en scène le discours », *Jeu*, n° 28, 3e trimestre 1983, p. 5-11.

375. MEILLEUR, Daniel, « Colloques : un appel d'air », *Jeu*, n° 28, 3e trimestre 1983, p. 12-13.

376. BERTIN, Raymond, « Le Jeune Théâtre. Déjà 25 ans », *Relations*, vol. 43, n° 492, juillet-août 1983, p. 203-205.

377. CAUCHY, Isabelle, « La Programmation des théâtres professionnels en Ontario. Beaucoup de travail sur les planches », *Liaison*, n° 28, septembre 1983, p. 46-48.

378. DOUCETTE, Len, « The Road to Confederation : Political Theatre in French Canada, 1848-1868 », *Association for Canadian Theatre History/Association d'histoire du théâtre au Canada*, Vol. 7, No. 1, Fall 1983, p. 8.

379. LE BLANC, Alonzo, « Theatre and Drama in Quebec from 1940 to 1959 », *Association for Canadian Theatre History/Association d'histoire du théâtre au Canada*, Vol. 7, No. 1, Fall 1983, p. 12-13.

380. PLANT, Richard, « Taking Stock : Canadian Drama and Theatre », *Association for Canadian Theatre History/Association d'histoire du théâtre au Canada*, Vol. 7, No. 1, Fall 1983, p. 18-19.

381. [ANONYME], « Théâtre Jeunesse, spécial adolescents, matinées étudiantes », *Avant-Première*, vol. 10, n° 1, octobre-novembre 1983, p. 11.

382. [ANONYME], « Le Théâtre franco-ontarien, quelques repères... », *Avant-Première*, vol. 10, n⁰ 1, octobre-novembre 1983, p. 9.

383. CUSSON, Chantale, « L'Éditorial inutile : la mort du $ », *Jeu*, n⁰ 29, 4ᵉ trimestre 1983, p. 5-9.

384. DAVID, Gilbert, « À l'occasion des adieux (nostalgiques) d'un chroniqueur de théâtre [Martial Dassylva] », *Jeu*, n⁰ 29, 4ᵉ trimestre 1983, p. 11-15.

385. MARIER, Yves-Érick, « De la nécessité et de l'urgence », *Intervention*, n⁰ 21, hiver 1983, p. 38.

386. MATTE, Louise, « Enfin, une ligue d'impro à Ottawa », *Liaison*, n⁰ 29, hiver 1983-1984, p. 10.

2.3.2 TROUPES, COMPAGNIES, ASSOCIATIONS

387. HARRY, Isobel, « Dansez *Le Pied de poule*! », *Le Compositeur canadien/The Canadian Composer*, n⁰ 177, janvier 1983, p. 11, 15.

388. *[ANONYME], «*C'est-tu comme ça chez vous?* [Lise Rionet et le Théâtre la Cannerie] », *Dramaturgies nouvelles*, vol. 4, n⁰ 2, janvier 1983, p. [3].

389. *[ANONYME], [*As-tu vu? Les maisons s'emportent!* du Théâtre des Cuisines], *L'Écrilu*, vol. 2, n⁰ 4, janvier 1983, p. 3.

390. LAURIN, Élise, [*La Belette bouquineuse* du Théâtre de la Poursuite], *L'Écrilu*, vol. 2, n⁰ 4, janvier 1983, p. 14-15.

391. *DAVID, Gilbert, «*Périclès*. Pour le divertissement du prince [Production du Théâtre français du Centre national des arts] », *Jeu*, n⁰ 26, 1ᵉʳ trimestre 1983, p. 133.

392. *KRYSINSKI, Wladimir, «*Opérette*. 'Le Labyrinthe hospitalier de l'histoire' [Production de la Comédie des Deux Rives] », *Jeu*, n⁰ 26, 1ᵉʳ trimestre 1983, p. 120-122.

393. *LÉPINE, Stéphane, «*La Chambre d'Elsa* [présentée par le Pêle-Mêle] », *Jeu*, n⁰ 26, 1ᵉʳ trimestre 1983, p. 116-119.

394. SAINT-YVES, Alain, « Le Théâtre à marée basse. Autour de Gaspé [Théâtre Pince-Farine] », *Jeu*, n⁰ 26, 1ᵉʳ trimestre 1983, p. 14-17.

395. *VAÏS, Michel, «*Alice* [par l'Omnibus] », *Jeu*, n⁰ 26, 1ᵉʳ trimestre 1983, p. 125-126.

396. *BERNARD, Sophie, «*ADI* au Théâtre d'la Vieille 17. Quoiqu'a dit? A dit rien », *Liaison*, n⁰ 25, janvier-février 1983, p. 33.

397. *O'NEIL-KARCH, Mariel et Pierre-[Paul] KARCH, «*L'École des femmes* [par le Théâtre du P'tit Bonheur] », *Liaison*, n⁰ 25, janvier-février 1983, p. 38.

398. RICHARD, Alain-M., [Le Théâtre du Gros Mécano], *Possibles*, vol. 7, n⁰ 2, 1983, p. 61.

399. RICHARD, Alain-M., [Le Théâtre de Bon'Humeur], *Possibles*, vol. 7, n⁰ 2, 1983, p. 60-61.

400. RICHARD, Alain-M., [Le Repère], *Possibles*, vol. 7, n⁰ 2, 1983, p. 60.

401. RICHARD, Alain-M., [La Bordée], *Possibles*, vol. 7, n⁰ 2, 1983, p. 55-56.

402. RICHARD, Alain-M., [Théâtre du Vieux-Québec], *Possibles*, vol. 7, n⁰ 2, 1983, p. 53-56.

403. RICHARD, Alain-M., [Le Trident], *Possibles*, vol. 7, n⁰ 2, 1983, p. 52-53, 56.

404. RICHARD, Alain-M., [Théâtre Sans Détour], *Possibles*, vol. 7, n⁰ 2, 1983, p. 59.

405. RICHARD, Alain-M., [Dansepartout], *Possibles*, vol. 7, n⁰ 2, 1983, p. 59.

406. RICHARD, Alain-M., [Centre dramatique de Québec], *Possibles*, vol. 7, n⁰ 2, 1983, p. 58.

407. *KNELMAN, Martin, « Strange Brew [*Brew*] », *Saturday Night*, Vol. 98, No. 1, January 1983, p. 55-59.

408. GUÉNETTE, Françoise, « Les Folles Alliées », *La Vie en rose*, n⁰ 9, janvier 1983, p. 54-56.

409. *GRIGSBY, Wayne, « Entertaining Is the Rule of the Game [*Brew* par Les Voyagements] », *Maclean's*, Vol. 96, No. 3, January 17, 1983, p. 54.

410. *ANDRÈS, Bernard, « Mann, Ronfard et William... [*L'Hôtel des glaces* de l'Eskabel — *Hamlet* de l'Échiquier] », *Spirale*, no 31, février 1983, p. 12, 7.

411. KING, Deirdre, « The Appeal of the Puppet [Théâtre sans fil] », *The Canadian Forum*, Vol. 62, No. 726, March 1983, p. 40, 42.

412. [ANONYME], «*Vendredi soir*, un succès pour tous les soirs de la semaine», *Le Compositeur canadien/The Canadian Composer*, no 179, mars 1983, p. 39.

413. *[ANONYME], «*Sors pas tard pis rentre de bonne heure* [Les Productions Bébelle Inc.] », *Dramaturgies nouvelles*, vol. 4, no 3, mars 1983, p. [3].

414. *[ANONYME], «*La visite s'en vient* [au Théâtre de la Méchatigan] », *Dramaturgies nouvelles*, vol. 4, no 3, mars 1983, p. [3].

415. *[ANONYME], «*Ben voyons donc ma tante* [au Théâtre de la Bordée, de Micheline Bernard, Johanne Émond et Ginette Guay] », *Dramaturgies nouvelles*, vol. 4, no 3, mars 1983, p. [2].

416. [ANONYME], «*Théâtre-Autour*. Quand le théâtre veut se faire connaître », *Liaison*, no 26, mars-avril 1983, p. 22.

417. *BERGERON, François, «*Le Bateau pour Lipaia*. Le Rapprochement de deux êtres au soir de leur existence [Théâtre du P'tit Bonheur] », *Liaison*, no 26, mars-avril 1983, p. 30.

418. *C[ADORET], D[iane], « Nos écrivains par nous-mêmes [*Liberté*, no 145] », *Le Temps fou*, no 26, mars 1983, p. 62-63.

419. *CHAREST, Luc, « L'art du spectacle s'affirme [*Les Larmes amères de Petra von Kant* du Théâtre de Quat'Sous] », *Vie des arts*, vol. 27, no 110, mars-avril-mai 1983, p. 65.

420. *CHAREST, Luc, « L'art du spectacle s'affirme [*Roméo et Julien* du Théâtre d'Aujourd'hui] », *Vie des arts*, vol. 27, no 110, mars-avril-mai 1983, p. 64.

421. *PELLETIER, Francine, «*Le Rire de l'étrangère* », *La Vie en rose*, no 10, mars 1983, p. 70.

422. *BASZCZYNSKI, Marilyn, [*Regarde pour voir* du Théâtre de l'Oeil], *Association for Canadian Theatre History/Association d'histoire du théâtre au Canada*, Vol. 6, No. 2, Spring 1983, p. 26-27.

423. *BASZCZYNSKI, Marilyn, [*Un jeu d'enfants* du Théâtre de Quartier], *Association for Canadian Theatre History/Association d'histoire du théâtre au Canada*, Vol. 6, No. 2, Spring 1983, p. 26.

424. *DESAULNIERS, Robert, «*Addolorata* [Production du Théâtre de la Manufacture] », *Hom-Info*, vol. 4, no 2, avril-mai-juin 1983, p. 43-44.

425. *BOURGET, Élizabeth, « 'Réalisme et tragédie'. *La Mort d'un commis voyageur* [Production de la Compagnie Jean-Duceppe] », *Jeu*, no 27, 2e trimestre 1983, p. 150-152.

426. *GRUSLIN, Adrien, « Quand Zanni tire les ficelles. *Addolorata* [au Théâtre de la Manufacture] », *Jeu*, no 27, 2e trimestre 1983, p. 140-143.

427. LEFEBVRE, Paul, « 'Les Anges dans nos campagnes...'. *Danse p'tite désobéissance* [du Théâtre de Carton] », *Jeu*, no 27, 2e trimestre 1983, p. 145-148.

428. LEFEBVRE, Paul, « Montréal ! Montréal ! [Conseil des arts de la communauté urbaine de Montréal et le théâtre] », *Jeu*, no 27, 2e trimestre 1983, p. 181-182.

429. LEFEBVRE, Paul, « Petite Histoire jaune [Théâtre du Chenal du Moine et Théâtre national pour enfants] », *Jeu*, no 27, 2e trimestre 1983, p. 180.

430. *LEFEBVRE, Paul, « 'Ni cet excès d'honneur, ni cette indignité' (v. 610). *Britannicus* [Coproduction de la Nouvelle Compagnie théâtrale et du Théâtre français du Centre national des arts] », *Jeu*, no 27, 2e trimestre 1983, p. 163-164.

431. *LEFEBVRE, Paul, « À part la langue qui flottait. *Les Larmes amères de Petra Von Kant* [Coproduction de la Compagnie de Quat'Sous et du Théâtre de la Rallonge] », *Jeu*, no 27, 2e trimestre 1983, p. 161.

432. *MICHAUD, Ginette, « 'Une analyse ininterrompue'. *Portrait de Dora* [Production du Théâtre Ubu] », *Jeu*, no 27, 2e trimestre 1983, p. 152-156.

433. *VAÏS, Michel, « Emboîtement ou enfilade ? *Gigogne* [Production du Nouveau Théâtre expérimental] », *Jeu*, no 27, 2e trimestre 1983, p. 156-157.

434. *[ANONYME], « *Un M.S.A. pareil comme tout le monde* [Le Théâtre de l'Organisation Ô] », *Dramaturgies nouvelles*, vol. 4, n⁰ 4, mai 1983, p. [2].

435. *[ANONYME], « Humeurs et workshop [Le Centre d'essai des auteurs dramatiques] », *Dramaturgies nouvelles*, vol. 4, n⁰ 4, mai 1983, p. [3].

436. *PELLETIER, Francine, « Les Duchesses... encore à Montréal. *Enfin Duchesses !* [Les Folles Alliées] », *La Vie en rose*, n⁰ 11, mai 1983, p. 68.

437. [ANONYME], [Théâtre Parminou en tournée en France et en Suisse], *Québec Hebdo*, vol. 5, n⁰ 17, 23 mai 1983, p. 4.

438. ANDRÈS, Bernard, « Du Théâtre-Gigogne au NTE [*Gigogne* au Nouveau Théâtre expérimental] », *Spirale*, n⁰ 35, juin 1983, p. [24].

439. BROSSEAU, Lise et Daniel PROULX, « Le Théâtre de Carton, *Les enfants n'ont pas de sexe* », *Des livres et des jeunes*, vol. 5, n⁰ 15, été 1983, p. 21.

440. *DIONNE, André, « Le Théâtre qu'on joue : *Addolorata* [Production de la Manufacture] », *Lettres québécoises*, n⁰ 30, été 1983, p. 32.

441. *MARCHAND, Micheline M., « Avez-vous vu ? [Théâtre d'la Corvée, *Guerre au troisième étage*] », *Liaison*, n⁰ 27, été 1983, p. 49.

442. SOUCY, Claire, « Le Théâtre de l'Épinette noire. Une troupe de théâtre permanente à Hearst », *Liaison*, n⁰ 27, été 1983, p. 11, 40.

443. TREMBLAY, Gaston, «*Moé j'viens du Nord, 'stie* [Théâtre du Nouvel Ontario] », *Liaison*, n⁰ 27, été 1983, p. 12-17.

444. VILLENEUVE, Jocelyne, « À Sudbury, du 25 juin au 2 juillet, le 10ᵉ Festival du théâtre franco-ontarien », *Liaison*, n⁰ 27, été 1983, p. 36.

445. *MOREAU, Lise, « Une réalité déjà pressentie en 1900 ou 'Je guérirai seule' [*Portrait de Dora* de Hélène Cixous présenté par le Théâtre UBU au Quat'Sous] », *La Gazette des femmes*, vol. 5, n⁰ 2, juillet-août 1983, p. 5.

446. BERTIN, Raymond, [*Dépluggai* de l'Atelier de Théâtre gai], *Jeu*, n⁰ 28, 3ᵉ trimestre 1983, p. 66-70.

447. *CUSSON, Chantale, «*Girafes*. À girafe sur l'ambiguité ou les Symboles à quatre pattes [Création du Théâtre Petit à Petit] », *Jeu*, n⁰ 28, 3ᵉ trimestre 1983, p. 144-145.

448. *DAVID, Gilbert, «*Faut pas payer !* La Joyeuse Subversion de la farce [Production des Gens d'en bas] », *Jeu*, n⁰ 28, 3ᵉ trimestre 1983, p. 147.

449. *DAVID, Gilbert, « Sur un théâtre traumatique. *Pain blanc ou l'Esthétique de la laideur* de Carbone 14 », *Jeu*, n⁰ 28, 3ᵉ trimestre 1983, p. 89-110.

450. *GÉLINAS, Aline, «*Beau Monde*. Les Corps, les âmes [L'Omnibus] », *Jeu*, n⁰ 28, 3ᵉ trimestre 1983, p. 131-135.

451. GRUSLIN, Adrien, « Dix Ans de création collective : c'est singulier ! Entretien avec le Parminou [et une théâtrographie] », *Jeu*, n⁰ 28, 3ᵉ trimestre 1983, p. 111-129.

452. *LAVOIE, Pierre, « Faux Espoir [*Oncle Vania*, coproduction du Centre national des arts et du Théâtre du Nouveau Monde] », *Jeu*, n⁰ 28, 3ᵉ trimestre 1983, p. 84-87.

453. *LAVOIE, Pierre, « Un pont dans la plaine russe [*Oncle Vania*, production du Théâtre du Bois de Coulonge] », *Jeu*, n⁰ 28, 3ᵉ trimestre 1983, p. 81.

454. LEFEBVRE, Paul, « Moyenne : un médaillé par deux ans [Théâtre populaire du Québec] », *Jeu*, n⁰ 28, 3ᵉ trimestre 1983, p. 172.

455. LEFEBVRE, Paul, « Du metteur en scène comme passoire. Entrevue avec Paul Buissonneau [Théâtre de Quat'Sous] », *Jeu*, n⁰ 28, 3ᵉ trimestre 1983, p. 26-39.

456. *MILJOURS, Diane, «*Enfin duchesses*. Après le constat, le rire [Production des Folles Alliées au Théâtre expérimental des femmes] », *Jeu*, n⁰ 28, 3ᵉ trimestre 1983, p. 145-146.

457. *MILJOURS, Diane, «*Ombrelle, tu dors*. Un jeu de manipulation [Production du Théâtre de l'Oeil] », *Jeu*, n⁰ 28, 3ᵉ trimestre 1983, p. 143-144.

458. *PAVLOVIC, Diane, «*L'Idiot*. Dostoïevski au galop [Production du Groupe de la Veillée] », *Jeu*, n⁰ 28, 3ᵉ trimestre 1983, p. 138-142.

459. VAÏS, Michel, « Quat'Sous d'argent. Un jeu qui trouve son lieu [Théâtre de Quat'Sous] », *Jeu*, n⁰ 28, 3ᵉ trimestre 1983, p. 21-25.

460. AUBRY, Suzanne, « Théâtre. Un organisme et un congrès international », *Littérature du Québec*, no 2, 1983, p. 2-3.

461. LAMONTAGNE, Gilles G., « Pas de symphonie inachevée pour Maestro Duceppe », *Au masculin*, vol. 1, no 2, août 1983, p. 21-22.

462. *LALIBERTÉ, Martine, [*As-tu vu ? Les maisons s'emportent !* du Théâtre des Cuisines], *L'Écrilu*, vol. 3, no 1, août 1983, p. 5.

463. *SALESSE, Michèle, [*As-tu vu ? Les maisons s'emportent !* du Théâtre des Cuisines], *L'Écrilu*, vol. 3, no 1, août 1983, p. 5.

464. *RONDEAU, Gilles, [*Les Gars*, production de la Compagnie Jean-Duceppe], *Hom-Info*, vol. 4, no 3, septembre-octobre-novembre 1983, p. 334.

465. ALAINGO, « CF. Repère », *Intervention*, no 20, septembre 1983, p. 10-13.

466. LAPOINTE, Claude, « Festival de Théâtre-Action. Dix Ans de théâtre qu'on aurait voulu fêter... », *Liaison*, no 28, septembre 1983, p. 15-16.

467. LAPOINTE, Gilles, «*Vie et mort du Roi Boiteux* de Jean-Pierre Ronfard [Théâtre expérimental de Montréal] », *Canadian Drama/L'Art dramatique canadien*, Vol. 9, No. 2, [Fall] 1983, p. 221.

468. LAMONTAGNE, Gilles G., [*Macho Macho Man*], *Au masculin*, vol. 1, no 4, octobre 1983, p. 40.

469. LAMONTAGNE, Gilles G., « Les Écarts de *Pierre et Margaret* », *Au masculin*, vol. 1, no 4, octobre 1983, p. 39-40.

470. [ANONYME], « Avec le régisseur de *La Déprime* : coup d'oeil dans les coulisses », *Avant-Première*, vol. 10, no 1, octobre-novembre 1983, p. 6.

471. [ANONYME], «*La Déprime* [Production du Théâtre du Klaxon] », *Avant-Première*, vol. 10, no 1, octobre-novembre 1983, p. 4.

472. LARUE-LANGLOIS, Jacques, « Le Théâtre du Klaxon. Une troupe autogérée », *Avant-Première*, vol. 10, no 1, octobre-novembre 1983, p. 5.

473. *DAVID, Gilbert, «*Les Fourberies de Scapin*. Un creux exercice de style [à l'École nationale du Théâtre] », *Jeu*, no 29, 4e trimestre 1983, p. 151.

474. *DAVID, Gilbert, «*L'Instruction*. N'ajustez pas votre appareil ? [Réalisation des Productions Germaine Larose] », *Jeu*, no 29, 4e trimestre 1983, p. 148.

475. DAVID, Gilbert, « Autour et au-delà du 15e festival québécois du jeune théâtre. Entrevue avec Michel Breton et Hélène Castonguay », *Jeu*, no 29, 4e trimestre 1983, p. 51-63.

476. GRUSLIN, Adrien et Jean-Pierre LAMOUREUX, « La Compagnie Jean-Duceppe : un théâtre d'émotion et d'identification [Entrevue avec Louise et Jean Duceppe] », *Jeu*, no 29, 4e trimestre 1983, p. 95-118.

477. HÉBERT, Lorraine, « Un festival assis entre deux chaises [Les Vingt-Cinq Ans de l'AQJT] », *Jeu*, no 29, 4e trimestre 1983, p. 43-50.

478. *LEFEBVRE, Paul, «*La Dernière Heure d'Harrison Fish*. Cédlabédé [Production de Tess Imaginaire] », *Jeu*, no 29, 4e trimestre 1983, p. 145.

479. *PAVLOVIC, Diane, «*Tartuffe*. 'Égaler l'artifice à la sincérité' (v. 335) [Production du TNM] », *Jeu*, no 29, 4e trimestre 1983, p. 138-143.

480. *VAÏS, Michel, «*Outrage au public* [Présentation du Théâtre Acte 3] », *Jeu*, no 29, 4e trimestre 1983, p. 135-137.

481. *VAÏS, Michel, «*Soeur Agnès* [Production de la Compagnie Jean-Duceppe] », *Jeu*, no 29, 4e trimestre 1983, p. 149.

482. *FELX, Jocelyne, «*Le Baron perché* : la clameur d'une naïve instruction [Production du Théâtre de Face] », *Le Sabord*, vol. 1, no 1, octobre-novembre 1983, p. 5.

483. LÉPINE, Stéphane, « Molière, trois siècles après [TNM] », *Virus-Viva*, vol. 6, no 8, octobre 1983, p. 30-31.

484. *RACINE, Robert, «*Outrage au public* de Peter Handke : vous n'êtes pas là et vice-versa [Centre d'essai de l'Université de Montréal] », *Virus-Viva*, vol. 6, no 8, octobre 1983, p. 37.

485. LAMONTAGNE, Gilles G., « Théâtre », *Au masculin*, vol. 1, no 5, novembre 1983, p. 76-77.

486. MOREAU, Lise, « Le Théâtre expérimental des femmes », *La Gazette des femmes*, vol. 5, n° 4, novembre-décembre 1983, p. 5.

487. *LÉPINE, Stéphane, « Marée basse et château de sable [*Le Nouveau Théâtre expérimental*] », *Virus-Viva*, vol. 6, n° 9, novembre 1983, p. 8.

488. LÉPINE, Stéphane, « Hommage à un travail exemplaire [Productions Germaine Larose, *L'Instruction* de Peter Weiss] », *Virus-Viva*, vol. 6, n° 9, novembre 1983, p. 27.

489. LAMONTAGNE, Gilles G., « Théâtre », *Au masculin*, vol. 1, n° 6, décembre 1983-janvier 1984, p. 85-86.

490. *MONTAGNE, Michel, «*Marie brûle-t-elle?* [Production du Théâtre du Premier Mai] », *Hom-Info*, vol. 4, n° 4, décembre 1983-janvier-février 1984, p. 40.

491. *DALLAIRE, Michel, « Cinq Fois premier [*Le Premier*, production des Nouveaux Compagnons] », *Le Sabord*, vol. 1, n° 2, décembre 1983-janvier 1984, p. 5.

492. *MONTPLAISIR, Liane, « Du primate à *Molière* [Production du Théâtre Tout Autour] », *Le Sabord*, vol. 1, n° 2, décembre 1983-janvier 1984, p. 4.

493. *CHAREST, Luc, « La Scène à l'été de 1983 [*Paris-Pègre* du Théâtre de la Licorne] », *Vie des arts*, vol. 28, n° 113, décembre 1983-janvier-février 1984, p. 79.

494. *CHAREST, Luc, « La Scène à l'été de 1983 [*Vies privées* de l'Espace libre] », *Vie des arts*, vol. 28, n° 113, décembre 1983-janvier-février 1984, p. 78.

495. LÉPINE, Stéphane, « À pas de géant s'impose le Petit à petit », *Virus-Viva*, vol. 6, n° 10, décembre 1983-janvier 1984, p. 15-17.

496. *RACETTE, Sylvain, « La Corvée. 'Non, je n'écrirai pas sur *Pierre et Margaret*' », *Liaison*, n° 29, hiver 1983-1984, p. 57.

497. *SAUVÉ, Linda, « Au Cabano, une première dite professionnelle », *Liaison*, n° 29, hiver 1983-1984, p. 56-57.

498. ST-PIERRE, Luce, « Le TNO dans les bottes du post-secondaire », *Liaison*, n° 29, hiver 1983-1984, p. 10.

2.3.3 THÉÂTRE RADIOPHONIQUE ET TÉLÉVISUEL

499. LA MOTHE, Jacques, « Le Récit télévisuel et son écriture », *Voix et images*, vol. 9, n° 1, automne 1983, p. [7]-27.

500. LEFRANÇOIS, Isabelle, « Les Belles Histoires du petit écran », *Le Bulletin des agriculteurs*, vol. 66, octobre 1983, p. 97-98, 102.

2.3.4 COMPTES RENDUS D'ANTHOLOGIES, DE MANUELS, D'OUVRAGES COLLECTIFS

501. *PH., T., « [Gérald Sigouin], *Théâtre en lutte : le Théâtre Euh !* », *Medium*, n° 19, printemps 1983, p. 39.

502. *LA MOTHE, Jacques, «*Le Théâtre et l'État au Québec* [de Adrien Gruslin] », *Voix et images*, vol. 8, n° 3, printemps 1983, p. [519]-521.

503. EGERVARI, Tibor, « Requiem pour un événement théâtral qui n'a presque pas eu lieu ou Post-Mortem de *Qui qui l'a Marie c't'elle-là ?* », *Bulletin du Centre de recherche en civilisation canadienne-française*, n° 26, avril 1983, p. 29-33.

504. *ROBERT, Lucie, « [Gérald Sigouin,] *Théâtre en lutte : le Théâtre Euh !*. Les Jalons d'une analyse », *Jeu*, n° 27, 2e trimestre 1983, p. 166-168.

505. *DOUCETTE, L[éonard] E., [Gérald Sigouin, *Théâtre en lutte : le Théâtre Euh !*], *University of Toronto Quarterly*, Vol. 52, No. 4, Summer 1983, p. 532-534.

506. GIRARD, Gilles, [Raymond Laquerre et Pierre Lavoie, *Répertoire analytique de l'activité théâtrale au Québec 1978-1979*], *University of Toronto Quarterly*, Vol. 52, No. 4, Summer 1983, p. 385.

507. GIRARD, Gilles, [François Colbert, *Le Marché québécois du théâtre*], *University of Toronto Quarterly*, Vol. 52, No. 4, Summer 1983, p. 384-385.

508. MEZEI, Kathy, [*No Big Deal*], *University of Toronto Quarterly*, Vol. 52, No. 4, Summer 1983, p. 396.

509. *USMIANI, Renate, «*Canada's Lost Plays*, t. 4 : *Colonial Quebec : French-Canadian Drama, 1606-1966* », *Canadian Drama/L'Art dramatique canadien*, Vol. 9, No. 2, [Fall] 1983, p. 526-529.

510. DOUCETTE, Léonard E., «*Chapeau bas. Réminiscenses de la vie théâtrale et musicale du Manitoba français* », *Canadian Theatre Review*, No. 38, Fall 1983, p. 135-136.

511. *SAINT-PIERRE, Annette, « Anton Wagner, *Canada's Lost Plays*, T. 4, *Colonial Quebec : French-Canadian Drama, 1606 to 1966* », *Theatre History in Canada/ Histoire du théâtre au Canada*, Vol. 4, No. 2, Fall 1983, p. 211-212.

512. *GODIN, Jean-Cléo, «*Canada's Lost Plays*, t. 4 : *Colonial Quebec : French-Canadian Drama, 1606 to 1966* [d'Anton Wagner] », *Jeu*, nº 29, 4e trimestre 1983, p. 152-153.

513. *USMIANI, Renate, « The Clowns of Quebec [Gérald Sigouin, *Théâtre en lutte : le Théâtre Euh !*] », *Canadian Literature/Littérature canadienne*, No. 99, Winter 1983, p. 72-73.

2.4 CONTES ET NOUVELLES

2.4.1 ÉTUDES

514. BOIVIN, Aurélien, « Le Conte surnaturel au XIXe siècle », *Québec français*, nº 50, mai 1983, p. 34-39.

515. JANELLE, Claude et Maurice ÉMOND, « Quelques Récits fantastiques québécois du XXe siècle [Bibliographie] », *Québec français*, nº 50, mai 1983, p. 47.

516. FOURNIER, Pierre, « Le Chevalier en armure et la princesse en détresse [La Sexualité dans les contes] », *Des livres et des jeunes*, vol. 5, nº 15, été 1983, p. 38-39.

517. FOURNIER, Pierre, « Le Conte ou la Fête au Pays magique », *Des livres et des jeunes*, vol. 6, nº 17, automne 1983, p. 8-9.

518. LORD, Catherine, « Un crapaud mélangeur de desserts », *La Gazette des femmes*, vol. 5, nº 4, novembre-décembre 1983, p. 27.

519. *DESJARDINS, Normand, «*Contes et nouvelles de langue française (concours 5)* », *Nos livres*, vol. 14, novembre 1983, p. 24-25.

2.4.2 COMPTES RENDUS D'ANTHOLOGIES, DE MANUELS, D'OUVRAGES COLLECTIFS

520. POULIN, Jeanne, « Le Secteur littéraire en quête d'un marché populaire pour survivre [*Fuites et poursuites*] », *P.S. Post-Scriptum*, vol. 4, nº 1, mai 1983, p. 36.

521. *BOIVIN, Aurélien, «*Fuites et poursuites (nouvelles)* », *Québec français*, nº 50, mai 1983, p. 10.

522. *B[ROSSEAU], L[ise], «*La Vache et d'autres animaux* », *Des livres et des jeunes*, vol. 6, nº 16, automne 1983, p. 39.

523. *M[ARQUIS], D[aniel], «*Carcajou, le glouton fripon* », *Des livres et des jeunes*, vol. 6, nº 16, automne 1983, p. 39.

524. *SALESSE, Michèle, «*Mourir aux éclats...* », *Lettres québécoises*, nº 31, automne 1983, p. 81.

2.5 ESSAIS

525. *GUAY, Jacques, « Du Bloc populaire à Pierre Vallières. 40 Ans d'histoire et une société à changer [*Le Bloc populaire* de Paul-André Comeau] », *Nuit blanche*, nº 8, hiver 1983, p. 4-5.

526. VIGNEAULT, Robert, « L'Essai québécois. Préalables théoriques », *Voix et images*, vol. 8, n⁰ 2, hiver 1983, p. [311]-329.

527. *VIGNEAULT, Robert, « Une étude magistrale sur l'essayistique [*La Parole pamphlétaire* de Marc Angenot] », *Lettres québécoises*, n⁰ 30, été 1983, p. 66-68.

528. GUAY, Jacques, « Les politiciens auraient-ils une âme ? », *Nuit blanche*, n⁰ 10, automne 1983, p. 4-5.

529. HOUDE, Roland, « Genres et tendances. L'Essai : sous-ensemble d'un ensemble », *Philosophiques*, vol. 10, n⁰ 2, octobre 1983, p. 403-407.

530. BELLEAU, André, « Petite Essayistique », *Liberté*, vol. 25, n⁰ 6, décembre 1983, p. 7-10.

2.6 PRESSE (JOURNALISME)

2.6.1 ÉTUDES GÉNÉRALES

531. FELTEAU, Cyrille, « Aspects de l'histoire de la presse canadienne de langue française au XVIII⁰ et au XIX⁰ siècles », *Écrits du Canada français*, n⁰ 47, 1⁰ᵉʳ trimestre 1983, p. 89-105.

532. MATTAR, Claire, « L'Information étudiante ontaroise, une priorité à développer », *Liaison*, n⁰ 25, janvier-février 1983, p. 32.

533. FELTEAU, Cyrille, « Aspects de l'histoire de la presse canadienne de langue française au XVIII⁰ et au XIX⁰ siècles, 2 », *Écrits du Canada français*, n⁰ 48, 2⁰ trimestre 1983, p. 111-129.

534. LABOSSIÈRE, Gérald, « Les Oblats et la presse. *L'Ami du foyer* (1905-1968) », *Bulletin du Centre d'études franco-canadiennes de l'Ouest*, n⁰ 14, mai 1983, p. 16-17.

535. GIROUX, Robert, « Présentation [Réponse à l'éditorial d'Adrien Thério] », *Moebius*, n⁰ 18, été 1983, p. 1-2.

536. MELANÇON, Benoît, « Les *Fanzines* québécois », *Revue d'histoire littéraire du Québec et du Canada français*, n⁰ 6, été-automne 1983, p. 95-98.

537. McCORMACK, Thelma, « The Political Culture and the Press of Canada », *Canadian Journal of Political Science/Revue canadienne de science politique*, Vol. 16, No. 3, September 1983, p. 451-472.

538. DEMERS, François, « Les Sources journalistiques comme matériaux d'une stratégie de satisfaction du client », *Communication information*, vol. 6, n⁰ 1, [1983], p. 9-23.

539. GIROUX, Guy, « Le Droit du public à l'information », *Communication information*, vol. 6, n⁰ 1, [1983], p. 24-42.

540. LORD, Michel, « Le Fantastique et la science-fiction en revues », *Lettres québécoises*, n⁰ 31, automne 1983, p. 78-79.

541. VANDENDORPE, Christian, « La revue a 10 ans [*Québec français*] », *Québec français*, n⁰ 52, décembre 1983, p. 20-21.

2.6.2 ÉTUDES PARTICULIÈRES

542. PARENT, Guy, « Le Nouveau *30* », *Le 30*, vol. 7, n⁰ 1, janvier 1983, p. [1].

543. GENEST, Jean, « Éditorial, 1 : Cinquante Ans d'*Action Nationale* », *L'Action nationale*, vol. 72, n⁰ 5, janvier 1983, p. 387-392.

544. *BENSON, Eugene, « The Vanishing Medium : Radio Drama [*Canadian Theatre Review*, No. 36] », *Canadian Drama/L'Art dramatique canadien*, Vol. 9, No. 1, 1983, p. 195-197.

545. CORRIVEAU, Hugues, Louise COTNOIR et Lise GUÉVREMONT, « Portraits d'éditeurs [La Nouvelle Barre du jour] », *Littérature du Québec*, n⁰ 1, 1983, p. 7-8.

546. *SAVARD, Pierre, [*Études littéraires*, vol. 14, n⁰ 3], *Revue d'histoire littéraire du Québec et du Canada français*, n⁰ 5, hiver-printemps 1983, p. 139-140.

547. *PRADES, José A., «*Les Cahiers du CRSR* [vol. 3] », *Studies in Religion/Sciences religieuses,* Vol. 12, No. 1, 1983, p. 96-97.

548. [ANONYME], «*Le Temps fou,* mensuel », *Le 30,* vol. 7, n° 2, février 1983, p. 2.

549. [ANONYME], « Gérald Leblanc à *Réseau* », *Le 30,* vol. 7, n° 2, février 1983, p. 4.

550. LA RÉDACTION, «*La Revue québécoise de psychologie.* Invitation... à un renouveau », *Les Cahiers du psychologue québécois,* vol. 4, n° 6, février 1983, p. 9.

551. *M[ÉLANÇON], R[obert], [*La Nouvelle Barre du jour*], *Liberté,* vol. 25, n° 1, février 1983, p. 122-124.

552. *MOREAU, Jean-Marie, «*Imagine,* n° 14 », *Nos livres,* vol. 14, février 1983, p. 33.

553. YANACOPOULO, Andrée, « Une nouvelle revue, pourquoi ? », *Dires,* vol. 1, n° 1, mars 1983, p. 7-10.

554. *CHAMBERLAND, Roger, « Les Revues de création », *Québec français,* n° 49, mars 1983, p. 30-31.

555. HOMEL, David, « Quebec Gets Book Trade Mag [*Livre d'ici*] », *Quill and Quire,* Vol. 49, No. 3, March 1983, p. 51.

556. [COLLECTIF], « Avant-Propos », *La Revue canadienne du droit d'auteur,* vol. 3, n° 1, mars 1983, p. 5.

557. COUPAL, Jean-Paul, « Les Dix Dernières Années de la *Revue d'histoire de l'Amérique française,* 1972-1981 », *Revue d'histoire de l'Amérique française,* vol. 36, n° 4, mars 1983, p. [553]-567.

558. PARADIS, Andrée, « Sur certaines recommandations du Rapport Applebaum-Hébert », *Vie des arts,* vol. 27, n° 110, mars-avril-mai 1983, p. 17.

559. BLAND, Susan, « Henrietta the Homemaker, and 'Rosie the Rivets' : Images of Women in Advertising in *Maclean's* Magazine, 1939-1950 », *Atlantis,* Vol. 8, No. 2, Spring 1983, p. 61-86.

560. [ANONYME], « Our Story », *Fireweed,* No. 16, Spring 1983, p. 155-156.

561. *L., G., «*Dérives,* n° 33. L'Écriture malgré tout autour de Claire Lejeune », *Lettres québécoises,* n° 29, printemps 1983, p. 78.

562. THÉRIO, Adrien, «*Livres et auteurs québécois, Lettres québécoises.* Double Emploi ? », *Lettres québécoises,* n° 29, printemps 1983, p. 9.

563. *CHABOT, Marc, [*Liberté,* n° 145], *Nuit blanche,* n° 9, printemps-été 1983, p. 9-10.

564. *JEAN, André, «*Possibles,* vol. 3, n° 2, 1983 », *Nuit blanche,* n° 9, printemps-été 1983, p. 7.

565. *JEAN, André, «*Intervention,* n° 18 », *Nuit blanche,* n° 9, printemps-été 1983, p. 6-7.

566. [ANONYME], « Bienvenue à Rimouski. Welcome [*Urgences*] », *Résistances,* n° 3-4, printemps 1983, p. 121-122.

567. PAGÉ, Jocelyn, « Bienvenue à Rimouski. Welcome [*Urgences*] », *Résistances,* n° 3-4, printemps 1983, p. 121-122.

568. [ANONYME], «*Le Magazine* paraît en numéro zéro », *Le 30,* vol. 7, n° 4, avril 1983, p. 3.

569. SIMIER, Paul, « L'oeil était dans la tombe et regardait... [*Le 30*] », *Le 30,* vol. 7, n° 4, avril 1983, p. 9.

570. BEAUSOLEIL, Claude, « Les Mots et les corps », *Lèvres urbaines,* n° 1, 2e trimestre 1983, p. 3.

571. *BEAUDOIN, Réjean, « La Crise... dit-on [*Possibles,* 1982] », *Liberté,* vol. 25, n° 2, avril 1983, p. 91-97.

572. *CORRIVEAU, Hugues, «*Liberté* par elle-même [*Liberté,* vol. 25, n° 1 : 'Nos écrivains par nous-mêmes'] », *La Nouvelle Barre du jour,* n° 125, avril 1983, p. 81-83.

573. *LÉGER, Hugo, «*Jeu,* n° 25 », *Le Temps fou,* n° 27, avril 1983, p. 68.

574. *BOISSONNAULT, Pierre, «*Livres et auteurs québécois, 1981.* Revue critique de l'année littéraire », *Québec français,* n° 50, mai 1983, p. 17-18.

575. *JANELLE, Claude, « Le Fantastique au Québec. Les Jeunes Auteurs [*La Nouvelle Barre du jour*] », *Québec français,* n° 50, mai 1983, p. 47.

576. *JANELLE, Claude, « Le Fantastique au Québec. Les Jeunes Auteurs [*Solaris*] », *Québec français,* n° 50, mai 1983, p. 44, 47.

577. *GÉRARD, Albert, «*Ariel*, Vol. 12, No. 3 (July 1981)», *Canadian Review of Comparative Literature/Revue canadienne de littérature comparée*, Vol. 10, No. 2, June 1983, p. 293-295.

578. ÉTIENNE, Gérard, « La Revue *Égalité* », *Contact-Acadie*, n° 2, juin 1983, p. 42-43.

579. SAVARD, Andrée, «*Focus...* et après », *Intervention*, n° 19, juin 1983, p. 23-24.

580. *CRÉPEAU, Pierre, [*Questions de culture*, n° 1], *Anthropologie et sociétés*, vol. 7, n° 2, été 1983, p. 175-176.

581. DONEGANI, Dojglas et Janis RAPOPORT, « Éditorial », *Ethos*, Vol. 1, No. 1, Summer 1983, p. 61.

582. *BÉLISLE, Jacques, «*Nouvelle Barre du jour*. 'Écritures 1983' [n° 122-123] », *Lettres québécoises*, n° 30, été 1983, p. 87.

583. *DIONNE, André, «*Jeu 25*. Questions de mise en scène », *Lettres québécoises*, n° 30, été 1983, p. 85.

584. DIONNE, René, «*Revue d'histoire littéraire du Québec et du Canada français* », *Lettres québécoises*, n° 30, été 1983, p. 76-77.

585. *LÉVESQUE, Gaëtan, «*Études françaises* [vol. 18, n° 3] », *Lettres québécoises*, n° 30, été 1983, p. 87.

586. *LÉVESQUE, Gaëtan, «*Voix et images* [vol. 8, n° 2] », *Lettres québécoises*, n° 30, été 1983, p. 85.

587. *TH[ÉRIO], A[drien], «*L'Apropos* [vol. 1, n° 1] », *Lettres québécoises*, n° 30, été 1983, p. 87.

588. FILSON, Bruce K., [*Estuaire*], *Poetry Canada Review*, Vol. 4, No. 4, Summer 1983, p. 12.

589. CHASSAY, Jean-François, « Une attitude critique : *Le Canada-Revue* et *Le Réveil* », *Revue d'histoire littéraire du Québec et du Canada français*, n° 6, été-automne 1983, p. 27-31.

590. CHASSAY, Jean-François, «*Stratégie* et *Chroniques* : d'une gauche, l'autre », *Revue d'histoire littéraire du Québec et du Canada français*, n° 6, été-automne 1983, p. 79-83.

591. FRANCOLI, Yvette, «*L'Ordre*, quotidien 'de culture française et de renaissance nationale' (1934-1935) », *Revue d'histoire littéraire du Québec et du Canada français*, n° 6, été-automne 1983, p. 33-45.

592. GIGUÈRE, Richard, «*Amérique française* (1941-1955) : notre première revue de création littéraire », *Revue d'histoire littéraire du Québec et du Canada français*, n° 6, été-automne 1983, p. 53-63.

593. HAYNE, David M., «*Nouvelles Soirées canadiennes* (1882-1888) », *Revue d'histoire littéraire du Québec et du Canada français*, n° 6, été-automne 1983, p. 17-25.

594. MELANÇON, Benoît, « Les *Fanzines* québécois [*Imagine — Requiem — Solaris*] », *Revue d'histoire littéraire du Québec et du Canada français*, n° 6, été-automne 1983, p. 95-98.

595. MOISAN, Clément, « Présentation », *Revue d'histoire littéraire du Québec et du Canada français*, n° 6, été-automne 1983, p. 9-10.

596. MOISAN, Clément, « Un premier regard sur *Regards* (1940-1942) », *Revue d'histoire littéraire du Québec et du Canada français*, n° 6, été-automne 1983, p. 47-52.

597. ROBIDOUX, Réjean, «*Les Soirées canadiennes* et *Le Foyer canadien* ou le Répertoire littéraire d'une époque », *Revue d'histoire littéraire du Québec et du Canada français*, n° 6, été-automne 1983, p. 11-16.

598. SABOURIN, Claude, «*La Barre du jour* et *La Nouvelle Barre du jour* : en marche avec l'histoire », *Revue d'histoire littéraire du Québec et du Canada français*, n° 6, été-automne 1983, p. 69-77.

599. SYLVESTRE, Guy, «*Gants du ciel* », *Revue d'histoire littéraire du Québec et du Canada français*, n° 6, été-automne 1983, p. 65-67.

600. VILLENEUVE, Rodrigue, « Quand l'évidence a disparu. Hommage critique à *Jeu* pour ses vingt-cinq numéros », *Revue d'histoire littéraire du Québec et du Canada français*, n° 6, été-automne 1983, p. 85-94.

159

601. *MEZEI, Kathy, [*Brick*, No. 16], *University of Toronto Quarterly*, Vol. 52, No. 4, Summer 1983, p. 397.
602. *SHEK, B[en]-Z[ion], [*Possibles*, vol. 7, n° 1], *University of Toronto Quarterly*, Vol. 52, No. 4, Summer 1983, p. 513.
603. ROY, Monique, «La Vie en rose», *La Gazette des femmes*, vol. 5, n° 2, juillet-août 1983, p. 13.
604. *LÉPINE, Stéphane, «*Moebius*, n° 15 : 'Écriture-Littérature' », *Nos livres*, vol. 14, juillet-août 1983, p. 36.
605. *MOREAU, Jean-Marie, «*Imagine*, 15, vol. 4, n° 2 », *Nos livres*, vol. 14, juillet-août 1983, p. 33.
606. *AGUIAR, Flavio, «*Liberté*, n° 145, février 83 », *Études littéraires*, vol. 16, n° 2, août 1983, p. 291-292.
607. ANGERS, François-Albert, « Éditorial. L'Exposition du cinquantenaire [*L'Action nationale*] », *L'Action nationale*, vol. 73, n° 1, septembre 1983, p. 5-8.
608. *LENEY, Jane, « For Darkest Canada [*Ariel*, Vol. 12, No. 3] », *Brick*, No. 19, Fall 1983, p. 35-36.
609. LANGEN, Roger, « The Editor, the Writer, and Rejection [*The Canadian Literary Review/La Revue littéraire canadienne*] », *Canadian Author and Bookman*, Vol. 59, No. 1, Fall 1983, p. 10-11.
610. *KRÖLLER, Eva-Marie, «*Dossiers de presse* », *Canadian Literature/Littérature canadienne*, No. 98, Autumn 1983, p. 70-73.
611. *LORD, Michel, « Le Fantastique et la science-fiction en revues [*Solaris — Imagine*, n°s 16, 17 — *Québec français*, n° 50 — *Nuit blanche*, n° 9] », *Lettres québécoises*, n° 31, automne 1983, p. 78.
612. ROBIDOUX, Réjean, «*Liberté* 83. [Vingt-Cinquième Anniversaire] », *Lettres québécoises*, n° 31, automne 1983, p. 14.
613. *WHITFIELD, Agnès, « Du père Ferron au fils Beaulieu en attendant les grands-pères futurs [*Voix et images*, vol. 8, n° 3 — *Études françaises*, vol. 9, n° 1] », *Lettres québécoises*, n° 31, automne 1983, p. 55-56.
614. TESSIER, Robert, « Des périodiques au service de l'action [*Intervention — La Nouvelle Barre du jour — Spirale — Possibles — Le Temps fou — Imagine*] », *Medium*, n° 20, automne 1983, p. 34-35.
615. *CHABOT, Marc, «*Critère*, n° 35 », *Nuit blanche*, n° 10, automne 1983, p. 9.
616. *CHABOT, Marc, « Ce qui les séduit [*La Nouvelle Barre du jour*, n° 127-128] », *Nuit blanche*, n° 10, automne 1983, p. 14.
617. PETTIGREW, Jean, « Le Charme discret de la SF.Q. [*Solaris — Imagine*] », *Nuit blanche*, n° 10, automne 1983, p. 74.
618. LA RÉDACTION, « Avant-Dire », *Passages*, n° 1, automne 1983, p. [7].
619. FOX, Michael, « Some Reflections on *Queen's Quarterly*'s Ninetieth Birthday », *Queen's Quarterly*, Vol. 90, No. 3, Autumn 1983, p. 923-924.
620. WOODCOCK, George, «*Queen's Quarterly* and Canadian Culture », *Queen's Quarterly*, Vol. 90, No. 3, Autumn 1983, p. 609-622.
621. [COLLECTIF], « Le Refus de continuer [*Possibles*] », *Possibles*, vol. 8, n° 1, 1983, p. 193-196.
622. MARCHAMPS, Guy, [Éditorial], *Le Sabord*, vol. 1, n° 1, octobre-novembre 1983, p. 1.
623. [ANONYME], « Un cinquième anniversaire [*Carrefour*] », *Carrefour*, vol. 5, n° 2, novembre 1983, p. 3-4.
624. [ANONYME], « La Boussole de l'art contemporain [*Parachute*] », *Châtelaine*, vol. 24, n° 12, décembre 1983, p. 18.
625. *HORGUELIN, Paul, «*Bulletin du Centre de recherche en civilisation canadienne-française*, n° 22, 23, 24, 25 », *Circuit*, n° 3, décembre 1983, p. 24.
626. *HORGUELIN, Paul, «*Spirale*, n° 35, juin 1983 », *Circuit*, n° 3, décembre 1983, p. 24.
627. NOËL, Lise, «*Jonathan* ou le Respect de la différence », *Liberté*, vol. 25, n° 6, décembre 1983, p. 122-128.

628. *CHABOT, Marc, « Intellectuelle en 1984 ? *La Nouvelle Barre du jour*, n° 130-131, 1983 », *Nuit blanche*, n° 11, décembre 1983, p. 9.

629. *BOIVIN, Aurélien, «*Écrits du Canada français*, n° 48, 1983 », *Québec français*, n° 52, décembre 1983, p. 15, 17.

630. SIMON, Sherry, « Pour les cultures tierces. Interview de Jean Jonassaint [*Dérives*] », *Spirale*, n° 39, décembre 1983, p. 8.

631. *T[HÉORET], F[rance], «*Nouvelles Brésiliennes* [*Dérives*, n° 37-38-39] », *Spirale*, n° 39, décembre 1983, p. 9.

632. DUBUC, Alain, « Le Centenaire de *La Presse* », *Forces*, n° 65, hiver 1983-1984, p. 56-60.

633. *CAUCHON, Paul, « À conserver dans vos filières [*Interférences*] », *Intervention*, n° 21, hiver 1983, p. 36-37.

634. *LORD, Michel, «*Spirale*, n° 36 », *Lettres québécoises*, n° 32, hiver 1983-1984, p. 72.

635. *LORD, Michel, «*Intervention*, n° 20 », *Lettres québécoises*, n° 32, hiver 1983-1984, p. 72.

636. *LORD, Michel, «*Dérives*, n° 37-38-39 », *Lettres québécoises*, n° 32, hiver 1983-1984, p. 72.

637. *LORD, Michel, «*Lèvres urbaines*, n° 2 », *Lettres québécoises*, n° 32, hiver 1983-1984, p. 71-72.

638. *LORD, Michel, «*La Nouvelle Barre du jour*, n° 29 », *Lettres québécoises*, n° 32, hiver 1983-1984, p. 71.

639. *LORD, Michel, «*Estuaire*, n° 28 », *Lettres québécoises*, n° 32, hiver 1983-1984, p. 71.

640. *THÉRIO, Adrien, «*Liberté*, n° 148 », *Lettres québécoises*, n° 32, hiver 1983-1984, p. 73.

641. *THÉRIO, Adrien, «*Québec français* », *Lettres québécoises*, n° 32, hiver 1983-1984, p. 73.

642. *THÉRIO, Adrien, «*Nuit blanche*, n° 10 », *Lettres québécoises*, n° 32, hiver 1983-1984, p. 73.

643. *THÉRIO, Adrien, «*Les Écrits du Canada français*, n° 48 », *Lettres québécoises*, n° 32, hiver 1983-1984, p. 73.

644. FILSON, Bruce K., [*La Nouvelle Barre du jour* : 'intellectuelle en 1984'], *Poetry Canada Review*, Vol. 5, No. 2, Winter 1983-1984, p. 8.

645. SYLVAIN, Philippe, « Préface », *Les Cahiers des Dix*, n° 43, 1983, p. 7-10.

646. *VOUVÉ, Solange, « Psychanalyse et traduction [*Meta*, vol. 27, n° 1] », *Langues et linguistique*, n° 9, 1983, p. 233-237.

647. *BEAULIEU, René, «*Solaris*, n° 47 », *Pour ta belle gueule d'ahuri*, vol. 3, n° 2, 1983, p. 20-21.

648. *NEG, Jim, «*Imagine*, n° 14 », *Pour ta belle gueule d'ahuri*, vol. 3, n° 2, 1983, p. 26-27.

2.7 LITTÉRATURE ORALE

649. *LAURIN, Michel, « Madeleine Béland, *Chansons de voyageurs, coureurs de bois et forestiers* », *Nos livres*, vol. 14, janvier 1983, p. 11.

650. LAURIN, Michel, « Notre choix. *Chansons de voyageurs, coureurs de bois et forestiers*, essai de Madeleine Béland [Entrevue] », *Nos livres*, vol. 14, janvier 1983, p. 4-6.

651. *GAULIN, André, « [Madeleine Béland], *Chansons de voyageurs, coureurs de bois et forestiers* », *Québec français*, n° 49, mars 1983, p. 10.

652. PURKHARDT, Brigitte, « Où va notre folklore ? », *Critère*, n° 35, printemps 1983, p. 147-161.

653. LAURIN, Michel, « Conrad Laforte, *Le Catalogue de la chanson folklorique française*, vol. 3 : *Chansons en forme de dialogue* », *Nos livres*, vol. 14, avril 1983, p. 26-27.

654. *TH[ÉRIO], A[drien], « [Robert Dickson et Gaston Tremblay, éd.], *Poèmes et chansons du Nouvel Ontario* », *Lettres québécoises*, n° 30, été 1983, p. 86.

655. *MARCHILDON, Daniel, « Dix Ans de création poétique [Robert Dickson et Gaston Tremblay, éd., *Poèmes et chansons du Nouvel Ontario*] », *Liaison*, n° 27, été 1983, p. 42.

656. *JOHNSTON, Richard, « Édith Fowke, *Folktales of French Canada* », *Canadian Ethnic Studies/Études ethniques au Canada*, Vol. 15, No. 2, 1983, p. 163.

657. *GODIN, Christine, [Madeleine Béland, *Chansons de voyageurs, coureurs de bois et forestiers*], *Anthropologie et sociétés*, vol. 7, n° 3, 1983, p. 157-159.

658. M[ARQUIS], D[aniel], « Daniel Bertolino, *Légendes indiennes du Canada* », *Des livres et des jeunes*, vol. 6, n° 16, automne 1983, p. 38.

659. *D'ALFONSO, Antonio, «*Poèmes et chansons du Nouvel Ontario* », *Nos livres*, vol. 14, octobre 1983, p. 21-22.

660. LABELLE, Ronald, « L'État de la recherche en folklore acadien », *Contact-Acadie*, n° 3, décembre 1983, p. 27-32.

661. *ANDERSEN, Marguerite, « Robert Dickson et Gaston Tremblay, éd., *Poèmes et chansons du Nouvel Ontario* », *Poetry Canada Review*, Vol. 5, No. 2, Winter 1983-1984, p. 4.

3 AUTEURS

ACHARD, Eugène

662. POTVIN, Claude, « La Minorité acadienne et sa littérature de jeunesse », *Si que*, n° 6, automne-hiver 1983-1984, p. 167-168.

ALACOQUE, Marie-Élizabeth

663. *[ANONYME], «*L'Échappée de nos mains* », *Moebius*, n° 18, été 1983, p. 55.

664. *D'ALFONSO, Antonio, «*L'Échappée de nos mains* », *Nos livres*, vol. 14, septembre 1983, p. 35.

665. *BOUCHARD, Christian, [*L'Échappée de nos mains*], *Estuaire*, n° 29, automne 1983, p. 72-73.

666. *GIGUÈRE, Richard, [*L'Échappée de nos mains*], *Lettres québécoises*, n° 31, automne 1983, p. 43.

ALARIE, Donald

667. *BÉLISLE, Jacques, «*La Vie d'hôtel en automne* », *Lettres québécoises*, n° 30, été 1983, p. 78.

668. *JANOËL, André, «*La Vie d'hôtel en automne* », *Nos livres*, vol. 14, juillet-août 1983, p. 21-22.

ALLEN, Michelle

669. *[ANONYME], «*La Passion de Juliette* », *Dramaturgies nouvelles*, vol. 4, n° 3, mars 1983, p. [2].

670. *ANDRÈS, Bernard, « Le Syndrome Ronfard [*La Passion de Juliette*] », *Voix et images*, vol. 9, n° 1, automne 1983, p. [163]-165.

ALONZO, Anne-Marie

671. [ANONYME], « Repères bio-bibliographiques », *La Nouvelle Barre du jour*, n° 122-123, février 1983, p. 218.

672. *COTNOIR, Louise, « Garder l'amour vivant. *Veille* », *Spirale*, n° 35, juin 1983, p. 12.

673. *GILBERT, Bernard, « De l'autre, ou la Stratégie des écarts [*Veille*] », *Intervention*, n° 20, septembre 1983, p. 43.

674. *BOUTIN, Richard, « À quelle adresse ? [*Veille — Geste*] », *La Nouvelle Barre du jour*, nº 129, septembre 1983, p. 117-127.

AMPRIMOZ, Alexandre L.

675. *KIDD, Marilyn E., [*Changements de ton*], *Canadian Literature*, No. 96, Spring 1983, p. 142-143.
676. *HUTCHMAN, Laurence, « Different Journeys [*Other Realities*] », *CVII : Contemporary Verse Two*, Vol. 7, No. 3, September 1983, p. 15-16.

AMYOT, Geneviève

677. *PARADIS, Suzanne, «*Dans la pitié des chairs*», *Estuaire*, nº 27, printemps 1983, p. 88-89.
678. *BROCHU, André, [*Dans la pitié des chairs*], *Voix et images*, vol. 8, nº 3, printemps 1983, p. 505.

ANDERSEN, Marguerite

679. *TROTTIER, Sylvie, «*De mémoire de femme* », *Nuit blanche*, nº 9, printemps-été 1983, p. 11.
680. *FERRETTI, Andrée, «*De mémoire de femme* », *Le Temps fou*, nº 29, juin 1983, p. 63.
681. *HOGUE, Jacqueline, «*De mémoire de femme* », *Nos livres*, vol. 14, juillet-août 1983, p. 22-23.
682. *RINFRET, Marie-Josée, «*De mémoire de femme* », *Lettres québécoises*, nº 31, automne 1983, p. 75.

ANFOUSSE, Ginette

683. PICHÉ, Diane et Luc GUINDON, « Un conte, une chanson et un jeu désexisés [*Pierrot, Sophie et un crapaud*] », *La Gazette des femmes*, vol. 4, nº 7, mars-avril 1983, p. 32.
684. *LAURIN, Michel, «*Fabien 2. Une nuit au pays des malices*», *Nos livres*, vol. 14, avril 1983, p. 34-35.
685. *LAURIN, Michel, «*Fabien 1. Un loup pour Rose* », *Nos livres*, vol. 14, avril 1983, p. 34.
686. *M., D., «*Fabien 1. Un loup pour Rose* », *Des livres et des jeunes*, vol. 5, nº 15, été 1983, p. 45.
687. *M[ARQUIS], D[aniel], «*Fabien 1. Un loup pour Rose* », *Des livres et des jeunes*, vol. 5, nº 15, été 1983, p. 45.
688. LOUTHOOD, Louise et Michèle GÉLINAS, « Le Sexisme et les romans québécois pour les jeunes », *Lurelu*, vol. 6, nº 2, automne 1983, p. 4.
689. *[ANONYME], «*L'École et la fête* », *Châtelaine*, vol. 24, nº 12, décembre 1983, p. 20.
690. *TURCOTTE, Susy, «*Sophie, Pierrot et un crapaud — L'École — La Fête* », *Nuit blanche*, nº 11, décembre 1983, p. 19.
691. *GUAY, Gisèle, « Fabien, Gigi, Anfousse et cie », *Virus-Viva*, vol. 6, nº 10, décembre 1983-janvier 1984, p. 13.
692. *LA BOSSIÈRE, Camille R., « Aux anges [*Le Savon — L'Hiver, ou le Bonhomme Sept-Heures*] », *Canadian Literature/Littérature canadienne*, No. 99, Winter 1983, p. 125-126.
693. [ANONYME], « Les Prix de littérature de jeunesse du Conseil des arts », *Lettres québécoises*, nº 32, hiver 1983-1984, p. 11.

AQUIN, Hubert

694. ALLARD, Jacques, « Première Lecture de la correspondance d'Hubert Aquin », *Bulletin de l'ÉDAQ*, nº 2, février 1983, p. 16-19.

695. [ANONYME], « Les Marginalia d'Hubert Aquin : intérêts et problèmes d'édition », *Bulletin de l'ÉDAQ*, no 2, février 1983, p. 25-28.

696. [ANONYME], « Document. Lectures faites par Hubert Aquin de mars 1959 à novembre 1962 », *Bulletin de l'ÉDAQ*, no 2, février 1983, p. 30-37.

697. BEUGNOT, Bernard, « Pourquoi une édition critique de l'oeuvre d'Hubert Aquin », *Bulletin de l'ÉDAQ*, no 2, février 1983, p. 9-15.

698. LAMY, Suzanne, « Genèse de l'édition critique d'Hubert Aquin », *Bulletin de l'ÉDAQ*, no 2, février 1983, p. 5-8.

699. MARTEL, Jacinthe, « L'Établissement d'une bibliographie des études et travaux consacrés à Hubert Aquin », *Bulletin de l'ÉDAQ*, no 2, février 1983, p. 20-24.

700. TEBOUL, Victor, « Écrire et être Juif aujourd'hui au Québec », *Jonathan*, no 10, février 1983, p. 2.

701. KROETSCH, Robert, « Beyond Nationalism : A Prologue [*Prochain Épisode*] », *Open Letter*, Fifth Series, No. 4, Spring 1983, p. 86.

702. *MACCABÉE-IQBAL, Françoise, «*L'Imaginaire captif, Hubert Aquin*», *Canadian Literature/Littérature canadienne*, No. 97, Summer 1983, p. 170-171.

703. MERIVALE, Patricia, « Hubert Aquin and Highbrow Pornography : The Aesthetics of Perversion [*Trou de mémoire — Neige noire*] », *Essays on Canadian Writing*, No. 26, Summer 1983, p. 1-12.

704. DELISLE, Jean, « Traduire en prison », *Circuit*, no 2, septembre 1983, p. 7.

705. ARSENAULT, Patrick, « Les Intellectuels au Québec, ces exilés de l'intérieur... », *Jonathan*, no 15, novembre 1983, p. 21.

706. MAJOR, Robert, «*Prochain Épisode* et *Menaud, maître-draveur*», *Canadian Literature/Littérature canadienne*, No. 99, Winter 1983, p. 55-65.

ARCHAMBAULT, Gilles

707. *CIMON, Renée, «*La Fuite immobile*», *Nos livres*, vol. 14, février 1983, p. 21.

708. *MERIVALE, P[atricia], « Foul-Weather Pastorals [*Le Voyageur distrait*] », *Canadian Literature*, No. 96, Spring 1983, p. 147-148.

709. MEZEI, Kathy, [*One for the Road*], *University of Toronto Quarterly*, Vol. 52, No. 4, Summer 1983, p. 389-390.

710. *M[ASSÉ], G[illes], « Coup sur coup au Boréal Express [*À voix basse*] », *Virus-Viva*, vol. 6, no 9, novembre 1983, p. 11.

711. *MATHIEU, Louise, «*À voix basse*», *Nuit blanche*, no 11, décembre 1983, p. 12.

712. *DORION, Gilles, «*À voix basse*», *Québec français*, no 52, décembre 1983, p. 9.

713. *T[HÉORET], F[rance], «*À voix basse*», *Spirale*, no 39, décembre 1983, p. 2.

714. *POULIN, Gabrielle, « Mourir. *À voix basse* », *Lettres québécoises*, no 32, hiver 1983-1984, p. 21-22.

ASSATHIANY, Sylvie

715. [ANONYME], « Remise des prix littéraires de l'ASTED », *Nouvelles de l'ASTED*, vol. 2, no 4, octobre-novembre-décembre 1983, p. 1.

716. *DUFFAUD, Dominique, «*Où est ma tétine ?*», *Nuit blanche*, no 11, décembre 1983, p. 19.

ASSELIN, Olivar

717. TEBOUL, Victor, « Écrire et être Juif aujourd'hui au Québec », *Jonathan*, no 10, février 1983, p. 2.

AUBERT DE GASPÉ, Philippe-Ignace-François

718. SHEK, Ben-Z[ion], « Bulwark to Battlefield : Religion in Quebec Literature », *Journal of Canadian Studies/Revue d'études canadiennes,* Vol. 18, No. 2, Summer 1983, p. 43.

AUBERT DE GASPÉ, Philippe-Joseph

719. SHEK, Ben-Z[ion], « Bulwark to Battlefield : Religion in Quebec Literature », *Journal of Canadian Studies/Revue d'études canadiennes,* Vol. 18, No. 2, Summer 1983, p. 43.

AUBIN, Denis

720. [ANONYME], « Repères bio-bibliographiques », *La Nouvelle Barre du jour,* n° 122-123, février 1983, p. 218.

AUBRY, Claude

721. *LAURIN, Michel, «*Le Chien transparent* », *Nos livres,* vol. 14, janvier 1983, p. 14.
722. *P[ROULX], D[aniel], «*Le Chien transparent* », *Des livres et des jeunes,* vol. 6, n° 16, automne 1983, p. 37.
723. [ANONYME], « Prix de traduction du Conseil des arts du Canada 1982 », *Lettres québécoises,* n° 31, automne 1983, p. 17.
724. LOUTHOOD, Louise et Michèle GÉLINAS, « Le Sexisme et les romans québécois pour les jeunes », *Lurelu,* vol. 6, n° 2, automne 1983, p. 4.

AUBRY, Suzanne

725. *ANDRÈS, Bernard, « Le Prêchi-Prêcha du nouveau masculinisme [*Mon homme*] », *Voix et images,* vol. 8, n° 3, printemps 1983, p. [523].
726. *BOURASSA, André, [*La Nuit des p'tits couteaux*], *Lettres québécoises,* n° 30, été 1983, p. 29-30.
727. *GRUSLIN, Adrien, «*Le Théâtre au Québec, 1 : L'Émergence d'une dramaturgie nationale. Un portrait bien amorcé* », *Jeu,* n° 28, 3e trimestre 1983, p. 162.

AUDET, Louis-Philippe

728. SYLVAIN, Philippe, « Louis-Philippe Audet (1903-1981) », *Les Cahiers des Dix,* n° 43, 1983, p. 11-14.

AUDET, Noël

729. POULIN, Jeanne, « Le Secteur littéraire en quête d'un marché populaire pour survivre », *P.S. Post-Scriptum,* vol. 4, n° 1, mai 1983, p. 36.

AUDETTE, Robert-Émile

730. *DIONNE, André, « Le Théâtre qu'on joue : *Opus contre nature* », *Lettres québécoises,* n° 32, hiver 1983-1984, p. 41.

AUGER, Roger

731. RUNNELLS, Rory, « Manitoba Plays and Playwrighting », *Prairie Fire,* Vol. 4, No. 3, January-February 1983, p. 23.

BACHAND, Guylaine

732. *BLANCHET, Doris, « La Relève. *Liaisons mal t'à propos* », *La Vie en rose*, n° 12, juillet 1983, p. 66.

BAILLIE, Robert

733. *DUPRÉ, Louise, « Le Roman de la bonne conscience. *Des filles de beauté* », *Spirale*, n° 33, avril 1983, p. 6.
734. *MARCOTTE, Gilles, [*Des filles de beauté*], *L'Actualité*, vol. 8, n° 5, mai 1983, p. 80.
735. *JANOËL, André, «*Des filles de beauté* », *Nos livres*, vol. 14, mai-juin 1983, p. 19.
736. *[ANONYME], [*Des filles de beauté*], *Reflets*, vol. 4, n° 9, mai-juin 1983, p. 23.
737. *MARCOTTE, Gilles, [*Des filles de beauté*], *L'Actualité*, vol. 8, n° 7, juillet 1983, p. 80.
738. [ANONYME], « Bio-Bibliographie », *Arcade*, n° 4-5, septembre 1983, p. 135.
739. *FORTIN, Élisabeth, «*Des filles de beauté* », *Québec français*, n° 52, décembre 1983, p. 10.

BARBEAU, Jean

740. *LEFEBVRE, Paul, «*Le Grand Poucet* », *Jeu*, n° 26, 1er trimestre 1983, p. 124-125.
741. LE BLANC, Alonzo, « Femmes en solo », *Revue d'histoire littéraire du Québec et du Canada français*, n° 5, hiver-printemps 1983, p. 89-90.
742. *DIONNE, André, « Le Théâtre qu'on joue : *Le Grand Poucet* », *Lettres québécoises*, n° 29, printemps 1983, p. 46.
743. *LÉVESQUE, Marie-Andrée, «*Les Gars* », *Hom-Info*, vol. 4, n° 3, septembre-octobre-novembre 1983, p. 33.
744. *RONDEAU, Gilles, [*Les Gars*, production de la Compagnie Jean-Duceppe], *Hom-Info*, vol. 4, n° 3, septembre-octobre-novembre 1983, p. 334.
745. *DIONNE, André, « Le Théâtre qu'on joue : *Les Gars* », *Lettres québécoises*, n° 31, automne 1983, p. 48.

BARBEAU, Marius

746. LACOURCIÈRE, Luc, « Les Animaux (et le Géant) déjoués par l'homme. Contes-Types 151 (et 151 a) », *Les Cahiers des Dix*, n° 43, 1983, p. 263-294.

BARCELO, François

747. *LEFEBVRE, Jean, «*Ville-Dieu* », *Nuit blanche*, n° 9, printemps-été 1983, p. 9.
748. *DESJARDINS, Normand, «*Ville-Dieu* », *Nos livres*, vol. 14, avril 1983, p. 35-36.
749. *LORD, Michel, «*Ville-Dieu*. Le Miracle littéraire de François Barcelo », *Lettres québécoises*, n° 30, été 1983, p. 22-23.
750. *CORRIVEAU, Hugues, « Agenor n'est pas au rendez-vous. *Ville-Dieu* », *Spirale*, n° 36, septembre 1983, p. 12.
751. LEFEBVRE, Jean, « J'ai Barcelo dans la peau ! [Entrevue] », *Nuit blanche*, n° 10, automne 1983, p. 16-19.

BARRETTE, Jacqueline

752. GUILBERT, Manon, « Jeux de maux », *Le Compositeur canadien/The Canadian Composer*, n° 181, mai 1983, p. 17.
753. *CROFT, Esther, «*Oh ! Gerry Oh !* », *Québec français*, n° 52, décembre 1983, p. 14.

BASILE, Jean [pseud. de Jean Bezroudnoff]

754. *A., C., «*Iconostase pour Pier Paolo Pasolini* », *Le Temps fou*, n° 29, juin 1983, p. 64, 66.

755. *Lépine, Stéphane, «*Iconostase pour Pier Paolo Pasolini. Discours poétique pour les gays, le féminisme et les nouveaux mâles*», *Nos livres*, vol. 14, septembre 1983, p. 35-36.

BAYARD, Caroline

756. V[adeboncoeur], P[ierre], « Bayardages », *Liberté*, vol. 25, n° 3, juin 1983, p. 213.

BEAUCHEMIN, Yves

757. Robert, Véronique, « Le Matou, c'est lui », *L'Actualité*, vol. 8, n° 2, février 1983, p. 32-37.
758. *Escomel, Gloria, « Une oeuvre controversée, *Le Matou* », *Jonathan*, n° 10, février 1983, p. 24-25.
759. [Anonyme], « Rights [*The Tomcat*] », *Quill and Quire*, Vol. 49, No. 3, March 1983, p. 54.
760. [Anonyme], « Yves Beauchemin, le succès du *Matou* », *Lettres québécoises*, n° 29, printemps 1983, p. 13.
761. Painchaud, Clotilde T.L., « Yves Beauchemin au 'mardi littéraire' du 29 mars 1983 », *Grimoire*, vol. 6, n° 4, avril 1983, p. 8-9.
762. Sévigny, Marc, « Cinéma québécois. Les Écrivains à la rescousse [*Le Matou*] », *Nuit blanche*, n° 10, automne 1983, p. 48-51.
763. *[Anonyme], «*Le Matou*», *Écriture française dans le monde*, vol. 5, n° 3-4, novembre 1983, p. 118.

BEAUCHESNE, Yves

764. *D'Alfonso, Antonio, «*Les Passagers étonnés*», *Nos livres*, vol. 14, mars 1983, p. 13-14.
765. *Salesse, Michèle, «*Les Passagers étonnés*», *Lettres québécoises*, n° 29, printemps 1983, p. 78.
766. *Salesse, Michèle, «*Nuit battante*», *Lettres québécoises*, n° 30, été 1983, p. 88.
767. *Desjardins, Normand, «*Nuit battante*», *Nos livres*, vol. 14, juillet-août 1983, p. 23-24.

BEAUDET, André

768. *Brochu, André, [*Dans l'expectative de la nuit des temps*], *Voix et images*, vol. 8, n° 2, hiver 1983, p. 367.
769. *Martin, Raymond, «*Felix culpa !*», *Moebius*, n° 17, printemps 1983, p. 90.
770. *Corriveau, Hugues, « Credo quia absurdum. *Felix culpa !*», *Spirale*, n° 34, mai 1983, p. 8.
771. *Trudel, Serge, «*Felix culpa !* dans *Les Herbes rouges*, n° 107-109 », *Nos livres*, vol. 14, juillet-août 1983, p. 24-25.

BEAUDOIN, Ghislaine

772. *Laurin, Michel, «*La Famille des notes*», *Nos livres*, vol. 14, novembre 1983, p. 18.

BEAUDRY, Marguerite

773. *Janoël, André, «*Le Rendez-Vous de Samarcande*», *Nos livres*, vol. 14, octobre 1983, p. 14-15.

BEAUGRAND, Honoré

774. RICARD, François, «*La Chasse-Galerie* d'Honoré Beaugrand », *Corpus*, n⁰ 2, mars 1983, p. 3-4.

BEAULAC, Michel

775. *MÉLUSINE, «*Les Loups-Garous* », *Nos livres*, vol. 14, mai-juin 1983, p. 22.

BEAULIEU, André

776. *BELLEMARE, Madeleine, «*La Presse québécoise des origines à nos jours*, t. 5 : *1911-1919* », *Nos livres*, vol. 14, avril 1983, p. 55.

BEAULIEU, Germaine

777. [ANONYME], « Repères bio-bibliographiques », *La Nouvelle Barre du jour*, n⁰ 122-123, février 1983, p. 219.

BEAULIEU, Jocelyne

778. *MOSS, Jane, « From the Asylum [*J'ai beaucoup changé depuis...*] », *Canadian Literature*, No. 96, Spring 1983, p. 143-145.

BEAULIEU, Michel

779. [ANONYME], « Repères bio-bibliographiques », *La Nouvelle Barre du jour*, n⁰ 122-123, février 1983, p. 219.
780. GIGUÈRE, Richard et Robert YERGEAU, « L'écriture doit être impudique. Rencontre/Entrevue », *Lettres québécoises*, n⁰ 30, été 1983, p. 46-54.
781. *BEAUSOLEIL, Claude, « Lectures d'errances actuelles [*Hibernation*] », *La Nouvelle Barre du jour*, n⁰ 129, septembre 1983, p. 98-99.

BEAULIEU, René

782. *[ANONYME], «*Légendes de Virnie* », *Écriture française dans le monde*, vol. 5, n⁰ 3-4, novembre 1983, p. 118.

BEAULIEU, Victor-Lévy

783. *BEAUDOIN, Léo, «*Moi Pierre Leroy, prophète, martyr et un peu fêlé du chaudron* », *Nos livres*, vol. 14, février 1983, p. 21-22.
784. BEAUDOIN, Léo, « Notre choix. *Moi Pierre Leroy, prophète, martyr et un peu fêlé du chaudron*, roman de Victor-Lévy Beaulieu [Entrevue] », *Nos livres*, vol. 14, février 1983, p. 5-8.
785. *STUEWE, Paul, « In Translation [*Jos Connaissant*, traduction de Ray Chamberlain] », *Books in Canada*, Vol. 12, No. 3, March 1983, p. 25-26.
786. DUBOIS, Jacques, « Un texte qui somatise ou le Derrière de Judith [*Don Quichotte de la démanche*] », *Études françaises*, vol. 19, n⁰ 1, printemps 1983, p. 67-78.
787. MELANÇON, Benoît, « VLB personnage et institution », *Études françaises*, vol. 19, n⁰ 1, printemps 1983, p. 5-16.
788. MICHON, Jacques, « Projet littéraire et réalité romanesque d'Abel Beauchemin », *Études françaises*, vol. 19, n⁰ 1, printemps 1983, p. 17-26.
789. NEPVEU, Pierre, « Abel Steven et la souveraine poésie », *Études françaises*, vol. 19, n⁰ 1, printemps 1983, p. 27-40.
790. ROCHETTE, Lise, « La Narration filoutée : *Sagamo Job J* », *Études françaises*, vol. 19, n⁰ 1, printemps 1983, p. 59-65.

791. WEISS, Jonathan M., « Victor-Lévy Beaulieu : écrivain américain », *Études françaises*, vol. 19, n⁰ 1, printemps 1983, p. 41-47.

792. L[APIERRE], R[ené], « Les Prix de la crise », *Liberté*, vol. 25, n⁰ 2, avril 1983, p. 81.

793. *MÉLANÇON, Robert, « Le Paradoxe du roman historique [*Moi Pierre Leroy, prophète, martyr et un peu fêlé du chaudron*] », *Liberté*, vol. 25, n⁰ 3, juin 1983, p. 155-156.

794. MEZEI, Kathy, [*Jos Connaissant*], *University of Toronto Quarterly*, Vol. 52, No. 4, Summer 1983, p. 395-396.

795. *WHITFIELD, Agnès, « Du père Ferron au fils Beaulieu en attendant les grands-pères futurs [*Voix et images*, vol. 8, n⁰ 3 — *Études françaises*, vol. 9, n⁰ 1] », *Lettres québécoises*, n⁰ 31, automne 1983, p. 55-56.

796. *[ANONYME], «*Moi Pierre Leroy, prophète, martyr et un peu fêlé du chaudron*», *Écriture française dans le monde*, vol. 5, n⁰ 3-4, novembre 1983, p. 118.

BEAUPRÉ, Paul

797. *D'ALFONSO, Antonio, «*Poèmes déchaînés*», *Nos livres*, vol. 14, mars 1983, p. 14.

BEAUSOLEIL, Claude

798. [ANONYME], « Repères bio-bibliographiques », *La Nouvelle Barre du jour*, n⁰ 122-123, février 1983, p. 218.

799. *BELLEFEUILLE, Normand de, « Trafiquer le lisible [*Dans la matière rêvant comme d'une émeute*] », *Spirale*, n⁰ 31, février 1983, p. 16.

800. *DORION, Hélène, «*Dans la matière rêvant comme d'une émeute*», *Québec français*, n⁰ 49, mars 1983, p. 9.

801. *CACCIA, Fulvio, «*Concrete City* [Traduction par Ray Chamberlain] », *Moebius*, n⁰ 17, printemps 1983, p. 88-89.

802. *BROCHU, André, [*Dans la matière rêvant comme d'une émeute*], *Voix et images*, vol. 8, n⁰ 3, printemps 1983, p. 508.

803. *ROGERS, David F., [*La Surface du paysage*], *Canadian Literature/Littérature canadienne*, No. 97, Summer 1983, p. 160-161.

804. BAYARD, Caroline, [*Dans la matière rêvant comme d'une émeute*], *University of Toronto Quarterly*, Vol. 52, No. 4, Summer 1983, p. 359, 360.

805. *DIONNE, André, «*Dans la matière rêvant comme d'une émeute*», *Nos livres*, vol. 14, juillet-août 1983, p. 25-26.

806. *BARBOUR, Doug, « Canadian Poetry Chronicle [*Concrete City : Selected Poems 1972-1982*] », *Quarry*, Vol. 32, No. 4, Autumn 1983, p. 2- 3.

807. *STUEWE, Paul, « In Translation [*Concrete City : Selected Poems 1972-1982*, traduction de Ray Chamberlain] », *Books in Canada*, Vol. 12, No. 8, October 1983, p. 36-37.

808. *CORRIVEAU, Hugues, « Dans l'amour fou de l'écriture. *Une certaine fin de siècle (Poésie 1973-1983)* », *Spirale*, n⁰ 38, novembre 1983, p. 5.

809. *CHAMBERLAND, Roger, «*Une certaine fin de siècle*», *Québec français*, n⁰ 52, décembre 1983, p. 13.

810. *BAYARD, Caroline, [*Une certaine fin de siècle*], *Lettres québécoises*, n⁰ 32, hiver 1983-1984, p. 34-35.

BÉGIN, Diane

811. *VAÏS, Michel, [*Équivoque*], *Jeu*, n⁰ 26, 1ᵉʳ trimestre 1983, p. 128.

812. *McMURRAY, Line, « Ballade pour des voix mises en pièces [*Équivoque*] », *Spirale*, n⁰ 31, février 1983, p. 10.

BÉLANGER, Marcel

813. Turcotte, Susy, « L'Ordre du désir [Entrevue] », *Nuit blanche*, no 11, décembre 1983, p. 20-21.

BÉLANGER, Marco

814. *Laurin, Michel, «*La Grande Excursion de Baside le champignon* », *Nos livres*, vol. 14, septembre 1983, p. 37.

815. *Rinfret, Marie-Josée, «*La Grande Excursion de Baside le champignon* », *Lettres québécoises*, no 31, automne 1983, p. 80.

BÉLIL, Michel

816. L[apierre], R[ené], « Les Prix de la crise », *Liberté*, vol. 25, no 2, avril 1983, p. 80-81.

817. Bélil, Michel, « Autoportrait : Michel Bélil », *Québec français*, no 50, mai 1983, p. 32-33.

818. *Janelle, Claude, « Le Fantastique au Québec. Les Jeunes Auteurs [*Le Mangeur de livres — Déménagement — Greenwich*] », *Québec français*, no 50, mai 1983, p. 44-45.

BELLEFEUILLE, Robert

819. *Guay, Hervey, « La Vieille 17, un spectacle qui a du nez [*Le Nez*] », *Liaison*, no 29, hiver 1983-1984, p. 56.

BENOIT, Jacques

820. *Collet, P[aulette], « De la chaleur à l'enfer [*Gisèle et le serpent*] », *Canadian Literature/Littérature canadienne*, No. 97, Summer 1983, p. 134-135.

BERGERON, Jean-Pierre

821. *G[arcia], C[armen], « Du théâtre au parallèle. Macho ou homo [*Macho man*] », *Virus-Viva*, vol. 6, no 8, octobre 1983, p. 37.

BERGERON, Léandre

822. Francis, Daniel, « Interview », *Books in Canada*, Vol. 12, No. 5, May 1983, p. 26-28.

BERGERON, Louisette

823. *S[imard], C[laude], «*Ti-Jean le paresseux* », *Des livres et des jeunes*, vol. 6, no 16, automne 1983, p. 38.

BERSIANIK, Louky [pseud. de Lucile Durand]

824. [Anonyme], « Repères bio-bibliographiques », *La Nouvelle Barre du jour*, no 122-123, février 1983, p. 219.

825. [Anonyme], « Quand on a la passion de l'écriture », *Le Compositeur canadien/The Canadian Composer*, no 179, mars 1983, p. 25-27.

826. [Anonyme], « Bio-Bibliographie », *Arcade*, no 4-5, septembre 1983, p. 135-136.

827. *Lafrenière, Céline, «*Au beau milieu de moi* », *Nos livres*, vol. 14, septembre 1983, p. 34.

BERTRAND, Janette

828. *Dionne, André, « Le Théâtre qu'on joue : *Dis-moi le si j'dérange* », *Lettres québécoises*, n° 31, automne 1983, p. 48.

BESSETTE, Gérard

829. *Boivin, Aurélien, « Jean-Jacques Hamm, *Lectures de Gérard Bessette* », *Québec français*, n° 49, mars 1983, p. 8-9.
830. *Grisé, Yolande, «*Lectures de Gérard Bessette* », *Lettres québécoises*, n° 29, printemps 1983, p. 50-51.
831. Shek, Ben-Z[ion], « Bulwark to Battlefield : Religion in Quebec Literature », *Journal of Canadian Studies/Revue d'études canadiennes*, Vol. 18, No. 2, Summer 1983, p. 48, 52.
832. *Imbert, Patrick, «*La Bagarre* et *Le Libraire* : de la critique de la répression à la désublimation répressive », *Lettres québécoises*, n° 31, automne 1983, p. 51-53.
833. Grady, Wayne, « Brief Encounters », *Books in Canada*, Vol. 12, No. 8, October 1983, p. 12.

BIGRAS, Julien

834. Chamberlain, Ray, « Speaking from within [Entrevue] », *The Canadian Forum*, Vol. 63, No. 729, June 1983, p. 6-13.
835. *[Anonyme], «*Ma vie, ma folie* », *Les Cahiers du psychologue québécois*, vol. 5, n° 1, novembre 1983, p. 17.
836. *LaRue, Monique, « Jeunes Filles, sachez reconnaître un loup... *Ma vie, ma folie* », *Spirale*, n° 38, novembre 1983, p. 4.
837. *Marcotte, Gilles, « Attention ! Psychanalyste méchant ! [*Ma vie, ma folie*] », *L'Actualité*, vol. 8, n° 12, décembre 1983, p. 138.
838. *Guay, Jean-Pierre, «*Ma vie, ma folie* », *Nuit blanche*, n° 11, décembre 1983, p. 14.
839. *Vanasse, André, « Entre chien et loup. *Ma vie, ma folie* », *Lettres québécoises*, n° 32, hiver 1983-1984, p. 26-27.

BISSONNETTE, Rosemarie

840. *[Anonyme], «*Une bagarre très politique* », *Écriture française dans le monde*, vol. 5, n° 3-4, novembre 1983, p. 119.

BLAIS, Marie-Claire

841. Boivin, Aurélien, Lucie Robert et Ruth Major-Lapierre, « Bibliographie de Marie-Claire Blais », *Voix et images*, vol. 8, n° 2, hiver 1983, p. [249]-295.
842. Cliche, Élène, « Un rituel de l'avidité », *Voix et images*, vol. 8, n° 2, hiver 1983, p. [229]-248.
843. Marcotte, Gilles, « Marie-Claire Blais : 'Je veux aller le plus loin possible' [Entrevue] », *Voix et images*, vol. 8, n° 2, hiver 1983, p. [191]-209.
844. Slama, Béatrice, «*La Belle Bête* ou la Double Scène », *Voix et images*, vol. 8, n° 2, hiver 1983, p. [211]-228.
845. *Cimon, Renée, «*Une liaison parisienne* », *Nos livres*, vol. 14, février 1983, p. 23.
846. [Anonyme], « Les Prix du Québec 1982 [Prix David] », *Lettres québécoises*, n° 29, printemps 1983, p. 13.
847. Smith, Donald, « Marie-Claire Blais. Prix David 1982 », *Lettres québécoises*, n° 29, printemps 1983, p. 17-18.
848. L[apierre], R[ené], « Les Prix de la crise », *Liberté*, vol. 25, n° 2, avril 1983, p. 79.
849. Manguel, Alberto, [*Visions d'Anna*], *Books in Canada*, Vol. 12, No. 5, May 1983, p. 9-10.

850. SHEK, Ben-Z[ion], « Bulwark to Battlefield : Religion in Quebec Literature », *Journal of Canadian Studies/Revue d'études canadiennes*, Vol. 18, No. 2, Summer 1983, p. 52-53.

851. MICHON, Jacques, [*Visions d'Anna ou le Vertige*], *University of Toronto Quarterly*, Vol. 52, No. 4, Summer 1983, p. 337-338.

852. CARONI, Italo, « Une saison au Québec [*Une saison dans la vie d'Emmanuel*] », *Études littéraires*, vol. 16, n° 2, août 1983, p. 231-242.

853. [ANONYME], « Selected Bibliography », *Ethos*, No. 2, Autumn 1983, p. 63-64.

854. AMPRIMOZ, Alexandre L. et Kenneth-W. MEADWELL, « Au-delà du féminisme : visions de Marie-Claire Blais », *Protée*, vol. 11, n° 3, automne 1983, p. 111-115.

855. *[ANONYME], « *Visions d'Anna* », *Écriture française dans le monde*, vol. 5, n° 3-4, novembre 1983, p. 119.

BLANCHARD, Hélène

856. *[ANONYME], «*Un drôle d'épouvantail* [pour le Théâtre des Confettis] », *Dramaturgies nouvelles*, vol. 4, n° 3, mars 1983, p. [3].

BLOUIN, Lise

857. *[ANONYME], [*Miroir à deux visages*], *L'Écrilu*, vol. 2, n° 4, janvier 1983, p. 4.

858. *CÔTÉ, Fabien, [*Miroir à deux visages*], *L'Écrilu*, vol. 3, n° 1, août 1983, p. 6.

BOISJOLI, Charlotte

859. *CÔTÉ-LÉVESQUE, Corinne, [*Le Dragon vert*], *L'Actualité*, vol. 8, n° 5, mai 1983, p. 81.

860. *COSSETTE, Gilles, « Hommes condamnés, 1 : *Le Dragon vert* », *Lettres québécoises*, n° 30, été 1983, p. 19-20.

861. *CÔTÉ-LÉVESQUE, Corinne, [*Le Dragon vert*], *L'Actualité*, vol. 8, n° 7, juillet 1983, p. 81.

862. *[ANONYME], [*Le Dragon vert*], *L'Écrilu*, vol. 3, n° 1, août 1983, p. 4.

863. *JANOËL, André, «*Le Dragon vert* », *Nos livres*, vol. 14, novembre 1983, p. 19.

BOISVERT, Yves

864. *BEAUSOLEIL, Claude, « Lectures d'errances actuelles [*Vitraux d'éclipses*] », *La Nouvelle Barre du jour*, n° 129, septembre 1983, p. 92-93.

BOLDUC, Yves

865. *CLOUTIER-WOJCIECHOWSKA, Cécile, [*Alain Grandbois : le douloureux destin*], *University of Toronto Quarterly*, Vol. 52, No. 4, Summer 1983, p. 525-526.

BOMBARDIER, Louise

866. *[ANONYME], «*Dis-moi doux* », *Dramaturgies nouvelles*, vol. 4, n° 2, janvier 1983, p. [2].

BONENFANT, Réjean

867. *BÉLANGER, Daniel, «*Un amour de papier* », *Lettres québécoises*, n° 31, automne 1983, p. 79.

BONIN, Jean-François

868. *BOUCHARD, Christian, « La Vie et l'oeuvre... pas comme les autres... d'Oedipe Roy de Jean-François Bonin [*La Vie et l'oeuvre d'Oedipe Roy*] », *Lettres québécoises*, n° 32, hiver 1983-1984, p. 62.

BONNEMAISON, Sarah

869. *PELLETIER, Francine, « Soirée clandestine. *Montréal ma soeur* », *La Vie en rose*, n° 12, juillet 1983, p. 66.

BONVOULOIR-BAYOL, Thérèse

870. *MEZEI, Kathy, « Windows on Invention [*Les Soeurs d'Io*] », *Canadian Literature/ Littérature canadienne*, No. 97, Summer 1983, p. 128-129.

BORDUAS, Paul-Émile

871. BOURASSA, André-G[illes], « Les *Écrits* de Paul-Émile Borduas », *Corpus*, n° 2, mars 1983, p. 19-20.

872. SHEK, Ben-Z[ion], « Bulwark to Battlefield : Religion in Quebec Literature », *Journal of Canadian Studies/Revue d'études canadiennes*, Vol. 18, No. 2, Summer 1983, p. 50.

BOSCO, Monique

873. *HOGUE, Jacqueline, «*Portrait de Zeus peint par Minerve* », *Nos livres*, vol. 14, février 1983, p. 23-24.

874. *POIRIER, Lucie, [*Portrait de Zeus peint par Minerve*], *L'Écrilu*, vol. 2, n° 5, mars 1983, p. 8.

875. *ROGERS, Claire-Lise, « Zeus et Minerve [*Portrait de Zeus peint par Minerve*] », *Canadian Literature/Littérature canadienne*, No. 98, Autumn 1983, p. 70.

876. GREENSTEIN, Michael, « Monique Bosco 'en abyme' », *Canadian Literature/ Littérature canadienne*, No. 99, Winter 1983, p. 48-54.

BOSSUS, Francis

877. *[ANONYME], [*Une affaire sociale*], *L'Écrilu*, vol. 2, n° 4, janvier 1983, p. 3.

878. *AUBIN, Jacqueline, [*Une affaire sociale*], *L'Écrilu*, vol. 3, n° 1, août 1983, p. 6-7.

BOUCHARD, Diane

879. *BASZCZYNSKI, Marilyn, [*La couleur chante un pays*], *Association for Canadian Theatre History/Association d'histoire du théâtre au Canada*, Vol. 6, No. 2, Spring 1983, p. 26, 28.

BOUCHARD, Michel-Marc

880. *ZANA, Danielle, «*La Contre-Nature de Chrysippe Tanguay, écologiste*, un hommage au féminin », *Liaison*, n° 25, janvier-février 1983, p. 33-34.

BOUCHARD, René

881. *[ANONYME], «*Culture populaire et littératures au Québec* », *Écriture française dans le monde*, vol. 5, n° 3-4, novembre 1983, p. 119-120.

BOUCHER, Bernard

882. *Bélisle, Marie, [*Ravaudage*], *Urgences*, n° 7, 1983, p. 88-89.
883. *D'Alfonso, Antonio, «*Ravaudage*», *Nos livres*, vol. 14, septembre 1983, p. 37.

BOUCHER, Claudette

884. *Laurin, Michel, «*Jamais plus les chevaux*», *Nos livres*, vol. 14, janvier 1983, p. 14-15.

BOUCHER, Denise

885. *Garebian, Keith, «*The Fairies Are Thirsty*», *Quill and Quire*, Vol. 49, No. 4, April 1983, p. 26.
886. Shek, Ben-Z[ion], «Bulwark to Battlefield : Religion in Quebec Literature», *Journal of Canadian Studies/Revue d'études canadiennes*, Vol. 18, No. 2, Summer 1983, p. 53.
887. Mezei, Kathy, [*The Fairies Are Thirsty*], *University of Toronto Quarterly*, Vol. 52, No. 4, Summer 1983, p. 394-395.

BOUCHER, Jean-Pierre

888. *Laprés, Raymond, «*Thérèse*», *Nos livres*, vol. 14, février 1983, p. 24-25.
889. Michon, Jacques, [*Thérèse*], *University of Toronto Quarterly*, Vol. 52, No. 4, Summer 1983, p. 340.

BOUCHER, Louis

890. *D'Alfonso, Antonio, «*Mémoire* suivi de *Dialogue entre le prêtre et le jeune homme* et de *Propos sur la musique*», *Nos livres*, vol. 14, janvier 1983, p. 15-16.

BOUCHER, Yvon

891. *[Anonyme], [*Morceaux moisis*], *L'Écrilu*, vol. 2, n° 5, mars 1983, p. 6.
892. *Lord, Michel, [*Morceaux moisis*], *L'Écrilu*, vol. 3, n° 2, novembre 1983, p. 8.

BOUDOU, Jean-Raymond

893. *Chartier, Monique, «*Une heure de ta vie*», *Nos livres*, vol. 14, février 1983, p. 25-26.
894. *Lord, Michel, «*Une heure de ta vie*», *Québec français*, n° 50, mai 1983, p. 6.
895. *[Anonyme], [*Une heure de ta vie*], *L'Écrilu*, vol. 3, n° 1, août 1983, p. 3.

BOULANGER, André

896. *Lépine, Stéphane, «*Je t'haime mona moure*», *Nos livres*, vol. 14, octobre 1983, p. 34-35.

BOULIZON, Guy

897. *Jean, Sandra, «*La Chaise à Sébastien*», *Nos livres*, vol. 14, février 1983, p. 26.
898. *Bélanger, Ghyslaine, [*La Chaise à Sébastien*], *Lurelu*, vol. 6, n° 1, printemps-été 1983, p. 15.
899. *C[hampagne]-B[oulais], D[anielle] et F[rance] L[atreille]-H[uvelin], «*La Chaise à Sébastien*», *Des livres et des jeunes*, vol. 6, n° 16, automne 1983, p. 42-43.
900. Louthood, Louise et Michèle Gélinas, «Le Sexisme et les romans québécois pour les jeunes», *Lurelu*, vol. 6, n° 2, automne 1983, p. 5, 6.

BOURAOUI, Hédi

901. *Bouwman, Arlene, «*The Critical Strategy*», *Cross Canada Writer's Quarterly*, Vol. 5, No. 4, 1983, p. 26.
902. *[Anonyme], «*Vers et l'envers*», *Écriture française dans le monde*, vol. 5, no 3-4, novembre 1983, p. 120.

BOURDEAU, Lise

903. *[Anonyme], [*Josée, récit d'un inceste*], *L'Écrilu*, vol. 2, no 4, janvier 1983, p. 5.

BOURGAULT, Pierre

904. *Gaulin, André, «*Écrits polémiques 1960-1981. 1 : La Politique*», *Québec français*, no 49, mars 1983, p. 8.
905. *Bourque, Paul-André, [Andrée LeBel, *Pierre Bourgault. Le Plaisir de la liberté (entretiens)*], *Au masculin*, vol. 1, no 2, août 1983, p. 31.
906. *Pelletier, Réjean, «*Écrits polémiques 1960-1981. 1 : La Politique*», *Recherches sociographiques*, vol. 24, no 3, septembre-décembre 1983, p. 435-437.
907. *Gaulin, André, «*Le Plaisir de la liberté*», *Québec français*, no 51, octobre 1983, p. 17.

BOURGET, Élizabeth

908. *[Anonyme], «*En ville*», *Dramaturgies nouvelles*, vol. 4, no 3, mars 1983, p. [2].
909. *Dionne, André, « Le Théâtre qu'on joue : *En ville*», *Lettres québécoises*, no 29, printemps 1983, p. 48.
910. *Andrès, Bernard, « Le Prêchi-Prêcha du nouveau masculinisme [*Mon homme*] », *Voix et images*, vol. 8, no 3, printemps 1983, p. [523].
911. *Pelletier, Francine, « Trois pour une. *Margaret et Pierre*», *La Vie en rose*, no 14, novembre-décembre 1983, p. 65.

BOYNARD-FROT, Janine

912. *Chartier, Monique, «*Un matriarcat en procès. Analyse systématique de romans canadiens-français, 1860-1960*», *Nos livres*, vol. 14, avril 1983, p. 36-37.
913. *Whitfield, Agnès, «*Un matriarcat en procès* ou la Démystification de la 'terre paternelle' », *Lettres québécoises*, no 30, été 1983, p. 57-59.
914. *Robert, Lucie, «*Un matriarcat en procès. Analyse systématique de romans canadiens-français, 1860-1960*», *Recherches sociographiques*, vol. 24, no 3, septembre-décembre 1983, p. 453-454.
915. *Théoret, France, « L'Analyse systématique en procès. *Un matriarcat en procès*», *Spirale*, no 36, février 1983, p. 5.
916. *Hayward, Annette, « À propos d'*Un matriarcat en procès*», *Voix et images*, vol. 9, no 1, automne 1983, p. [155]-157.

BRASSARD, France

917. Louthood, Louise et Michèle Gélinas, « Le Sexisme et les romans québécois pour les jeunes », *Lurelu*, vol. 6, no 2, automne 1983, p. 6.

BRASSARD, Pierre

918. *Paré, François, « Didactique des langues et sainteté [*Les Boucaniers d'eau douce — Les Boucaniers et le vagabond — La Découverte des boucaniers*] », *Canadian Children's Literature*, No. 29, 1983, p. 80-83.

BRETON, Raymond

919. *BEHIELS, Michael D., « The Quebec and Acadian Diaspora in North America », The Canadian Historical Review, Vol. 64, No. 2, June 1983, p. 241-243.

BRIÈRE, Marc

920. *FILION, Jacques, « Un nouveau contrat social », Canadian Journal of Political Science/Revue canadienne de science politique, Vol. 16, No. 2, June 1983, p. 373-375.

BRISEBARRE, Jean-Jacques

921. *LAURIN, Michel, « Les Loups », Nos livres, vol. 14, janvier 1983, p. 16.

BROCHU, André

922. *GODARD, Barbara, « Letter to the Authors [La Littérature et le reste] », Canadian Literature/Littérature canadienne, No. 99, Winter 1983, p. 97-100.

BRODEUR, Hélène

923. *DESJARDINS, Normand, « Chroniques du Nouvel Ontario, t. 2 : Entre l'aube et le jour », Nos livres, vol. 14, septembre 1983, p. 38.
924. *POULIN, Gabrielle, « 'L'Action par dévoilement'. Entre l'aube et le jour », Lettres québécoises, no 31, automne 1983, p. 18-19.
925. *MARCOTTE, Gilles, [Chroniques du Nouvel Ontario, t. 2 : Entre l'aube et le jour], L'Actualité, vol. 8, no 10, octobre 1983, p. 150-152.
926. *SANDRIN, Nancy, « Alexandre. A Saga of Northern Ontario, 1 », Quill and Quire, Vol. 49, No. 10, October 1983, p. 31.
927. *GAGNON, Réjean, « Entre l'aube et le jour », Québec français, no 52, décembre 1983, p. 10.

BRODEUR-SAINT-JAMES, Hélène

928. [ANONYME], « Prix Champlain », Lettres québécoises, no 29, printemps 1983, p. 13.

BROSSARD, Jacques

929. *IMBERT, Patrick, « 'Le Métamorfaux' et 'Le Sang du souvenir' de Jacques Brossard. Entre tao et logos : l'utopie et la voix initiatique », Lettres québécoises, no 32, hiver 1983-1984, p. 46-47.

BROSSARD, Nicole

930. [ANONYME], « Repères bio-bibliographiques », La Nouvelle Barre du jour, no 122-123, février 1983, p. 219.
931. *THÉORET, France, « Un roman sans ombres. Picture Theory », Spirale, no 31, février 1983, p. 3.
932. *GRISÉ, Yolande, « Écriture de Nicole Brossard [Traces. Écriture de Nicole Brossard] », Lettres québécoises, no 29, printemps 1983, p. 51.
933. BROSSARD, Nicole, « La Conscience à vif », La Vie en rose, no 11, mai 1983, p. 58.
934. [ANONYME], « Selected Bibliography », Ethos, Vol. 1, No. 1, Summer 1983, p. 63.
935. LABERGE, Christian, « L'Amèr de Nicole Brossard : l'écriture du corps et le corps de l'écriture », Protée, vol. 11, no 2, été 1983, p. 120-124.
936. MICHON, Jacques, [Picture Theory], University of Toronto Quarterly, Vol. 52, No. 4, Summer 1983, p. 341.

937. *LÉPINE, Stéphane, «*Picture Theory* », *Nos livres*, vol. 14, juillet-août 1983, p. 26-27.
938. *BEAUSOLEIL, Claude, « Lectures d'errances actuelles [*Picture Theory*] », *La Nouvelle Barre du jour*, n° 129, septembre 1983, p. 96-97.

BROUILLET, Chrystine

939. *[ANONYME], [*Chère Voisine*], *Reflets*, vol. 4, n° 5, janvier 1983, p. 25.
940. POULIN, Jeanne, « Le Secteur littéraire en quête d'un marché populaire pour survivre », *P.S. Post-Scriptum*, vol. 4, n° 1, mai 1983, p. 36.
941. SAVARD, André, « Quand le crime ne paie pas... [*Chère Voisine*] », *Résistances*, n° 5-6, été 1983, p. 125.
942. *SAVARD, Andrée, « Quand le crime ne paie pas... [*Chère Voisine*] », *Résistances*, n° 5-6, été 1983, p. 125.
943. MICHON, Jacques, [*Chère Voisine*], *University of Toronto Quarterly*, Vol. 52, No. 4, Summer 1983, p. 340-341.
944. *TRUDEL, Serge, «*Coups de foudre* », *Nos livres*, vol. 14, septembre 1983, p. 39.
945. *PEDNEAULT, Hélène, «*Coups de foudre* », *La Vie en rose*, n° 13, septembre-octobre 1983, p. 64.
946. *GUAY, Jean-Pierre, «*Coups de foudre* », *Nuit blanche*, n° 10, automne 1983, p. 12.
947. *MARCOTTE, Gilles, [*Coups de foudre*], *L'Actualité*, vol. 8, n° 5, mai 1983, p. 147.
948. *BARRETT, Caroline, «*Coups de foudre* », *Québec français*, n° 51, octobre 1983, p. 12-13.
949. *GRISÉ, Yolande, « De quoi pleurer dans son apéritif ! *Coups de foudre* », *Lettres québécoises*, n° 32, hiver 1983-1984, p. 68.

BRULOTTE, Gaétan

950. *BROUILLET, Chrystine, «*Le Surveillant* », *Nuit blanche*, n° 8, hiver 1983, p. 13.
951. *MARQUIS, André, «*Le Surveillant* de Gaétan Brulotte », *Grimoire*, vol. 6, n° 2, février 1983, p. 7-8.
952. *[ANONYME], [*Le Surveillant*], *Réseau*, vol. 14, n° 6, février 1983, p. 27.
953. *DESJARDINS, Normand, «*Le Surveillant* », *Nos livres*, vol. 14, mars 1983, p. 15.
954. *BOIVIN, Aurélien, «*Le Surveillant* », *Québec français*, n° 49, mars 1983, p. 3.
955. *LABINE, Marcel, « Les Figures de la loi. *Le Surveillant* », *Spirale*, n° 32, mars 1983, p. 3.
956. *COSSETTE, Gilles, « Fascismes [*Le Surveillant*] », *Lettres québécoises*, n° 29, printemps 1983, p. 30-31.
957. *MARTIN, Raymond, «*Le Surveillant* », *Moebius*, n° 17, printemps 1983, p. 92.
958. *MARCOTTE, Gilles, [*Le Surveillant*], *L'Actualité*, vol. 8, n° 4, avril 1983, p. 118.
959. L[APIERRE], R[ené], « Les Prix de la crise », *Liberté*, vol. 25, n° 2, avril 1983, p. 81-82.
960. DESJARDINS, Normand, « Notre choix (mars 1983). *Le Surveillant*, roman de Gaétan Brulotte [Entrevue] », *Nos livres*, vol. 14, avril 1983, p. 5-7.
961. *M[ÉLANÇON], R[obert], [*Le Surveillant*], *Liberté*, vol. 25, n° 3, juin 1983, p. 206-208.
962. DUVAL, Thérèse, « Par ici les prix [Prix France-Québec-Jean-Hamelin] », *Châtelaine*, vol. 24, n° 7, juillet 1983, p. 10.
963. [ANONYME], « G.G. Winners », *Quill and Quire*, Vol. 49, No. 7, July 1983, p. 2.
964. *BOURQUE, Paul-André, [Prix France-Québec, *Le Surveillant*], *Au masculin*, vol. 1, n° 2, août 1983, p. 31.
965. [ANONYME], « Prix France-Québec 1983 », *Lettres québécoises*, n° 31, automne 1983, p. 15.
966. *[ANONYME], «*Le Surveillant* », *Écriture française dans le monde*, vol. 5, n° 3-4, novembre 1983, p. 120-121.

BRUYÈRE, Marie-France

967. *MILJOURS, Diane, « Où l'amusement se révèle être aussi un art. *Arture* », *Jeu*, n⁰ 27, 2ᵉ trimestre 1983, p. 139-140.

BUIES, Arthur

968. GOUIN, Jacques, « Arthur Buies : ami et secrétaire du Curé Labelle », *Cahiers d'histoire des pays d'en haut*, vol. 5, n⁰ 19, septembre 1983, p. 25-26.
969. PARMENTIER, Francis, «*Chroniques canadiennes — Humeurs et caprices* d'Arthur Buies », *Corpus*, n⁰ 2, mars 1983, p. 5-7.
970. *GUAY, Jacques, « Le Bout de la patience [*L'Outaouais supérieur*] », *Nuit blanche*, n⁰ 11, décembre 1983, p. 5.

BUJOLD, Françoise

971. *RINFRET, Marie-Josée, «*Piouke, fille unique* », *Lettres québécoises*, n⁰ 30, été 1983, p. 84.
972. BOULANGER, Madeleine J., Antoine Deraîche et Yves GONTHIER, « Françoise Bujold, 1933-1981 », *Gaspésie*, vol. 21, n⁰ 3, juillet-septembre 1983, p. 24-25.
973. *LÉPINE, Stéphane, «*Piouke fille unique. Poèmes, textes radiophoniques, gravures, dessins, écrits sur l'art* », *Nos livres*, vol. 14, septembre 1983, p. 40-41.
974. *BROCHU, André, [*Piouke, fille unique*], *Voix et images*, vol. 9, n⁰ 1, automne 1983, p. 149-150.

BUJOLD, Réal-Gabriel

975. *DESJARDINS, Normand, «*Les Coqueluches du shack-à-farine* », *Nos livres*, vol. 14, septembre 1983, p. 41-42.
976. *GREENSTEIN, Michael, « Decentring régions d'être [*La Sang-Mêlé d'arrière-pays*] », *Canadian Literature/Littérature canadienne*, No. 98, Autumn 1983, p. 93-95.
977. *COSTISELLA, Robert, [*Les Coqueluches Hu Shack-à-Farine*], *Gaspésie*, vol. 21, n⁰ 4, octobre-décembre 1983, p. 8.

BUTEAU, Cécile

978. *B[ROSSEAU], L[ise], «*Le Bonhomme 7 heures* », *Des livres et des jeunes*, vol. 6, n⁰ 16, automne 1983, p. 39.
979. *RUEL, Ginette, [*Le Bonhomme 7 Heures*], *Lurelu*, vol. 6, n⁰ 2, automne 1983, p. 12.

CABAY, Marcel

980. *CIMON, Renée, «*Le P'tit Monde des Berger et du clan Beaulieu* », *Nos livres*, vol. 14, décembre 1983, p. 36-37.

CACCIA, Fulvio

981. *SIMON, Sherry, «*Irpinia* », *Spirale*, n⁰ 39, décembre 1983, p. 7.
982. *ANDERSEN, Marguerite, «*Irpinia* », *Poetry Canada Review*, Vol. 5, No. 2, Winter 1983-1984, p. 4.

CAILLOUETTE, Michel

983. BOUCHER, Bernard, [*Le Père Noël a-t-il oublié le Bas du Fleuve ?*], *Urgences*, n⁰ 8, 1983, p. 122-124.

CAILLOUX, André [dit Grand-Père]

984. *[Anonyme], [*François et l'oiseau du Brésil*], *L'Écrilu*, vol. 2, n° 4, janvier 1983, p. 3.
985. *Blanchet, Suzanne, [*François et l'oiseau du Brésil*], *L'Écrilu*, vol. 3, n° 1, août 1983, p. 7-8.

CAMIRAND, François

986. Aubin, Pierre et Guy Ouellet, [*Silences à voix haute*], *Jeu*, n° 28, 3e trimestre 1983, p. 70-71.
987. *Dionne, André, « Le Théâtre qu'on joue : *Bluff* », *Lettres québécoises*, n° 32, hiver 1983-1984, p. 42.

CARON, Catherine

988. *Matte, Louise, « Les Strip-Teaseuses, des femmes à raconter [*Strip*] », *Liaison*, n° 26, mars-avril 1983, p. 31.
989. *Vallée, Danièle, « 'Tu verras des rêves de femmes, des femmes de rêves...' [*Strip*] », *Liaison*, n° 28, septembre 1983, p. 64.
990. *Lépine, Stéphane, «*Strip* », *Nos livres*, vol. 14, octobre 1983, p. 15-16.

CARON, Cécile

991. [Anonyme], « Repères bio-bibliographiques », *La Nouvelle Barre du jour*, n° 122-123, février 1983, p. 220.

CARON, Louis

992. *Guay, Jacques, «*La Corne de brume* », *Nuit blanche*, n° 8, hiver 1983, p. 14-16.
993. *Bélanger, Alain, «*Les Fils de la liberté*, t. 2 : *La Corne de brume* », *Nos livres*, vol. 14, mars 1983, p. 16.
994. *Dorion, Gilles, «*La Corne de brume* », *Québec français*, n° 49, mars 1983, p. 2-3.
995. *Alméras, Diane, [*La Corne de brume*], *Relations*, vol. 43, n° 488, mars 1983, p. 69.
996. *Thério, Adrien, «*La Corne de brume* de Louis Caron ou l'Art du roman historique », *Lettres québécoises*, n° 29, printemps 1983, p. 70.
997. *Marcotte, Gilles, [*La Corne de brume*], *L'Actualité*, vol. 8, n° 4, avril 1983, p. 118.
998. Manguel, Alberto, [*La Corne de brume*], *Books in Canada*, Vol. 12, No. 5, May 1983, p. 7-10.
999. Poulin, Jeanne, « Le Secteur littéraire en quête d'un marché populaire pour survivre », *P.S. Post-Scriptum*, vol. 4, n° 1, mai 1983, p. 35-36.
1000. *Mélançon, Robert, « Le Paradoxe du roman historique [*La Corne de brume*] », *Liberté*, vol. 25, n° 3, juin 1983, p. 154-155.
1001. *Collet, P[aulette], « De la chaleur à l'enfer [*Le Canard de bois*] », *Canadian Literature/Littérature canadienne*, No. 97, Summer 1983, p. 133-134.
1002. Michon, Jacques, [*La Corne de brume*], *University of Toronto Quarterly*, Vol. 52, No. 4, Summer 1983, p. 332-333.
1003. [Anonyme], « G.G. Winners », *Quill and Quire*, Vol. 49, No. 7, July 1983, p. 2.
1004. *Laurin, Michel, «*Racontages* », *Nos livres*, vol. 14, décembre 1983, p. 24-25.

CARON, Saint-Arnaud

1005. *[Anonyme], [*Vadeboncoeur*], *Reflets*, vol. 5, n° 1, septembre-octobre 1983, p. 28.
1006. *Guay, Jacques, «*Vadeboncoeur* », *Nuit blanche*, n° 10, automne 1983, p. 14.

1007. *TRUDEL, Serge, «*L'Érable et le castor, 1 : Vadeboncoeur*», *Nos livres*, vol. 14, novembre 1983, p. 20-21.

CARPENTIER, André

1008. *BOIVIN, Aurélien, «*Du pain des oiseaux*», *Québec français*, n° 49, mars 1983, p. 5.
1009. L[APIERRE], R[ené], « Les Prix de la crise », *Liberté*, vol. 25, n° 2, avril 1983, p. 82.
1010. *ALMÉRAS, Diane, « L'Espace d'une empreinte [*Du pain des oiseaux*] », *Relations*, vol. 43, n° 489, avril 1983, p. 108-109.
1011. *JANELLE, Claude, « Le Fantastique au Québec. Les Jeunes Auteurs [*Rue Saint-Denis — Du pain des oiseaux*] », *Québec français*, n° 50, mai 1983, p. 45.
1012. *BÉLIL, Michel, [*Du pain des oiseaux*], *Pour ta belle gueule d'ahuri*, vol. 3, n° 2, 1983, p. 23-25.

CARRIER, Roch

1013. *CIVIL, Jean, « Roch Carrier à la bibliothèque », *Grimoire*, vol. 6, n° 1, janvier 1983, p. 15-16.
1014. *MILJOURS, Diane, «*Jolis Deuils*», *Jeu*, n° 26, 1er trimestre 1983, p. 130.
1015. *[ANONYME], [*La Dame qui avait des chaînes aux chevilles*], *Reflets*, vol. 4, n° 5, janvier 1983, p. 25.
1016. *CIMON, Renée, «*Jolis Deuils*», *Nos livres*, vol. 14, février 1983, p. 27.
1017. *MERIVALE, P[atricia], « Foul-Weather Pastorals [*La Dame qui avait des chaînes aux chevilles*] », *Canadian Literature*, No. 96, Spring 1983, p. 147-148.
1018. CARRIER, Roch, « C'est pas comme à Paris, mais... », *Langue et société/Language and Society*, n° 9, printemps 1983, p. 14-15.
1019. KROETSCH, Robert, « Carnival and Violence : A Meditation [*La Guerre, Yes Sir !*] », *Open Letter*, Fifth Series, No. 4, Spring 1983, p. 119-120.
1020. GIRARD, Gilles, [*Cirque noir*], *University of Toronto Quarterly*, Vol. 52, No. 4, Summer 1983, p. 383.

CASGRAIN, Henri-Raymond

1021. SHEK, Ben-Z[ion], « Bulwark to Battlefield : Religion in Quebec Literature », *Journal of Canadian Studies/Revue d'études canadiennes*, Vol. 18, No. 2, Summer 1983, p. 43.

CATALANO, Francis

1022. [ANONYME], « Repères bio-bibliographiques », *La Nouvelle Barre du jour*, n° 122-123, février 1983, p. 220.

CAUCHY, Isabelle

1023. *GUAY, Hervey, « La Vieille 17, un spectacle qui a du nez [*Le Nez*] », *Liaison*, n° 29, hiver 1983-1984, p. 56.

CHABOT, Denys

1024. *LA BOSSIÈRE, Camille R., « Paradiso, purgatorio, inferno [*La Province lunaire*] », *Canadian Literature/Littérature canadienne*, No. 98, Autumn 1983, p. 81-82.

CHABOT, Marc

1025. *TRUDEAU, Dominique, «*Chroniques masculines*», *Hom-Info*, vol. 4, n° 4, décembre 1983-janvier-février 1984, p. 41.

CHADEAU, Danielle

1026. LOUTHOOD, Louise et Michèle GÉLINAS, « Le Sexisme et les romans québécois pour les jeunes », *Lurelu*, vol. 6, n° 2, automne 1983, p. 6.

CHAMBERLAND, Paul

1027. [ANONYME], « Repères bio-bibliographiques », *La Nouvelle Barre du jour*, n° 122-123, février 1983, p. 220.
1028. *ROGERS, David F., [*L'Enfant doré*], *Canadian Literature/Littérature canadienne*, No. 97, Summer 1983, p. 161-162.
1029. [ANONYME], « Bio-Bibliographie », *Arcade*, n° 4-5, septembre 1983, p. 137.
1030. *OUELLET, Réal, « La Révolution québécoise des fils de Sartre : *Un parti pris anthropologique* », *Lettres québécoises*, n° 31, automne 1983, p. 62-64.
1031. *FORTIN, Andrée, «*Un parti pris anthropologique* », *Nuit blanche*, n° 10, automne 1983, p. 7.
1032. *GAULIN, André, « Pour *Un parti pris anthropologique* », *Québec français*, n° 51, octobre 1983, p. 17-18.
1033. *LEFEBVRE, Gordon, « L'Exigence de Parti pris. *Un parti pris anthropologique* », *Spirale*, n° 37, octobre 1983, p. 9.
1034. *CHAMBERLAND, Roger, «*Aléatoire instantané & Midsummer 82* », *Québec français*, n° 52, décembre 1983, p. 12-13.

CHAMI, Thérèse

1035. *LAURIN, Michel, «*Aline et son chien* », *Nos livres*, vol. 14, novembre 1983, p. 21.

CHAMPAGNE, Édith

1036. *LAURIN, Michel, «*Les Casseurs de nuit* », *Nos livres*, vol. 14, juillet-août 1983, p. 27-28.
1037. *TREMBLAY, Diane, [*Les Casseurs de nuit*], *Lurelu*, vol. 6, n° 2, automne 1983, p. 10.

CHAPDELAINE-GAGNON, Jean

1038. *G[UAY], G[isèle], « Sous le signe de l'autre [*Essaime*] », *Virus-Viva*, vol. 6, n° 9, novembre 1983, p. 9.

CHARBONNEAU, Pierre

1039. *[ANONYME], [*La Baie heureuse*], *L'Écrilu*, vol. 2, n° 4, janvier 1983, p. 3.
1040. *DEMERS, Suzanne, [*La Baie heureuse*], *L'Écrilu*, vol. 3, n° 1, août 1983, p. 8-9.
1041. *PATERSON, Janet M., « Des mots & des maux [*La Baie heureuse*] », *Canadian Literature/Littérature canadienne*, No. 99, Winter 1983, p. 143.

CHARBONNEAU, Robert

1042. *IMBERT, Patrick, «*Ils posséderont la terre* de Robert Charbonneau ou la Problématique existentielle », *Lettres québécoises*, n° 30, été 1983, p. 55-56.

CHARBONNEAU-TISSOT, Claudette

1043. *JANELLE, Claude, « Le Fantastique au Québec. Les Jeunes Auteurs [*Contes pour hydrocéphales adultes*] », *Québec français*, n° 50, mai 1983, p. 46.

CHARETTE, Lucille

1044. *VANHEE-NELSON, Louise, «*Le Vêtement... une deuxième peau*», *Canadian Children's Literature*, No. 31-32, 1983, p. 112-113.

CHARLEBOIS, Jean

1045. *MARQUIS, André, « Lecture de *La Mour* suivi de *L'Amort* de Jean Charlebois », *Moebius*, n⁰ 16, hiver 1983, p. 65-67.

1046. *ALMÉRAS, Diane, « Urgence de sens [*La Mour* suivi de *L'Amort*] », *Relations*, vol. 43, n⁰ 487, janvier-février 1983, p. 36.

1047. *CHAMBERLAND, Roger, «*La Mour* suivi de *L'Amort* », *Québec français*, n⁰ 49, mars 1983, p. 9.

1048. *BOUCHARD, Christian, «*Estuaire* a reçu *La Mour* suivi de *L'Amort* », *Estuaire*, n⁰ 27, printemps 1983, p. 89.

1049. *BROCHU, André, [*La Mour* suivi de *L'Amort*], *Voix et images*, vol. 8, n⁰ 3, printemps 1983, p. 508-509.

1050. BAYARD, Caroline, [*La Mour* suivi de *L'Amort*], *University of Toronto Quarterly*, Vol. 52, No. 4, Summer 1983, p. 361-362.

1051. *AMPRIMOZ, Alexandre L., « Une source [*La Mour* suivi de *L'Amort*] », *Canadian Literature/Littérature canadienne*, No. 98, Autumn 1983, p. 110.

CHARRON, Claude

1052. *BOURQUE, Paul-André, [*Désobéir*], *Au masculin*, vol. 1, n⁰ 2, août 1983, p. 30-31.

1053. *CHARTIER, Monique, «*Désobéir* », *Nos livres*, vol. 14, septembre 1983, p. 42-43.

1054. *MAJOR, Jean-Louis, « Marginal et conformiste. *Désobéir* », *Lettres québécoises*, n⁰ 31, automne 1983, p. 57-58.

1055. *GAULIN, André, «*Désobéir* », *Québec français*, n⁰ 51, octobre 1983, p. 17.

CHARRON, François

1056. *BELLEFEUILLE, Normand de, « Trafiquer le lisible [*Toute parole m'éblouira*] », *Spirale*, n⁰ 31, février 1983, p. 16.

1057. *BOUCHARD, Christian, «*Estuaire* a reçu *Toute parole m'éblouira* », *Estuaire*, n⁰ 27, printemps 1983, p. 89.

1058. *M[ÉLANÇON], R[obert], « François Charron *bis* [*La Passion d'autonomie. Littérature et nationalisme* (*Les Herbes rouges*, n⁰ 99-100) — *Toute parole m'éblouira* (*Les Herbes rouges*, n⁰ 104-105)] », *Liberté*, vol. 25, n⁰ 2, avril 1983, p. 76-78.

1059. BAYARD, Caroline, [*Toute parole m'éblouira*], *University of Toronto Quarterly*, Vol. 52, No. 4, Summer 1983, p. 362-363.

1060. *SHEK, B[en]-Z[ion], [*La Passion d'autonomie. Littérature et nationalisme*], *University of Toronto Quarterly*, Vol. 52, No. 4, Summer 1983, p. 510-512.

1061. [ANONYME], [Prix littéraire Belgique-Canada 1982], *Québec Hebdo*, vol. 5, n⁰ 28, 8 août 1983, p. 4.

1062. *TRUDEL, Serge, «*Je suis ce que je suis. Journal* », *Nos livres*, vol. 14, septembre 1983, p. 43-44.

1063. *GUAY, Jean-Pierre, «*Je suis ce que je suis* », *Nuit blanche*, n⁰ 10, automne 1983, p. 15.

1064. *THÉORET, France, « Dire l'époque. *Je suis ce que je suis* », *Spirale*, n⁰ 37, octobre 1983, p. 11.

1065. M[ÉLANÇON], R[obert], « Charron, 19, 20... », *Liberté*, vol. 25, n⁰ 6, décembre 1983, p. 141-142.

CHÂTILLON, Pierre

1066. *DESJARDINS, Normand, «*La Fille arc-en-ciel*», *Nos livres*, vol. 14, juillet-août 1983, p. 28-29.
1067. *BOUCHARD, Christian, [*Poèmes 1956-1982*], *Estuaire*, n° 29, automne 1983, p. 73-74.
1068. *BAYARD, Caroline, « Conviés nous sommes à une certaine fête sauvage. *Poèmes 1956-1982*», *Lettres québécoises*, n° 31, automne 1983, p. 38-39.
1069. *LORD, Michel, «*La Fille en arc-en-ciel* ou les Incantations de l'amour et de la nature », *Lettres québécoises*, n° 31, automne 1983, p. 33-35.
1070. *GENDRON, Alain, «*La Fille arc-en-ciel*», *Québec français*, n° 51, octobre 1983, p. 15.
1071. *GENDRON, Alain, «*Poèmes*», *Québec français*, n° 51, octobre 1983, p. 14.
1072. *DUPRÉ, Louise, « Où loge le Noroît? *Poèmes* », *Spirale*, n° 37, octobre 1983, p. 8.

CHAURETTE, Normand

1073. *MOSS, Jane, « From the Asylum [*Provincetown Playhouse, juillet 1919, j'avais 19 ans*] », *Canadian Literature*, No. 96, Spring 1983, p. 143-145.
1074. *NOËL, Louis-Michel, «*Fêtes d'automne*», *Québec français*, n° 50, mai 1983, p. 9.
1075. *MILJOURS, Diane, «*La Société de Métis*. La Reconnaissance de l'artiste », *Jeu*, n° 28, 3ᵉ trimestre 1983, p. 148-149.
1076. *DESJARDINS, Normand, «*La Société de Métis*», *Nos livres*, vol. 14, juillet-août 1983, p. 29-30.
1077. *MOSS, Jane, « Trois Grandes Fêtes d'adieu [*Fêtes d'automne*] », *Canadian Literature/Littérature canadienne*, No. 98, Autumn 1983, p. 89-90.
1078. BOURASSA, André, « Performance à Métis-sur-mer. Le Théâtre de Normand Chaurette », *Lettres québécoises*, n° 32, hiver 1983-1984, p. 39-40.

CHEVRETTE, Alain

1079. *MARQUIS, André, « Lecture du *Premier Homme* d'Alain Chevrette », *Grimoire*, vol. 6, n° 5, mai-juin 1983, p. 14.
1080. *AMPRIMOZ, Alexandre L., « Une conscience [*Le Premier Homme*] », *Canadian Literature/Littérature canadienne*, No. 97, Summer 1983, p. 126-128.

CHIASSON, Anselme

1081. *[ANONYME], «*Tout le long de ces côtes* [Recueil de chansons folkloriques] », *Contact-Acadie*, n° 2, juin 1983, p. 23.
1082. *[ANONYME], «*En r'montant la tradition. Hommage au père Anselme Chiasson* [Études réunies sur le folklore acadien par plusieurs auteurs] », *Contact-Acadie*, n° 2, juin 1983, p. 22-23.
1083. *[ANONYME], «*Tout le long de ces côtes. Chansons folkloriques des Îles de la Madeleine* », *Contact-Acadie*, n° 2, juin 1983, p. 23-24.
1084. *LAURIN, Michel, « Ronald Labelle et Lauraine Léger, *En r'montant la tradition* [Hommage au Père Anselme Chiasson] », *Nos livres*, vol. 14, septembre 1983, p. 22-23.
1085. *CORMIER, Charlotte, [*Tout le long des côtes*], *Gaspésie*, vol. 21, n° 4, octobre-décembre 1983, p. 6-7.

CHOQUETTE, Gilbert

1086. *BARTLETT, Donald R., « Three Novels [*Wednesday's Child*] », *Canadian Literature/Littérature canadienne*, No. 97, Summer 1983, p. 123.

CHOUINARD, Denis

1087. *[ANONYME], «*Histoire de Julie qui avait une ombre de garçon* [Adaptation du conte de Christian Bruel, Anne Bozellec et Annie Galland] », *Dramaturgies nouvelles*, vol. 4, n⁰ 3, mars 1983, p. [3].

1088. *CUSSON, Chantale, « Greffe et rejet. *Histoire de Julie qui avait une ombre de garçon* », *Jeu*, n⁰ 27, 2ᵉ trimestre 1983, p. 165-166.

CLAING, Robert

1089. *[ANONYME], «*Marée basse* », *Spirale*, n⁰ 39, décembre 1983, p. [16].

CLERMONT, Marie-Andrée

1090. *LAURIN, Michel, «*Les Aventuriers de la canicule* », *Nos livres*, vol. 14, janvier 1983, p. 20.

1091. *McKENZIE, Donald, [*Les Aventuriers de la canicule*], *Lurelu*, vol. 6, n⁰ 1, printemps-été 1983, p. 15.

1092. *M[ICHAUD], R[obert], «*Les Aventuriers de la canicule* », *Des livres et des jeunes*, vol. 6, n⁰ 16, automne 1983, p. 43.

1093. LOUTHOOD, Louise et Michèle GÉLINAS, « Le Sexisme et les romans québécois pour les jeunes », *Lurelu*, vol. 6, n⁰ 2, automne 1983, p. 5, 7.

CLOUÂTRE, Jean

1094. LORD, Michel et Donald McKENZIE, « Le Fantastique et la science-fiction dans les romans québécois pour la jeunesse », *Lurelu*, vol. 6, n⁰ 1, printemps-été 1983, p. 7.

1095. LOUTHOOD, Louise et Michèle GÉLINAS, « Le Sexisme et les romans québécois pour les jeunes », *Lurelu*, vol. 6, n⁰ 2, automne 1983, p. 5.

CLOUTIER, Cécile

1096. *[ANONYME], «*Utinam* », *Dramaturgies nouvelles*, vol. 4, n⁰ 3, mars 1983, p. [2].

CLOUTIER, Guy

1097. *GRUSLIN, Adrien, «*La Statue de fer* », *Jeu*, n⁰ 26, 1ᵉʳ trimestre 1983, p. 127.

1098. *MORENCY-DUTIL, Daniel, «*Voici Québec* », *Vie des arts*, vol. 28, n⁰ 113, décembre 1983-janvier-février 1984, p. 89.

CLOUTIER, Sylvie

1099. [ANONYME], « Le Prix Gaston-Gouin », *Lettres québécoises*, n⁰ 29, printemps 1983, p. 12.

COLBERT, François

1100. *LAGUEUX, Denis, «*Le Marché québécois du théâtre* », *Jeu*, n⁰ 26, 1ᵉʳ trimestre 1983, p. 141-143.

COLLETTE, Jean-Yves

1101. [ANONYME], « Repères bio-bibliographiques », *La Nouvelle Barre du jour*, n⁰ 122-123, février 1983, p. 221.

1102. *GILBERT, Bernard, « De l'autre, ou la Stratégie des écarts [*Une Volvo rose*] », *Intervention*, n⁰ 20, septembre 1983, p. 43.

1103. *BEAUSOLEIL, Claude, « Lectures d'errances actuelles [*Une Volvo rose*] », *La Nouvelle Barre du jour*, no 129, septembre 1983, p. 97-98.

1104. *ALMÉRAS, Diane, « Le Coeur entre les dents [*Une Volvo rose*] », *Relations*, vol. 43, no 493, septembre 1983, p. 235.

1105. *GIGUÈRE, Richard, [*Une Volvo rose*], *Lettres québécoises*, no 31, automne 1983, p. 42-43.

1106. *D'ALFONSO, Antonio, « *Une Volvo rose* », *Nos livres*, vol. 14, octobre 1983, p. 16-17.

1107. *DUPRÉ, Louise, « Où loge le Noroît ? *Une Volvo rose* », *Spirale*, no 37, octobre 1983, p. 8.

COMEAU, Germaine

1108. *SALESSE, Michèle, « *L'Été aux puits secs* », *Lettres québécoises*, no 32, hiver 1983-1984, p. 61.

CONAN, Laure [pseud. de Félicité Angers]

1109. POULIN, Gabrielle, « *Angéline de Montbrun* ou les Abîmes de la critique », *Revue d'histoire littéraire du Québec et du Canada français*, no 5, hiver-printemps 1983, p. 125-132.

1110. TH[ÉRIO], A[drien], « Deux Écrivains canadiens honorés sur les timbres », *Lettres québécoises*, no 31, automne 1983, p. 15.

CONSTANTIN-WEYER, Maurice

1111. *LAFORTUNE, Aline, « *Un sourire dans la tempête* », *Nos livres*, vol. 14, mars 1983, p. 16-17.

1112. LAFONTAINE, Thérèse-Éveline, « 'La Leçon de la vie des bois'. Wilderness and Civilization in Constantin-Weyer's '*La Bourrasque*' », *Canadian Literature/ Littérature canadienne*, No. 98, Autumn 1983, p. 49-57.

COPPENS, Patrick

1113. *BELLEMARE, Madeleine, « *Littérature québécoise contemporaine* », *Nos livres*, vol. 14, février 1983, p. 27-28.

CORMIER, Jean-Marc

1114. *CIMON, Lucien, [*Poèmes d'amour*], *Urgences*, no 7, 1983, p. 85-87.

1115. *SALESSE, Michèle, « *Poèmes d'amour* », *Lettres québécoises*, no 29, printemps 1983, p. 78.

1116. *D'ALFONSO, Antonio, « *Poèmes d'amour* », *Nos livres*, vol. 14, mai-juin 1983, p. 22-23.

CORRIVEAU, Hugues

1117. [ANONYME], « Repères bio-bibliographiques », *La Nouvelle Barre du jour*, no 122-123, février 1983, p. 221.

1118. *CHAMBERLAND, Roger, « *Revoir le rouge* », *Québec français*, no 52, décembre 1983, p. 13.

1119. *THÉORET, France, « Traces d'un travail inégal. *Revoir le rouge* », *Spirale*, no 39, décembre 1983, p. 5.

1120. *YERGEAU, Robert, « Visa le blanc tua le rouge ? [*Revoir le rouge*] », *Lettres québécoises*, no 32, hiver 1983-1984, p. 36-37.

CORRIVEAU, Monique

1121. LORD, Michel et Donald MCKENZIE, « Le Fantastique et la science-fiction dans les romans québécois pour la jeunesse », *Lurelu*, vol. 6, n⁰ 1, printemps-été 1983, p. 6-7.
1122. LOUTHOOD, Louise et Michèle GÉLINAS, « Le Sexisme et les romans québécois pour les jeunes », *Lurelu*, vol. 6, n⁰ 2, automne 1983, p. 7.

CÔTÉ, Denis

1123. LORTIE, Alain, [*Hockeyeurs cybernétiques*], *Solaris*, vol. 9, n⁰ 3, juin-juillet 1983, p. 36.
1124. *LE BRUN, Claire, [*Hockeyeurs cybernétiques*], *Imagine*, vol. 5, n⁰ 1, août-septembre 1983, p. 76-77.
1125. *RINFRET, Marie-Josée, «*Hockeyeurs cybernétiques* », *Lettres québécoises*, n⁰ 31, automne 1983, p. 80.

CÔTÉ, Serge

1126. *[ANONYME], [*L'Île aux oiseaux*], *L'Écrilu*, vol. 3, n⁰ 1, août 1983, p. 4.

COTNOIR, Louise

1127. [ANONYME], « Repères bio-bibliographiques », *La Nouvelle Barre du jour*, n⁰ 122-123, février 1983, p. 221.
1128. [ANONYME], « Bio-Bibliographie », *Arcade*, n⁰ 4-5, septembre 1983, p. 137-138.

COTTÉ, Mario

1129. *GAUVIN, Lucie, [*Pinipède le blanchon*], *Urgences*, n⁰ 8, 1983, p. 120-122.
1130. *LAURIN, Michel, «*Pinipède le blanchon* », *Nos livres*, vol. 14, novembre 1983, p. 21-22.

COULOMBE-CÔTÉ, Pauline

1131. *MÉLUSINE, «*Contes de ma ville* », *Nos livres*, vol. 14, mai-juin 1983, p. 23.

CROTEAU, Monique

1132. *COUTU, Danielle, [*Drôle de symphonie*], *Lurelu*, vol. 6, n⁰ 1, printemps-été 1983, p. 12.

CYR, Gilles

1133. BAYARD, Caroline, [*Diminution d'une pièce*], *University of Toronto Quarterly*, Vol. 52, No. 4, Summer 1983, p. 369.
1134. *TRUDEL, Serge, «*Diminution d'une pièce* », *Nos livres*, vol. 14, juillet-août 1983, p. 30.
1135. *GIGUÈRE, Richard, [*Diminution d'une pièce*], *Lettres québécoises*, n⁰ 31, automne 1983, p. 43.
1136. *CHAMBERLAND, Roger, «*Diminution d'une pièce* », *Québec français*, n⁰ 51, octobre 1983, p. 14.

DAGENAIS, Angèle

1137. *DOUCETTE, L[éonard] E., [*Crise de croissance. Le Théâtre au Québec*], *University of Toronto Quarterly*, Vol. 52, No. 4, Summer 1983, p. 529-532.

DALLAIRE, Michel

1138. *MARCHAND, Micheline M., «*En terre sans frontières*, de Michel Dallaire. Un monde imagé et chaleureux », *Liaison*, n° 27, été 1983, p. 48.
1139. *VISWANATHAN, Jacqueline, « La Langue poétique [*Regards dans l'eau*] », *Canadian Literature/Littérature canadienne*, No. 98, Autumn 1983, p. 109-110.

DALPÉ, Jean-Marc

1140. LEBLANC, Lise, «*Un p'tit bout de stage*, une belle folie clownesque », *Liaison*, n° 25, janvier-février 1983, p. 35.
1141. *DESJARDINS, Normand, «*Hawkesburry Blues*», *Nos livres*, vol. 14, février 1983, p. 37-38.
1142. *D'ALFONSO, Antonio, «*Poèmes et chansons du Nouvel Ontario*», *Nos livres*, vol. 14, octobre 1983, p. 21-22.

DANDURAND, Anne

1143. *JANELLE, Claude, « Le Fantastique au Québec. Les Jeunes Auteurs [*La Louve-Garou*] », *Québec français*, n° 50, mai 1983, p. 46-47.

DANSEREAU, Louis-Marie

1144. *USMIANI, Renate, « Gestalt Revisited [*Ma maudite main gauche veut pus suivre*] », *Canadian Literature/Littérature canadienne*, No. 98, Autumn 1983, p. 82-83.
1145. *CHAREST, Luc, « La Scène à l'été de 1983 [*La Trousse*] », *Vie des arts*, vol. 28, n° 113, décembre 1983-janvier-février 1984, p. 79.

DAOUST, Jean-Paul

1146. [ANONYME], « Repères bio-bibliographiques », *La Nouvelle Barre du jour*, n° 122-123, février 1983, p. 221.
1147. *BEAUSOLEIL, Claude, « Lectures d'errances actuelles [*Poèmes de Babylone*] », *La Nouvelle Barre du jour*, n° 129, septembre 1983, p. 94-96.
1148. *BROCHU, André, [*Poèmes de Babylone*], *Voix et images*, vol. 9, n° 1, automne 1983, p. 144-145.

DAOUST, Julien

1149. GODIN, Jean-Cléo, « Une '*Belle Montréalaise*' en 1913 », *Revue d'histoire littéraire du Québec et du Canada français*, n° 5, hiver-printemps 1983, p. 55-62.
1150. GODIN, Jean-Cléo, « Julien Daoust, dramaturge », *Association for Canadian Theatre du théâtre au Canada*, Vol. 7, No. 1, Fall 1983, p. 9-10.
1151. GODIN, Jean-Cléo, « Julien Daoust, dramaturge 1866-1943 », *Theatre History in Canada/Histoire du théâtre au Canada*, Vol. 4, No. 2, Fall 1983, p. [113]-120.

DARGIS, Daniel

1152. *DIONNE, André, «*Scénario grammatical*», *Nos livres*, vol. 14, juillet-août 1983, p. 31.

DARIOS, Louise

1153. *TRUDEL, Serge, «*Le Soleil des morts*», *Nos livres*, vol. 14, mars 1983, p. 17-18.
1154. *LORD, Michel, «*Le Soleil des morts*», *Québec français*, n° 49, mars 1983, p. 6.
1155. *COSSETTE, Gilles, « Fascismes [*Le Soleil des morts*] », *Lettres québécoises*, n° 29, printemps 1983, p. 31-32.

DAVELUY, Paule

1156. *RINFRET, Marie-Josée, « *Un coq, un mur, deux garçons* », *Lettres québécoises*, n° 30, été 1983, p. 86.
1157. *C[HAMPAGNE]-B[OULAIS], D[anielle], « *Un coq, un mur, deux garçons* », *Des livres et des jeunes*, vol. 6, n° 16, automne 1983, p. 43.
1158. LOUTHOOD, Louise et Michèle GÉLINAS, « Le Sexisme et les romans québécois pour les jeunes », *Lurelu*, vol. 6, n° 2, automne 1983, p. 4.

DAVERTIGE

1159. *TRUDEL, Serge, « *Idem* », *Nos livres*, vol. 14, novembre 1983, p. 22.

DAVIAU, Diane-Monique

1160. *GREENSTEIN, Michael, « Decentring régions d'être [*Histoires entre quatre murs*] », *Canadian Literature/Littérature canadienne*, No. 98, Autumn 1983, p. 95.

DÉ, Claire

1161. *DIONNE, André, « Le Théâtre qu'on joue : *J'attends de tes nouvelles* », *Lettres québécoises*, n° 29, printemps 1983, p. 46.
1162. *JANELLE, Claude, « Le Fantastique au Québec. Les Jeunes Auteurs [*La Louve-Garou*] », *Québec français*, n° 50, mai 1983, p. 46-47.

DEFORGES, Régine

1163. *DUMONT, Suzanne Mia, [*La Bicyclette bleue*], *Clin d'oeil*, n° 34, juillet 1983, p. 21.

DELISLE, Jeanne-Mance

1164. *CÔTÉ, Claire, « *Ses cheveux comme le soir et sa robe écarlate* », *Nuit blanche*, n° 9, printemps-été 1983, p. 12.
1165. *FOURNIER, Luc, « *Ses cheveux comme le soir et sa robe écarlate* », *Le Temps fou*, n° 27, avril 1983, p. 65.
1166. *STANTON, Julie, « *Ses cheveux comme le soir et sa robe écarlate* », *La Gazette des femmes*, vol. 5, n° 1, mai-juin 1983, p. 4.
1167. *[ANONYME], [*Ses cheveux comme le soir et sa robe écarlate*], *L'Écrilu*, vol. 3, n° 1, août 1983, p. 3.
1168. *ALMÉRAS, Diane, « Les Trois Quarts du temps [*Ses cheveux comme le soir et sa robe écarlate*] », *Relations*, vol. 43, n° 495, novembre 1983, p. 305-306.

DELISLE, Michael

1169. [ANONYME], « Repères bio-bibliographiques », *La Nouvelle Barre du jour*, n° 122-123, février 1983, p. 222.

DÉPATIE, François

1170. *LAMY, Suzanne, « Les Québécois en France. *Magda la rivière* », *Spirale*, n° 38, novembre 1983, p. 3.
1171. *TROTTIER, Sylvie, « *Magda la rivière* », *Nuit blanche*, n° 11, décembre 1983, p. 16.

DERRIDA, Jacques

1172. *LÉPINE, Stéphane, « *L'Oreille de l'autre. Otobiographies, transferts, traductions* », *Nos livres*, vol. 14, février 1983, p. 28, 32.

DÉRY, Francine

1173. [ANONYME], « Repères bio-bibliographiques », *La Nouvelle Barre du jour*, no 122-123, février 1983, p. 222.

DESAUTELS, Denise

1174. [ANONYME], « Repères bio-bibliographiques », *La Nouvelle Barre du jour*, no 122-123, février 1983, p. 222.
1175. *BEAUSOLEIL, Claude, « Lectures d'errances actuelles [*En état d'urgence*] », *La Nouvelle Barre du jour*, no 129, septembre 1983, p. 99-100.
1176. *BOUCHARD, Christian, [*L'Écran* précédé de *Aires du temps*], *Estuaire*, no 29, automne 1983, p. 74.
1177. *CHAMBERLAND, Roger, «*L'Écran* précédé de *Aires du temps* », *Québec français*, no 51, octobre 1983, p. 14.
1178. *DUPRÉ, Louise, « Où loge le Noroît ? *L'Écran* précédé de *Aires du temps* », *Spirale*, no 37, octobre 1983, p. 8.
1179. *CLOUTIER, Guy, « Deux Moments clés [*L'Écran* précédé de *Aires du temps*] », *Nuit blanche*, no 11, décembre 1983, p. 11.

DESBIENS, Jean-Paul

1180. *FOURNIER, Alain, «*Appartenance et liberté* », *Québec français*, no 52, décembre 1983, p. 17.

DESBIENS, Patrice

1181. *LACOMBE, François, «*Sudbury*, '... où la communication est difficile' », *Liaison*, no 28, septembre 1983, p. 63.
1182. *D'ALFONSO, Antonio, «*Poèmes et chansons du Nouvel Ontario* », *Nos livres*, vol. 14, octobre 1983, p. 21-22.
1183. *LÉPINE, Stéphane, «*Sudbury* », *Nos livres*, vol. 14, octobre 1983, p. 17-18.
1184. MACINA, Michel, « Patrice Desbiens, un cri bloqué dans la gorge », *Liaison*, no 29, hiver 1983-1984, p. 13.
1185. DICKSON, Robert, [*Sudbury*], *Revue du Nouvel Ontario*, no 5, 1983, p. 163-165.

DESCHAMPS, Fanny

1186. *DUMONT, Suzanne Mia, [*La Bougainvillée*], *Clin d'oeil*, no 34, juillet 1983, p. 20-21.

DESCHAMPS, Yvon

1187. *[ANONYME], [Disque. *C'est tout seul qu'on est l'plus nombreux*], *Le Compositeur canadien/The Canadian Composer*, no 178, février 1983, p. 35.

DESCHÊNES, Josseline

1188. *LAURIN, Michel, «*Barnabé la Berlue. Le Réveil du dragon* », *Nos livres*, vol. 14, février 1983, p. 33.
1189. *MÉLUSINE, «*L'Autobus à Margo* », *Nos livres*, vol. 14, mai-juin 1983, p. 23.
1190. *S[IMARD], C[laude] et F[rance] L[ATREILLE]-H[UVELIN], «*Barnabé la Berlue. Le Réveil du dragon* », *Des livres et des jeunes*, vol. 6, no 16, automne 1983, p. 43.
1191. LOUTHOOD, Louise et Michèle GÉLINAS, « Le Sexisme et les romans québécois pour les jeunes », *Lurelu*, vol. 6, no 2, automne 1983, p. 6.
1192. *BELLEMARE, Madeleine, «*Le Cheval de plume* », *Nos livres*, vol. 14, décembre 1983, p. 26.

DESGENT, Jean-Marc

1193. [ANONYME], « Repères bio-bibliographiques », *La Nouvelle Barre du jour*, nᵒ 122-123, février 1983, p. 222.
1194. *CORRIVEAU, Hugues, « Credo quia absurdum. *Transfigurations* », *Spirale*, nᵒ 34, mai 1983, p. 8.
1195. *LÉPINE, Stéphane, «*Transfigurations* dans *Les Herbes rouges*, nᵒ 106 », *Nos livres*, vol. 14, septembre 1983, p. 44-45.

DESJARDINS, Louise

1196. *CÔTÉ, Michel, «*Rouges chaudes* suivi de *Journal du Népal*», *Spirale*, nᵒ 35, juin 1983, p. 20.
1197. *BOUCHARD, Christian, [*Rouges chaudes* suivi de *Journal du Népal*], *Estuaire*, nᵒ 28, été 1983, p. 85-86.
1198. *ALMÉRAS, Diane, « Le Coeur entre les dents [*Rouges chaudes* suivi de *Journal du Népal*] », *Relations*, vol. 43, nᵒ 493, septembre 1983, p. 235-236.
1199. *GIGUÈRE, Richard, [*Rouges chaudes* suivi de *Journal du Népal*], *Lettres québécoises*, nᵒ 31, automne 1983, p. 40-41.

DESJARDINS, Marc

1200. *LÉVESQUE, M[arie]-Andrée, « Le Partenaire [*Une folie de gars*] », *Hom-Info*, vol. 4, nᵒ 4, décembre 1983-janvier-février 1984, p. 39.

DES MARCHAIS, Gilles

1201. *MUIR, Michel, «*Demain d'hier l'antan*. Une poésie phénoménale qui s'abreuve d'authenticité », *Grimoire*, vol. 6, nᵒ 2, février 1983, p. 6-7.

DESROCHERS, Alfred

1202. GIGUÈRE, Richard, «*À l'ombre de l'Orford* d'Alfred DesRochers », *Corpus*, nᵒ 2, mars 1983, p. 21-22.

DESROCHERS, Clémence

1203. GENDRON, Chantale, Josée Fiset et Pierre BOISSONNAULT, « Le Monologue au Québec. Clémence aujourd'hui », *Québec français*, nᵒ 49, mars 1983, p. 32-33.
1204. GUILBERT, Manon, « Jeux de maux », *Le Compositeur canadien/The Canadian Composer*, nᵒ 181, mai 1983, p. 13.

DES ROCHES, Roger

1205. [ANONYME], « Repères bio-bibliographiques », *La Nouvelle Barre du jour*, nᵒ 122-123, février 1983, p. 222-223.
1206. *MARTIN, Raymond, «*L'Imagination laïque* », *Moebius*, nᵒ 17, printemps 1983, p. 90-91.
1207. *BOUCHARD, Christian, « Du muscle et de l'intelligence. *L'Imagination laïque* », *Lettres québécoises*, nᵒ 30, été 1983, p. 26-28.
1208. BAYARD, Caroline, [*L'Imagination laïque*], *University of Toronto Quarterly*, Vol. 52, No. 4, Summer 1983, p. 359, 361.
1209. *BROCHU, André, [*L'Imagination laïque*], *Voix et images*, vol. 9, nᵒ 1, automne 1983, p. 145-146.
1210. *D'ALFONSO, Antonio, «*L'Imagination laïque* », *Nos livres*, vol. 14, octobre 1983, p. 19-20.

DESROSIERS, Sylvie

1211. *BRUNETTE, Suzanne, «*T'a rien compris, Jacinthe...* », *Nuit blanche*, n° 9, printemps-été 1983, p. 9.

1212. *GERMAIN, Georges-Hébert, [*T'as rien compris, Jacinthe...*], *Clin d'oeil*, n° 31, avril 1983, p. 8.

1213. *DESJARDINS, Normand, «*T'as rien compris, Jacinthe...* », *Nos livres*, vol. 14, juillet-août 1983, p. 31-32.

1214. *LÉVESQUE, Gaëtan, «*T'as rien compris, Jacinthe...* », *Lettres québécoises*, n° 31, automne 1983, p. 81.

1215. *ALMÉRAS, Diane, « Les Trois Quarts du temps [*T'as rien compris, Jacinthe...*] », *Relations*, vol. 43, n° 495, novembre 1983, p. 305.

DESSAULLES, Henriette

1216. MAJOR, Jean-Louis, « Le *Journal* d'Henriette Dessaulles (1860-1946) », *Corpus*, n° 2, mars 1983, p. 8-10.

DIGNARD, Gilles

1217. MARCHILDON, Daniel, « Dans le commerce des idées [Rencontre] », *Liaison*, n° 27, été 1983, p. 39-40.

DIONNE, René

1218. *[ANONYME], «*Quatre Siècles d'identité canadienne* », *Contact-Acadie*, n° 3, décembre 1983, p. 7-8.

1219. *[ANONYME], «*Quatre Siècles d'identité canadienne* », *Lettres québécoises*, n° 32, hiver 1983-1984, p. 10.

DOMPIERRE, Rose

1220. *LAPRÉS, Raymond, «*L'Enfant des fleurs* », *Nos livres*, vol. 14, janvier 1983, p. 21.

DOR, Georges

1221. *MILJOURS, Diane, «*Les Moineau chez les Pinson* ou les Mignon chez les Pinceau euh... les menu chez les pincé, bof!... », *Jeu*, n° 27, 2e trimestre 1983, p. 172.

DORION, Hélène

1222. *MARTIN, Raymond, «*L'Intervalle prolongée* suivi de *La Chute requise* », *Moebius*, n° 18, été 1983, p. 56.

1223. *ALMÉRAS, Diane, « Le Coeur entre les dents [*L'Intervalle prolongé* suivi de *La Chute requise*] », *Relations*, vol. 43, n° 493, septembre 1983, p. 235.

1224. *NEPVEU, Pierre, «*L'Intervalle prolongé* suivi de *La Chute requise* », *Estuaire*, n° 29, automne 1983, p. 74-76.

1225. *GIGUÈRE, Richard, [*L'Intervalle prolongé* suivi de *La Chute requise*], *Lettres québécoises*, n° 31, automne 1983, p. 41.

1226. *DUPRÉ, Louise, « Où loge le Noroît ? *L'Intervalle prolongé* suivi de *La Chute requise* », *Spirale*, n° 37, octobre 1983, p. 8.

DOUCET, Paul

1227. *[ANONYME], «*La Mesure humaine* », *Dramaturgies nouvelles*, vol. 4, n° 2, janvier 1983, p. [2].

DRAPEAU, Renée-Berthe

1228. [ANONYME], « Repères bio-bibliographiques », *La Nouvelle Barre du jour*, n° 122-123, février 1983, p. 223.

DUBÉ, Jeannine-D.

1229. *[ANONYME], «*Mille Couleurs* », *Écriture française dans le monde*, vol. 5, n° 3-4, novembre 1983, p. 125.

DUBÉ, Laurent

1230. *[ANONYME], «*Damnée Aimée* », *Passages*, n° 2, hiver 1983-1984, p. 59.

DUBOIS, Michelle

1231. *LAVOIE, Michèle, [*Par temps de pose*], *Urgences*, n° 7, 1983, p. 90-91.

DUBOIS, René-Daniel

1232. LEFEBVRE, Paul, « Un autre épisode dans l'irrésistible ascension de René-Daniel Dubois », *Jeu*, n° 28, 3e trimestre 1983, p. 171-172.
1233. *MOSS, Jane, « Trois Grandes Fêtes d'adieu [*Adieu, docteur Münch*] », *Canadian Literature/Littérature canadienne*, No. 98, Autumn 1983, p. 87-88.
1234. *LAMARCHE, Linda, «*26 Bis, impasse du Colonel Foisy* », *Québec français*, n° 52, décembre 1983, p. 14.
1235. [ANONYME], « Grand Montréalais de l'avenir », *Lettres québécoises*, n° 32, hiver 1983-1984, p. 9.

DUCASSE, France

1236. *DESJARDINS, Normand, «*Du lieu des voyages* », *Nos livres*, vol. 14, mai-juin 1983, p. 24.
1237. *THÉORET, France, « Une longue plainte. *Du lieu des voyages* », *Spirale*, n° 35, juin 1983, p. 18.
1238. *TROTTIER, Sylvie, «*Du lieu des voyages* », *Nuit blanche*, n° 10, automne 1983, p. 12.

DUCHARME, Réjean

1239. *LEFEBVRE, Paul, «*Ha ha !...* », *Jeu*, n° 26, 1er trimestre 1983, p. 134-137.
1240. MANSEAU, Édith, « Bibliographie de Réjean Ducharme », *Voix et images*, vol. 8, n° 3, printemps 1983, p. [535]-567.
1241. *MARCOTTE, Gilles, « Le Texte le plus terrifiant jamais écrit au Québec [*Ha ha !...*] », *L'Actualité*, vol. 8, n° 4, avril 1983, p. 118.
1242. *H[ÉBERT], F[rançois], [*Ha ha !...*], *Liberté*, vol. 25, n° 3, juin 1983, p. 212.
1243. *NARBONNE, Jean-Marc, « Le Risque de la représentation. *Ha ha !...* », *Spirale*, n° 35, juin 1983, p. 16.
1244. [ANONYME], « The Awards Season [Governor General's Literary Award] », *Canadian Author and Bookman*, Vol. 58, No. 4, Summer 1983, p. 12.
1245. LEFEBVRE, Paul, « Encore à Ottawa [Prix du Gouverneur général 1982] », *Jeu*, n° 28, 3e trimestre 1983, p. 172.
1246. [ANONYME], « G.G. Winners », *Quill and Quire*, Vol. 49, No. 7, July 1983, p. 2.
1247. [ANONYME], « Prix du Gouverneur général 1983 », *Lettres québécoises*, n° 31, automne 1983, p. 15.
1248. BOIVIN, Aurélien et Roger CHAMBERLAND, « Bibliographie », *Québec français*, n° 52, décembre 1983, p. 53.

1249. CHAMBERLAND, Roger, « Des passions d'amour : *Les Bons Débarras* et *Les Beaux Souvenirs* », *Québec français*, n° 52, décembre 1983, p. 42-43.

1250. GIRARD, Gilles, « Du ludique au tragique, le théâtre ducharmien », *Québec français*, n° 52, décembre 1983, p. 44-47.

1251. JULIEN, Jacques, « Ducharme, parolier de Charlebois », *Québec français*, n° 52, décembre 1983, p. 51-53.

1252. LEDUC-PARK, Renée, « Réjean Ducharme. Les Romans », *Québec français*, n° 52, décembre 1983, p. 40-42.

1253. PAVLOVIC, Diane, « Noms de personnes. Onomastique et jeux du miroir », *Québec français*, n° 52, décembre 1983, p. 48-51.

1254. CHASSAY, Jean-François, [*L'Hiver de force*], *Études françaises*, vol. 19, n° 3, hiver 1983, p. 93-103.

DUFRESNE, Guy

1255. BOIVIN, Aurélien et Lucie ROBERT, « Bibliographie de Guy Dufresne », *Voix et images*, vol. 9, n° 1, automne 1983, p. [59]-81.

1256. LA MOTHE, Jacques, « Une affinité entre l'auteur et le réalisateur. Entrevue avec Guy Dufresne », *Voix et images*, vol. 9, n° 1, automne 1983, p. [29]-37.

1257. MARCHAND, Hélène, «*Cap-aux-Sorciers* : un archétype du téléroman québécois », *Voix et images*, vol. 9, n° 1, automne 1983, p. [39]-58.

DUGAS, Marcel

1258. GUILMETTE, Bernadette, « Marcel Dugas », *Bulletin du Centre de recherche en civilisation canadienne-française*, n° 26, avril 1983, p. 21-28.

DUGUAY, Raôul

1259. *BROCHU, André, [*Chansons d'Ô*], *Voix et images*, vol. 8, n° 2, hiver 1983, p. 363.

DUMONT, Fernand

1260. *GAGNON, Nicole, «*Idéologies au Canada français, 1940-1976*», *Recherches sociographiques*, vol. 24, n° 1, janvier-avril 1983, p. 126-129.

1261. *SHEK, B[en]-Z[ion], [*Idéologies au·Canada français, 1940-1976*], *University of Toronto Quarterly*, Vol. 52, No. 4, Summer 1983, p. 505-507.

1262. *NEATBY, H. Blair, «*Idéologies au Canada français, 1940-1976*», *The Canadian Historical Review*, Vol. 64, No. 3, September 1983, p. 384-386.

1263. *NIELSON, Greg Marc, «*Idéologies au Canada français, 1940-1976*, [3 vol.] », *The Canadian Review of Sociology and Anthropology/La Revue canadienne de sociologie et d'anthropologie*, Vol. 20, No. 4, November 1983, p. 497-500.

1264. *ROUILLARD, Jacques, «*Idéologies au Canada français, 1940-1976*», *Revue d'histoire de l'Amérique française*, vol. 37, n° 3, décembre 1983, p. 461-463.

DUMONT, Gabriel

1265. KROETSCH, Robert, « Canada Is a Poem », *Open Letter*, Fifth Series, No. 4, Spring 1983, p. 34.

DUMOULIN-TESSIER, Françoise

1266. *JANOËL, André, «*Quatre Jours... pas plus !*», *Nos livres*, vol. 14, juillet-août 1983, p. 32-33.

1267. *BÉLANGER, Daniel, «*Quatre Jours... pas plus !*», *Québec français*, n° 52, décembre 1983, p. 9-10.

DUPRÉ, Louise

1268. [ANONYME], « Repères bio-bibliographiques », *La Nouvelle Barre du jour*, n° 122-123, février 1983, p. 223.
1269. *LÉPINE, Stéphane, «*La Peau familière* », *Nos livres*, vol. 14, octobre 1983, p. 20-21.
1270. LÉPINE, Stéphane, « Notre choix. *La Peau familière*, roman de Louise Dupré [Entrevue] », *Nos livres*, vol. 14, octobre 1983, p. 4-6.
1271. *ALONZO, Anne-Marie, « Poésie vibrante. *La Peau familière* », *La Vie en rose*, n° 14, novembre-décembre 1983, p. 60.
1272. *MALENFANT, Paul-Chanel, «*La Peau familière* », *Nuit blanche*, n° 11, décembre 1983, p. 12.
1273. *GRISÉ, Yolande, « Le Sentiment très vif d'une urgence. *La Peau familière* », *Spirale*, n° 39, décembre 1983, p. 4.
1274. *BAYARD, Caroline, [*La Peau familière*], *Lettres québécoises*, n° 32, hiver 1983-1984, p. 34.

DUPUIS, Gilbert

1275. *CHÉNARD, Jacqueline, [*Le Cheval de l'Île St-Barnabé*], *Urgences*, n° 8, 1983, p. 117-119.

DURAND, André

1276. *[ANONYME], «*Une aventure magique* », *Écriture française dans le monde*, vol. 5, n° 3-4, novembre 1983, p. 126.

DUSSAULT, Gabriel

1277. *FORTIN, Andrée, «*Le Curé Labelle* », *Nuit blanche*, n° 10, automne 1983, p. 6.
1278. *GUAY, Jacques, « Le Bout de la patience [*Le Curé Labelle*] », *Nuit blanche*, n° 11, décembre 1983, p. 4-5.

ÉLIE, Normande

1279. *YERGEAU, Robert, « La Passion selon Normande Élie [*L'ordinateur est amoureux*] », *Grimoire*, vol. 6, n° 1, janvier 1983, p. 6-7.

ÉTHIER-BLAIS, Jean

1280. *GARNEAU, René, «*Les Pays étrangers*. Un humanisme nostalgique », *Écrits du Canada français*, n° 47, 1er trimestre 1983, p. 89-105.
1281. *CÔTÉ, Claire, «*Les Pays étrangers* », *Nuit blanche*, n° 8, hiver 1983, p. 12-13.
1282. *MARCOTTE, Gilles, « Jean Éthier-Blais récidive [*Les Pays étrangers*] », *L'Actualité*, vol. 8, n° 3, mars 1983, p. 89.
1283. ALLEN, Patrick, « Le Bonheur d'être [Prix Duvernay] », *L'Action nationale*, vol. 72, n° 8, avril 1983, p. 765.
1284. *LAMY, Suzanne, « Délices ou Fadeur de l'eau claire. *Les Pays étrangers* », *Spirale*, n° 33, avril 1983, p. 5.
1285. *CHAMBERLAND, Roger, «*Les Pays étrangers* », *Québec français*, n° 50, mai 1983, p. 6-7.
1286. *OUELLETTE-MICHALSKA, Madeleine, «*Les Pays étrangers* », *Châtelaine*, vol. 24, n° 6, juin 1983, p. 28.
1287. *MÉLANÇON, Robert, « Le Paradoxe du roman historique [*Les Pays étrangers*] », *Liberté*, vol. 25, n° 3, juin 1983, p. 153-154.
1288. [ANONYME], « Prix Duvernay de la Société Saint-Jean-Baptiste de Montréal : Jean Éthier-Blais », *Lettres québécoises*, n° 30, été 1983, p. 13.

1289. *COSSETTE, Gilles, «Les Pays étrangers», Lettres québécoises, n° 30, été 1983, p. 17-18.
1290. MICHON, Jacques, [Les Pays étrangers], University of Toronto Quarterly, Vol. 52, No. 4, Summer 1983, p. 335-337.
1291. *GRISÉ, Yolande, « La Condition ontaroise d'un écrivain d'ici [Les Pays étrangers] », Liaison, n° 28, septembre 1983, p. 66.
1292. *MAILHOT, Laurent, « Le Rêve [Les Pays étrangers] », Canadian Literature/ Littérature canadienne, No. 99, Winter 1983, p. 130-132.

EVRAIRE, Richard

1293. *D'ALFONSO, Antonio, «Chambre 204», Nos livres, vol. 14, avril 1983, p. 37-38.
1294. *CUSSON, Chantale, «Chambre 204. Les Armes de la paix », Jeu, n° 28, 3ᵉ trimestre 1983, p. 159-160.

EYGUN, François-Xavier

1295. *[ANONYME], «L'Écharpe d'Iris», Écriture française dans le monde, vol. 5, n° 3-4, novembre 1983, p. 126.

FADETTE [pseud. de Henriette Dessaulles]

1296. VERDUN, Christyl, « La Religion dans le Journal d'Henriette Dessaulles », Atlantis, Vol. 8, No. 2, Spring 1983, p. 45-50.

FAILLON, Michel-Étienne

1297. CAMPEAU, Lucien, « Les Mémoires d'Allet rendus à leur auteur », Les Cahiers des Dix, n° 43, 1983, p. 27-59.

FAURE, Michel

1298. LAMONTAGNE, Gilles G., [Visite libre], Au masculin, vol. 1, n° 4, octobre 1983, p. 40.
1299. *DIONNE, André, « Le Théâtre qu'on joue : Visite libre », Lettres québécoises, n° 32, hiver 1983-1984, p. 42.

FAVREAU, Marc

1300. GIRARD, Gilles, [Je m'égalomane à moi-même...], University of Toronto Quarterly, Vol. 52, No. 4, Summer 1983, p. 382-383.

FECTEAU, Hélène

1301. *LEWIS, Jocelyne, «Le Temps du désir», Nos livres, vol. 14, septembre 1983, p. 46.
1302. *LAMARCHE, Linda, «Le Temps du désir», Québec français, n° 51, octobre 1983, p. 13.

FELX, Jocelyne

1303. *MARTIN, Raymond, «Orpailleuse», Moebius, n° 16, hiver 1983, p. 69.
1304. [ANONYME], « Le Prix Émile-Nelligan », Lettres québécoises, n° 29, printemps 1983, p. 13.
1305. *BROCHU, André, [Orpailleuse], Voix et images, vol. 8, n° 3, printemps 1983, p. 504.
1306. FELX, Jocelyne, « Comme une photographie sur un bureau », La Vie en rose, n° 11, mai 1983, p. 56.
1307. BAYARD, Caroline, [Orpailleuse], University of Toronto Quarterly, Vol. 52, No. 4, Summer 1983, p. 368-369.

1308. Giguère, Richard, [Prix Émile-Nelligan], *Lettres québécoises*, no 31, automne 1983, p. 40.

FENNARIO, David

1309. Chassay, Jean-François, [*Sans parachute*], *Études françaises*, vol. 19, no 3, hiver 1983, p. 93-103.

FERLAND, Marcien

1310. *Desjardins, Normand, «*Les Batteux*», *Nos livres*, vol. 14, septembre 1983, p. 47.
1311. *Joubert, Ingrid, «*Les Batteux*», *Theatre History in Canada/Histoire du théâtre au Canada*, Vol. 4, No. 2, Fall 1983, p. 213-214.

FERRON, Jacques

1312. Bishop, Neil B., « Vers une mythologie de la renaissance : *Le Saint-Élias* », *Voix et images*, vol. 8, no 3, printemps 1983, p. [455]-464.
1313. Cantin, Pierre, « Bibliographie sélective de Jacques Ferron », *Voix et images*, vol. 8, no 3, printemps 1983, p. [465]-473.
1314. Haeck, Philippe, « La Fondation fantastique [*Le Ciel de Québec*] », *Voix et images*, vol. 8, no 3, printemps 1983, p. [427]-435.
1315. Monette, Guy, « Les Poètes de la Confédération dans *Les Confitures de coings* de Jacques Ferron », *Voix et images*, vol. 8, no 3, printemps 1983, p. [421]-426.
1316. Pelletier, Jacques, « De *La Nuit* aux *Confitures de coings*. Le Poids des événements d'octobre 1970 », *Voix et images*, vol. 8, no 3, printemps 1983, p. [407]-420.
1317. Pelletier, Jacques et Pierre L'Hérault, « L'écrivain est un cénobite. Entrevue avec Jacques Ferron », *Voix et images*, vol. 8, no 3, printemps 1983, p. [397]-405.
1318. Smith, Donald, « Jacques Ferron et les écrivains », *Voix et images*, vol. 8, no 3, printemps 1983, p. [437]-453.
1319. T[répanier], M[arie]-C[laude], « Portraits d'écrivains », *Littérature du Québec*, no 2, 1983, p. 3-4.
1320. [Anonyme], « Selected Bibliography », *Ethos*, No. 2, Autumn 1983, p. 63-64.
1321. *Whitfield, Agnès, « Du père Ferron au fils Beaulieu en attendant les grands-pères futurs [*Voix et images*, vol. 8, no 3 — *Études françaises*, vol. 9, no 1] », *Lettres québécoises*, no 31, automne 1983, p. 55-56.
1322. Van Wassenhoven, Lesley, « L'Idéologie du texte et la subversion littéraire dans *Le Ciel de Québec* de Jacques Ferron », *Revue Frontenac Review*, no 1, 1983, p. 41-60.

FERRON, Madeleine

1323. *Paterson, Janet M., « Dépossession et complicité [*Histoires édifiantes*] », *Canadian Literature/Littérature canadienne*, No. 98, Autumn 1983, p. 68-69.
1324. *Milot, Louise, « L'Histoire : une fiction. *Sur le chemin Craig* », *Lettres québécoises*, no 31, automne 1983, p. 21-23.
1325. *Marcotte, Gilles, [*Sur le chemin Craig*], *L'Actualité*, vol. 8, no 10, octobre 1983, p. 147.
1326. *Fortin, Élisabeth, «*Sur le chemin Craig*», *Québec français*, no 52, décembre 1983, p. 8.
1327. *Willemin, Patricia, « Histoire ou Roman ? *Sur le chemin Craig* », *Spirale*, no 39, décembre 1983, p. 4.
1328. [Anonyme], [Prix Paul-Émile-Borduas], *Lettres québécoises*, no 32, hiver 1983-1984, p. 9.

FERRON, Yseult

1329. *LAURIN, Michel, «*Bilijou*», *Nos livres*, vol. 14, février 1983, p. 34.

FILIATRAULT, Jean

1330. BEAULNE, Guy, « Jean Filiatrault, 1919-1982 », *Proceedings of the Royal Society of Canada/Délibérations de la Société royale du Canada*, Fourth Series, Vol. 21, 1983, p. 87-90.
1331. BEAULNE, Guy, « Jean Filiatrault, 1919-1982 », *Proceedings of the Royal Society of Canada/Délibérations de la Société royale du Canada*, Fourth Series, Vol. 21, 1983, p. 87-90.

FILION, Jean-Paul

1332. *LAURIN, Michel, «*À mes ordres, mon colonel!*», *Nos livres*, vol. 14, juillet-août 1983, p. 37-38.
1333. *BOUCHARD, Christian, «*À mes ordres, mon colonel!*», *Lettres québécoises*, n⁰ 31, automne 1983, p. 74.

FILION, Pierre

1334. *PELLETIER, Jacques, « Renaissance du roman social? [*Juré craché*] », *Voix et images*, vol. 8, n⁰ 2, hiver 1983, p. 375-377.

FILLION, Jacques

1335. *DESJARDINS, Normand, «*Pourquoi cracher sur la lune?*», *Nos livres*, vol. 14, septembre 1983, p. 48.
1336. *GUAY, Jean-Pierre, «*Pourquoi cracher sur la lune?*», *Nuit blanche*, n⁰ 11, décembre 1983, p. 12-13.

FISCHER, Hervé

1337. *DURAND, Guy, « Le Sphinx-Caméléon qui interroge l'oiseau chat [*L'Oiseau-Chat*] », *Intervention*, n⁰ 20, septembre 1983, p. 30-31.

FLAMAND, Jacques

1338. *[ANONYME], «*Masse et feu* de Jacques Flamand », *Liaison*, n⁰ 28, septembre 1983, p. [9].
1339. *ROBERT, Dominique, «*Nasse et feu*. Poésie mystique ou mystifiante », *Liaison*, n⁰ 29, hiver 1983-1984, p. 58-59.

FOGLIA, Pierre

1340. *C[HAMPAGNE]-B[OULAIS], D[anielle], «*Monsieur Jean-Jules*», *Des livres et des jeunes*, vol. 5, n⁰ 14, printemps 1983, p. 30.

FOLCH-RIBAS, Jacques

1341. *MARCOTTE, Gilles, « Folch-Ribas et son valet : une heureuse rencontre [*Le Valet de plume*] », *L'Actualité*, vol. 8, n⁰ 9, septembre 1983, p. 108.
1342. *OUELLETTE-MICHALSKA, Madeleine, «*Le Valet de plume*», *Châtelaine*, vol. 24, n⁰ 9, septembre 1983, p. 22.
1343. *DESJARDINS, Normand, «*Le Valet de plume*», *Nos livres*, vol. 14, septembre 1983, p. 49-50.

1344. DESJARDINS, Normand, « Notre choix. *Le Valet de plume*, roman de Jacques Folch-Ribas [Entrevue] », *Nos livres*, vol. 14, septembre 1983, p. 4-6.

1345. *PELLERIN, Gilles, « L'Autobiographie d'une biographie. *Le Valet de Plume* », *Lettres québécoises*, n° 31, automne 1983, p. 24-25.

1346. *BROUILLET, Chrystine, «*Le Valet de plume* », *Nuit blanche*, n° 10, automne 1983, p. 14.

1347. *BOURQUE, Paul-André, « Qui est *Laura Laur*? Qui est *Le Valet de plume*? », *Au masculin*, vol. 1, n° 4, octobre 1983, p. 21-22.

1348. [ANONYME], [Prix Molson], *Québec Hebdo*, vol. 5, n° 41, 21 novembre 1983, p. 4.

1349. *COLLET, P[aulette], « Amours [*Une aurore boréale*] », *Canadian Literature/ Littérature canadienne*, No. 99, Winter 1983, p. 171.

FORTIN, Célyne

1350. *BROCHU, André, [*Femme fragmentée*], *Voix et images*, vol. 8, n° 3, printemps 1983, p. [503].

1351. *M[ÉLANÇON], R[obert], [*Femme fragmentée*], *Liberté*, vol. 25, n° 2, avril 1983, p. 112-113.

1352. *STANTON, Julie, « Poésie de l'âme et du quotidien [*Femme fragmentée*] », *La Gazette des femmes*, vol. 5, n° 3, septembre-octobre 1983, p. 4.

FOURNIER, Alain

1353. *[ANONYME], «*Le Pique-Nique* », *Dramaturgies nouvelles*, vol. 4, n° 2, janvier 1983, p. [3].

FOURNIER, Danielle

1354. [ANONYME], « Repères bio-bibliographiques », *La Nouvelle Barre du jour*, n° 122-123, février 1983, p. 224.

FOURNIER, Roger

1355. [ANONYME], [Prix littéraire France-Canada 1982], *Québec Hebdo*, vol. 5, n° 1, 24 janvier 1983, p. 4.

1356. [ANONYME], « Prix France-Canada 1982 », *Lettres québécoises*, n° 29, printemps 1983, p. 12.

1357. [ANONYME], « The Awards Season [Governor General's Literary Award] », *Canadian Author and Bookman*, Vol. 58, No. 4, Summer 1983, p. 12.

1358. *KRÖLLER, Eva-Marie, « Le Règne du scorpion [*Le Cercle des arènes*] », *Canadian Literature/Littérature canadienne*, No. 97, Summer 1983, p. 131-132.

1359. [ANONYME], « G.G. Winners », *Quill and Quire*, Vol. 49, No. 7, July 1983, p. 2.

1360. *BOURQUE, Paul-André, [Prix France-Canada, *Le Cercle des arènes*], *Au masculin*, vol. 1, n° 2, août 1983, p. 31.

1361. [ANONYME], « Prix du Gouverneur général 1983 », *Lettres québécoises*, n° 31, automne 1983, p. 15.

1362. *VANASSE, André, «*Le Cercle des arènes*. Thésée et le minotaure », *Lettres québécoises*, n° 31, automne 1983, p. 28-29.

1363. *GUAY, Jean-Pierre, «*Le Cercle des arènes* », *Nuit blanche*, n° 10, automne 1983, p. 15.

FRANCOEUR, Lucien

1364. CHEVRETTE, Réal, « Lucien Francoeur entre Rimbaud et Morrison », *Arcade*, n° 3, hiver 1983, p. 7-23.

1365. Dubé, Jacqueline, « Un regard sur la poésie de Lucien Francoeur », *Arcade*, n⁰ 3, hiver 1983, p. 52-56.

1366. Olscamp, Marcel, « Au coeur de Francoeur ou le Truand tendre [*Des images pour une gitane*] », *Arcade*, n⁰ 3, hiver 1983, p. 58-59.

1367. Pozier, Bernard, « Phonographie Francoeur », *Arcade*, n⁰ 3, hiver 1983, p. 24-37.

1368. Villemaire, Yolande, « Sarpa Rajni et le rockeur [*Les Rockeurs sanctifiés*] », *Arcade*, n⁰ 3, hiver 1983, p. 61-63.

1369. *Trépanier, Marie-Claude, «*Les Rockeurs sanctifiés*», *Nuit blanche*, n⁰ 8, hiver 1983, p. 12.

1370. [Anonyme], « Francoeur vole vers la France », *Le Compositeur canadien/The Canadian Composer*, n⁰ 178, février 1983, p. 41.

1371. [Anonyme], « Repères bio-bibliographiques », *La Nouvelle Barre du jour*, n⁰ 122-123, février 1983, p. 223-224.

1372. *Labine, Marcel, « La Vérité païenne. Les Rockeurs sanctifiés », *Spirale*, n⁰ 32, mars 1983, p. 7.

1373. [Anonyme], [Pavone et Francoeur, *Unveiled*], *Le Compositeur canadien/The Canadian Composer*, n⁰ 180, avril 1983, p. 39.

1374. *McMillan, Gilles, [*Les Rockeurs sanctifiés*], *Le Temps fou*, n⁰ 28, 1983, p. 66.

1375. *M[élançon], R[obert], [*Les Rockeurs sanctifiés*], *Liberté*, vol. 25, n⁰ 3, juin 1983, p. 212-213.

1376. *Bayard, Caroline, « Le Retour du Sacré. Rockeurs sanctifiés », *Lettres québécoises*, n⁰ 30, été 1983, p. 25-26.

1377. *Trudel, Serge, «*Les Rockeurs sanctifiés* (reptation impériale et pyramidale manie). Écritures reptiliennes », *Nos livres*, vol. 14, juillet-août 1983, p. 38-39.

1378. Beausoleil, Claude, « Le Prétexte égyptien [*Les Rockeurs sanctifiés*] », *La Nouvelle Barre du jour*, n⁰ 129, septembre 1983, p. 107-108.

1379. *Brochu, André, [*Les Rockeurs sanctifiés*], *Voix et images*, vol. 9, n⁰ 1, automne 1983, p. 143-144.

1380. [Anonyme], [*Jour et nuit*, disque], *Le Compositeur canadien/The Canadian Composer*, n⁰ 186, décembre 1983, p. 33.

1381. [Anonyme], [Prix Émile-Nelligan], *Québec Hebdo*, vol. 5, n⁰ 44, 12 décembre 1983, p. 4.

FRAPPIER, Claude

1382. *Cimon, Renée, «*Les Tinamous*», *Nos livres*, vol. 14, février 1983, p. 34.

FRÉCHETTE, Louis-Honoré

1383. Fréchette, Louis[-Honoré], « Un texte oublié de Louis Fréchette [Présentation de David M. Hayne] », *Revue d'histoire littéraire du Québec et du Canada français*, n⁰ 5, hiver-printemps 1983, p. 133-135.

1384. Blais, Jacques, «*Satires et polémiques* de Louis Fréchette », *Corpus*, n⁰ 2, mars 1983, p. 11-12.

1385. Holland, Clifford G., « Canada Greets the Apostle of Culture », *Dalhousie Review*, Vol. 63, No. 2, Summer 1983, p. 253.

FRÉGAULT, Guy

1386. Blain, Jean, « Guy Frégault à travers *Lionel Groulx tel qu'en lui-même* », *Revue d'histoire de l'Amérique française*, vol. 36, n⁰ 4, mars 1983, p. [569]-582.

FUGÈRE, Jean-Paul

1387. *La Bossière, Camille R., « Paradiso, purgatorio, inferno [*En quatre journées*] », *Canadian Literature/Littérature canadienne*, No. 98, Autumn 1983, p. 80.

GAGNON, Alain

1388. *DESJARDINS, Normand, «*Il n'y a pas d'hiver à Kingston*», *Nos livres*, vol. 14, février 1983, p. 35-36.
1389. *SABOURIN, Pascal, [*Il n'y a pas d'hiver à Kingston*], *Revue du Nouvel Ontario*, n° 5, 1983, p. 165-166.

GAGNON, Cécile

1390. *D[OSTALER], H[enriette], «*Histoire d'Adèle Viau et de Fabien Petit*», *Des livres et des jeunes*, vol. 5, n° 14, printemps 1983, p. 30.
1391. *RUEL, Ginette, [*Histoire d'Adèle Viau et de Fabien Petit*], *Lurelu*, vol. 6, n° 1, printemps-été 1983, p. 11.
1392. *DEMERS, Dominique, «*Pourquoi les moutons frisent ?*», *Châtelaine*, vol. 24, n° 6, juin 1983, p. 87.
1393. *DEMERS, Dominique, «*Histoire d'Adèle Viau et de Fabien Petit*», *Châtelaine*, vol. 24, n° 6, juin 1983, p. 87.
1394. *LAMOUREUX, Michèle, [*Pourquoi les moutons frisent ?*], *Lurelu*, vol. 6, n° 2, automne 1983, p. 12.

GAGNON, Claude-Marie

1395. *MONTMINY, Jean-Paul, «*La Littérature populaire religieuse au Québec. Des origines à 1960. Sa diffusion, ses modèles*», *Studies in Religion/Sciences religieuses*, Vol. 12, No. 2, 1983, p. 224-225.

GAGNON, Denys

1396. *BÉLANGER, Daniel, «*Le Village et la ville — Haute et profonde la nuit*», *Québec français*, n° 51, octobre 1983, p. 15.

GAGNON, François-Marc

1397. POULIN, Andrée, « François-Marc Gagnon, internationaliste », *Jonathan*, n° 12-13, avril-mai 1983, p. 26-29.

GAGNON, Gilles

1398. *BELLEMARE, Madeleine, «*Une bottine en voyage*», *Nos livres*, vol. 14, décembre 1983, p. 26.

GAGNON, Lysiane

1399. *[ANONYME], «*Vivre avec les hommes. Un nouveau partage*», *Hom-Info*, vol. 4, n° 4, décembre 1983-janvier-février 1984, p. 42.

GAGNON, Madeleine

1400. *GILBERT, Bernard, «*Autographie 1. Fictions*», *Nuit blanche*, n° 8, hiver 1983, p. 17.
1401. *BROCHU, André, [*Au cœur de la lettre*], *Voix et images*, vol. 8, n° 2, hiver 1983, p. 368-369.
1402. [ANONYME], « Repères bio-bibliographiques », *La Nouvelle Barre du jour*, n° 122-123, février 1983, p. 224.
1403. *HAYWARD, Annette, « Sous le signe de l'amour. *Autographie, 1. Fictions* », *Spirale*, n° 32, mars 1983, p. 12.
1404. *GIGUÈRE, Richard, « Écrire le corps. *Autographie 1. Fictions* », *Lettres québécoises*, n° 29, printemps 1983, p. 38-40.

1405. *FILSON, Bruce K., [Prix du Gouverneur général 1981, *Au coeur de la lettre*], *Poetry Canada Review*, Vol. 4, No. 3, Spring 1983, p. 13.

1406. DUPRÉ, Louise, « De la chair à la langue », *La Vie en rose*, n° 11, mai 1983, p. 54-55.

1407. BAYARD, Caroline, [*Autographie 1. Fictions*], *University of Toronto Quarterly*, Vol. 52, No. 4, Summer 1983, p. 368.

1408. *BROCHU, André, [*Autographies, 1. Fictions*], *Voix et images*, vol. 9, n° 1, automne 1983, p. 146-147.

GAGNON, Maurice

1409. LORD, Michel et Donald McKENZIE, « Le Fantastique et la science-fiction dans les romans québécois pour la jeunesse », *Lurelu*, vol. 6, n° 1, printemps-été 1983, p. 6-7.

GAGNON, Odette

1410. *BERNARD, Sophie, «*ADI* au Théâtre d'la Vieille 17. Quoiqu'a dit ? A dit rien », *Liaison*, n° 25, janvier-février 1983, p. 33.

GALLANT, Melvin

1411. [ANONYME], « Le Prix France-Acadie », *Lettres québécoises*, n° 31, automne 1983, p. 15.

1412. *BOURQUE, Denis, «*Le Chant des grenouilles* », *Si que*, n° 6, automne-hiver 1983-1984, p. 189.

GARNEAU, Hector de Saint-Denys

1413. AGUIAR, Flavio, « Noir sur blanc. Présentation de trois poètes québécois : Saint-Denys Garneau, Gaston Miron et Pierre Nepveu », *Études littéraires*, vol. 16, n° 2, août 1983, p. 203-222.

1414. [ANONYME], [Sur son inclusion dans l'*Anthologie de la poésie française du XXe siècle*], *Lettres québécoises*, n° 31, automne 1983, p. 14.

GARNEAU, Michel

1415. *GRUSLIN, Adrien, «*Jeux de forces. 'Un exercice périmé et/ou nécessaire'* », *Jeu*, n° 26, 1er trimestre 1983, p. 113-114.

1416. [ANONYME], [*Émilie ne sera plus jamais cueillie par l'anémone*], *Québec Hebdo*, vol. 5, n° 2, 31 janvier 1983, p. 4.

1417. ALAINGO, « Balade [*sic*] d'un amateur triste [*L'Enfant Aurore* produit par le Théâtre de la Bordée] », *Intervention*, n° 19, juin 1983, p. 50.

1418. *USMIANI, Renate, « Varietas Delectat [*Émilie ne sera plus jamais cueillie par l'anémone*] », *Canadian Literature/Littérature canadienne*, No. 98, Autumn 1983, p. 85-86.

GAUDET, Gérald

1419. *CORRIVEAU, Hugues, «*Les Écrits des Forges, une poésie en devenirs* », *Spirale*, n° 36, septembre 1983, p. 13.

GAUDREAULT-LABRECQUE, Madeleine

1420. LORD, Michel et Donald McKENZIE, « Le Fantastique et la science-fiction dans les romans québécois pour la jeunesse », *Lurelu*, vol. 6, n° 1, printemps-été 1983, p. 4.

1421. *S[IMARD], C[laude], «*Le Mystère du grenier* », *Des livres et des jeunes*, vol. 5, n° 15, été 1983, p. 46.

1422. LOUTHOOD, Louise et Michèle GÉLINAS, « Le Sexisme et les romans québécois pour les jeunes », *Lurelu*, vol. 6, n⁰ 2, automne 1983, p. 6.

GAUTHIER, Bertrand

1423. *JANOËL, André, «*Les Amantures*», *Nos livres*, vol. 14, janvier 1983, p. 21-22.
1424. *JANELLE, Claude, «*Les Amantures*», *Nuit blanche*, n⁰ 8, hiver 1983, p. 14.
1425. GAUTHIER, Bertrand, « Savoir regarder ses propres valeurs », *Des livres et des jeunes*, vol. 5, n⁰ 14, printemps 1983, p. 8-12.
1426. *L., G., «*Les Amantures*», *Lettres québécoises*, n⁰ 29, printemps 1983, p. 79.
1427. *BOIVIN, Aurélien, «*Les Amantures*», *Québec français*, n⁰ 50, mai 1983, p. 7.

GAUTHIER, Gilles

1428. *BOURGET, Élizabeth, «*Je suis un ours !*», *Jeu*, n⁰ 26, 1ᵉʳ trimestre 1983, p. 115-116.

GAUVIN, Lise

1429. *CHAMBERLAND, Roger, «*Guide culturel du Québec*», *Recherches sociographiques*, vol. 24, n⁰ 2, mai-août 1983, p. 299-300.

GAUVREAU, Claude

1430. DUPRIEZ, Bernard, « Ha, Gauvreau ! ou *De la scansion* », *Voix et images*, vol. 9, n⁰ 1, automne 1983, p. [97]-102.

GAY, Michel

1431. [ANONYME], « Repères bio-bibliographiques », *La Nouvelle Barre du jour*, n⁰ 122-123, février 1983, p. 224-225.
1432. *D'ALFONSO, Antonio, «*Éclaboussures*», *Nos livres*, vol. 14, mars 1983, p. 19-20.
1433. *ROGERS, David F., [*Plaque tournante*], *Canadian Literature/Littérature canadienne*, No. 97, Summer 1983, p. 157-158.
1434. *AMPRIMOZ, Alexandre L., « Une source [*Éclaboussures*] », *Canadian Literature/Littérature canadienne*, No. 98, Autumn 1983, p. 111-112.

GÉLINAS, Gratien

1435. SHEK, Ben-Z[ion], « Bulwark to Battlefield : Religion in Quebec Literature », *Journal of Canadian Studies/Revue d'études canadiennes*, Vol. 18, No. 2, Summer 1983, p. 53.
1436. SÉVIGNY, Marc, « Cinéma québécois. Les Écrivains à la rescousse [*Tit-Coq*] », *Nuit blanche*, n⁰ 10, automne 1983, p. 48-51.
1437. FORTIER, André, « Fridolin à l'Université d'Ottawa », *Bulletin du Centre de recherche en civilisation canadienne-française*, n⁰ 27, décembre 1983, p. 1-9.
1438. *PAVELICH, Joan E., « The Gélinas Reviews [*Les Fridolinades, 1941 et 1942, 1943 et 1944*] », *Canadian Literature/Littérature canadienne*, No. 99, Winter 1983, p. 103-105.

GENUIST, Monique

1439. *[ANONYME], [*Languirand et l'absurde*], *L'Écrilu*, vol. 2, n⁰ 4, janvier 1983, p. 5.
1440. *MICHON, Jacques, « La Tentation de l'absurde chez Langevin et Languirand. Monique Genuist, *Languirand et l'absurde* », *Voix et images*, vol. 8, n⁰ 2, hiver 1983, p. 354-355.

1441. *JOUBERT, Ingrid, «*Languirand et l'absurde* : un accident de parcours... », *Bulletin du Centre d'études franco-canadiennes de l'Ouest*, n⁰ 14, mai 1983, p. 30-34.

GÉRIN, Pierre

1442. *LAURIN, Michel, «*Marichette. Lettres acadiennes, 1895-1898* », *Nos livres*, vol. 14, février 1983, p. 36.

GÉRIN, Pierre M.

1443. *CHIASSON, Zénon, «*Marichette. Lettres acadiennes, 1895-1898* », *Si que*, n⁰ 6, automne-hiver 1983-1984, p. 182-187.

GÉRIN, Pierre-M[arie]

1444. *LAURIN, Michel, «*Marichette. Lettres acadiennes, 1895-1898* », *Nos livres*, vol. 14, février 1983, p. 36.

GÉRIN-LAJOIE, Antoine

1445. DIONNE, René, «*Jean Rivard* d'Antoine Gérin-Lajoie », *Corpus*, n⁰ 2, mars 1983, p. 13-14.
1446. SHEK, Ben-Z[ion], « Bulwark to Battlefield : Religion in Quebec Literature », *Journal of Canadian Studies/Revue d'études canadiennes*, Vol. 18, No. 2, Summer 1983, p. 44.

GERMAIN, Georges-Hébert

1447. *BELLEMARE, Madeleine, «*Un minou fait comme un rat* », *Nos livres*, vol. 14, avril 1983, p. 38.
1448. *M[ARQUIS], D[aniel], «*Un minou fait comme un rat* », *Des livres et des jeunes*, vol. 6, n⁰ 16, automne 1983, p. 43.
1449. *GUINDON, Ginette, [*Un minou fait comme un rat*], *Lurelu*, vol. 6, n⁰ 2, automne 1983, p. 14.
1450. LOUTHOOD, Louise et Michèle GÉLINAS, « Le Sexisme et les romans québécois pour les jeunes », *Lurelu*, vol. 6, n⁰ 2, automne 1983, p. 5.

GERMAIN, Jean-Claude

1451. LE BLANC, Alonzo, « Femmes en solo », *Revue d'histoire littéraire du Québec et du Canada français*, n⁰ 5, hiver-printemps 1983, p. 91.
1452. GERMAIN, Georges-Hébert, [Le Regard de Jean-Claude Germain], *L'Actualité*, vol. 8, n⁰ 12, décembre 1983, p. 132.

GERVAIS, André

1453. [ANONYME], « Repères bio-bibliographiques », *La Nouvelle Barre du jour*, n⁰ 122-123, février 1983, p. 225.
1454. [ANONYME], « Bio-Bibliographie », *Arcade*, n⁰ 4-5, septembre 1983, p. 138.

GERVAIS, Guy

1455. *BROCHU, André, [*Gravité*], *Voix et images*, vol. 8, n⁰ 2, hiver 1983, p. 364-365.
1456. *MARTIN, Raymond, «*Gravité* », *Moebius*, n⁰ 17, printemps 1983, p. 89-90.
1457. *RUNTE, Hans R., « Of Women, Men & Muses [*Gravité. Poèmes 1967-1973*] », *Canadian Literature/Littérature canadienne*, No. 97, Summer 1983, p. 114.

1458. [ANONYME], « Prix France-Québec 1983 », *Lettres québécoises*, n° 31, automne 1983, p. 15.

1459. *YERGEAU, Robert, «*Gravité* », *Lettres québécoises*, n° 31, automne 1983, p. 45-46.

1460. FILSON, Bruce K., [Prix France-Québec], *Poetry Canada Review*, Vol. 5, No. 2, Winter 1983-1984, p. 8.

GHALEM, Nadia

1461. *BENSON, M[ark], « Aimer et se connaître [*L'Oiseau de fer*] », *Canadian Literature/ Littérature canadienne*, No. 97, Summer 1983, p. 103.

GIGUÈRE, Richard

1462. *VAILLANCOURT, Pierre-Louis, « Le Discours du curé. *Réception critique de textes littéraires québécois* », *Lettres québécoises*, n° 30, été 1983, p. 74-75.

1463. *SHEK, B[en]-Z[ion], [*Réception critique de textes littéraires québécois*], *University of Toronto Quarterly*, Vol. 52, No. 4, Summer 1983, p. 513-515.

GIGUÈRE, Roland

1464. MOTARD, Chantal, « Entrevue », *L'Apropos*, vol. 1, n° 1, 1983, p. 60-65.

1465. [ANONYME], « Les Prix du Québec 1982 [Prix David] », *Lettres québécoises*, n° 29, printemps 1983, p. 13.

1466. *ROGERS, David F., [*À l'orée de l'oeil*], *Canadian Literature/Littérature canadienne*, No. 97, Summer 1983, p. 159-160.

1467. *WHITFIELD, Agnès, «*La Partie et le tout* », *Lettres québécoises*, n° 32, hiver 1983-1984, p. 44-45.

GINGRAS, René

1468. *ANDRÈS, Bernard, «*Syncope* », *Spirale*, n° 32, mars 1983, p. 14.

1469. *CHAREST, Luc, « L'art du spectacle s'affirme [*Syncope*] », *Vie des arts*, vol. 27, n° 110, mars-avril-mai 1983, p. 64-65.

1470. *DIONNE, André, « Le Théâtre qu'on joue : *Syncope* », *Lettres québécoises*, n° 29, printemps 1983, p. 46.

1471. *LÉVESQUE, Marie-Andrée, «*Syncope* », *Hom-Info*, vol. 4, n° 2, avril-mai-juin 1983, p. 42-43.

1472. *PAVLOVIC, Diane, « Tierce d'une symphonie inachevée. *Syncope* », *Jeu*, n° 27, 2e trimestre 1983, p. 143-145.

1473. BERTIN, Raymond, [*Syncope*], *Jeu*, n° 28, 3e trimestre 1983, p. 75.

GIRARD, Jacques

1474. *DIONNE, André, « Le Théâtre qu'on joue : *Roméo et Julien* », *Lettres québécoises*, n° 29, printemps 1983, p. 48.

1475. *ANDRÈS, Bernard, « Le Prêchi-Prêcha du nouveau masculinisme [*Roméo et Julien*] », *Voix et images*, vol. 8, n° 3, printemps 1983, p. [523]-524.

1476. *GRUSLIN, Adrien, «*Roméo et Julien*. Défilé au masculin », *Jeu*, n° 28, 3e trimestre 1983, p. 159.

GIRARD, Rodolphe

1477. SHEK, Ben-Z[ion], « Bulwark to Battlefield : Religion in Quebec Literature », *Journal of Canadian Studies/Revue d'études canadiennes*, Vol. 18, No. 2, Summer 1983, p. 46-47.

GIROUX, Jean-François

1478. *[ANONYME], «Clinique de sang», Moebius, no 18, été 1983, p. 55.
1479. *TRUDEL, Serge, «Clinique de sang», Nos livres, vol. 14, juillet-août 1983, p. 39-40.
1480. *BOUCHARD, Christian, [Clinique de sang], Estuaire, no 29, automne 1983, p. 73.
1481. *GIGUÈRE, Richard, [Clinique de sang], Lettres québécoises, no 31, automne 1983, p. 43-44.

GIROUX, Martin

1482. *DESJARDINS, Normand, «L'Ère de rien (Freindraprose)», Nos livres, vol. 14, novembre 1983, p. 28.

GIROUX, Robert

1483. *GILBERT, Bernard, «L'Oeuf sans jaune», Québec français, no 49, mars 1983, p. 9.
1484. *SALESSE, Michèle, «L'Oeuf sans jaune... une longue recherche», Lettres québécoises, no 29, printemps 1983, p. 74.
1485. *TRUDEL, Serge, «L'Oeuf sans jaune», Nos livres, vol. 14, septembre 1983, p. 50.

GODBOUT, Jacques

1486. JANELLE, Claude, [Les Têtes à Papineau], Solaris, vol. 9, no 2, mars-avril 1983, p. 7.
1487. PELLETIER, Jacques, «La Problématique nationaliste dans l'oeuvre romanesque de Jacques Godbout. Le Poids de la conjoncture ou la Trajectoire d'une génération : Liberté», Les Cahiers du socialisme, no 12-13, printemps 1983, p. 241-277.
1488. *KRÖLLER, Eva-Marie, «Two Heads [Les Têtes à Papineau]», Canadian Literature, No. 96, Spring 1983, p. 111-113.
1489. ROY, Fernand, «L'Italique de Jacques Godbout (dans Salut Galarneau). Du style comme processus d'énonciation», Protée, vol. 11, no 1, printemps 1983, p. 102-106.
1490. BELLEMARE, Yvon, «Les Têtes à Papineau. Une démonstration en stéréophonie», Canadian Literature, No. 96, Spring 1983, p. 157-162.
1491. GALERY, Eunice, «Les Têtes à Papineau : comment peut-on être québécois ?», Études littéraires, vol. 16, no 2, août 1983, p. 223-230.
1492. *GUAY, Jacques, «Le Bout de la patience [La Participation contre la démocratie]», Nuit blanche, no 11, décembre 1983, p. 4.

GONZALEZ-RISSO, Kico

1493. *[ANONYME], «Attention : contenu sous pression», Dramaturgies nouvelles, vol. 4, no 2, janvier 1983, p. [2].

GOSSELIN, Louis

1494. *DAVIS, Louise, «Louis Gosselin : un auteur de théâtre prometteur [Parfum de juin]», Grimoire, vol. 6, no 3, mars 1983, p. 6.

GOUANVIC, Jean-Marc

1495. *GODBOUT, Gaétan, [Espaces imaginaires, 1, anthologie de science-fiction québécoise et française], Imagine, vol. 5, no 1, août-septembre 1983, p. 70-71.
1496. *LORD, Michel, «Tradition et nouveauté, 2. Espaces imaginaires, 1», Lettres québécoises, no 32, hiver 1983-1984, p. 32-33.

GOULET, Pierre

1497. *[ANONYME], «*Un ticket pour l'éternité*», *Dramaturgies nouvelles*, vol. 4, n° 2, janvier 1983, p. [2].

GRANDBOIS, Alain

1498. BRAULT, Jacques et Jean-Cléo GODIN, « Les *Oeuvres* d'Alain Grandbois », *Corpus*, n° 2, mars 1983, p. 23-24.

GRAND'MAISON, Jacques

1499. *FILION, Jacques, «*Un nouveau contrat social*», *Canadian Journal of Political Science/Revue canadienne de science politique*, Vol. 16, No. 2, June 1983, p. 373-375.
1500. *GAGNÉ, Paul, «*De quel droit ?*, t. 2 : *La Pratique sociale*», *Canadian Journal of Political Science/Revue canadienne de science politique*, Vol. 16, No. 2, June 1983, p. 378-380.
1501. *THÉBERGE, René, «*Tel un coup d'archet*», *L'Église canadienne*, vol. 16, n° 20, 16 juin 1983, p. 639.
1502. DASTOUS, Denise et Émile DASTOUS, « Jacques Grand'Maison », *Canadian Literature/Littérature canadienne*, No. 97, Summer 1983, p. 177-182.
1503. *BÉDARD, Serge, «*Au seuil critique d'un nouvel âge*», *Canadian Journal of Political Science/Revue canadienne de science politique*, Vol. 16, No. 3, September 1983, p. 613-614.
1504. *LAPRÉS, Raymond, «*Tel un coup d'archet*», *Nos livres*, vol. 14, novembre 1983, p. 29-30.

GRAND-MAISON, Roseline

1505. *LAURIN, Michel, «*Où est le trou du rocher Percé ?*», *Nos livres*, vol. 14, juillet-août 1983, p. 40.
1506. BOUCHER, Bernard, [*Le Père Noël a-t-il oublié le Bas du Fleuve ?*], *Urgences*, n° 8, 1983, p. 122-124.
1507. *LAURIN, Michel, «*Le Père Noël a-t-il oublié le Bas du fleuve ?*», *Nos livres*, vol. 14, novembre 1983, p. 30.

GRAVEL, Pierre

1508. *LEROUX, Georges, «*Pour une logique du sujet tragique : Sophocle*», *Dialogue*, Vol. 12, No. 2, June 1983, p. 347-351.

GRÉGOIRE, Henriette

1509. *[ANONYME], «*L'Homme du pire-vire*», *Écriture française dans le monde*, vol. 5, n° 3-4, novembre 1983, p. 127.

GRENIER, Laurent

1510. *[ANONYME], «*La Page tournée*», *L'Apropos*, vol. 1, n° 2, 1983, p. 70-71.
1511. *ROBERT, Dominique, « L'Avant-Geste d'une poésie [*La Page tournée*] », *Liaison*, n° 28, septembre 1983, p. 65.

GRIGNON, Claude-Henri

1512. SIROIS, Antoine, «*Un homme et son péché* de Claude-Henri Grignon », *Corpus*, n° 2, mars 1983, p. 25-26.

1513. Sévigny, Marc, « Cinéma québécois. Les Écrivains à la rescousse [*Un homme et son péché*] », *Nuit blanche*, n⁰ 10, automne 1983, p. 48-51.

1514. [Anonyme], [*Un homme et son péché*], *Cahiers d'histoire des pays d'en haut*, vol. 5, n⁰ 20, décembre 1983, p. 50-59.

1515. [Anonyme], « Cahier spécial sur Claude-Henri Grignon, homme de lettres. 'Un homme et son passé' », *Cahiers d'histoire des pays d'en haut*, vol. 5, n⁰ 20, décembre 1983, 79 p..

1516. Clift, Dominique, « Quebec Gothic », *Saturday Night*, Vol. 98, No. 12, December 1983, p. 65-66.

GRISÉ, Yolande

1517. *Lévesque, Gaëtan, «*Anthologie de textes littéraires franco-ontariens* », *Lettres québécoises*, n⁰ 29, printemps 1983, p. 69.

1518. *[Anonyme], «*Anthologie de textes littéraires franco-ontariens, 4 vol.* », *Écriture française dans le monde*, vol. 5, n⁰ 3-4, novembre 1983, p. 127.

1519. *Dussault, Michel, «*Le Suicide dans la Rome antique* », *Nos livres*, vol. 14, novembre 1983, p. 40-41.

GROULX, Lionel

1520. Huot, Gisèle, « Édition critique de Groulx », *Revue d'histoire de l'Amérique française*, vol. 37, n⁰ 1, juin 1983, p. [148]-154.

1521. Pollock, Irwin, « Breaking Down Barriers », *Humanist in Canada*, Vol. 16, No. 3, Autumn 1983, p. 18-19.

1522. Huot, Gisèle, « Édition critique de Groulx », *Revue d'histoire de l'Amérique française*, vol. 37, n⁰ 3, décembre 1983, p. [517]-523.

1523. Marion, Séraphin, « L'Abbé Groulx, raciste ? », *Les Cahiers des Dix*, n⁰ 43, 1983, p. 185-205.

1524. Marion, Séraphin, « L'Abbé Groulx, raciste ? », *Les Cahiers des Dix*, n⁰ 43, 1983, p. 185-205.

GRUSLIN, Adrien

1525. [Anonyme], « Bio-Bibliographie », *Arcade*, n⁰ 4-5, septembre 1983, p. 138-139.

GUÉNETTE, Denise

1526. *Janoël, André, «*M'as dire comme on dit* », *Nos livres*, vol. 14, novembre 1983, p. 30-31.

GUÉRETTE, Charlotte

1527. *S[imard], C[laude], «*Ti-Jean le paresseux* », *Des livres et des jeunes*, vol. 6, n⁰ 16, automne 1983, p. 38.

GUÈVREMONT, Germaine

1528. Demers, Alain, « Vous vous souvenez du *Survenant* ? », *Le Bulletin des agriculteurs*, vol. 65, février 1983, p. 94-95.

1529. Gouin, Jacques, « Germaine Guèvremont, créatrice d'un personnage typique des pays d'en haut », *Cahiers d'histoire des pays d'en haut*, vol. 5, n⁰ 17, mars 1983, p. 41-44.

1530. Lepage, Yvan G., «*Le Survenant* de Germain Guèvremont », *Corpus*, n⁰ 2, mars 1983, p. 27-28.

1531. SHEK, Ben-Z[ion], « Bulwark to Battlefield : Religion in Quebec Literature », *Journal of Canadian Studies/Revue d'études canadiennes*, Vol. 18, No. 2, Summer 1983, p. 49.

GUITARD, Agnès

1532. *DESJARDINS, Normand, «*Les Corps communicants*», *Nos livres*, vol. 14, janvier 1983, p. 22.
1533. *LORD, Michel, « Deux Histoires de possession, 1. La Sombre Magie des abîmes [*Les Corps communicants*] », *Lettres québécoises*, no 29, printemps 1983, p. 34-35.

HAECK, Philippe

1534. DAVID, Carole, « Portraits d'écrivains », *Littérature du Québec*, no 1, 1983, p. 6-7.
1535. *BROCHU, André, [*La Parole verte*], *Voix et images*, vol. 8, no 2, hiver 1983, p. 367-368.
1536. [ANONYME], « Le Prix Émile-Nelligan », *Lettres québécoises*, no 29, printemps 1983, p. 13.
1537. *FILSON, Bruce K., «*La Parole verte*», *Poetry Canada Review*, Vol. 5, No. 1, Fall 1983, p. 14.

HAEFFELY, Claude

1538. *DORION, Hélène, «*La Pointe du vent*», *Nuit blanche*, no 9, printemps-été 1983, p. 11.
1539. *TRUDEL, Serge, «*La Pointe du vent*», *Nos livres*, vol. 14, juillet-août 1983, p. 40-41.
1540. *BELLEFEUILLE, Normand de, «*La Pointe du vent*», *Spirale*, no 36, septembre 1983, p. 10.
1541. *BROCHU, André, [*La Pointe du vent*], *Voix et images*, vol. 9, no 1, automne 1983, p. 149.
1542. *CHAMBERLAND, Roger, «*La Pointe du vent*», *Québec français*, no 51, octobre 1983, p. 18.

HAENTJENS, Brigitte

1543. LEBLANC, Lise, «*Un p'tit bout de stage*, une belle folie clownesque », *Liaison*, no 25, janvier-février 1983, p. 35.
1544. *DESJARDINS, Normand, «*Hawkesburry Blues*», *Nos livres*, vol. 14, février 1983, p. 37-38.
1545. *MATTE, Louise, « Les Strip-Teaseuses, des femmes à raconter [*Strip*] », *Liaison*, no 26, mars-avril 1983, p. 31.
1546. *VALLÉE, Danièle, « 'Tu verras des rêves de femmes, des femmes de rêves...' [*Strip*] », *Liaison*, no 28, septembre 1983, p. 64.
1547. *LÉPINE, Stéphane, «*Strip*», *Nos livres*, vol. 14, octobre 1983, p. 15-16.

HALLÉ, Albertine

1548. *DESJARDINS, Normand, «*La Vallée des blés d'or*», *Nos livres*, vol. 14, octobre 1983, p. 22-23.
1549. *MARCHILDON, Daniel, «*La Vallée des blés d'or.* Roman ou conte historique ? », *Liaison*, no 29, hiver 1983-1984, p. 58.

HAMEL, Cécile Hélie

1550. *BOIVIN, Aurélien, «*Une femme singulière*», *Québec français*, no 52, décembre 1983, p. 8.

HAMELIN, Jean

1551. *GAGNON, Nicole, «*Idéologies au Canada français, 1940-1976*», *Recherches sociographiques*, vol. 24, n° 1, janvier-avril 1983, p. 126-129.

1552. *BELLEMARE, Madeleine, «*La Presse québécoise des origines à nos jours*, t. 5 : *1911-1919*», *Nos livres*, vol. 14, avril 1983, p. 55.

1553. *SHEK, B[en]-Z[ion], [*Idéologies au Canada français, 1940-1976*], *University of Toronto Quarterly*, Vol. 52, No. 4, Summer 1983, p. 505-507.

1554. *NEATBY, H. Blair, «*Idéologies au Canada français, 1940-1976*», *The Canadian Historical Review*, Vol. 64, No. 3, September 1983, p. 384-386.

1555. *NIELSON, Greg Marc, «*Idéologies au Canada français, 1940-1976, [3 vol.]*», *The Canadian Review of Sociology and Anthropology/La Revue canadienne de sociologie et d'anthropologie*, Vol. 20, No. 4, November 1983, p. 497-500.

1556. *ROUILLARD, Jacques, «*Idéologies au Canada français, 1940-1976*», *Revue d'histoire de l'Amérique française*, vol. 37, n° 3, décembre 1983, p. 461-463.

HARVEY, Jean-Charles

1557. TEBOUL, Victor, « Écrire et être Juif aujourd'hui au Québec », *Jonathan*, n° 10, février 1983, p. 2, 3.

1558. ROUSSEAU, Guildo, «*Les Demi-Civilisés* de Jean-Charles Harvey », *Corpus*, n° 2, mars 1983, p. 29-30.

1559. LAPIERRE, Carol, « Un désir mauve [*Marcel Faure*] », *Voix et images*, vol. 8, n° 3, printemps 1983, p. [495]-499.

1560. *SUTHERLAND, Fraser, « Tempest in a Stewpot [*Fear's Felly*, traduction de *Les Demi-Civilisés* par John Glasso] », *Books in Canada*, Vol. 12, No. 5, May 1983, p. 14.

1561. SHEK, Ben-Z[ion], « Bulwark to Battlefield : Religion in Quebec Literature », *Journal of Canadian Studies/Revue d'études canadiennes*, Vol. 18, No. 2, Summer 1983, p. 48.

1562. IVOR CASE, Frederick, «*Le Nègre dans le roman blanc. Lecture sémiotique et idéologique de romans français et canadiens, 1945-1977* [de Sébastien Joachim] », *University of Toronto Quarterly*, Vol. 52, No. 4, Summer 1983, p. 470.

HARVEY, Pauline

1563. *MARCOTTE, Gilles, [*La Ville aux gueux*], *L'Actualité*, vol. 7 [*sic*], n° 1, janvier 1983, p. 57.

1564. *MARTIN, Raymond, «*La Ville aux gueux*», *Moebius*, n° 16, hiver 1983, p. 68.

1565. *LEWIS, Jocelyne, «*La Ville aux gueux*», *Nos livres*, vol. 14, février 1983, p. 38-39.

1566. *BOISSONNAULT, Pierre, «*La Ville aux gueux*», *Québec français*, n° 49, mars 1983, p. 3.

1567. L[APIERRE], R[ené], « Les Prix de la crise », *Liberté*, vol. 25, n° 2, avril 1983, p. 80.

1568. *THÉORET, France, « Une fable bien faite. *La Ville aux gueux* », *Spirale*, n° 34, mai 1983, p. 9.

1569. *MALENFANT, Paul-Chanel, «*La Ville aux gueux*», *Nuit blanche*, n° 11, décembre 1983, p. 13.

HARVEY, Robert

1570. *VELLOSO PORTO, Maria Bernadette, «*'Kamouraska'* d'Anne Hébert. Une écriture de la passion », *Études littéraires*, vol. 16, n° 2, août 1983, 292-296.

1571. *MERLER, Grazia, « On Hébert [*'Kamouraska' d'Anne Hébert. Une écriture de la passion* suivi de *Pour un nouveau 'Torrent'*] », *Canadian Literature/Littérature canadienne*, No. 99, Winter 1983, p. 134-135.

HÉBERT, Anne

1572. *GARNEAU, René, «Les Fous de Bassan», Écrits du Canada français, no 47, 1er trimestre 1983, p. 177-181.

1573. ANAOUÏL, Louise, « Portraits d'écrivains », Littérature du Québec, no 1, 1983, p. 6.

1574. *MONEY, Darlene, «Héloïse», Quill and Quire, Vol. 49, No. 1, January 1983, p. 30, 32.

1575. FAUCHER, Françoise, [Entrevue], L'Actualité, vol. 8, no 2, février 1983, p. 11-15.

1576. *THOMAS, Audrey, « Mademoiselle Blood [Héloïse] », Books in Canada, Vol. 12, No. 2, February 1983, p. 11-12.

1577. MORISSETTE, Brigitte, « Lointaine et proche, Anne Hébert », Châtelaine, vol. 24, no 2, février 1983, p. 47-54.

1578. *CHARETTE, Christiane, « L'Imaginaire dans Les Fous de Bassan », Critère, no 36, automne 1983, p. 167-181.

1579. *MÉLANÇON, Robert, « Ce qui est sans nom ni date [Les Fous de Bassan] », Liberté, vol. 25, no 1, février 1983, p. 89-93.

1580. CAMERON, Hamish, « Awards [Prix Fémina] », Quill and Quire, Vol. 49, No. 2, February 1983, p. 27.

1581. *ALMÉRAS, Diane, «Les Fous de Bassan», Relations, vol. 43, no 488, mars 1983, p. 68-69.

1582. DIONNE, René, « Anne Hébert. Prix Fémina 1982. La Plus Haute Fidélité », Lettres québécoises, no 29, printemps 1983, p. 16.

1583. L[APIERRE], R[ené], « Les Prix de la crise », Liberté, vol. 25, no 2, avril 1983, p. 79.

1584. *BELLEMARE, Madeleine, «Les Fous de Bassan», Nos livres, vol. 14, avril 1983, p. 39.

1585. MANGUEL, Alberto, [Les Fous de Bassan], Books in Canada, Vol. 12, No. 5, May 1983, p. 8.

1586. POULIN, Jeanne, « Le Secteur littéraire en quête d'un marché populaire pour survivre », P.S. Post-Scriptum, vol. 4, no 1, mai 1983, p. 35-36.

1587. *MERLER, Grazia, [Héloïse], West Coast Review, Vol. 18, No. 1, June 1983, p. 60-64.

1588. GODARD, Barbara, « My (M)Other, My Self : Stategies for Subversion in Atwood and Hebert [Kamouraska] », Essays on Canadian Writing, No. 26, Summer 1983, p. 13-44.

1589. SHEK, Ben-Z[ion], « Bulwark to Battlefield : Religion in Quebec Literature », Journal of Canadian Studies/Revue d'études canadiennes, Vol. 18, No. 2, Summer 1983, p. 50-51.

1590. MEZEI, Kathy, [Héloïse], University of Toronto Quarterly, Vol. 52, No. 4, Summer 1983, p. 393-394.

1591. MICHON, Jacques, [Les Fous de Bassan], University of Toronto Quarterly, Vol. 52, No. 4, Summer 1983, p. 338-339.

1592. [ANONYME], « G.G. Winners », Quill and Quire, Vol. 49, No. 7, July 1983, p. 2.

1593. COHEN, Matt, « Queen in Exile », Books in Canada, Vol. 12, No. 7, August-September 1983, p. 9-12.

1594. SÉVIGNY, Marc, « Cinéma québécois. Les Écrivains à la rescousse [Les Fous de Bassan] », Nuit blanche, no 10, automne 1983, p. 48-51.

1595. JACQUES, Henri-Paul, «Kamouraska d'Anne Hébert. L'Écart entre un rêve et son récit, entre un film et un roman », Voix et images, vol. 9, no 1, automne 1983, p. [159]-161.

1596. *COLLINS, Anne, « A Closet Full of Snakes [In the Shadow of the Wind] », Maclean's, Vol. 96, No. 42, October 17, 1983, p. [61].

1597. McDONALD, Marci, « The Woman Is not for Taming », Maclean's, Vol. 96, No. 42, October 17, 1983, p. [62-64].

1598. *CLARK, Matthew, «In the Shadow of the Wind », Quill and Quire, Vol. 49, No. 11, November 1983, p. 20.

1599. *MERLER, Grazia, « On Hébert ['Kamouraska' d'Anne Hébert. Une écriture de la passion suivi de Pour un nouveau 'Torrent'] », Canadian Literature/Littérature canadienne, No. 99, Winter 1983, p. 134-135.

1600. *MERLER, Grazia, « On Hébert [Les Fous de Bassan] », Canadian Literature/ Littérature canadienne, No. 99, Winter 1983, p. 132-134.

1601. MÉLANÇON, Robert, « Anne Hébert, l'écrivain exemplaire », Forces, n° 65, hiver 1983-1984, p. 26-33.

1602. MÉLANÇON, Robert, « Anne Hébert, l'écrivain exemplaire », Forces, n° 65, 1983, p. 27-33.

HÉBERT, Chantal

1603. *LAPLANTE, Robert, «Le Burlesque au Québec. Un divertissement populaire», Recherches sociographiques, vol. 24, n° 1, janvier-avril 1983, p. 144-147.

HÉBERT, Louis-Philippe

1604. *JANELLE, Claude, « Le Fantastique au Québec. Les Jeunes Auteurs [Récits des temps ordinaires — Manuscrit trouvé dans une valise] », Québec français, n° 50, mai 1983, p. 45-46.

1605. [ANONYME], « Bio-Bibliographie », Arcade, n° 4-5, septembre 1983, p. 139-140.

HÉBERT, Marie-Francine

1606. *RENAUD, Jasmine, [Klimbo], Lurelu, vol. 6, n° 1, printemps-été 1983, p. 10.

HÉMON, Louis

1607. OUELLET, Réal, « Brève Réponse à une longue diatribe de Guy Laflèche sur une réédition récente de Maria Chapdelaine », Voix et images, vol. 8, n° 3, printemps 1983, p. [477]-483.

1608. ÉTHIER, Normand, « Gilles Carle, ou Par-Delà la morale : le cinéma [Maria Chapdelaine] », Au masculin, vol. 1, n° 1, 2e trimestre 1983, p. 9-10.

1609. PASCAU, Pierre, « Carole Laure, Maria Chapdelaine et les autres [Entrevue avec Carole Laure] », Ticket, vol. 1, n° 2, avril-mai 1983, p. 10-13, 62-64.

1610. GERMAIN, Georges-Hébert, « Moi, Maria Chapdelaine », L'Actualité, vol. 8, n° 5, mai 1983, p. 72-81, 127.

1611. POUPART, Jean-Marie, « Gilles Carle étouffé par Maria Chapdelaine », L'Actualité, vol. 8, n° 5, mai 1983, p. 83.

1612. *[ANONYME], «Maria Chapdelaine [Le Film] », Ticket, vol. 1, n° 3, juin-juillet 1983, p. 52-53.

1613. SHEK, Ben-Z[ion], « Bulwark to Battlefield : Religion in Quebec Literature », Journal of Canadian Studies/Revue d'études canadiennes, Vol. 18, No. 2, Summer 1983, p. 45, 46.

1614. POUPART, Jean-Marie, « Gilles Carle étouffé par Maria Chapdelaine », L'Actualité, vol. 8, n° 7, juillet 1983, p. 83.

1615. *BÉLANGER, Paule, «Maria Chapdelaine [Le Film] », La Gazette des femmes, vol. 5, n° 2, juillet-août 1983, p. 4.

1616. LEVER, Yves, «Maria Chapdelaine et le cinéma catalogne de Gilles Carle », Relations, vol. 43, n° 492, juillet-août 1983, p. 202-203.

1617. *BONNEVILLE, Léo, «Maria Chapdelaine [Film] », Séquences, n° 113, juillet 1983, p. 33-35.

1618. BONNEVILLE, Léo, « Interview avec Gilles Carle [au sujet du film Maria Chapdelaine] », Séquences, n° 113, juillet 1983, p. 25-28.

1619. *VALLERAND, François, «Maria Chapdelaine [Film] », Séquences, n° 113, juillet 1983, p. 72-73.

1620. *Guénette, Françoise, « Navet au Lac-St-Jean. *Maria Chapdelaine* [Film] », *La Vie en rose*, nº 12, juillet 1983, p. 66-67.

1621. *Roy, André, « Cinéma sans histoire. *Maria Chapdelaine* », *Spirale*, nº 36, septembre 1983, p. 9.

1622. Sévigny, Marc, « Cinéma québécois. Les Écrivains à la rescousse [*Maria Chapdelaine*] », *Nuit blanche*, nº 10, automne 1983, p. 48-51.

1623. *Thérien, Gilles, «*Maria Chapdelaine*. Le Tapuscrit manquant », *Voix et images*, vol. 9, nº 1, automne 1983, p. [171]-173.

1624. Ross, Val, « The New Screen Heroes [*Maria Chapdelaine*] », *Maclean's*, Vol. 96, No. 39, September 26, 1983, p. 46-54.

1625. Larose, Jean, « La Peau de Maria [*Maria Chapdelaine*] », *Québec français*, nº 51, octobre 1983, p. 47-49.

1626. Marchamps, Guy, « Louis Hémon. L'Autre Côté de la médaille », *Le Sabord*, vol. 1, nº 1, octobre-novembre 1983, p. 16-17.

1627. Abley, Mark, « Love in an Inhospitable Land [*Maria Chapdelaine* — Film] », *Maclean's*, Vol. 96, No. 46, November 14, 1983, p. 86.

1628. Major, Robert, [*Maria Chapdelaine*], *Canadian Literature/Littérature canadienne*, No. 99, Winter 1983, p. 56-58.

HOGUE, Jacqueline

1629. *L[amy], S[uzanne], «*Aube* », *Spirale*, nº 32, mars 1983, p. 5.

1630. *Bellemare, Madeleine, «*Aube* », *Nos livres*, vol. 14, avril 1983, p. 40.

1631. *Croft, Esther, «*Aube* », *Québec français*, nº 50, mai 1983, p. 7.

HURTEAU, Laure

1632. [Anonyme], « À la mémoire de Laure Hurteau », *Le 30*, vol. 7, nº 3, mars 1983, p. 7.

HUSTON, James

1633. *[Anonyme], «*Répertoire national* », *Québec Hebdo*, vol. 5, nº 2, 31 janvier 1983, p. 4.

1634. *Gallays, François, « 'Lire le *Répertoire national*' », *Lettres québécoises*, nº 29, printemps 1983, p. 61-62.

1635. *Hayne, David M., [*Répertoire national*, édité par Robert Mélançon], *University of Toronto Quarterly*, Vol. 52, No. 4, Summer 1983, p. 516-518.

HUSTON, Nancy

1636. *David, Carole, « La Pornographie, entre réalité et fiction. *Mosaïque de la pornographie. Marie-Thérèse et les autres* », *Spirale*, nº 32, mars 1983, p. 5.

IMBERT, Patrick

1637. *[Anonyme], «*Roman québécois contemporain et clichés* de Patrick Imbert », *L'Apropos*, vol. 1, nº 2, 1983, p. 71.

1638. *Whitfield, Agnès, «*Roman québécois contemporain et clichés* », *Lettres québécoises*, nº 31, automne 1983, p. 70.

JACOB, Suzanne

1639. *McMurray, Line, « Une étrangère, un rire. *Le Rire de l'étrangère* », *Spirale*, nº 32, mars 1983, p. 13.

1640. *Charest, Luc, « L'art du spectacle s'affirme [*Le Rire de l'étrangère*] », *Vie des arts*, vol. 27, nº 110, mars-avril-mai 1983, p. 65.

1641. PEDNEAULT, Hélène, « Suzanne Jacob. Lettres de Paris », *La Vie en rose*, n° 10, mars 1983, p. 62-63.

1642. *HOGUE, Jacqueline, «*Laura Laur*», *Canadian Women's Studies/Les Cahiers de la femme*, Vol. 5, No. 1, Fall 1983, p. 77-78.

1643. *PELLERIN, Gilles, « Suzanne Jacob, 27 rue Jacob, 75006 Paris [*Laura Laur*] », *Nuit blanche*, n° 10, automne 1983, p. 11.

1644. *MARCOTTE, Gilles, « Madame Jacob a pondu une oasis 'médinnequébec' [*Laura Laur*] », *L'Actualité*, vol. 8, n° 10, octobre 1983, p. 150.

1645. *BOURQUE, Paul-André, « Qui est *Laura Laur*? Qui est *Le Valet de plume*? », *Au masculin*, vol. 1, n° 4, octobre 1983, p. 21-22.

1646. SAINT-JACQUES, Marie, « Une femme qui dérange. Entrevue », *La Gazette des femmes*, vol. 5, n° 4, novembre-décembre 1983, p. 24-25.

1647. *THÉORET, France, « Les Québécois en France. *Laura Laur* », *Spirale*, n° 38, novembre 1983, p. 3.

1648. *GUAY, Gisèle, « N'en déplaise à Freud [*Laura Laur*] », *Virus-Viva*, vol. 6, n° 9, novembre 1983, p. 10.

1649. *OUELLETTE-MICHALSKA, Madeleine, «*Laura Laur* », *Châtelaine*, vol. 24, n° 12, décembre 1983, p. 24.

1650. *MILOT, Louise, «*Laura Laur* de Suzanne Jacob ou 'Comment nommer sans dire' », *Lettres québécoises*, n° 32, hiver 1983-1984, p. 23-25.

JANELLE, Claude

1651. *PELLETIER, Rosaire, [*Les Éditions du Jour. Une génération d'écrivains*], *Nouvelles de l'ASTED*, vol. 2, n° 2, avril-mai-juin 1983, p. 8.

1652. *LAJEUNESSE, Marcel, «*Les Éditions du Jour. Une génération d'écrivains* », *Documentation et bibliothèques*, vol. 29, n° 4, octobre-décembre 1983, p. 166-167.

1653. *DORION, Gilles, «*Les Éditions du Jour. Une génération d'écrivains* », *Québec français*, n° 51, octobre 1983, p. 18.

JASMIN, Claude

1654. *[ANONYME], «*Maman-Paris. Maman-la-France* », *Québec Hebdo*, vol. 5, n° 3, 7 février 1983, p. 4.

1655. *BELLEMARE, Madeleine, «*L'Armoire de Pantagruel* », *Nos livres*, vol. 14, mars 1983, p. 21-22.

1656. *ROY, Michèle, «*Maman-Paris. Maman-la-France* », *Nuit blanche*, n° 9, printemps-été 1983, p. 14.

1657. L[APIERRE], R[ené], « Les Prix de la crise », *Liberté*, vol. 25, n° 2, avril 1983, p. 81.

1658. *CÔTÉ-LÉVESQUE, Corinne, « La France trois étoiles de Claude Jasmin [*Maman-Paris. Maman-la-France*] », *L'Actualité*, vol. 8, n° 5, mai 1983, p. 134.

1659. *DORION, Gilles, «*Maman-Paris. Maman-la-France* », *Québec français*, n° 50, mai 1983, p. 6.

1660. *GÉRIN-LAJOIE, F[rançois]-M[arie], « 'Lettres perçantes' sur la Maman-France. *Maman-Paris. Maman-la-France* », *Lettres québécoises*, n° 30, été 1983, p. 82.

1661. MICHON, Jacques, [*L'Armoire de Pantagruel*], *University of Toronto Quarterly*, Vol. 52, No. 4, Summer 1983, p. 339-340.

1662. *BELLEMARE, Madeleine, «*Maman-Paris, maman-la-France* », *Nos livres*, vol. 14, juillet-août 1983, p. 42-43.

1663. *PATERSON, Janet M., « Dépossession et complicité [*L'Armoire de Pantagruel*] », *Canadian Literature/Littérature canadienne*, No. 98, Autumn 1983, p. 67-68.

1664. SÉVIGNY, Marc, « Cinéma québécois. Les Écrivains à la rescousse [*La Corde au cou — Délivrez-nous du mal*] », *Nuit blanche*, n° 10, automne 1983, p. 48-51.

1665. *LAURIN, Michel, «*Deux Mâts, une galère* », *Nos livres*, vol. 14, décembre 1983, p. 27.

1666. *La Bossière, Camille R., « Aux anges [*Les Contes du Sommet-Bleu*] », *Canadian Literature/Littérature canadienne*, No. 99, Winter 1983, p. 127.

JASMIN, Édouard

1667. *Laurin, Michel, «*Deux Mâts, une galère*», *Nos livres*, vol. 14, décembre 1983, p. 27.

JEANNOTTE, Monique

1668. *Trudel, Serge, «*Le vent n'a pas d'écho*», *Nos livres*, vol. 14, février 1983, p. 39-40.
1669. *Meadwell, Kenneth W., «*Le vent n'a pas d'écho*», *Bulletin du Centre d'études franco-canadiennes de l'Ouest*, n° 14, mai 1983, p. 29-30.
1670. *Kröller, Eva-Marie, « Le Règne du scorpion [*Le vent n'a pas d'écho*] », *Canadian Literature/Littérature canadienne*, No. 97, Summer 1983, p. 132.

JOACHIM, Sébastien

1671. *Ivor Case, Frederick, «*Le Nègre dans le roman blanc. Lecture sémiotique et idéologique de romans français et canadiens, 1945-1977*», *University of Toronto Quarterly*, Vol. 52, No. 4, Summer 1983, p. 468-470.

JOLICOEUR, Catherine

1672. Roy, Carole, « La Croqueuse de légendes », *Châtelaine*, vol. 24, n° 8, août 1983, p. 24.

KARCH, Pierre-Paul

1673. *Amprimoz, Alexandre L., « Une conscience [*Nuits blanches*] », *Canadian Literature/Littérature canadienne*, No. 97, Summer 1983, p. 126-127.
1674. *Goulet, Marie-José, «*Baptême*, de Pierre-Paul Karch. Plus qu'une banale étude de moeurs, mais... », *Liaison*, n° 27, été 1983, p. 43-44.
1675. Liddle, Michel, « La Violence : praxis ou aporie. Une étude de deux oeuvres franco-ontariennes [*Nuits blanches*] », *Laurentian University Review/Revue de l'Université Laurentienne*, Vol. 16, No. 1, November 1983, p. 25-37.

KATTAN, Naïm

1676. Mezei, Kathy, [*The Neighbour and Other Stories*], *University of Toronto Quarterly*, Vol. 52, No. 4, Summer 1983, p. 392-393.
1677. *[Anonyme], [*Le Désir et le pouvoir*], *L'Écrilu*, vol. 3, n° 1, août 1983, p. 3.
1678. [Anonyme], « Selected Bibliography », *Ethos*, No. 2, Autumn 1983, p. 63-64.
1679. *Vigneault, Robert, « L'Essai, cette passion du sens. Le Désir et le pouvoir », *Lettres québécoises*, n° 31, automne 1983, p. 67-68.
1680. *Janoël, André, «*Le Désir et le pouvoir*», *Nos livres*, vol. 14, octobre 1983, p. 25-26.
1681. *Le Blanc, Alonzo, «*Le Désir et le pouvoir*», *Québec français*, n° 51, octobre 1983, p. 15, 17.
1682. *Desjardins, Normand, «*La Fiancée promise*», *Nos livres*, vol. 14, novembre 1983, p. 32-33.
1683. *LaRue, Monique, « Une chevauchée planétaire. Le Désir et le pouvoir », *Spirale*, n° 39, décembre 1983, p. 12.

KAUS, St-John

1684. *[ANONYME], «Au filin des coeurs», Écriture française dans le monde, vol. 5, n° 3-4, novembre 1983, p. 127.

KÖNGÄS-MARANDA, Elli Kaija

1685. *LAURIN, Michel, «Travaux et inédits de Elli Kaija Köngäs-Maranda», Nos livres, vol. 14, septembre 1983, p. 23.

KUGLER, Marianne

1686. *C[HAMPAGNE]-B[OULAIS], D[anielle], «Le Lac aux chiffres», Des livres et des jeunes, vol. 6, n° 16, automne 1983, p. 40.

LABBÉ, Josette

1687. [ANONYME], « Le Prix Esso du Cercle du Livre de France », Lettres québécoises, n° 29, printemps 1983, p. 12.
1688. *CHABOT, Marc, «Jean-Pierre, mon homme, ma mère», Nuit blanche, n° 9, printemps-été 1983, p. 10.
1689. L[APIERRE], R[ené], « Les Prix de la crise », Liberté, vol. 25, n° 2, avril 1983, p. 80.
1690. *OUELLETTE-MICHALSKA, Madeleine, «Jean-Pierre, mon homme, ma mère», Châtelaine, vol. 24, n° 5, mai 1983, p. 16.
1691. *CHARTIER, Monique, «Jean-Pierre, mon homme, ma mère», Nos livres, vol. 14, mai-juin 1983, p. 25-26.
1692. MICHON, Jacques, [Jean-Pierre, mon homme, ma mère], University of Toronto Quarterly, Vol. 52, No. 4, Summer 1983, p. 339.
1693. *DORION, Gilles, «Jean-Pierre, mon homme, ma mère», Québec français, n° 52, décembre 1983, p. 8.

LABELLE, Ronald

1694. *[ANONYME], « Lancement : En r'montant la tradition. Hommage au père Anselme Chiasson », Contact-Acadie, n° 2, juin 1983, p. 22-23.

LABERGE, Albert

1695. WYCZYNSKI, Paul, «La Scouine D'Albert Laberge », Corpus, n° 2, mars 1983, p. 31-32.
1696. SHEK, Ben-Z[ion], « Bulwark to Battlefield : Religion in Quebec Literature », Journal of Canadian Studies/Revue d'études canadiennes, Vol. 18, No. 2, Summer 1983, p. 46-47.

LABERGE, Marie [dramaturge]

1697. *LAVOIE, Pierre, «Avec l'hiver qui s'en vient», Jeu, n° 26, 1er trimestre 1983, p. 139-140.
1698. [ANONYME], « G.G. Winners », Quill and Quire, Vol. 49, No. 7, July 1983, p. 2.
1699. *USMIANI, Renate, « Varietas Delectat [Ils étaient venus pour...] », Canadian Literature/Littérature canadienne, No. 98, Autumn 1983, p. 86-87.

LABERGE, Marie [poète]

1700. *BROCHU, André, [Aux mouvances du temps], Voix et images, vol. 8, n° 2, hiver 1983, p. [361]-362.

1701. *Runte, Hans R., « Of Women, Men & Muses [*Aux mouvances du temps. Poésie 1961-1971*] », *Canadian Literature/Littérature canadienne*, No. 97, Summer 1983, p. 114-115.

1702. *[Anonyme], «*Les Chants de l'épervière* », *Écriture française dans le monde*, vol. 5, nº 3-4, novembre 1983, p. 128.

LABERGE, Pierre

1703. *Brochu, André, [*Vivres*], *Voix et images*, vol. 8, nº 2, hiver 1983, p. 362-363.

1704. *Bouraoui, Hédi, «*Vivres* », *Poetry Canada Review*, Vol. 4, No. 3, Spring 1983, p. 10.

LABINE, Marcel

1705. [Anonyme], « Repères bio-bibliographiques », *La Nouvelle Barre du jour*, nº 122-123, février 1983, p. 225.

LA BOSSIÈRE, Camille R.

1706. Deahl, James et Terry Barker, « New Canada... or True North [*The Dark Age of Enlightenment*] », *CVII : Contemporary Verse Two*, Vol. 7, No. 3, September 1983, p. 35.

LACASSE, Lise

1707. [Anonyme], « Prix Alfred-DesRochers », *Lettres québécoises*, nº 29, printemps 1983, p. 12.

1708. *[Anonyme], «*La Facilité du jour* », *Écriture française dans le monde*, vol. 5, nº 3-4, novembre 1983, p. 128.

LACERTE, Rolande

1709. Lord, Michel et Donald McKenzie, « Le Fantastique et la science-fiction dans les romans québécois pour la jeunesse », *Lurelu*, vol. 6, nº 1, printemps-été 1983, p. 7.

LACHAPELLE, Claude

1710. *Fortin, Yves, [*Carcajou, le glouton fripon*], *Lurelu*, vol. 6, nº 2, automne 1983, p. 17.

LADOUCEUR, François

1711. *Cimon, Renée, «*Pierrot l'avion des neiges* », *Nos livres*, vol. 14, février 1983, p. 40.

1712. *Cimon, Renée, «*Martin l'ourson* », *Nos livres*, vol. 14, février 1983, p. 40.

1713. *Tranchemontagne, Ginette, [*Martin l'ourson — Pierrot l'avion des neiges*], *Lurelu*, vol. 6, nº 1, printemps-été 1983, p. 10.

LAFLAMME, Jean

1714. *Usmiani, Renate, « Church & Stage [*L'Église et le théâtre au Québec*] », *Canadian Literature*, No. 96, Spring 1983, p. 139-141.

LAFLEUR, Jacques

1715. *Muir, Michel, « Élan des corps vers le paranormal [*Décors à l'envers*] », *Grimoire*, vol. 6, nº 1, janvier 1983, p. 8-9.

1716. *AMPRIMOZ, Alexandre L., « Une conscience [*Décors à l'envers*] », *Canadian Literature/Littérature canadienne*, No. 97, Summer 1983, p. 126-128.

LAFONTAINE, Gilles de

1717. *[ANONYME], «*Contes et récits de la Mauricie, 1850-1950, essai de bibliographie générale*», *Écriture française dans le monde*, vol. 5, n° 3-4, novembre 1983, p. 128.

LAFONTAINE, Yvan

1718. *DORION, Hélène, «*Rétroviseurs*», *Nuit blanche*, n° 8, hiver 1983, p. 12.
1719. *DESJARDINS, Normand, «*Rétroviseurs*», *Nos livres*, vol. 14, mars 1983, p. 32-33.

LAFORTE, Conrad

1720. *GAULIN, André, «*Survivances médiévales dans la chanson folklorique*», *Québec français*, n° 49, mars 1983, p. 10.
1721. *LACROIX, Benoît, «*Survivances médiévales dans la chanson folklorique. Poétique de la chanson en laisse*», *Recherches sociographiques*, vol. 24, n° 2, mai-août 1983, p. 292-294.
1722. *LAURIN, Michel, «*Le Catalogue de la chanson folklorique française, t. 6 : Chansons sur des timbres*», *Nos livres*, vol. 14, décembre 1983, p. [21].

LAFORTUNE, Claude

1723. *PARÉ, François, « Didactique des langues et sainteté [*François d'Assise*] », *Canadian Children's Literature*, No. 29, 1983, p. 83-84.
1724. *B., J., «*Marguerite Bourgeoys*», *L'Église canadienne*, vol. 16, n° 20, 16 juin 1983, p. 639.

LA FRENIÈRE, Denise

1725. [ANONYME], « Repères bio-bibliographiques », *La Nouvelle Barre du jour*, n° 122-123, février 1983, p. 225.

LAGASSÉ, Yvonne

1726. *PICHETTE, Jean-Pierre, « À propos de deux contes populaires manitobains pour enfants [*La Petite Jument blanche — Les Trois Hommes d'or*] », *Bulletin du Centre d'études franco-canadiennes de l'Ouest*, n° 13, février 1983, p. 30-32.

LAGUEUX, Maurice

1727. *BEAUDIN, René, «*Le Marxisme des années soixante*», *Nuit blanche*, n° 10, automne 1983, p. 6-7.
1728. *VIGNEAULT, Robert, « L'Admirable Effervescence de la pensée critique [*Le Marxisme des années soixante*] », *Lettres québécoises*, n° 32, hiver 1983-1984, p. 51-53.

LA HAYE, Louise

1729. *RENAUD, Jasmine, [*Klimbo*], *Lurelu*, vol. 6, n° 1, printemps-été 1983, p. 10.

LA HONTAN, Lom D'Arce, Louis-Armand, Baron de

1730. *CHAMBERLAND, Roger, «*Nouveaux Voyages en Amérique septentrionale*», *Québec français*, n° 50, mai 1983, p. 12.

LALONDE, Michèle

1731. *SHEK, B[en]-Z[ion], [*Cause commune. Manifeste pour une internationale des petites cultures*], *University of Toronto Quarterly*, Vol. 52, No. 4, Summer 1983, p. 512-513.

LALONDE, Robert

1732. *OUELLETTE-MICHALSKA, Madeleine, «*Le Dernier Été des Indiens*», *Châtelaine*, vol. 24, nº 1, janvier 1983, p. 14.
1733. *NOËL, Lise, « Le Plaisir et l'oppression [*Le Dernier Été des Indiens*] », *Liberté*, vol. 25, nº 1, février 1983, p. 94-99.
1734. *LÉVESQUE, Marie-Andrée, «*Le Dernier Été des Indiens*», *Hom-Info*, vol. 4, nº 2, avril-mai-juin 1983, p. 46-47.
1735. *LÉVESQUE, Marie-Andrée, «*La Belle Épouvante*», *Hom-Info*, vol. 4, nº 2, avril-mai-juin 1983, p. 44-45.
1736. L[APIERRE], R[ené], « Les Prix de la crise », *Liberté*, vol. 25, nº 2, avril 1983, p. 79.
1737. MANGUEL, Alberto, [*Le Dernier Été des Indiens*], *Books in Canada*, Vol. 12, No. 5, May 1983, p. 8.
1738. MEZEI, Kathy, [*Sweet Madness*], *University of Toronto Quarterly*, Vol. 52, No. 4, Summer 1983, p. 388-389.
1739. MICHON, Jacques, [*Le Dernier Été des Indiens*], *University of Toronto Quarterly*, Vol. 52, No. 4, Summer 1983, p. 339.
1740. *COLLET, P[aulette], « Amours [*Le Dernier Été des Indiens*] », *Canadian Literature/ Littérature canadienne*, No. 99, Winter 1983, p. 171-172.

LAMARCHE, Jacques

1741. *JANOËL, André, «*La Saison des glaïeuls en fleurs (La Dynastie des Lanthier*, t. 4) », *Nos livres*, vol. 14, janvier 1983, p. 23-24.
1742. *FORTIN, Yves, [*La Saison des glaïeuls en fleurs*], *L'Écrilu*, vol. 2, nº 5, mars 1983, p. 7.
1743. *TRUDEL, Serge, «*Les Montagnes noires*, t. 1 : *Les Fendataires* », *Nos livres*, vol. 14, mars 1983, p. 23-24.
1744. *BÉLISLE, Jacques, «*La Dynastie des Lanthier*», *Lettres québécoises*, nº 29, printemps 1983, p. 27.

LAMIRANDE, Claire de

1745. *PATERSON, Janet M., « Des mots & des maux [*L'Occulteur*] », *Canadian Literature/ Littérature canadienne*, No. 99, Winter 1983, p. 142-143.

LAMONDE, Yvan

1746. *LÉPINE, Stéphane, «*Je me souviens. La Littérature personnelle au Québec (1860-1980)* », *Nos livres*, vol. 14, octobre 1983, p. 27-28.

LAMOUREUX, Henri

1747. *CHARTIER, Monique, «*Le Fils du sorcier*», *Nos livres*, vol. 14, mai-juin 1983, p. 26.
1748. LORTIE, Alain, [*Le Fils du sorcier*], *Solaris*, vol. 9, nº 3, juin-juillet 1983, p. 36.
1749. LOUTHOOD, Louise et Michèle GÉLINAS, « Le Sexisme et les romans québécois pour les jeunes », *Lurelu*, vol. 6, nº 2, automne 1983, p. 7.

LANCTÔT, Jacques

1750. [ANONYME], « Repères bio-bibliographiques », *La Nouvelle Barre du jour*, nº 122-123, février 1983, p. 225-226.

1751. *D'ALFONSO, Antonio, «*Affaires courantes*», *Nos livres*, vol. 14, juillet-août 1983, p. 43-44.

LANDRY, Ghislain

1752. *LÉPINE, Stéphane, «*Les Inutiles*», *Nos livres*, vol. 14, octobre 1983, p. 28-29.

LANDRY, Louis

1753. *DEMERS, Patricia, « Le Grand Manitou : les légendes algonquines pour de jeunes lecteurs [*Glausgab, créateur du monde — Glausgab, le protecteur*] », *Canadian Children's Literature*, No. 31-32, 1983, p. 102-104.

LANDRY-THÉRIAULT, Jeannine

1754. *SALESSE, Michèle, « Angélique et Hélios. '... et je vénérerai le soleil' (p. 40). *Un soleil mauve sur la baie*», *Lettres québécoises*, n⁰ 31, automne 1983, p. 76.

LANGEVIN, André

1755. *MICHON, Jacques, « La Tentation de l'absurde chez Langevin et Languirand. David J. Bond, *The Temptation of Despair. A Study of the Quebec Novelist André Langevin*», *Voix et images*, vol. 8, n⁰ 2, hiver 1983, p. [353]-354.
1756. SÉVIGNY, Marc, « Cinéma québécois. Les Écrivains à la rescousse [*Poussière sur la ville*] », *Nuit blanche*, n⁰ 10, automne 1983, p. 48-51.

LANGEVIN, Gilbert

1757. *ROGERS, David F., [*Le Fou solidaire*], *Canadian Literature/Littérature canadienne*, No. 97, Summer 1983, p. 157.
1758. *VISWANATHAN, Jacqueline, « La Langue poétique [*Issue de secours*] », *Canadian Literature/Littérature canadienne*, No. 98, Autumn 1983, p. 108.

LAPALME, Marguerite

1759. *KIDD, Marilyn E., [*Éperdument*], *Canadian Literature*, No. 96, Spring 1983, p. 141-142.
1760. LIDDLE, Michel, « La Violence : praxis ou aporie. Une étude de deux oeuvres franco-ontariennes [*Éperdument*] », *Laurentian University Review/Revue de l'Université Laurentienne*, Vol. 16, No. 1, November 1983, p. 25-37.
1761. LIDDLE, Michel, «*Éperdument* : imaginaire et sensualité », *Revue du Nouvel Ontario*, n⁰ 5, 1983, p. 129-136.

LAPIERRE, Jean-William

1762. *[ANONYME], «*Les Acadiens* [Collection 'Que sais-je ?'] », *Contact-Acadie*, n⁰ 2, juin 1983, p. 24.

LAPIERRE, René

1763. *MACCABÉE-IQBAL, Françoise, «*L'Imaginaire captif, Hubert Aquin*», *Canadian Literature/Littérature canadienne*, No. 97, Summer 1983, p. 170-171.
1764. *LESSARD, Alain, «*Comme des mannequins*», *Nuit blanche*, n⁰ 11, décembre 1983, p. 16.
1765. *LAMY, Suzanne, « Un texte aseptique. *Comme des mannequins*», *Spirale*, n⁰ 39, décembre 1983, p. 11.

LAPOINTE, Gatien

1766. *ROGERS, David F., [*Arbre-Radar*], *Canadian Literature/Littérature canadienne*, No. 97, Summer 1983, p. 162-163.

1767. *[ANONYME], «*Le Premier Paysage* de Gatien Lapointe et Christiane Lemire», *Lettres québécoises*, n° 30, été 1983, p. 13.

1768. T[RÉPANIER], M[arie]-C[laude], « Gatien Lapointe [Décès] », *Littérature du Québec*, n° 2, 1983, p. 2.

1769. [ANONYME], [Décès de Gatien Lapointe], *Québec Hebdo*, vol. 5, n° 35, 3 octobre 1983, p. 4.

1770. G[UAY], G[isèle], « Le Pari de vivre », *Virus-Viva*, vol. 6, n° 9, novembre 1983, p. 10.

1771. *GAULIN, André, «*Corps de l'instant. Anthologie 1956-1982*», *Québec français*, n° 52, décembre 1983, p. 12.

1772. THÉRIO, Adrien, « Gatien Lapointe, poète », *Lettres québécoises*, n° 32, hiver 1983-1984, p. 13.

L'ARCHEVÊQUE-DUGUAY, Jeanne

1773. *LONGPRÉ, Anselme, «*La Porte entr'ouverte*», *L'Église canadienne*, vol. 17, n° 2, 15 septembre 1983, p. 63.

LAROCQUE, Gilbert

1774. *MERIVALE, P[atricia], « Foul-Weather Pastorals [*Les Masques*] », *Canadian Literature*, No. 96, Spring 1983, p. 147-149.

1775. [ANONYME], « Grand Montréalais de l'avenir », *Lettres québécoises*, n° 32, hiver 1983-1984, p. 9.

LAROCQUE, Louis

1776. *BÉLANGER, Georges, [*Petit Cri de liberté*], *Revue du Nouvel Ontario*, n° 5, 1983, p. 166-168.

LAROCQUE, Marie-Christine

1777. *TRUDEL, Serge, «*La Main chaude*», *Nos livres*, vol. 14, décembre 1983, p. 27-28.

1778. *YERGEAU, Robert, [*La Main chaude*], *Lettres québécoises*, n° 32, hiver 1983-1984, p. 37.

LAROSE, Céline

1779. *BELLEMARE, Madeleine, «*Macail*», *Nos livres*, vol. 14, mai-juin 1983, p. 27.

1780. *C[HAMPAGNE]-B[OULAIS], D[anielle], «*Macail*», *Des livres et des jeunes*, vol. 6, n° 16, automne 1983, p. 40.

1781. *RUEL, Ginette, [*Macail*], *Lurelu*, vol. 6, n° 2, automne 1983, p. 11.

LAROSE, Louise

1782. *BOURAOUI, Hédi, «*Ouvrages*», *Poetry Canada Review*, Vol. 4, No. 4, Summer 1983, p. 12.

1783. *GIGUÈRE, Richard, [*Ouvrages*], *Lettres québécoises*, n° 31, automne 1983, p. 41.

LAROSE, Pierre

1784. *BELLEMARE, Madeleine, «*Macail*», *Nos livres*, vol. 14, mai-juin 1983, p. 27.

1785. *C[HAMPAGNE]-B[OULAIS], D[anielle], «*Macail*», *Des livres et des jeunes*, vol. 6, n° 16, automne 1983, p. 40.

1786. *RUEL, Ginette, [*Macail*], *Lurelu*, vol. 6, n° 2, automne 1983, p. 11.

LARRUE, Jean-Marc

1787. *HARE, John E[llis], «*Le Théâtre à Montréal à la fin du XIXᵉ siècle*», *Revue d'histoire littéraire du Québec et du Canada français*, n° 5, hiver-printemps 1983, p. 137-139.
1788. *DOUCETTE, L[éonard] E., [*Le Théâtre à Montréal à la fin du XIXᵉ siècle*], *University of Toronto Quarterly*, Vol. 52, No. 4, Summer 1983, p. 527-529.
1789. *SHOULDICE, Larry, « Information & Verve [*Le Théâtre à la fin du XIXᵉ siècle*] », *Canadian Literature/Littérature canadienne*, No. 98, Autumn 1983, p. 84-85.

LASNIER, Rina

1790. [ANONYME], « Prix des arts Maximilien-Boucher », *Lettres québécoises*, n° 32, hiver 1983-1984, p. 11.

LATOUR, Christine

1791. *DESJARDINS, Normand, «*La Dernière Chaîne* », *Nos livres*, vol. 14, novembre 1983, p. 33-34.
1792. *MARCOTTE, Gilles, [*La Dernière Chaîne*], *L'Actualité*, vol. 8, n° 12, décembre 1983, p. 138.
1793. *BARRETT, Caroline, «*La Dernière Chaîne* », *Québec français*, n° 52, décembre 1983, p. 10, 12.

LATRAVERSE, Plume

1794. [ANONYME], [*Autopsie canlaisée*, disque], *Le Compositeur canadien/The Canadian Composer*, n° 183, septembre 1983, p. 35.
1795. *FORTIN, Andrée, «*Cris et écrits* », *Nuit blanche*, n° 11, décembre 1983, p. 14.

LATREILLE-HUVELIN, France

1796. *S[IMARD], C[laude], «*L'Inspecteur Martin* », *Des livres et des jeunes*, vol. 6, n° 16, automne 1983, p. 44.

LATULIPPE, Sylvie

1797. [ANONYME], « Remise des prix littéraires de l'ASTED [Prix Marie-Claire-Daveluy] », *Nouvelles de l'ASTED*, vol. 2, n° 4, octobre-novembre-décembre 1983, p. 1.

LAVERDIÈRE, Camille

1798. *DUPRÉ, Louise, « Où loge le Noroît ? *Ce cri laurentique* », *Spirale*, n° 37, octobre 1983, p. 8.
1799. *FILSON, Bruce K., «*Ce cri laurentique* », *Poetry Canada Review*, Vol. 5, No. 2, Winter 1983-1984, p. 8.

LAVIGNE, Louis-Dominique

1800. *BASZCZYNSKI, Marilyn, [*On est capable*], *Association for Canadian Theatre History/Association d'histoire du théâtre au Canada*, Vol. 6, No. 2, Spring 1983, p. 26-27.
1801. *RENAUD, Jasmine, [*Klimbo*], *Lurelu*, vol. 6, n° 1, printemps-été 1983, p. 10.

LAVOIE, Charles-Auguste

1802. *VASSEUR, François, «*Le Chat noir, café-bar-restaurant*», *Nuit blanche*, n° 11, décembre 1983, p. 14-16.

LEBEAU, Suzanne

1803. *[ANONYME], «*Les Petits Pouvoirs*», *Dramaturgies nouvelles*, vol. 4, n° 2, janvier 1983, p. [3].
1804. *BASZCZYNSKI, Marilyn, [*Une lune entre deux maisons*], *Association for Canadian Theatre History/Association d'histoire du théâtre au Canada*, Vol. 6, No. 2, Spring 1983, p. 26-27.
1805. *BASZCZYNSKI, Marilyn, [*La couleur chante un pays*], *Association for Canadian Theatre History/Association d'histoire du théâtre au Canada*, Vol. 6, No. 2, Spring 1983, p. 26, 28.

LEBEL, Andrée

1806. *GAULIN, André, «*Le Plaisir de la liberté*», *Québec français*, n° 51, octobre 1983, p. 17.

LEBEL, Louise

1807. *S[IMARD], C[laude], «*L'Inspecteur Martin*», *Des livres et des jeunes*, vol. 6, n° 16, automne 1983, p. 44.
1808. LOUTHOOD, Louise et Michèle GÉLINAS, « Le Sexisme et les romans québécois pour les jeunes », *Lurelu*, vol. 6, n° 2, automne 1983, p. 6.

LE BLANC, Alonzo

1809. GIRARD, Gilles, [*Aurore, l'enfant martyre*], *University of Toronto Quarterly*, Vol. 52, No. 4, Summer 1983, p. 383-384.

LEBLANC, Bertrand-B.

1810. *[ANONYME], [*La Butte-aux-anges*], *L'Écrilu*, vol. 2, n° 5, mars 1983, p. 6.
1811. *BOIVIN, Aurélien, «*La Butte-aux-anges*», *Québec français*, n° 49, mars 1983, p. 2.
1812. *BEAUDOIN, Léo, «*La Butte-aux-anges*», *Nos livres*, vol. 14, avril 1983, p. 40-41.
1813. *MEZEI, Kathy, « Windows on Invention [*Horace ou l'Art de porter la redingote*] », *Canadian Literature/Littérature canadienne*, No. 97, Summer 1983, p. 129-130.
1814. *SALESSE, Michèle, «*La Butte-aux-anges*», *Lettres québécoises*, n° 30, été 1983, p. 79.
1815. *AUDETTE, Michèle, [*La Butte-aux-anges*], *L'Écrilu*, vol. 3, n° 1, août 1983, p. 8.
1816. *RIVARD-BRUNET, Lise, [*La Butte-aux-anges*], *L'Écrilu*, vol. 3, n° 1, août 1983, p. 8.
1817. *DESJARDINS, Normand, «*Variations sur un thème anathème*», *Nos livres*, vol. 14, novembre 1983, p. 34-35.
1818. *LESSARD, Alain, «*Variations sur un thème anathème*», *Nuit blanche*, n° 11, décembre 1983, p. 13.
1819. *BOIVIN, Aurélien, «*Variations sur un thème anathème*», *Québec français*, n° 52, décembre 1983, p. 13-14.
1820. *COSSETTE, Gilles, « Audaces. *Variations sur un thème anathème*», *Lettres québécoises*, n° 32, hiver 1983-1984, p. 29-30.

LEBLANC, Gérald

1821. *MASSON, Alain, «*Comme un otage du quotidien*», *Si que*, n° 6, automne-hiver 1983-1984, p. 179-181.

LEBLANC, Huguette

1822. *LEWIS, Jocelyne, «*La Nuit des immensités*», *Nos livres*, vol. 14, décembre 1983, p. 28-29.
1823. *THÉRIO, Adrien, «*La Nuit des immensités* ou la Mort apprivoisée II», *Lettres québécoises*, n° 32, hiver 1983-1984, p. 59-60.

LEBLANC, Louise

1824. *MARCOTTE, Gilles, [*37 1/2 AA*], *L'Actualité*, vol. 8, n° 9, septembre 1983, p. 108.
1825. *OUELLETTE-MICHALSKA, Madeleine, « Femmes et 37 1/2 AA [*37 1/2 AA*] », *Châtelaine*, vol. 24, n° 9, septembre 1983, p. 22.
1826. *LAFORTUNE-MARTEL, Agathe, «*37 1/2 AA*», *Canadian Women's Studies/Les Cahiers de la femme*, Vol. 5, No. 1, Fall 1983, p. 77.
1827. *GÉRIN-LAJOIE, F[rançois]-M[arie], « N'est pas maître queux qui veut. *37 1/2 AA* », *Lettres québécoises*, n° 31, automne 1983, p. 77.
1828. *MILOT, Louise, « Prix Robert-Cliche 1983 : *37 1/2 AA* », *Québec français*, n° 51, octobre 1983, p. 25.
1829. *LANGEVIN, Lysanne, « Le Rire à l'eau de rose. *37 1/2 AA* », *Spirale*, n° 37, octobre 1983, p. 4.
1830. *[ANONYME], [*37 1/2 AA*], *L'Écrilu*, vol. 3, n° 2, novembre 1983, p. 15.
1831. *[ANONYME], «*37 1/2 AA*», *Reflets*, vol. 5, n° 2, novembre-décembre 1983, p. 25.
1832. *[ANONYME], «*37 1/2 AA*», *Reflets*, vol. 5, n° 2, novembre-décembre 1983, p. 25.

LE BLANC-GILBERT, Gilberte

1833. *MATTEAU, Robert, «*Les Dédales d'un coeur*», *Nos livres*, vol. 14, mai-juin 1983, p. 27-28.

LE BOURHIS, Jean-Paul

1834. *CÔTÉ, Claire, «*Les Heures creuses*», *Nuit blanche*, n° 8, hiver 1983, p. 13.
1835. *DESJARDINS, Normand, «*Les Heures creuses*», *Nos livres*, vol. 14, mars 1983, p. 24, 28.

LECAVALIER, Nicole

1836. *VAÏS, Michel, «*Avez-vous vu la dame d'en haut ?*», *Jeu*, n° 26, 1er trimestre 1983, p. 126.

LECLERC, Félix

1837. *CHARTIER, Monique, «*Pieds nus dans l'aube*», *Nos livres*, vol. 14, février 1983, p. 41.
1838. *[ANONYME], [Disque Leclerc-Léveillé], *Le Compositeur canadien/The Canadian Composer*, n° 184, octobre 1983, p. 37.
1839. ALLEN, Patrick, « Le Gala-Hommage à Félix Leclerc », *L'Action nationale*, vol. 73, n° 3, novembre 1983, p. 280.
1840. ALLEN, Patrick, « La Question nationale selon Félix Leclerc : trois Canada distincts », *L'Action nationale*, vol. 73, n° 3, novembre 1983, p. 280-281.

LEDERER, Laura

1841. *D[UPONT], S[ylvie], «*L'Envers de la nuit*», *La Vie en rose*, n° 10, mars 1983, p. 69-70.

LEDUC, Fernand

1842. *VÉZINA, Raymond, «*Vers les îles de lumière. Écrits (1942-1980)*», *Revue d'histoire de l'Amérique française*, vol. 36, n° 4, mars 1983, p. 593-595.

LEDUC-PARK, Renée

1843. *LÉPINE, Stéphane, «*Réjean Ducharme. Nietzsche et Dionysos*», *Nos livres*, vol. 14, février 1983, p. 41-42.
1844. *H[ÉBERT], F[rançois], « Sur Réjean Ducharme [*Réjean Ducharme, Nietzshe et Dionysos*] », *Liberté*, vol. 25, n° 3, juin 1983, p. 215.
1845. *MORIN, J.L. Denis, «*Réjean Ducharme. Nietzche et Dionysos*», *Lettres québécoises*, n° 30, été 1983, p. 60-61.
1846. *HÉBERT, Pierre, [*Réjean Ducharme, Nietzsche et Dionysos*], *University of Toronto Quarterly*, Vol. 52, No. 4, Summer 1983, p. 523-525.

LE FRANC, Marie

1847. DUCROCQ-POIRIER, Madeleine, « Marie Le Franc sur les traces de Louis Hémon au Lac Saint-Jean », *Saguenayensia*, vol. 25, n° 3, juillet-septembre 1983, p. 73-76.

LEGAGNEUR, Serge

1848. *ALMÉRAS, Diane, « Le Coeur entre les dents [*Inaltérable*] », *Relations*, vol. 43, n° 493, septembre 1983, p. 234-235.
1849. *GIGUÈRE, Richard, [*Inaltérable*], *Lettres québécoises*, n° 31, automne 1983, p. 43.

LÉGAL, Roger

1850. *CROFT, Esther, «*Les Manigances d'une bru*», *Québec français*, n° 49, mars 1983, p. 6.
1851. *[ANONYME], «*Les Manigances d'une bru*», *Écriture française dans le monde*, vol. 5, n° 3-4, novembre 1983, p. 128.

LÉGARÉ, Huguette

1852. *CHAMBERLAND, Roger, «*Brun marine*», *Québec français*, n° 50, mai 1983, p. 9.
1853. *BROCHU, André, [*Brun marine*], *Voix et images*, vol. 9, n° 1, automne 1983, p. [141]-142.

LÉGARÉ, Pierre

1854. *DIONNE, André, « Le Théâtre qu'on joue : *Voyages de Noces* », *Lettres québécoises*, n° 31, automne 1983, p. 47.

LEGAULT, Anne

1855. *[ANONYME], «*Les Ailes ou la Maison cassée*», *Dramaturgies nouvelles*, vol. 4, n° 3, mars 1983, p. [2].
1856. *BOURASSA, André, [*Les Ailes ou la Maison cassée*], *Lettres québécoises*, n° 30, été 1983, p. 30.

LEGAULT, Émile

1857. LEFEBVRE, Paul, « Décès », *Jeu*, n° 28, 3e trimestre 1983, p. 171.
1858. CHICOINE, Jean-Marc, « Le Père Émile Legault, un homme de foi et d'espérance », *L'Église canadienne*, vol. 17, n° 4, 20 octobre 1983, p. 113-117.

LÉGER, Dyane

1859. *STANTON, Julie, «Sorcière de vent», La Gazette des femmes, vol. 5, n° 4, novembre-décembre 1983, p. 4.
1860. *TRÉPANIER, Marie-Claude, « Les Fantaisies de la sorcière. Sorcière de vent ! », La Vie en rose, n° 14, novembre-décembre 1983, p. 60, 62.

LÉGER, Lauraine

1861. *[ANONYME], « Lancement : En r'montant la tradition. Hommage au père Anselme Chiasson », Contact-Acadie, n° 2, juin 1983, p. 22-23.

LELIÈVRE, Jean-Marie

1862. *CHAREST, Luc, « L'art du spectacle s'affirme [Meurtre pour la joie] », Vie des arts, vol. 27, n° 110, mars-avril-mai 1983, p. 64.

LELIÈVRE, Sylvain

1863. *TRUDEL, Serge, «Entre écrire. Poèmes et chansons, 1962-1982 », Nos livres, vol. 14, avril 1983, p. 41-42.

LE MAY, Léon-Pamphile

1864. DEMERS, Jeanne et Lise GAUVIN, «Contes vrais de Pamphile Lemay », Corpus, n° 2, mars 1983, p. 15.

LEMAY-ROY, André

1865. *[ANONYME], «Le Chat d'Étienne », Dramaturgies nouvelles, vol. 4, n° 3, mars 1983, p. [3].

LEMELIN, Roger

1866. GUAY, Jacques, « Le Crime de Monsieur Lemelin », Nuit blanche, n° 8, hiver 1983, p. 3.
1867. HOMEL, David, « Acrobats and Acrimony at Salon du livre [Le Crime d'Ovide Plouffe] », Quill and Quire, Vol. 49, No. 1, January 1983, p. 14.
1868. SLOPEN, Beverley, « Le Crime des Lemelins... Hurtig Hustles Encyclopedias [Le Crime d'Ovide Plouffe] », Quill and Quire, Vol. 49, No. 1, January 1983, p. 21.
1869. *CÔTÉ-LÉVESQUE, Corinne, « Les Plouffe, deuxième acte [Le Crime d'Ovide Plouffe] », L'Actualité, vol. 8, n° 2, février 1983, p. 72.
1870. *ARGUIN, Maurice, «Le Crime d'Ovide Plouffe », Québec français, n° 49, mars 1983, p. 13.
1871. *GÉRIN-LAJOIE, François-Marie, «Le Crime d'Ovide Plouffe », Lettres québécoises, n° 29, printemps 1983, p. 72.
1872. ÉTHIER, Normand, « Gilles Carle, ou Par-Delà la morale : le cinéma [Les Plouffe] », Au masculin, vol. 1, n° 1, 2e trimestre 1983, p. 9-10.
1873. SHEK, Ben-Z[ion], « Bulwark to Battlefield : Religion in Quebec Literature », Journal of Canadian Studies/Revue d'études canadiennes, Vol. 18, No. 2, Summer 1983, p. 49, 54.
1874. MICHON, Jacques, [Le Crime d'Ovide Plouffe], University of Toronto Quarterly, Vol. 52, No. 4, Summer 1983, p. 334-335.
1875. MCQUADE, Winston, « Justine Héroux. Une guerrière au cinéma [Le Crime d'Ovide Plouffe] », Au masculin, vol. 1, n° 2, août 1983, p. 40-41, 45.
1876. *[ANONYME], [Le Crime d'Ovide Plouffe], L'Écrilu, vol. 3, n° 1, août 1983, p. 3.

1877. LEMELIN, Roger, « La Famille Plouffe (Part II) », *Ticket*, vol. 1, n° 4, août-septembre 1983, p. 12-13.
1878. SÉVIGNY, Marc, « Cinéma québécois. Les Écrivains à la rescousse [*Les PLouffe*] », *Nuit blanche*, n° 10, automne 1983, p. 48-51.
1879. MOORE, Gilbert, « De petits plouffistes et petites plouffessestes », *Au masculin*, vol. 1, n° 4, octobre 1983, p. 87-88.
1880. LAROSE, Jean, « La Peau de Maria [*Les Plouffe*] », *Québec français*, n° 51, octobre 1983, p. 47-49.

LEMIEUX, Alice

1881. [ANONYME], « Alice Lemieux, 1910-1983 », *Lettres québécoises*, n° 29, printemps 1983, p. 15.

LEMIEUX, Germain

1882. *GRAVEL, Fabienne, «*La Vie paysanne, 1860-1900*. De la cuve à laver à la laveuse mécanique », *Liaison*, n° 26, mars-avril 1983, p. 28-29.
1883. [ANONYME], « Le Prix du Nouvel Ontario », *Lettres québécoises*, n° 30, été 1983, p. 12.
1884. *[ANONYME], [*Les vieux m'ont conté*], *L'Écrilu*, vol. 3, n° 1, août 1983, p. 4.
1885. *[ANONYME], «*La Vie paysanne, 1860-1900*», *Écriture française dans le monde*, vol. 5, n° 3-4, novembre 1983, p. 129.
1886. *PICHETTE, Jean-Pierre, [*La Vie paysanne, 1860-1900*], *Revue du Nouvel Ontario*, n° 5, 1983, p. 168-171.

LEMIEUX, Michel

1887. GASCON, France, [*Le Tympan de la cantatrice*], *Jeu*, n° 26, 1er trimestre 1983, p. 25.
1888. *DIONNE, André, « Le Théâtre qu'on joue : L'Oeil rechargeable », *Lettres québécoises*, n° 32, hiver 1983-1984, p. 42.

LEMIRE, Maurice

1889. *MAILHOT, Laurent, «*Dictionnaire des oeuvres littéraires du Québec*», *Revue d'histoire de l'Amérique française*, vol. 36, n° 4, mars 1983, p. 587-589.
1890. *LAROCHE, Pierre-Yvan, « Un ouvrage de référence de grande qualité [*DOLQ*, t. 3 : 1940-1959] », *Vie des arts*, vol. 27, n° 110, mars-avril-mai 1983, p. 66.
1891. *VANASSE, André, « Le Dictionnaire des oeuvres littéraires du Québec, l'événement de la décennie », *Voix et images*, vol. 8, n° 3, printemps 1983, p. [515]-517.
1892. *SHEK, B[en]-Z[ion], [*Dictionnaire des oeuvres littéraires du Québec*, t. 3 : 1940-1959], *University of Toronto Quarterly*, Vol. 52, No. 4, Summer 1983, p. 520-522.
1893. *SHOULDICE, Larry, « Information & Verve [*Introduction à la littérature québécoise (1900-1939)*] », *Canadian Literature/Littérature canadienne*, No. 98, Autumn 1983, p. 85.

LEMIRE-TOSTEVIN, Lola

1894. *BARBOUR, Doug, « Canadian Poetry Chronicle [*Color of Her Speech*] », *Quarry*, Vol. 32, No. 4, Autumn 1983, p. c62-c63.

LEMOINE, Roger

1895. *GALLICHAN, Gilles, «*Catalogue de la bibliothèque de Louis-Joseph Papineau*», *Documentation et bibliothèques*, vol. 29, n° 4, octobre-décembre 1983, p. 168.

LE MOYNE, Jean

1896. SHEK, Ben-Z[ion], « Bulwark to Battlefield : Religion in Quebec Literature », *Journal of Canadian Studies/Revue d'études canadiennes*, Vol. 18, No. 2, Summer 1983, p. 50.

LENETSKY

1897. *D'ALFONSO, Antonio, «*Oeuvres et désoeuvrements : essais poétiques* », *Nos livres*, vol. 14, mars 1983, p. 28-29.

LENOIR, Joseph

1898. HARE, John [Ellis] et Jeanne d'Arc LORTIE, « Les *Oeuvres* de Joseph Lenoir », *Corpus*, no 2, mars 1983, p. 16-17.

LÉON, Pierre

1899. *LAURIN, Michel, «*Les Voleurs d'étoiles de Saint-Arbrousse-Poil* », *Nos livres*, vol. 14, décembre 1983, p. 29.

LÉON, Sergio

1900. *DESJARDINS, Normand, «*Le Bookie* », *Nos livres*, vol. 14, avril 1983, p. 43.

LEPROHON, Rosanna Eleanora [née Mullins]

1901. DONNELLY, Carolyn N., « Rosanna Eleanora Leprohon, née Mullins, 1829-1879 », *Canadian Notes and Queries/Questions et réponses canadiennes*, No. 30, December 1983, p. 4.

LEROUX, Jean-Pierre

1902. *BROCHU, André, [*Pour simplifier*], *Voix et images*, vol. 8, no 3, printemps 1983, p. 509.
1903. *ROGERS, David F., [*Dans l'intervalle*], *Canadian Literature/Littérature canadienne*, No. 97, Summer 1983, p. 159.

LESCURE, Pierre

1904. *TRUDEL, Serge, «*Liwanaï. Au seuil de l'âge d'or* », *Nos livres*, vol. 14, mars 1983, p. 29-30.

LESSARD, Alain

1905. *SOUDEYNS, Maurice, « Naissance d'un discours poétique : *Comme parfois respire la terre* », *Lettres québécoises*, no 31, automne 1983, p. 72.
1906. *TRUDEL, Serge, «*Comme parfois respire la pierre* », *Nos livres*, vol. 14, novembre 1983, p. 35-36.
1907. FILSON, Bruce K., [Prix Octave-Crémazie], *Poetry Canada Review*, Vol. 5, No. 2, Winter 1983-1984, p. 8.

LESSARD, Lise

1908. *D'ALFONSO, Antonio, «*Pour les enfants si doux puis pour les voleurs* », *Nos livres*, vol. 14, octobre 1983, p. 29-30.

LETARTE, Geneviève

1909. *GÉLINAS, Robert, « Geneviève Letarte, poésie-performance. Voyages dans le plaisir du texte », *Virus-Viva*, vol. 6, n⁰ 10, décembre 1983-janvier 1984, p. 6.

LETOURNEUX, J.-H.

1910. *ROGERS, David F., [*Pylônes*], *Canadian Literature/Littérature canadienne*, No. 97, Summer 1983, p. 160.

LEVASSEUR, Luce

1911. *LAURIN, Michel, «*Contes des bêtes et des choses* », *Nos livres*, vol. 14, février 1983, p. 42.

LÉVEILLÉ, L.

1912. *KIDD, Marilyn E., [*Le Livre des marges*], *Canadian Literature*, No. 96, Spring 1983, p. 141.

LÉVESQUE, Léo

1913. [ANONYME], « G.G. Winners », *Quill and Quire*, Vol. 49, No. 7, July 1983, p. 2.

LÉVESQUE, Robert

1914. MacDuff, Pierre, « Entrevue avec Robert Lévesque », *Dramaturgies nouvelles*, vol. 4, n⁰ 2, janvier 1983, p. 1-2, 4.
1915. *GUAY, Jacques, « Le Bout de la patience [*Le Curé Labelle*] », *Nuit blanche*, n⁰ 11, décembre 1983, p. 4-5.

LÉVESQUE, Solange

1916. *[ANONYME], [*L'Amour langue morte*], *L'Écrilu*, vol. 2, n⁰ 5, mars 1983, p. 5.
1917. *GAUTHIER, Céline, [*L'Amour langue morte*], *L'Écrilu*, vol. 3, n⁰ 2, novembre 1983, p. 9.
1918. *COLLET, P[aulette], « Amours [*L'Amour langue morte*] », *Canadian Literature/Littérature canadienne*, No. 99, Winter 1983, p. 172-173.

LÉVY-CHÉDEVILLE, Dominique

1919. *[ANONYME], [*L'Homme aux passions tristes*], *L'Écrilu*, vol. 2, n⁰ 5, mars 1983, p. 5.

LEYRAC, Monique [pseud. de Monique Tremblay]

1920. *ALONZO, Anne-Marie, « Une fillette rêveuse. *Mon enfance à Rosemont* », *La Vie en rose*, n⁰ 14, novembre-décembre 1983, p. 58.

L'HEUREUX, Christine

1921. *D[OSTALER], H[enriette], «*Les Vacances de Noël* », *Des livres et des jeunes*, vol. 5, n⁰ 14, printemps 1983, p. 31.

LONGCHAMPS, Renaud

1922. [ANONYME], « Repères bio-bibliographiques », *La Nouvelle Barre du jour*, n⁰ 122-123, février 1983, p. 226.

1923. BAYARD, Caroline, [*Anticorps*], *University of Toronto Quarterly*, Vol. 52, No. 4, Summer 1983, p. 359, 360-361.

1924. *YERGEAU, Robert, «*Miguasha*», *Lettres québécoises*, n⁰ 31, automne 1983, p. 73.

1925. *BROCHU, André, [*Anticorps*], *Voix et images*, vol. 9, n⁰ 1, automne 1983, p. 147-148.

1926. *D'ALFONSO, Antonio, «*Anticorps. Poèmes 1972-1978*», *Nos livres*, vol. 14, octobre 1983, p. 30.

1927. *LÉPINE, Stéphane, «*Miguasha*», *Nos livres*, vol. 14, octobre 1983, p. 31.

LORANGER, Francine

1928. LORTIE, Alain, [*Chansons pour un ordinateur*], *Solaris*, vol. 9, n⁰ 3, juin-juillet 1983, p. 36.

LUSSIER, Marie-Christine

1929. *DIONNE, André, « Le Théâtre qu'on joue : *La trampoline est à deux pieds du plafond*», *Lettres québécoises*, n⁰ 31, automne 1983, p. 48.

MACKENZIE, Nadine

1930. *MEZEI, Kathy, « Windows on Invention [*Le Prix du silence*] », *Canadian Literature/Littérature canadienne*, No. 97, Summer 1983, p. 129.

1931. *LAURIN, Michel, «*Le Premier Rodéo*», *Nos livres*, vol. 14, décembre 1983, p. 29-30.

MAHEU, Gilles

1932. *ANDRÈS, Bernard, « Rouge sang et eau [*L'Homme rouge*] », *Voix et images*, vol. 8, n⁰ 2, hiver 1983, p. [379]-380.

1933. LAMONTAGNE, Gilles G., « Après *L'Homme rouge* », *Au masculin*, vol. 1, n⁰ 1, 2ᵉ trimestre 1983, p. 69-71.

1934. BERTIN, Raymond, [*L'Homme rouge*], *Jeu*, n⁰ 28, 3ᵉ trimestre 1983, p. 75.

MAHEU, Pierre

1935. *OUELLET, Réal, « La Révolution québécoise des fils de Sartre : *Un parti pris révolutionnaire*», *Lettres québécoises*, n⁰ 31, automne 1983, p. 62-64.

1936. *FORTIN, Andrée, «*Un parti pris révolutionnaire*», *Nuit blanche*, n⁰ 10, automne 1983, p. 8-9.

1937. *GAULIN, André, « Pour *Un parti pris révolutionnaire* », *Québec français*, n⁰ 51, octobre 1983, p. 17-18.

1938. *LEFEBVRE, Gordon, « L'Exigence de Parti pris. *Un parti pris révolutionnaire* », *Spirale*, n⁰ 37, octobre 1983, p. 9.

MAHEUX-FORCIER, Louise

1939. *GUAY, Gisèle, [*Arioso*], *L'Écrilu*, vol. 2, n⁰ 5, mars 1983, p. 9.

1940. *HOMEL, David, «*Letter by Letter*», *Quill and Quire*, Vol. 49, No. 4, April 1983, p. 27.

1941. MEZEI, Kathy, [*Letter by Letter*], *University of Toronto Quarterly*, Vol. 52, No. 4, Summer 1983, p. 392.

MAILHOT, Laurent

1942. *CHAMBERLAND, Roger, «*Guide culturel du Québec*», *Recherches sociographiques*, vol. 24, n⁰ 2, mai-août 1983, p. 299-300.

1943. *GRUSLIN, Adrien, «Le Conseil des arts du Canada 1957-1982. Une monographie de qualité, un questionnement pas toujours étayé », Jeu, no 28, 3e trimestre 1983, p. 152-155.

1944. *SAVARD, Pierre, «La Poésie québécoise des origines à nos jours. Anthologie», Revue d'histoire de l'Amérique française, vol. 37, no 2, septembre 1983, p. 353-354.

1945. *THÉRIO, Adrien, «Le Conseil des arts du Canada, 1957-1982 », Lettres québécoises, no 32, hiver 1983-1984, p. 65-66.

MAILLET, Andrée

1946. LORD, Michel et Donald McKENZIE, « Le Fantastique et la science-fiction dans les romans québécois pour la jeunesse », Lurelu, vol. 6, no 1, printemps-été 1983, p. 4.

MAILLET, Antonine

1947. LE BLANC, Alonzo, « Femmes en solo », Revue d'histoire littéraire du Québec et du Canada français, no 5, hiver-printemps 1983, p. 90.

1948. SHEK, Ben-Z[ion], « Antonine Maillet. A Writer's Itinerary », Acadiensis, Vol. 12, No. 2, Spring 1983, p. 171-179.

1949. *LACOMBE, Michèle, « Bear's Tales [Christophe Cartier de la Noisette, dit Nounours] », Canadian Literature, No. 96, Spring 1983, p. 118-120.

1950. [ANONYME], «La Joyeuse Criée », Avant-Première, vol. 9, no 4, avril 1983, p. 8.

1951. LAVOIE, Lisa, « Une fresque villageoise [La Joyeuse Criée] », Avant-Première, vol. 9, no 4, avril 1983, p. 9-10.

1952. LAVOIE, Lisa, « Antonine Maillet ou le Plaisir de l'écriture », Avant-Première, vol. 9, no 4, avril 1983, p. 11-12.

1953. *NEPVEU, Pierre, «Les Drôlatiques, horrifiques et épouvantables aventures de Panurge, ami de Pantagruel. 'Prendre Rabelais à la légère' », Jeu, no 27, 2e trimestre 1983, p. 148-150.

1954. L[APIERRE], R[ené], « Les Prix de la crise », Liberté, vol. 25, no 2, avril 1983, p. 81.

1955. MANGUEL, Alberto, [Cent Ans dans les bois], Books in Canada, Vol. 12, No. 5, May 1983, p. 8-9.

1956. SHEK, Ben-Z[ion], « Bulwark to Battlefield : Religion in Quebec Literature », Journal of Canadian Studies/Revue d'études canadiennes, Vol. 18, No. 2, Summer 1983, p. 54-55.

1957. *DIONNE, André, « Le Théâtre qu'on joue : Les Aventures de Panurge, ami de Pantagruel», Lettres québécoises, no 30, été 1983, p. 34.

1958. MEZEI, Kathy, [Pélagie. The Return to a Homeland], University of Toronto Quarterly, Vol. 52, No. 4, Summer 1983, p. 386-388.

1959. *JANOËL, André, «Les Drôlatiques, Horrifiques et Épouvantables Aventures de Panurge, ami de Pantagruel, d'après Rabelais», Nos livres, vol. 14, octobre 1983, p. 32-33.

1960. PATTERSON, John F., « Antonine Maillet, traduite ou trahie ? [The Tale of Don l'Orignal de Barbara Godard — La Sagouine de Luis Céspedes] », Méta, vol. 28, no 4, décembre 1983, p. 352-357.

MAJOR, André

1961. *BELLEMARE, Madeleine, «Le Vent du diable », Nos livres, vol. 14, février 1983, p. 43.

MAJOR, Henriette

1962. *PARÉ, François, « Didactique des langues et sainteté [François d'Assise] », Canadian Children's Literature, No. 29, 1983, p. 83-84.

1963. *PARÉ, François, « Didactique des langues et sainteté [*Les Boucaniers d'eau douce — Les Boucaniers et le vagabond — La Découverte des boucaniers*] », *Canadian Children's Literature*, No. 29, 1983, p. 80-83.

1964. *LAURIN, Michel, «*La Ville fabuleuse* », *Nos livres*, vol. 14, février 1983, p. 44.

1965. MAJOR, Henriette, « Fable du critique astucieux », *Des livres et des jeunes*, vol. 5, no 14, printemps 1983, p. 5-7.

1966. *L., G., «*La Ville fabuleuse* », *Lettres québécoises*, no 29, printemps 1983, p. 79.

1967. *ALLARD, Diane, [*La Ville fabuleuse*], *Lurelu*, vol. 6, no 1, printemps-été 1983, p. 14.

1968. LORD, Michel et Donald MCKENZIE, « Le Fantastique et la science-fiction dans les romans québécois pour la jeunesse », *Lurelu*, vol. 6, no 1, printemps-été 1983, p. 4, 7.

1969. *STEUR, William, «*Visages du Québec* », *The Canadian Modern Language Review/ La Revue canadienne des langues vivantes*, Vol. 39, No. 4, May 1983, p. 908.

1970. LORTIE, Alain, [*La Ville fabuleuse*], *Solaris*, vol. 9, no 3, juin-juillet 1983, p. 36.

1971. *B., J., «*Marguerite Bourgeoys* », *L'Église canadienne*, vol. 16, no 20, 16 juin 1983, p. 639.

1972. *M[ARQUIS], D[aniel], «*La Ville fabuleuse* », *Des livres et des jeunes*, vol. 5, no 15, été 1983, p. 47.

1973. LOUTHOOD, Louise et Michèle GÉLINAS, « Le Sexisme et les romans québécois pour les jeunes », *Lurelu*, vol. 6, no 2, automne 1983, p. 6, 7.

MALENFANT, Paul-Chanel

1974. [ANONYME], « Repères bio-bibliographiques », *La Nouvelle Barre du jour*, no 122-123, février 1983, p. 226.

1975. *CHAMBERLAND, Roger, «*Invariance* suivi de *Célébration du prince* », *Québec français*, no 50, mai 1983, p. 9.

1976. *BOUVIER, Luc, «*Le Mot à mot* », *Estuaire*, no 28, été 1983, p. 81-82.

1977. BAYARD, Caroline, [*Le Mot à mot*], *University of Toronto Quarterly*, Vol. 52, No. 4, Summer 1983, p. 362, 363-364.

1978. *TRÉPANIER, Michel, « De la vérité en poésie ou la Mort déclinée [*Le Mot à mot*] », *La Nouvelle Barre du jour*, no 129, septembre 1983, p. 129-137.

1979. *TRUDEL, Serge, «*Le Mot à mot* », *Nos livres*, vol. 14, novembre 1983, p. 36.

1980. *WHITFIELD, Agnès, «*La Partie et le tout* », *Lettres québécoises*, no 32, hiver 1983-1984, p. 44-45.

MARCEL, Jean [pseud. de Jean-Marcel Paquette]

1981. *GAULIN, André, «*Le Joual de Troie* », *Québec français*, no 51, octobre 1983, p. 17-18.

MARCHAMPS, Guy

1982. *D'ALFONSO, Antonio, «*L'Assasinge* », *Nos livres*, vol. 14, octobre 1983, p. 33.

MARCHAND, Alain-Bernard

1983. *GRENIER, Pierre, «*Entre l'oeil et l'espace : le geste et le cri*. Dialogue sur le mime et le mot », *Liaison*, no 26, mars-avril 1983, p. 27-28.

MARCHESSAULT, Jovette

1984. *YANACOPOULO, Andrée, « Lettre de Montréal. *Lettre de Californie* », *Spirale*, no 32, mars 1983, p. 4.

1985. *BAYARD, Caroline, «*Lettre de Californie* ou Commencer à écrire l'histoire », *Lettres québécoises*, no 29, printemps 1983, p. 45.

1986. *PEDNEAULT, Hélène, «*La terre est trop courte, Violette Leduc*», *La Vie en rose*, nº 11, mai 1983, p. 67.

1987. *HOGUE, Jacqueline, «*Lettre de Californie*», *Canadian Women's Studies/Les Cahiers de la femme*, Vol. 4, No. 4, Summer 1983, p. 111.

1988. GIRARD, Gilles, [*La terre est trop courte, Violette Leduc*], *University of Toronto Quarterly*, Vol. 52, No. 4, Summer 1983, p. 381-382.

1989. [ANONYME], « G.G. Winners », *Quill and Quire*, Vol. 49, No. 7, July 1983, p. 2.

1990. *ROGERS, Claire-Lise, « Zeus et Minerve [*Lettre de Californie*] », *Canadian Literature/Littérature canadienne*, No. 98, Autumn 1983, p. 69-70.

1991. *[ANONYME], «*Lettre de Californie*», *Écriture française dans le monde*, vol. 5, nº 3-4, novembre 1983, p. 129.

MARCOTTE, Gilles

1992. WALLOT, Jean-Pierre, « Les Prix de l'ACFAS [Prix Marcel-Vincent de sciences humaines] », *Bulletin de l'ACFAS*, vol. 4, nº 4, printemps 1983, p. 6.

1993. *GODARD, Barbara, « Letter to the Authors [*La Littérature et le reste*] », *Canadian Literature/Littérature canadienne*, No. 99, Winter 1983, p. 97-100.

MARCOUX, Jean-Raymond

1994. *[ANONYME], «*Diogène*», *Dramaturgies nouvelles*, vol. 4, nº 2, janvier 1983, p. [2].

1995. *BOURASSA, André, « Les Fruits de l'hiver dernier [*Diogène*] », *Lettres québécoises*, nº 30, été 1983, p. 29-31.

1996. *DIONNE, André, « Le Théâtre qu'on joue : *Diogène* », *Lettres québécoises*, nº 31, automne 1983, p. 47.

1997. *DAVID, Gilbert, «*Bienvenue aux dames. Ladies Welcome.* Matériaux pour un théâtre épique », *Jeu*, nº 29, 4e trimestre 1983, p. 144-145.

1998. *CHAREST, Luc, « La Scène à l'été de 1983 [*Diogène*] », *Vie des arts*, vol. 28, nº 113, décembre 1983-janvier-février 1984, p. 79.

1999. *DIONNE, André, « Le Théâtre qu'on joue : *Bienvenue aux dames. Ladies Welcome* », *Lettres québécoises*, nº 32, hiver 1983-1984, p. 41-42.

MARIER, Paule

2000. *DIONNE, André, « Le Théâtre qu'on joue : *Pâté chinois* », *Lettres québécoises*, nº 31, automne 1983, p. 47.

MARILINE [pseud. de Aline Séguin Le Guiller]

2001. *LAFORTUNE, Aline, «*Le Flambeau sacré*», *Nos livres*, vol. 14, janvier 1983, p. 24.

MARINIER, Robert

2002. HAENTJENS, Marc, « Inédit... un premier roman-photo ontarois [Adaptation de Lafortune et Lachance] », *Liaison*, nº 26, mars-avril 1983, p. 19.

2003. MATTE, Louise, «*L'Inconception* ou l'Accouchement du théâtre ontarois au CNA », *Liaison*, nº 28, septembre 1983, p. 44-45.

2004. [ANONYME], «*L'Inconception.* Une première mondiale au CNA », *Avant-Première*, vol. 10, nº 1, octobre-novembre 1983, p. 7.

2005. DION, Serge, «*L'Inconception.* Faire ou ne pas faire », *Avant-Première*, vol. 10, nº 1, octobre-novembre 1983, p. 8.

MARION, Séraphin

2006. GRISÉ, Yolande, « En causant avec Séraphin Marion, gentilhomme et homme de lettres [Entrevue] », *Lettres québécoises*, n⁰ 30, été 1983, p. 36-45.

2007. [ANONYME], « En souvenir du Dr Séraphin Marion », *Vie française*, vol. 37, n⁰ 10-11-12, octobre-novembre-décembre 1983, p. 12-18.

MARTEAU, Robert

2008. *STUEWE, Paul, « In Translation [*Mount Royal*, traduction de David Homel] », *Books in Canada*, Vol. 12, No. 5, May 1983, p. 29-31.

2009. MEZEI, Kathy, [*Interlude*], *University of Toronto Quarterly*, Vol. 52, No. 4, Summer 1983, p. 396.

MARTEL, Suzanne

2010. *MOISAN, Angèle, «*Au temps de Marguerite Bourgeoys, quand Montréal était un village* », *L'Église canadienne*, vol. 16, n⁰ 9, 6 janvier 1983, p. 287.

2011. LORD, Michel et Donald McKENZIE, « Le Fantastique et la science-fiction dans les romans québécois pour la jeunesse », *Lurelu*, vol. 6, n⁰ 1, printemps-été 1983, p. 6-7.

2012. *GANN, Marjorie, « Conventions and Distortions in Historical Fiction [*The King's Daughter*] », *Canadian Children's Literature*, No. 30, 1983, p. 80-83.

2013. *LE BRUN, Claire, «*Nos amis robots* », *Québec français*, n⁰ 50, mai 1983, p. 98.

2014. *LAFRENIÈRE, Joseph, «*Au temps de Marguerite Bourgeoys... [quand Montréal était un village]* », *Vidéo-Presse*, vol. 12, n⁰ 9, mai 1983, p. 54-55.

2015. *C[HAMPAGNE]-B[OULAIS], D[anielle], «*Au temps de Marguerite Bourgeoys, quand Montréal était un village* », *Des livres et des jeunes*, vol. 6, n⁰ 16, automne 1983, p. 44.

2016. LOUTHOOD, Louise et Michèle GÉLINAS, « Le Sexisme et les romans québécois pour les jeunes », *Lurelu*, vol. 6, n⁰ 2, automne 1983, p. 6, 7.

MARTIN, Claire [pseud. de Claire Montreuil-Faucher]

2017. *MOULTON-BARRETT, Donalee, «*Best Man* », *Quill and Quire*, Vol. 49, No. 7, July 1983, p. 56.

2018. *HOMEL, David, « Silhouettes on the Shade [*Best Man*, traduction de David Lobdell] », *Books in Canada*, Vol. 12, No. 7, August-September 1983, p. 29.

2019. COLLINS, Frank, « 'La Nouvelle Chanson' de Claire Martin », *The Canadian Modern Language Review/La Revue canadienne des langues vivantes*, Vol. 40, No. 1, October 1983, p. 70-72.

MARTIN, Danielle

2020. *MARCHILDON, Daniel, «*Monologueries* de Danielle Martin. Parler tout seul : ta carte de crédit pour la folie », *Liaison*, n⁰ 25, janvier-février 1983, p. 42.

2021. *D'ALFONSO, Antonio, «*Monologueries* », *Nos livres*, vol. 14, juillet-août 1983, p. 45.

MARTIN, Raymond

2022. *TRUDEL, Serge, «*Indigences* », *Nos livres*, vol. 14, décembre 1983, p. 30.

MASSON, Jean-Pierre

2023. *S[IMARD], C[laude], «*Jean-Jean Dumuseau* », *Des livres et des jeunes*, vol. 5, n⁰ 14, printemps 1983, p. 32.

MATHIEU-LORANGER, Francine

2024. LOUTHOOD, Louise et Michèle GÉLINAS, « Le Sexisme et les romans québécois pour les jeunes », *Lurelu,* vol. 6, n° 2, automne 1983, p. 4, 7.

MATTEAU, Robert

2025. *[ANONYME], «Au Nord des temps »,* Passages, n° 2, hiver 1983-1984, p. 57.

MAURANGES, Jean-Paul

2026. *GAULIN, André, «Visages et harmoniques »,* Québec français, n° 50, mai 1983, p. 7, 9.

2027. *D'ALFONSO, Antonio, «Visages et harmoniques »,* Nos livres, vol. 14, novembre 1983, p. 37.

MCLEOD ARNOPOULOS, Sheila

2028. *LEGAULT, Suzanne, [Voices from French Ontario],* Ontario History, Vol. 75, No. 4, December 1983, p. 438-440.

MCNICOLL, Pierre

2029. *TRUDEL, Serge, «Poêtrie en fragile »,* Nos livres, vol. 14, octobre 1983, p. 32.

MELANÇON, Benoît

2030. *GRUSLIN, Adrien, «Le Conseil des arts du Canada 1957-1982.* Une monographie de qualité, un questionnement pas toujours étayé », *Jeu,* n° 28, 3e trimestre 1983, p. 152-155.

2031. *THÉRIO, Adrien, «Le Conseil des arts du Canada, 1957-1982 »,* Lettres québécoises, n° 32, hiver 1983-1984, p. 65-66.

MELANSON, Laurier

2032. *GREENSTEIN, Michael, « Decentring régions d'être [*Zélika à Cochon Vert*] », Canadian Literature/Littérature canadienne,* No. 98, Autumn 1983, p. 92-93.

2033. *LAURIN, Michel, «Otto de la veuve Hortense »,* Nos livres, vol. 14, octobre 1983, p. 33-34.

MENDORA, Lady

2034. *LAURIN, Michel, «Madame Tomate dans sa planète Jardin. Les Grands Voyages de Madame Tomate,* n° 1 », *Nos livres,* vol. 14, novembre 1983, p. 37-38.

MERCIER, Serge

2035. LE BLANC, Alonzo, « Femmes en solo », *Revue d'histoire littéraire du Québec et du Canada français,* n° 5, hiver-printemps 1983, p. 90-91.

MERCILLE, Louise

2036. GASCON, France, [*Parade pour une nuit blanche*], *Jeu,* n° 26, 1er trimestre 1983, p. 24-25.

MEUNIER, Claude

2037. *Usmiani, Renate, « Gestalt Revisited [*Appelez-moi Stéphane*] », *Canadian Literature/Littérature canadienne*, No. 98, Autumn 1983, p. 83.
2038. *Usmiani, Renate, « Gestalt Revisited [*Les Voisins*] », *Canadian Literature/ Littérature canadienne*, No. 98, Autumn 1983, p. 83.

MICHAUD, Josette

2039. *Bellemare, Madeleine, «*La Perdriole* », *Nos livres*, vol. 14, mai-juin 1983, p. 28.

MICONE, Marco

2040. *Camerlain, Lorraine, «*Gens du silence* », *Jeu*, no 26, 1er trimestre 1983, p. 145-146.
2041. *Caccia, Fulvio, « Le Point de rupture. *Addolorata* », *Spirale*, no 33, avril 1983, p. 14.

MIGNAULT, Guy

2042. *Laurin, Michel, «*Bonjour, monsieur de La Fontaine !* », *Nos livres*, vol. 14, avril 1983, p. 44.

MIGNER, Robert

2043. *Guay, Jacques, « Le Bout de la patience [*Le Curé Labelle*] », *Nuit blanche*, no 11, décembre 1983, p. 4-5.

MIRON, Gaston

2044. Aguiar, Flavio, « Noir sur blanc. Présentation de trois poètes québécois : Saint-Denys Garneau, Gaston Miron et Pierre Nepveu », *Études littéraires*, vol. 16, no 2, août 1983, p. 203-222.
2045. [Anonyme], « Remise des prix du Québec 1983 [Prix Athanase-David] », *Québec Hebdo*, vol. 5, no 38, 24 octobre 1983, p. 4.
2046. Germain, Georges-Hébert, « La poésie tire le diable par la queue [Prix David 1983] », *L'Actualité*, vol. 8, no 12, décembre 1983, p. 132.
2047. Gaulin, André, « Les Prix du Québec 1983 ou la Connivence du subconscient collectif », *Québec français*, no 52, décembre 1983, p. 23-24.
2048. Beausoleil, Claude, « La Passion selon Gaston Miron [Prix David] », *Spirale*, no 39, décembre 1983, p. 15.
2049. Paradis, Andrée, « Les Six Prix du Québec [Prix Athanase-David] », *Vie des arts*, vol. 28, no 113, décembre 1983-janvier-février 1984, p. 20.
2050. [Anonyme], [Prix Athanase-David], *Lettres québécoises*, no 32, hiver 1983-1984, p. 9.

MOINEAU, Guy

2051. [Anonyme], « Repères bio-bibliographiques », *La Nouvelle Barre du jour*, no 122-123, février 1983, p. 226-227.

MOISAN, Rachel

2052. *Lépine, Stéphane, «*Je t'haime mona moure* », *Nos livres*, vol. 14, octobre 1983, p. 34-35.

MONET-CHARTRAND, Simonne

2053. *CHAPUT, Sylvie, «*Ma vie comme rivière* t. 2 : *(1939-1949)* », *Nuit blanche*, n° 8, hiver 1983, p. 45.
2054. *GUAY, Jacques, « Du Bloc populaire à Pierre Vallières. 40 Ans d'histoire et une société à changer [*Ma vie comme rivière*, t. 2] », *Nuit blanche*, n° 8, hiver 1983, p. 5.
2055. *[ANONYME], [*Ma vie comme rivière*], *L'Écrilu*, vol. 2, n° 5, mars 1983, p. 6.
2056. *THÉORET, France, « L'Autobiographie exemplaire? *Ma vie comme rivière*, t. 2 : *1939-1949* », *Spirale*, n° 32, mars 1983, p. 15.
2057. *MAJOR, Jean-Louis, « Une fin d'époque. *Ma vie comme rivière*, t. 2 », *Lettres québécoises*, n° 29, printemps 1983, p. 55-57.
2058. *GAGNÉ, Nicole, [*Ma vie comme rivière*], *L'Écrilu*, vol. 3, n° 2, novembre 1983, p. 8.

MONETTE, Madeleine

2059. *PELLERIN, Gilles, «*Petites Violences* », *Nuit blanche*, n° 8, hiver 1983, p. 17.
2060. *OUELLETTE-MICHALSKA, Madeleine, «*Petites Violences* », *Châtelaine*, vol. 24, n° 3, mars 1983, p. 16.
2061. *FOURNIER, Danielle, « New York l'excentrique. *Petites Violences* », *Spirale*, n° 32, mars 1983, p. 7.
2062. L[APIERRE], R[ené], « Les Prix de la crise », *Liberté*, vol. 25, n° 2, avril 1983, p. 81-82.
2063. *MARCOTTE, Gilles, « La Fin du monde ancien [*Petites Violences*] », *L'Actualité*, vol. 8, n° 5, mai 1983, p. 135.
2064. *POULIN, Gabrielle, « Des amours au miroir. *Petites Violences* », *Lettres québécoises*, n° 30, été 1983, p. 15-17.
2065. *LEWIS, Jocelyne, «*Petites Violences* », *Nos livres*, vol. 14, juillet-août 1983, p. 45-46.
2066. *PEDNEAULT, Hélène, « Amour et violences. *Petites Violences* », *La Vie en rose*, n° 12, juillet 1983, p. 66.
2067. *CHAMBERLAND, Roger, «*Petites Violences* », *Québec français*, n° 51, octobre 1983, p. 12.
2068. MONETTE, Madeleine, « Auto-portrait : Madeleine Monette », *Québec français*, n° 52, décembre 1983, p. 38-39.

MONIÈRE, Denis

2069. *BEHIELS, Michael D., «*Ideologies in Quebec : The Historical Development* », *The Canadian Historical Review*, Vol. 64, No. 1, March 1983, p. 84-86.
2070. *STEVENSON, J.T., «*Ideologies in Quebec : The Historical Development* », *Dialogue*, Vol. 12, No. 1, March 1983, p. 163-166.
2071. *SHEK, B[en]-Z[ion], [*Cause commune. Manifeste pour une internationale des petites cultures*], *University of Toronto Quarterly*, Vol. 52, No. 4, Summer 1983, p. 512-513.
2072. *BEAUDOIN, Réjean, « Nationalisme. Du souverain désir au principe d'incertitude [*Essai sur la conjoncture politique au Québec. Pour la suite de l'histoire*] », *Liberté*, vol. 25, n° 5, octobre 1983, p. 134-139.
2073. *GAGNÉ, Paul, «*Essai sur la conjoncture politique au Québec. Pour la suite de l'histoire* », *Canadian Journal of Political Science/Revue canadienne de science politique*, Vol. 16, No. 4, December 1983, p. 819-821.
2074. *[ANONYME], «*André Laurendeau ou le Destin d'un peuple* », *Québec Hebdo*, vol. 5, n° 46, 26 décembre 1983, p. 4.

MONTIGNY, Louvigny de

2075. TISSEYRE, Pierre, « Nécessité de sanctions dissuasives en droit d'auteur. Le Rôle joué par Louvigny de Montigny », *La Revue canadienne du droit d'auteur*, vol. 3, n° 3, septembre 1983, p. 7-14.

MONTMINY, Jean-Paul

2076. *GAGNON, Nicole, «*Idéologies au Canada français, 1940-1976*», *Recherches sociographiques*, vol. 24, n° 1, janvier-avril 1983, p. 126-129.

2077. *SHEK, B[en]-Z[ion], [*Idéologies au Canada français, 1940-1976*], *University of Toronto Quarterly*, Vol. 52, No. 4, Summer 1983, p. 505-507.

2078. *NEATBY, H. Blair, «*Idéologies au Canada français, 1940-1976*», *The Canadian Historical Review*, Vol. 64, No. 3, September 1983, p. 384-386.

2079. *NIELSON, Greg Marc, «*Idéologies au Canada français, 1940-1976*, [3 vol.]», *The Canadian Review of Sociology and Anthropology/La Revue canadienne de sociologie et d'anthropologie*, Vol. 20, No. 4, November 1983, p. 497-500.

2080. *ROUILLARD, Jacques, «*Idéologies au Canada français, 1940-1976*», *Revue d'histoire de l'Amérique française*, vol. 37, n° 3, décembre 1983, p. 461-463.

MONTPETIT, Monique

2081. *DESJARDINS, Normand, «*Côté coeur*», *Nos livres*, vol. 14, janvier 1983, p. 25-26.

MOREAU, Pierre

2082. *LÉVESQUE, M[arie]-Andrée, « Le Partenaire [*Une folie de gars*] », *Hom-Info*, vol. 4, n° 4, décembre 1983-janvier-février 1984, p. 39.

MORENCY, Pierre

2083. *MORENCY-DUTIL, Daniel, «*Voici Québec*», *Vie des arts*, vol. 28, n° 113, décembre 1983-janvier-février 1984, p. 89.

MORENCY, Robert

2084. PAGÉ, Jocelyn, « Le texte n'est pas un outil politique satisfaisant. Entrevue avec Robert Morency », *Résistances*, n° 3-4, printemps 1983, p. 92-98.

2085. PAGÉ, Jocelyn, « Le texte n'est pas un outil politique satisfaisant [Entrevue] », *Résistances*, n° 3-4, printemps 1983, p. 92-101.

MORIN, André

2086. *PAINCHAUD, Clotilde T.L., «*Grains de sel, grains de sable*», *Passages*, n° 1, automne 1983, p. 65-67.

MORIN, Ernestine

2087. LETOURNEAU, Esther, « L'Histoire d'une jeunesse : Ernestine Morin (1906-1934) », *Cahiers d'histoire*, vol. 4, n° 1, automne 1983, p. [3]-20.

MORIN, Michel

2088. *IMBERT, Patrick, «*L'Amérique du Nord et la culture*», *Lettres québécoises*, n° 29, printemps 1983, p. 52-54.

MORIN-VAILLANCOURT, Lise

2089. *LEWIS, Jocelyne, «*Les Âmes soeurs*», *Nos livres*, vol. 14, avril 1983, p. 44-45.

MOTUT, Roger

2090. *DUBÉ, Paul et Jean-Marcel DUCIAUME, « Roger Motut contribue à l'enrichissement de notre patrimoine culturel [*Maurice Constantin-Weyer, écrivain de l'Ouest et du Grand Nord*] », *Bulletin du Centre d'études franco-canadiennes de l'Ouest*, n⁰ 13, février 1983, p. 25-26.

MUIR, Michel

2091. SOURCIER, « Entrevue avec Michel Muir », *Grimoire*, vol. 6, n⁰ 5, mai-juin 1983, p. 4-5.

NADEAU, Vincent

2092. *ANDRÈS, Bernard, « La Tragi-Comédie du pouvoir. *Cardinal, cardinal, cardinal et cie* », *Spirale*, n⁰ 34, mai 1983, p. [16], 2.
2093. *DIONNE, André, « Le Théâtre qu'on joue : *Cardinal, Cardinal, Cardinal et Cie* », *Lettres québécoises*, n⁰ 30, été 1983, p. 34.

NAUBERT, Yvette

2094. [ANONYME], « Yvette Naubert, 1918-1982 », *Lettres québécoises*, n⁰ 29, printemps 1983, p. 15.

NELLIGAN, Émile

2095. ABLEY, Mark, « Translator's Note », *Northern Light*, No. 9, Spring-Summer 1983, p. 38-39.
2096. [ANONYME], « Nelligan publié en anglais », *Lettres québécoises*, n⁰ 31, automne 1983, p. 14.

NEPVEU, Pierre

2097. [ANONYME], « Repères bio-bibliographiques », *La Nouvelle Barre du jour*, n⁰ 122-123, février 1983, p. 227.
2098. AGUIAR, Flavio, « Noir sur blanc. Présentation de trois poètes québécois : Saint-Denys Garneau, Gaston Miron et Pierre Nepveu », *Études littéraires*, vol. 16, n⁰ 2, août 1983, p. 203-222.
2099. *SAVARD, Pierre, «*La Poésie québécoise des origines à nos jours. Anthologie* », *Revue d'histoire de l'Amérique française*, vol. 37, n⁰ 2, septembre 1983, p. 353-354.
2100. *MALENFANT, Paul-Chanel, «*Mahler et autres matières* », *Nuit blanche*, n⁰ 11, décembre 1983, p. 13-14.
2101. *CORRIVEAU, Hugues, « Couleur mauve, couleur chair. *Mahler et autres matières* », *Spirale*, n⁰ 39, décembre 1983, p. 14.

NOËL, Michel

2102. *B[RICAULT], C[amille], «*Les Papinachois* », *Des livres et des jeunes*, vol. 5, n⁰ 14, printemps 1983, p. 32.
2103. *B[RICAULT], C[amille], «*Les Papinachois et les ancêtres* », *Des livres et des jeunes*, vol. 5, n⁰ 14, printemps 1983, p. 32.
2104. *GÉLINAS, Michèle, [*Les Oiseaux d'été*], *Lurelu*, vol. 6, n⁰ 1, printemps-été 1983, p. 14.

NORMAND, Gilles

2105. *LÉPINE, Stéphane, «*Les Pochards* », *Nos livres*, vol. 14, octobre 1983, p. 35-36.

OLLIVIER, Émile

2106. *Simon, Sherry, «*Mère — Solitude*», *Spirale*, n° 39, décembre 1983, p. 9.

OUELLETTE, Fernand

2107. *Bouraoui, Hédi, «*En la nuit, la mer*», *Poetry Canada Review*, Vol. 4, No. 3, Spring 1983, p. 10.
2108. *Whitfield, Agnès, «*La Partie et le tout*», *Lettres québécoises*, n° 32, hiver 1983-1984, p. 44-45.

OUELLETTE-MICHALSKA, Madeleine

2109. *Brochu, André, [*Entre le souffle et l'aine*], *Voix et images*, vol. 8, n° 3, printemps 1983, p. 505.

PAGE, Marie

2110. *[Anonyme], «*L'Enfant venu d'ailleurs*», *Châtelaine*, vol. 24, n° 12, décembre 1983, p. 21.
2111. *Bellemare, Madeleine, «*L'Enfant venu d'ailleurs*», *Nos livres*, vol. 14, décembre 1983, p. 31.

PAIEMENT, André

2112. Tremblay, Gaston, «*Moé j'viens du Nord, 'stie.* Journal de bord », *Liaison*, n° 27, été 1983, p. 12-17.
2113. *D'Alfonso, Antonio, «*Poèmes et chansons du Nouvel Ontario*», *Nos livres*, vol. 14, octobre 1983, p. 21-22.

PARADIS, Colette

2114. *Vanhee-Nelson, Louise, «*Le Vêtement... une deuxième peau*», *Canadian Children's Literature*, No. 31-32, 1983, p. 112-113.

PARADIS, Suzanne

2115. T[répanier], M[arie]-C[laude], « Portraits d'écrivains », *Littérature du Québec*, n° 2, 1983, p. 4-5.
2116. *La Bossière, Camille R., « Paradiso, purgatorio, inferno [*Emmanuelle en noir*] », *Canadian Literature/Littérature canadienne*, No. 98, Autumn 1983, p. 80-81.

PARATTE, Henri-Dominique

2117. *Amprimoz, Alexandre L., « Henri-Dominique Paratte et l'Ouest canadien [*Dis-moi la nuit. Poésie 1980-1981*] », *Bulletin du Centre d'études franco-canadiennes de l'Ouest*, n° 14, mai 1983, p. 26-28.

PARÉ, Roger

2118. *[Anonyme], [*Dans ma 'shoppe'*], *L'Écrilu*, vol. 3, n° 1, août 1983, p. 3.

PARÉ, Yvon

2119. *Pelletier, Jacques, « Renaissance du roman social ? [*La Mort d'Alexandre*] », *Voix et images*, vol. 8, n° 2, hiver 1983, p. 374-375.

2120. *PATERSON, Janet M., « Des mots & des maux [*La Mort d'Alexandre*] », *Canadian Literature/Littérature canadienne*, No. 99, Winter 1983, p. 143-144.

PARISIEN, Jean-Éric

2121. *BENSON, M[ark], « Aimer et se connaître [*Nadeige*] », *Canadian Literature/ Littérature canadienne*, No. 97, Summer 1983, p. 104.

PARIZEAU, Alice

2122. *GUAY, Jacques, «*La Charge des sangliers* », *Nuit blanche*, n° 8, hiver 1983, p. 16.
2123. *BÉLANGER, Daniel, «*La Charge des sangliers* », *Québec français*, n° 49, mars 1983, p. 4.
2124. *MAILHOT, Michèle, «*La Charge des sangliers* », *Lettres québécoises*, n° 29, printemps 1983, p. 24.
2125. *MAILHOT, Michèle, «*Les lilas fleurissent à Varsovie* », *Lettres québécoises*, n° 29, printemps 1983, p. 22-23.
2126. L[APIERRE], R[ené], « Les Prix de la crise », *Liberté*, vol. 25, n° 2, avril 1983, p. 80.
2127. *DESJARDINS, Normand, «*La Charge des sangliers* », *Nos livres*, vol. 14, avril 1983, p. 46-47.
2128. *DESJARDINS, Normand, «*Les lilas fleurissent à Varsovie* », *Nos livres*, vol. 14, avril 1983, p. 45-46.

PARIZEAU, Gérard

2129. *OUELLET, Fernand, «*La Vie studieuse et obstinée de Denis-Benjamin Viger* », *Revue d'histoire de l'Amérique française*, vol. 36, n° 4, mars 1983, p. 597-598.

PASQUET, Jacques

2130. *LEFEBVRE, Louise, [*L'Enfant qui cherchait midi à quatorze heures*], *Lurelu*, vol. 6, n° 1, printemps-été 1983, p. 12.
2131. *S[IMARD], C[laude], «*L'Enfant qui cherchait midi à quatorze heures* », *Des livres et des jeunes*, vol. 6, n° 16, automne 1983, p. 41.

PELLERIN, Gilles

2132. *JANELLE, Claude, « Le Fantastique au Québec. Les Jeunes Auteurs [*Les Sporadiques Aventures de Guillaume Untel*] », *Québec français*, n° 50, mai 1983, p. 45.

PELLETIER, Louise

2133. [ANONYME], « Remise des prix littéraires de l'ASTED », *Nouvelles de l'ASTED*, vol. 2, n° 4, octobre-novembre-décembre 1983, p. 1.
2134. *DUFFAUD, Dominique, «*Où est ma tétine ?* », *Nuit blanche*, n° 11, décembre 1983, p. 19.

PELLETIER, Maryse

2135. *ANDRÈS, Bernard, « Le Prêchi-Prêcha du nouveau masculinisme [*Mon homme*] », *Voix et images*, vol. 8, n° 3, printemps 1983, p. [523].
2136. *BELLEMARE, Madeleine, «*Du poil aux pattes comme les cwacs* », *Nos livres*, vol. 14, décembre 1983, p. 31-32.

PERRAULT, Marie

2137. *DIONNE, André, « Le Théâtre qu'on joue : *Quatre Tableaux d'une cruauté sans nom* », *Lettres québécoises*, n° 30, été 1983, p. 32.
2138. *DIONNE, André, « Le Théâtre qu'on joue : *La trampoline est à deux pieds du plafond* », *Lettres québécoises*, n° 31, automne 1983, p. 48.

PERRAULT, Pierre

2139. *CLANDFIELD, David, [*La Bête lumineuse*], *University of Toronto Quarterly*, Vol. 52, No. 4, Summer 1983, p. 546-548.

PETITJEAN, Léon

2140. *BELLEMARE, Madeleine, «*Aurore, l'enfant martyre*», *Nos livres*, vol. 14, février 1983, p. 46-47.
2141. *TOURANGEAU, Rémi, «*Aurore, l'enfant martyre*», *Québec français*, n° 49, mars 1983, p. 6.
2142. *OUELLET, Réal, «*Aurore, l'enfant martyre*», *Lettres québécoises*, n° 29, printemps 1983, p. 58-60.
2143. *BOURASSA, André, [*Aurore, l'enfant martyre* par Alonzo Le Blanc], *Lettres québécoises*, n° 30, été 1983, p. 31.
2144. *BLANCHARD, Maurice, «'*Aurore, l'enfant martyre*'. Histoire et présentation de la pièce», *Theatre History in Canada/Histoire du théâtre au Canada*, Vol. 4, No. 2, Fall 1983, p. 214-216.

PETITS, Jean-Pierre

2145. *AUBIN, Jacqueline, [*La Terrasse du roi lépreux*], *L'Écrilu*, vol. 2, n° 5, mars 1983, p. 9.
2146. *AMPRIMOZ, Alexandre L., « Une source [*La Terrasse du roi lépreux*] », *Canadian Literature/Littérature canadienne*, No. 98, Autumn 1983, p. 112.

PÉTROWSKI, Nathalie

2147. McQUADE, Winston, « Le Devoir en liberté », *Au masculin*, vol. 1, n° 1, 2e trimestre 1983, p. 37-39.

PHANEUF, Richard

2148. G[UAY], G[isèle], « Sous le signe de l'autre [*Ille*] », *Virus-Viva*, vol. 6, n° 9, novembre 1983, p. 9.

PHELPS, Anthony

2149. *[ANONYME], «*La Bélière caraïbe* », *Écriture française dans le monde*, vol. 5, n° 3-4, novembre 1983, p. 131.

PICHÉ, Alphonse

2150. *BROCHU, André, [*Dernier Profil*], *Voix et images*, vol. 8, n° 3, printemps 1983, p. 507-508.
2151. *M[ÉLANÇON], R[obert], [*Dernier Profil*], *Liberté*, vol. 25, n° 2, avril 1983, p. 114-115.
2152. BAYARD, Caroline, [*Dernier Profil*], *University of Toronto Quarterly*, Vol. 52, No. 4, Summer 1983, p. 365-367.
2153. *DIONNE, André, «*Dernier Profil* », *Nos livres*, vol. 14, juillet-août 1983, p. 47.

2154. [Anonyme], « G.G. Winners », *Quill and Quire*, Vol. 49, No. 7, July 1983, p. 2.
2155. *Cloutier, Guy, « Deux Moments clés [*Dernier Profil*] », *Nuit blanche*, nº 11, décembre 1983, p. 11.

PIRRO, Michel « Woups »

2156. *D'Alfonso, Antonio, «*L'Étang du rollmops ou les Aventures de la tribu des anwouèges -Un fablier rock illustré* », *Nos livres*, vol. 14, mars 1983, p. 31-32.

PLANTE, Raymond

2157. *Baszczynski, Marilyn, [*La couleur chante un pays*], *Association for Canadian Theatre History/Association d'histoire du théâtre au Canada*, Vol. 6, No. 2, Spring 1983, p. 26, 28.
2158. *Louthood, Louise, [*La Machine à beauté*], *Lurelu*, vol. 6, nº 1, printemps-été 1983, p. 13.
2159. Robin, Marie-Jeanne, [Entrevue], *Lurelu*, vol. 6, nº 1, printemps-été 1983, p. 20-21.
2160. L[apierre], R[ené], « Les Prix de la crise », *Liberté*, vol. 25, nº 2, avril 1983, p. 80-81.
2161. *Bellemare, Madeleine, «*Monsieur Genou* », *Nos livres*, vol. 14, avril 1983, p. 47-48.
2162. *G., C., «*La Machine à beauté* », *Des livres et des jeunes*, vol. 5, nº 15, été 1983, p. 47-48.
2163. *P[roulx], D[aniel], «*Clins d'oeil et pieds de nez* », *Des livres et des jeunes*, vol. 6, nº 16, automne 1983, p. 41.
2164. Louthood, Louise et Michèle Gélinas, « Le Sexisme et les romans québécois pour les jeunes », *Lurelu*, vol. 6, nº 2, automne 1983, p. 4, 7.

POIRIER, Michèle

2165. *Baszczynski, Marilyn, [*La couleur chante un pays*], *Association for Canadian Theatre History/Association d'histoire du théâtre au Canada*, Vol. 6, No. 2, Spring 1983, p. 26, 28.
2166. *Dionne, André, « Le Théâtre qu'on joue : *Pâté chinois* », *Lettres québécoises*, nº 31, automne 1983, p. 47.

POISSANT, Claude

2167. *[Anonyme], «*Je donne ma langue au chef* », *Dramaturgies nouvelles*, vol. 4, nº 2, janvier 1983, p. [3].
2168. *Miljours, Diane, « Où l'amusement se révèle être aussi un art. *Arture* », *Jeu*, nº 27, 2ᵉ trimestre 1983, p. 139-140.
2169. *Dionne, André, « Le Théâtre qu'on joue : *Bluff* », *Lettres québécoises*, nº 32, hiver 1983-1984, p. 42.

POISSANT, Marc-André

2170. *Desjardins, Normand, «*Histoire d'une passion* », *Nos livres*, vol. 14, juillet-août 1983, p. 48.

POLIQUIN, Daniel

2171. *Houle, Guy, «*Temps pascal* ou... quand il est question de survivre ! », *Liaison*, nº 26, mars-avril 1983, p. 27.
2172. Marchildon, Daniel, « Rencontre avec Daniel Poliquin. Un écrivain du dimanche... professionnel », *Liaison*, nº 26, mars-avril 1983, p. 13.

2173. *LÉPINE, Stéphane, «*Temps pascal*», *Nos livres*, vol. 14, juillet-août 1983, p. 49-50.

2174. *RENAUD, Normand, [*Temps pascal*], *Revue du Nouvel Ontario*, n° 5, 1983, p. 173-175.

POLIQUIN, Jean-Marc

2175. GUÉNARD, Michel, « Au service du bien public. Jean-Marc Poliquin [Décès] », *Le 30*, vol. 7, n° 1, janvier 1983, p. 31.

POMMINVILLE, Louise

2176. *BELLEMARE, Madeleine, «*Pitatou et le bon manger*», *Nos livres*, vol. 14, mai-juin 1983, p. 28.

PONTBRIAND, Chantal

2177. *DURAND, Régis, «*Performance. Text(e)s & documents*», *Sub-Stance*, No. 37-38, 1983, p. 226-229.

PONTBRIAND, Jean-Noël

2178. *GAULIN, André, «*Éphémérides* précédé de *Débris*», *Québec français*, n° 49, mars 1983, p. 9.

2179. BAYARD, Caroline, [*Éphémérides* précédé de *Débris*], *University of Toronto Quarterly*, Vol. 52, No. 4, Summer 1983, p. 364.

PORTAL, Louise [pseud. de Louise Lapointe]

2180. *[ANONYME], [Disque Portal], *Le Compositeur canadien/The Canadian Composer*, n° 177, janvier 1983, p. 39.

2181. *[ANONYME], « En avant la zizique [Disque] », *Résistances*, n° 3-4, printemps 1983, p. 123-124.

POTVIN, Damase

2182. *BOISSONNAULT, Pierre, «*Peter McLeod*», *Québec français*, n° 52, décembre 1983, p. 12.

POULAIN, André

2183. *[ANONYME], «*L'Île des heures*», *Dramaturgies nouvelles*, vol. 4, n° 3, mars 1983, p. [2].

POULIN, Andrée

2184. *BELLEMARE, Madeleine, «*Pistache et les étoiles*», *Nos livres*, vol. 14, décembre 1983, p. 32.

2185. *RINFRET, Marie-Josée, «*Pistache et les étoiles*», *Lettres québécoises*, n° 32, hiver 1983-1984, p. 76.

POULIN, Jacques

2186. SÉVIGNY, Marc, « Cinéma québécois. Les Écrivains à la rescousse [*Les Grandes Marées*] », *Nuit blanche*, n° 10, automne 1983, p. 48-51.

POUPART, Jean-Marie

2187. *DORION, Hélène, «*Rétroviseurs*», *Nuit blanche*, n° 8, hiver 1983, p. 12.
2188. *DESJARDINS, Normand, «*Rétroviseurs*», *Nos livres*, vol. 14, mars 1983, p. 32-33.
2189. *LAURIN, Michel, «*Drôle de pique-nique pour le roi Craquelin*», *Nos livres*, vol. 14, avril 1983, p. 48.
2190. *BOUDREAU, Solange, « L'Enfant et le rêve ou l'Imaginaire [*Nuits magiques*] », *Canadian Children's Literature*, No. 30, 1983, p. 71-72.
2191. *MEZEI, Kathy, « Windows on Invention [*Angoisse Play*] », *Canadian Literature/ Littérature canadienne*, No. 97, Summer 1983, p. 129.
2192. *SAUVÉ, Élaine, [*Drôle de pique-nique pour le roi Craquelin*], *Lurelu*, vol. 6, n° 2, automne 1983, p. 15.

POZIER, Bernard

2193. *D'ALFONSO, Antonio, «*Lost Angeles*», *Nos livres*, vol. 14, mai-juin 1983, p. 29.
2194. *BELLEFEUILLE, Normand de, « Sight-Seeing Disco-Punk. *Lost Angeles* », *Spirale*, n° 34, mai 1983, p. 7.
2195. [ANONYME], « Bio-Bibliographie », *Arcade*, n° 4-5, septembre 1983, p. 140.
2196. *BEAUSOLEIL, Claude, « Lectures d'errances actuelles [*45 Tours*] », *La Nouvelle Barre du jour*, n° 129, septembre 1983, p. 93-94.

PRATTE, Josette

2197. *BELLEMARE, Madeleine, «*Et je pleure* », *Nos livres*, vol. 14, juillet-août 1983, p. 50.

PRIMEAU, Marguerite-A.

2198. *BLODGETT, E.D., «*Maurice Dufault, sous-directeur*», *Bulletin du Centre d'études franco-canadiennes de l'Ouest*, n° 15, octobre 1983, p. 22-25.
2199. *DESJARDINS, Normand, «*Maurice Dufault, sous-directeur*», *Nos livres*, vol. 14, novembre 1983, p. 39.
2200. *THÉRIO, Adrien, «*Maurice Dufault, sous-directeur*», *Lettres québécoises*, n° 32, hiver 1983-1984, p. 60.

PROULX, Serge

2201. *CHABOT, Marc, «*Changer de société*», *Nuit blanche*, n° 8, hiver 1983, p. 6.
2202. *GUAY, Jacques, « Du Bloc populaire à Pierre Vallières. 40 Ans d'histoire et une société à changer [*Changer de société*] », *Nuit blanche*, n° 8, hiver 1983, p. 5.

PROVENCHER, Serge

2203. *THÉRIO, Adrien, «*Erreur sur la personne*. Cinq 'malades mentaux' se racontent », *Lettres québécoises*, n° 32, hiver 1983-1984, p. 70.

RACHILDE [pseud. de Marguerite Émery]

2204. *PELLERIN, Gilles, «*La Jongleuse* », *Nuit blanche*, n° 10, automne 1983, p. 68.

RACINE, Jean

2205. *COSSETTE, Gilles, « Hommes condamnés, 2 : *Fragments indicatifs* », *Lettres québécoises*, n° 30, été 1983, p. 20-21.
2206. *LÉPINE, Stéphane, «*Fragments indicatifs. Récits posthumes*», *Nos livres*, vol. 14, juillet-août 1983, p. 51-52.

RACINE, Luc

2207. *BROCHU, André, [*L'Enfant des mages*], *Voix et images*, vol. 8, nº 2, hiver 1983, p. 363-364.
2208. *[ANONYME], «*L'Enfant des mages*», *Écriture française dans le monde*, vol. 5, nº 3-4, novembre 1983, p. 131.

RAJIC, Negovan

2209. *M[ÉLANÇON], R[obert], [*Propos d'un vieux radoteur*], *Liberté*, vol. 25, nº 3, juin 1983, p. 216-217.
2210. *JANOËL, André, «*Propos d'un vieux radoteur*», *Nos livres*, vol. 14, juillet-août 1983, p. 52-53.
2211. *LORD, Michel, «*Propos d'un vieux radoteur* ou les Cauchemars de la loi», *Lettres québécoises*, nº 31, automne 1983, p. 35-37.

RAYMOND, Claudine

2212. *[ANONYME], «*Qui a peur ?*», *Dramaturgies nouvelles*, vol. 4, nº 3, mars 1983, p. [3].

RAYMOND, Gilles

2213. *PELLETIER, Jacques, «Renaissance du roman social? [*Un moulin, un village, un pays*]», *Voix et images*, vol. 8, nº 2, hiver 1983, p. 372-374.
2214. *PELLETIER, Jacques, «Renaissance du roman social? [*Pour sortir de nos cages*]», *Voix et images*, vol. 8, nº 2, hiver 1983, p. [371]-372.

RENAUD, Bernadette

2215. *LE BRUN, Claire, «*La Dépression de l'ordinateur*», *Québec français*, nº 50, mai 1983, p. 98.
2216. LORTIE, Alain, [*La Dépression de l'ordinateur*], *Solaris*, vol. 9, nº 3, juin-juillet 1983, p. 36.
2217. *LAURIN, Michel, «*La Grande Question de Tomatelle*», *Nos livres*, vol. 14, juillet-août 1983, p. 54.
2218. *C[HAMPAGNE]-B[OULAIS], D[anielle] et F[rance] L[ATREILLE]-H[UVELIN], «*La Grand Question de Tomatelle*», *Des livres et des jeunes*, vol. 6, nº 16, automne 1983, p. 45.
2219. LOUTHOOD, Louise et Michèle GÉLINAS, «Le Sexisme et les romans québécois pour les jeunes», *Lurelu*, vol. 6, nº 2, automne 1983, p. 5, 6, 7.
2220. *THÉRIAULT, Mariette, [*La Grande Question de Tomatelle*], *Lurelu*, vol. 6, nº 2, automne 1983, p. 13.

RENAUD, Chantal

2221. *GUÉNETTE, Françoise, «Histoire de L. [*Loup-Blanc*]», *La Vie en rose*, nº 14, novembre-décembre 1983, p. 62.
2222. *JANOËL, André, «*Loup-Blanc*», *Nos livres*, vol. 14, décembre 1983, p. 33.
2223. *BARRETT, Caroline, «*Loup-Blanc*», *Québec français*, nº 52, décembre 1983, p. 9.
2224. *PELLERIN, Gilles, «*Loup-Blanc*», *Lettres québécoises*, nº 32, hiver 1983-1984, p. 69.

RHÉAULT, Nicole-Marie

2225. *[ANONYME], «*Histoire de Julie qui avait une ombre de garçon* [Adaptation du conte de Christian Bruel, Anne Bozellec et Annie Galland]», *Dramaturgies nouvelles*, vol. 4, nº 3, mars 1983, p. [3].

2226. *Cusson, Chantale, « Greffe et rejet. *Histoire de Julie qui avait une ombre de garçon* », *Jeu*, no 27, 2e trimestre 1983, p. 165-166.

RICARD, André

2227. Ricard, André, « L'Auteur et son double [*Tir à blanc*] », *L'Envers du décor*, vol. 15, no 4, février 1983, [s.p.].
2228. *Lewis, Jocelyne, «*Le Tir à blanc*», *Nos livres*, vol. 14, octobre 1983, p. 36-37.
2229. *Croft, Esther, «*Le Tir à blanc*», *Québec français*, no 51, octobre 1983, p. 14-15.

RICHARD, Jean-Jules

2230. Shek, Ben-Z[ion], « Bulwark to Battlefield : Religion in Quebec Literature », *Journal of Canadian Studies/Revue d'études canadiennes*, Vol. 18, No. 2, Summer 1983, p. 54.

RICHARD, Joël

2231. *[Anonyme], «*Josette*», *Dramaturgies nouvelles*, vol. 4, no 3, mars 1983, p. [2].

RIEL, Anne-Marie

2232. *Marchand, Micheline M., « Avez-vous vu ? [*Crounchi et son cube magique*] », *Liaison*, no 27, été 1983, p. 49.

RIEL, Louis-David

2233. Spencer, Nigel, « Louis Riel and Norman Bethune : A Critical Bibliography », *Moosehead Review*, No. 7, 1983, p. 29-47.
2234. Spencer, Nigel, « LOuis Riel and Norman Bethune : A Critical Bibliography », *Moosehead Review*, No. 7, 1983, p. 29-47.
2235. Kroetsch, Robert, « Canada Is a Poem », *Open Letter*, Fifth Series, No. 4, Spring 1983, p. 34.

RINGUET [pseud. de Philippe Panneton]

2236. Whitfield, Agnès, « L'Auteur implicite dans *Trente Arpents*. Modes de présence et signification narrative », *Voix et images*, vol. 8, no 3, printemps 1983, p. [485]-494.
2237. Shek, Ben-Z[ion], « Bulwark to Battlefield : Religion in Quebec Literature », *Journal of Canadian Studies/Revue d'études canadiennes*, Vol. 18, No. 2, Summer 1983, p. 48-49.

RIONET, Lise

2238. *[Anonyme], «*C'est-tu comme ça chez vous ?* [et le Théâtre la Cannerie] », *Dramaturgies nouvelles*, vol. 4, no 2, janvier 1983, p. [3].

RIOUX, Hélène

2239. *Côté, Claire, «*Une histoire gitane*», *Nuit blanche*, no 8, hiver 1983, p. 14.
2240. *Desjardins, Normand, «*Une histoire gitane*», *Nos livres*, vol. 14, mars 1983, p. 33-34.
2241. *Théoret, France, «*Une histoire gitane* », *Spirale*, no 32, mars 1983, p. 8.
2242. *Thério, Adrien, « Le Mythe de l'étranger et la recherche de l'amour. *Une histoire gitane* », *Lettres québécoises*, no 29, printemps 1983, p. 25-26.

RIVARD, Gilles

2243. LORD, Michel et Donald McKENZIE, « Le Fantastique et la science-fiction dans les romans québécois pour la jeunesse », *Lurelu*, vol. 6, n° 1, printemps-été 1983, p. 7.
2244. LOUTHOOD, Louise et Michèle GÉLINAS, « Le Sexisme et les romans québécois pour les jeunes », *Lurelu*, vol. 6, n° 2, automne 1983, p. 5.

RIVIÈRE, Sylvain

2245. *POMERLEAU, Gervais, « Lorsque Rivière sort du lit pour prendre la plume... [*D'arboutade en marée*] », *Gaspésie*, vol. 21, n° 2, avril-juin 1983, p. 10-11.

ROBERGE-BLANCHET, Sylvie

2246. *BOUCHER, Ginette, [*La Naissance des étoiles*], *Lurelu*, vol. 6, n° 1, printemps-été 1983, p. 11.
2247. *S[IMARD], C[laude], «*La Naissance des étoiles* », *Des livres et des jeunes*, vol. 6, n° 16, automne 1983, p. 42.

ROBERT, Suzanne

2248. *MARCOTTE, Gilles, [*Vulpera*], *L'Actualité*, vol. 8, n° 9, septembre 1983, p. 108.
2249. *CORRIVEAU, Hugues, «*Vulpera* », *Spirale*, n° 36, septembre 1983, p. 13.
2250. *POULIN, Gabrielle, « 'L'Action par dévoilement'. *Vulpera* », *Lettres québécoises*, n° 31, automne 1983, p. 19-20.
2251. *TRUDEL, Serge, «*Vulpera* », *Nos livres*, vol. 14, octobre 1983, p. 38-39.
2252. ROBERT, Suzanne, [Opinion à propos de la critique de *Vulpera* par Hugues Corriveau], *Spirale*, n° 38, novembre 1983, p. 2, 5.
2253. *CHAPUT, Sylvie, «*Vulpera* », *Nuit blanche*, n° 11, décembre 1983, p. 16-18.

ROBIN, Régine

2254. *DESJARDINS, Normand, «*La Québécoite* », *Nos livres*, vol. 14, mai-juin 1983, p. 29-30.
2255. *PERALDI, François, « Accomplir l'exil. *La Québécoite* », *Spirale*, n° 34, mai 1983, p. 11.
2256. *[ANONYME], [*La Québécoite*], *Le Temps fou*, n° 28, 1983, p. 65-66.
2257. *STANTON, Julie, «*La Québécoite* », *La Gazette des femmes*, vol. 5, n° 2, juillet-août 1983, p. 4.
2258. *COUILLARD, Marie, « Une parole qui dérange : *La Québécoite* », *Lettres québécoises*, n° 31, automne 1983, p. 26-27.
2259. *GAGNON, Madeleine, « Histoire-Fiction [*La Québécoite*] », *Possibles*, vol. 8, n° 1, 1983, p. 149-159.

ROBINSON, Reynald

2260. *DIONNE, André, « Le Théâtre qu'on joue : *Roméo et Julien* », *Lettres québécoises*, n° 29, printemps 1983, p. 48.
2261. *ANDRÈS, Bernard, « Le Prêchi-Prêcha du nouveau masculinisme [*Roméo et Julien*] », *Voix et images*, vol. 8, n° 3, printemps 1983, p. [523]-524.
2262. *GRUSLIN, Adrien, «*Roméo et Julien*. Défilé au masculin », *Jeu*, n° 28, 3e trimestre 1983, p. 159.

ROCHON, Claire

2263. *GRENIER, Pierre, «*Entre l'oeil et l'espace : le geste et le cri*. Dialogue sur le mime et le mot », *Liaison*, n° 26, mars-avril 1983, p. 27-28.

RODRIGUE, Réal

2264. *GAGNON, Claude, «*Défaire l'histoire*, de Réal Rodrigue », *Philosophiques*, vol. 10, n⁰ 1, avril 1983, p. 111-117.

ROLLIN, Henri

2265. *BELLEMARE, Madeleine, «*Aurore, l'enfant martyre* », *Nos livres*, vol. 14, février 1983, p. 46-47.

2266. *TOURANGEAU, Rémi, «*Aurore, l'enfant martyre* », *Québec français*, n⁰ 49, mars 1983, p. 6.

2267. *OUELLET, Réal, «*Aurore, l'enfant martyre* », *Lettres québécoises*, n⁰ 29, printemps 1983, p. 58-60.

2268. *BOURASSA, André, [*Aurore, l'enfant martyre* par Alonzo Le Blanc], *Lettres québécoises*, n⁰ 30, été 1983, p. 31.

2269. *BLANCHARD, Maurice, «*'Aurore, l'enfant martyre'*. Histoire et présentation de la pièce », *Theatre History in Canada/Histoire du théâtre au Canada*, Vol. 4, No. 2, Fall 1983, p. 214-216.

RONFARD, Jean-Pierre

2270. *LAVOIE, Pierre, «*La Mandragore*. Démon cuisinier ou perroquet », *Jeu*, n⁰ 26, 1er trimestre 1983, p. 123-124.

2271. *ANDRÈS, Bernard, « Mann, Ronfard et William... [*La Mandragore*] », *Spirale*, n⁰ 31, février 1983, p. 12, 7.

2272. *DIONNE, André, « Le Théâtre qu'on joue : *La Mandragore* », *Lettres québécoises*, n⁰ 29, printemps 1983, p. 48.

2273. CHASSAY, Jean-François, « La Passion, comme un désert [*Vie et mort du Roi Boiteux*] », *Jeu*, n⁰ 27, 2e trimestre 1983, p. 94-99.

2274. FÉRAL, Josette, « L'Oeuvre ouverte [*Vie et mort du Roi Boiteux*] », *Jeu*, n⁰ 27, 2e trimestre 1983, p. 67-84.

2275. LAPOINTE, Gilles, « Le Roi Boiteux : un théâtre 'look' », *Jeu*, n⁰ 27, 2e trimestre 1983, p. 85-93.

2276. LAVOIE, Pierre, [*Vie et mort du Roi Boiteux*], *Jeu*, n⁰ 27, 2e trimestre 1983, p. 67-84.

2277. LEFEBVRE, Paul et Pierre LAVOIE, « Les Entrailles du 'Roi Boiteux' », *Jeu*, n⁰ 27, 2e trimestre 1983, p. 113-132.

2278. LEFEBVRE, Paul, « Chronologie et crédits [*Vie et mort du Roi Boiteux*] », *Jeu*, n⁰ 27, 2e trimestre 1983, p. 133-138.

2279. VIGEANT, Louise et Lorraine CAMERLAIN, « Les Voyages d'ici à là. Pourtant en ce même lieu [*Vie et mort du Roi Boiteux*] », *Jeu*, n⁰ 27, 2e trimestre 1983, p. 100-112.

2280. *VIGEANT, Louise, «*La Mandragore* », *Nos livres*, vol. 14, avril 1983, p. 49-50.

2281. *CROFT, Esther, «*La Mandragore* », *Québec français*, n⁰ 50, mai 1983, p. 10.

2282. GIRARD, Gilles, [*La Mandragore*], *University of Toronto Quarterly*, Vol. 52, No. 4, Summer 1983, p. 379-381.

2283. LAPOINTE, Gilles, «*Vie et mort du Roi Boiteux* de Jean-Pierre Ronfard », *Canadian Drama/L'Art dramatique canadien*, Vol. 9, No. 2, [Fall] 1983, p. 220-225.

2284. LAPOINTE, Gilles, «*Vie et mort du Roi Boiteux* de Jean-Pierre Ronfard [Théâtre expérimental de Montréal] », *Canadian Drama/L'Art dramatique canadien*, Vol. 9, No. 2, [Fall] 1983, p. 221.

ROQUEBRUNE, Robert de [pseud. de Robert Hertel La Roque de]

2285. LOUTHOOD, Louise et Michèle GÉLINAS, « Le Sexisme et les romans québécois pour les jeunes », *Lurelu*, vol. 6, n⁰ 2, automne 1983, p. 6-7.

ROSS, Rolande

2286. *T[HÉORET], F[rance], «*Le Long des paupières brunes*», *Spirale*, n° 35, juin 1983, p. 6.
2287. *BÉLISLE, Jacques, «*Le Long des paupières brunes*», *Lettres québécoises*, n° 30, été 1983, p. 81.
2288. *ALONZO, Anne-Marie, « Loin de la mer. *Le Long des paupières brunes*», *La Vie en rose*, n° 14, novembre-décembre 1983, p. 60.

ROUSSEAU, Guildo

2289. [ANONYME], [Prix Albert B.-Corey], *Lettres québécoises*, n° 30, été 1983, p. 12.
2290. *[ANONYME], «*Contes et récits de la Mauricie, 1850-1950, essai de bibliographie générale*», *Écriture française dans le monde*, vol. 5, n° 3-4, novembre 1983, p. 132.
2291. *[ANONYME], «*Contes et récits de la Mauricie, 1850-1950, essai de bibliographie générale*», *Écriture française dans le monde*, vol. 5, n° 3-4, novembre 1983, p. 128.

ROUSSEAU, Normand

2292. BELLEMARE, Yvon, « Le Temps dans *Les Jardins secrets* de Normand Rousseau », *Revue de l'Université de Moncton*, vol. 16, n° 1, janvier-mars 1983, p. 113-127.
2293. *DESJARDINS, Normand, «*Dans la démesure du possible*», *Nos livres*, vol. 14, mai-juin 1983, p. 31.
2294. *LORD, Michel, «*Dans la démesure du possible*», *Lettres québécoises*, n° 30, été 1983, p. 23-24.
2295. *GODBOUT, Gaétan, [*Dans la démesure du possible*], *Imagine*, vol. 5, n° 1, août-septembre 1983, p. 71-72.
2296. *DORION, Gilles, «*Dans la démesure du possible*», *Québec français*, n° 51, octobre 1983, p. 13.

ROY, André

2297. [ANONYME], « Repères bio-bibliographiques », *La Nouvelle Barre du jour*, n° 122-123, février 1983, p. 227.
2298. *CHAMBERLAND, Roger, «*Les Lits de l'Amérique*», *Québec français*, n° 52, décembre 1983, p. 13.
2299. *CORRIVEAU, Hugues, « Couleur mauve, couleur chair. *Les Lits de l'Amérique* », *Spirale*, n° 39, décembre 1983, p. 14.

ROY, Bruno

2300. ROY, Bruno, « Variations sur mémo », *Québec français*, n° 49, mars 1983, p. 26.
2301. [ANONYME], « Bio-Bibliographie », *Arcade*, n° 4-5, septembre 1983, p. 141.

ROY, Carmen

2302. *LACROIX, Benoît, «*Littérature orale en Gaspésie*», *Revue d'histoire de l'Amérique française*, vol. 36, n° 4, mars 1983, p. 608-609.
2303. *LAURIN, Michel, «*Littérature orale en Gaspésie*», *Nos livres*, vol. 14, juillet-août 1983, p. 12-13.

ROY, Gabrielle

2304. TASCHEREAU, Yves, « Celle qui a saisi un 'Bonheur d'occasion' », *Châtelaine*, vol. 24, n° 2, février 1983, p. 20.
2305. *CIMON, Renée, «*Fragiles Lumières de la terre*», *Nos livres*, vol. 14, février 1983, p. 47.

2306. SHEK, Ben-Z[ion], « Bulwark to Battlefield : Religion in Quebec Literature », *Journal of Canadian Studies/Revue d'études canadiennes*, Vol. 18, No. 2, Summer 1983, p. 49, 50, 51-52, 54.

2307. IVOR CASE, Frederick, «*Le Nègre dans le roman blanc. Lecture sémiotique et idéologique de romans français et canadiens, 1945-1977* [de Sébastien Joachim] », *University of Toronto Quarterly*, Vol. 52, No. 4, Summer 1983, p. 469.

2308. MEZEI, Kathy, [*Fragile Lights of Earth*], *University of Toronto Quarterly*, Vol. 52, No. 4, Summer 1983, p. 394.

2309. *SHEK, B[en]-Z[ion], [*Concordance de 'Bonheur d'occasion' de P.G. Socken*], *University of Toronto Quarterly*, Vol. 52, No. 4, Summer 1983, p. 522.

2310. [ANONYME], « Gabrielle Roy n'est plus », *Littérature du Québec*, n° 2, 1983, p. [1].

2311. BONNEVILLE, Léo, « Entretien avec Claude Fournier [au sujet du film *Bonheur d'occasion*] », *Séquences*, n° 113, juillet 1983, p. 5-9.

2312. [ANONYME], «*Bonheur d'occasion* au Festival des films du monde », *Québec Hebdo*, vol. 5, n° 25, 18 juillet 1983, p. 3.

2313. ABLEY, Mark, « A Messenger of Hope », *Maclean's*, Vol. 96, No. 30, July 25, 1983, p. 55.

2314. NOWLAN, Michael O., [*The Literary Achievement of Gabrielle Roy* de Allison Mitcham], *The Atlantic Advocate*, Vol. 73, No. 12, August 1983, p. 62.

2315. HOMEL, David, « Gabrielle Roy, 1909-1983 », *Books in Canada*, Vol. 12, No. 7, August-September 1983, p. 12.

2316. *H[ÉBERT], F[rançois], « Charité de Gabrielle Roy [*De quoi t'ennuies-tu, Éveline ?*] », *Liberté*, vol. 25, n° 4, août 1983, p. 86-89.

2317. [ANONYME], « Décès de la romancière Gabrielle Roy », *Québec Hebdo*, vol. 5, n° 27, 1er août 1983, p. 3-4.

2318. *[ANONYME], « À l'occasion de *Bonheur d'occasion* [Le Film] », *Ticket*, vol. 1, n° 4, août-septembre 1983, p. 57.

2319. *H[OMIER]-R[OY], R[ené], «*Bonheur d'occasion. Aujourd'hui, la vie d'hier [Le Film] », *Ticket*, vol. 1, n° 4, août-septembre 1983, p. 32-33.

2320. O'CONNOR, John J., « Life, Death and Gabrielle Roy », *Maclean's*, Vol. 96, No. 34, August 22, 1983, p. 5.

2321. LEFRANÇOIS, Isabelle, « Entrevue imaginaire. Gabrielle Roy à livres ouverts », *Le Bulletin des agriculteurs*, vol. 66, septembre 1983, p. 111-112, 116.

2322. TASCHEREAU, Yves, « Un '*Bonheur d'occasion*' fidèle à Gabrielle Roy », *Châtelaine*, vol. 24, n° 9, septembre 1983, p. 72-80.

2323. MCCLELLAND, Jack, « Gabrielle Roy », *Quill and Quire*, Vol. 49, No. 9, September 1983, p. 60.

2324. [ANONYME], « Cinéma. *Bonheur d'occasion* », *Reflets*, vol. 5, n° 1, septembre-octobre 1983, p. 24-25.

2325. [ANONYME], « Hommage à Gabrielle Roy, 1909-1983 », *La Vie en rose*, n° 13, septembre-octobre 1983, p. 51.

2326. [ANONYME], «*Bonheur d'occasion* émeut les Soviétiques [Film] », *Québec Hebdo*, vol. 5, n° 31, 5 septembre 1983, p. 4.

2327. MARSHALL, Joyce, « Gabrielle Roy, 1909-1983 », *The Antigonish Review*, No. 55, Autumn 1983, p. 35-46.

2328. GARIÉPY-DUBUC, Madeleine, « Gabrielle Roy, 1909-1983. Hier et demain », *Canadian Women's Studies/Les Cahiers de la femme*, Vol. 5, No. 1, Fall 1983, p. 46-47.

2329. SUCHEB, Simone, « À propos de *Bonheur d'occasion* : les rapports entre littérature et cinéma », *Canadian Women's Studies/Les Cahiers de la femme*, Vol. 5, No. 1, Fall 1983, p. 50-52.

2330. *THÉRIO, Adrien, « De l'Atlantique au Pacifique. Le Goût de la liberté. *De quoi t'ennuies-tu, Éveline ?* », *Lettres québécoises*, n° 31, automne 1983, p. 31-32.

2331. THÉRIO, Adrien, « Gabrielle Roy nous a quittés », *Lettres québécoises*, n° 31, automne 1983, p. 7.

2332. *WHITFIELD, Agnès, «*Gabrielle Roy et Margaret Laurence. Deux Chemins, une recherche* de Terrance Hughes», *Lettres québécoises*, n° 31, automne 1983, p. 54.

2333. SÉVIGNY, Marc, « Cinéma québécois. Les Écrivains à la rescousse [*Bonheur d'occasion*] », *Nuit blanche*, n° 10, automne 1983, p. 48-51.

2334. CALLOUD, Jean et Louis PANIER, « Au sujet de l'écriture. Analyse sémiotique de deux nouvelles de Gabrielle Roy », *Protée*, vol. 11, n° 3, automne 1983, p. 58-70.

2335. BLODGETT, E.D., « Le Mythe des ethnies dans les romans de l'Ouest canadien : du père dominateur à la mère conciliatrice », *Voix et images*, vol. 9, n° 1, automne 1983, p. [119]-137.

2336. ROSS, Val, « The New Screen Heroes [*The Tin Flute*] », *Maclean's*, Vol. 96, No. 39, September 26, 1983, p. 46-54.

2337. POUPART, Jean-Marie, « Respect et sympathie pour *Bonheur d'occasion* », *L'Actualité*, vol. 8, n° 10, octobre 1983, p. 157-158.

2338. SAINT-PIERRE, Annette, « Gabrielle Roy n'est plus », *Bulletin du Centre d'études franco-canadiennes de l'Ouest*, n° 15, octobre 1983, p. [1].

2339. SOCKEN, Paul G., « In memoriam : Gabrielle Roy (1909-1983) », *The Canadian Modern Language Review/La Revue canadienne des langues vivantes*, Vol. 40, No. 1, October 1983, p. 105-110.

2340. GARNEAU, René, « Hommage à Gabrielle Roy. *Alexandre Chenevert* caissier. *Rue Deschambault* [Reproduction de leurs articles parus à Paris en avril 1954 et en 1955 dans *Flammes*, le bulletin des Editions Flammarion] », *Écrits du Canada français*, n° 49, 4e trimestre 1983, p. 119-123.

2341. *LÉPINE, Stéphane, « Terrance Hughes, *Gabrielle Roy et Margaret Laurence. Deux Chemins, une recherche* », *Nos livres*, vol. 14, octobre 1983, p. 23-24.

2342. BOIVIN, Aurélien, « Souvenir : Gabrielle Roy », *Québec français*, n° 51, octobre 1983, p. 11.

2343. LEVER, Yves, «*Bonheur d'occasion*. Gabrielle Roy aurait aimé ! [Le Film] », *Relations*, vol. 43, n° 494, octobre 1983, p. 276-277.

2344. BEAULIEU, Janick, «*Bonheur d'occasion* », *Séquences*, n° 114, octobre 1983, p. 32-34.

2345. ABLEY, Mark, « An Unending Chain of Sorrow [*The Tin Flute*] », *Maclean's*, Vol. 96, No. 44, October 31, 1983, p. 49.

2346. TREMBLAY, Michel, « 'The Most Important Book in My Whole Life' », *Saturday Night*, Vol. 98, No. 11, November 1983, p. 70-71.

2347. *SABOURIN, Marie, «*Bonheur d'occasion*. Quel malheur ! [Film] », *La Vie en rose*, n° 14, novembre-décembre 1983, p. 56.

2348. ROBIDOUX, Réjean, « Gabrielle Roy, au lendemain du grand départ », *Lettres québécoises*, n° 32, hiver 1983-1984, p. 17-18.

ROY, Jean-Louis

2349. *ROGERS, David F., [*Terre féconde*], *Canadian Literature/Littérature canadienne*, No. 97, Summer 1983, p. 159.

ROY, Louise

2350. LE BLANC, Alonzo, « Femmes en solo », *Revue d'histoire littéraire du Québec et du Canada français*, n° 5, hiver-printemps 1983, p. 92.

2351. *DIONNE, André, « Le Théâtre qu'on joue : *Quatre Tableaux d'une cruauté sans nom* », *Lettres québécoises*, n° 30, été 1983, p. 32.

2352. *DIONNE, André, « Le Théâtre qu'on joue : *La trampoline est à deux pieds du plafond* », *Lettres québécoises*, n° 31, automne 1983, p. 48.

2353. LAMONTAGNE, Gilles G., [*Une amie d'enfance*], *Au masculin*, vol. 1, n° 4, octobre 1983, p. 40.

ROY, Marcelle

2354. *PONTBRIAND, Michèle, «*Traces*», *Moebius*, n° 17, printemps 1983, p. 87-88.
2355. *AMPRIMOZ, Alexandre L., « Une source [*Traces*] », *Canadian Literature/ Littérature canadienne*, No. 98, Autumn 1983, p. 111.
2356. *DIONNE, René, «*Traces*», *Lettres québécoises*, n° 32, hiver 1983-1984, p. 67.

ROY, Muriel

2357. *[ANONYME], «*Les Acadiens* [Collection 'Que sais-je ?'] », *Contact-Acadie*, n° 2, juin 1983, p. 24.

ROY, Pierre

2358. *MUIR, Michel, «*Je me souviens...*, un bout de vie dans un coin de l'Estrie », *Grimoire*, vol. 6, n° 3, mars 1983, p. 6-7.

ROYER, Jean

2359. *MONKMAN, Leslie, « In Conversation [*Écrivains contemporains. Entretiens 1 : 1976-1979*] », *Canadian Literature/Littérature canadienne*, No. 99, Winter 1983, p. 100-103.

ROY-GANS, Monique

2360. *DESJARDINS, Normand, «*Les Sangliers*», *Nos livres*, vol. 14, octobre 1983, p. 39-40.

RUEL, Francine

2361. *MOSS, Jane, « Trois Grandes Fêtes d'adieu [*Les Trois Grâces*] », *Canadian Literature/Littérature canadienne*, No. 98, Autumn 1983, p. 88-89.
2362. *USMIANI, Renate, « Varietas Delectat [*Les Trois Grâces*] », *Canadian Literature/ Littérature canadienne*, No. 98, Autumn 1983, p. 88-89.

RUEST, Paul

2363. *CROFT, Esther, «*Les Manigances d'une bru* », *Québec français*, n° 49, mars 1983, p. 6.
2364. *[ANONYME], «*Les Manigances d'une bru* », *Écriture française dans le monde*, vol. 5, n° 3-4, novembre 1983, p. 128.

RUKALSKI, Sigmund

2365. *COSSETTE, Gilles, «*Au-delà de la vie* », *Lettres québécoises*, n° 29, printemps 1983, p. 79.

RUMILLY, Robert

2366. [ANONYME], « Robert Rumilly, 1897-1983 », *Lettres québécoises*, n° 31, automne 1983, p. 16.

RUNTE, Roseann

2367. *D'ALFONSO, Antonio, «*Brumes bleues* », *Nos livres*, vol. 14, mars 1983, p. 34-35.

SABOURIN, Marcel

2368. LEFEBVRE, Paul, « Sabourin récipiendaire : rah ! rah ! rah ! », *Jeu*, n⁰ 26, 1ᵉʳ trimestre 1983, p. 158-159.

2369. *ROGERS, David F., [*Chansons*], *Canadian Literature/Littérature canadienne*, No. 97, Summer 1983, p. 159.

SABOURIN, Pascal

2370. *AMPRIMOZ, Alexandre L., « Une conscience [*Quand il pleut sur ma ville*] », *Canadian Literature/Littérature canadienne*, No. 97, Summer 1983, p. 126-127.

SAÏA, Louis

2371. LE BLANC, Alonzo, « Femmes en solo », *Revue d'histoire littéraire du Québec et du Canada français*, n⁰ 5, hiver-printemps 1983, p. 92.

2372. *USMIANI, Renate, « Gestalt Revisited [*Appelez-moi Stéphane*] », *Canadian Literature/Littérature canadienne*, No. 98, Autumn 1983, p. 83.

2373. *USMIANI, Renate, « Gestalt Revisited [*Les Voisins*] », *Canadian Literature/ Littérature canadienne*, No. 98, Autumn 1983, p. 83.

2374. LAMONTAGNE, Gilles G., [*Une amie d'enfance*], *Au masculin*, vol. 1, n⁰ 4, octobre 1983, p. 40.

SAILLANT, Francine

2375. [ANONYME], « Repères bio-bibliographiques », *La Nouvelle Barre du jour*, n⁰ 122-123, février 1983, p. 227-228.

SAINT-CLAIR, Brigitte

2376. *DESJARDINS, Normand, «*Mes amants de vacances. Journal intime d'une femme libre* », *Nos livres*, vol. 14, avril 1983, p. 50-51.

SAINT-DENIS, Janou

2377. [ANONYME], « Place aux poètes au café-concert La Chaconne », *Lettres québécoises*, n⁰ 32, hiver 1983-1984, p. 10.

SAINT-PIERRE, Annette

2378. *MEADWELL, Kenneth W., «*La Fille bègue* », *Bulletin du Centre d'études franco-canadiennes de l'Ouest*, n⁰ 13, février 1983, p. 32-34.

2379. *BRISSET, Annie, « Roman de la parole retrouvée. *La Fille bègue* », *Lettres québécoises*, n⁰ 29, printemps 1983, p. 67-68.

2380. *BOURASSA, André, [*Le rideau se lève au Manitoba*], *Lettres québécoises*, n⁰ 30, été 1983, p. 30.

2381. *JOUBERT, Ingrid, «*La Fille bègue* », *Canadian Women's Studies/Les Cahiers de la femme*, Vol. 5, No. 2, Winter 1983, p. 109-111.

SAINT-PIERRE, Madeleine

2382. *LAPRISE, Jean, « Souche de sève [*Sèves*] », *Le Sabord*, vol. 1, n⁰ 2, décembre 1983-janvier 1984, p. 8.

SAINT-YVES, Denuis

2383. *COSTISELLA, Robert, [*Mourir, s'attendre quelque part*], *Gaspésie*, vol. 21, n⁰ 4, octobre-décembre 1983, p. 8.

SAUREL, Pierre [pseud. de Pierre Daignault]

2384. GODIN, Madeleine, « La Place du coeur chez Diane la belle aventurière », *Études littéraires*, vol. 16, n⁰ 3, décembre 1983, p. 429-440.

SAVARD, Félix-Antoine

2385. LABERGE, Marguerite, « De Pierre de Ronsard à Félix-Antoine Savard. À propos de 'Penetralia' », *Protée*, vol. 11, n⁰ 1, printemps 1983, p. 87-96.
2386. CIMON, Jean, « Enterrement d'un poète : Félix-Antoine Savard », *Liberté*, vol. 25, n⁰ 2, avril 1983, p. 101-103.
2387. SHEK, Ben-Z[ion], « Bulwark to Battlefield : Religion in Quebec Literature », *Journal of Canadian Studies/Revue d'études canadiennes*, Vol. 18, No. 2, Summer 1983, p. 43, 46.
2388. [ANONYME], « Décès », *Écriture française dans le monde*, vol. 5, n⁰ 1-2, octobre 1983, p. 62.
2389. MAJOR, Robert, «*Prochain Épisode* et *Menaud, maître-draveur* », *Canadian Literature/Littérature canadienne*, No. 99, Winter 1983, p. 55-65.

SAVARD, Judith

2390. *[ANONYME], «*Un drôle d'épouvantail* [pour le Théâtre des Confettis] », *Dramaturgies nouvelles*, vol. 4, n⁰ 3, mars 1983, p. [3].

SAVARD, Marie

2391. LE BLANC, Alonzo, « Femmes en solo », *Revue d'histoire littéraire du Québec et du Canada français*, n⁰ 5, hiver-printemps 1983, p. 89.
2392. SAVARD, Marie, « Une sonde dans l'imaginaire femelle », *La Vie en rose*, n⁰ 11, mai 1983, p. 58.

SAVARD, Michel

2393. [ANONYME], « Repères bio-bibliographiques », *La Nouvelle Barre du jour*, n⁰ 122-123, février 1983, p. 228.
2394. [ANONYME], « The Awards Season [Governor General's Literary Award] », *Canadian Author and Bookman*, Vol. 58, No. 4, Summer 1983, p. 12.
2395. *BOUCHARD, Christian, [*Forages*], *Estuaire*, n⁰ 28, été 1983, p. 84-85.
2396. [ANONYME], « Prix du Gouverneur général 1983 », *Lettres québécoises*, n⁰ 31, automne 1983, p. 15.
2397. GIGUÈRE, Richard, [Prix du Gouverneur général], *Lettres québécoises*, n⁰ 31, automne 1983, p. 40.
2398. *GIGUÈRE, Richard, [*Forages*], *Lettres québécoises*, n⁰ 31, automne 1983, p. 42.
2399. FILSON, Bruce K., [Prix du Gouverneur général], *Poetry Canada Review*, Vol. 5, No. 2, Winter 1983-1984, p. 8.

SAVARD, Pierre

2400. *CAMPEAU, Lucien, «*Guy Frégault (1918-1977)* », *Revue d'histoire de l'Amérique française*, vol. 36, n⁰ 4, mars 1983, p. [606].
2401. *BEHIELS, Michael D., «*The Quebec and Acadian Diaspora in North America* », *The Canadian Historical Review*, Vol. 64, No. 2, June 1983, p. 241-243.

SCULLY, Robert-Guy

2402. *Deschênes, Marie-Claude, «Les Lumières de Manhattan», Nuit blanche, n° 10, automne 1983, p. 7.
2403. *Trudel, Serge, «Les Lumières de Manhattan. Chroniques nord-américaines 1971-1982», Nos livres, vol. 14, décembre 1983, p. 34-35.

SÉGUIN, Robert-Lionel

2404. Dupont, Jean-Claude, « Robert-Lionel Séguin (1920-1982) », Les Cahiers des Dix, n° 43, 1983, p. 19-25.
2405. Dupont, Jean-Claude, « Robert-Lionel Séguin, 1920-1982», Proceedings of the Royal Society of Canada/Délibérations de la Société royale du Canada, Fourth Series, Vol. 21, 1983, p. 139-142.
2406. Dupont, Jean-Claude, « Robert-Lionel Séguin, 1920-1982», Proceedings of the Royal Society of Canada/Délibérations de la Société royale du Canada, Fourth Series, Vol. 21, 1983, p. 139-142.

SERNINE, Daniel

2407. *Lafrenière, Joseph, «La Cité inconnue — L'Épée Arhapal», Vidéo-Presse, vol. 12, n° 6, février 1983, p. 54-55.
2408. *Laurin, Michel, «La Cité inconnue», Nos livres, vol. 14, mars 1983, p. 35.
2409. [Anonyme], « Le Prix Solaris 1982 », Lettres québécoises, n° 29, printemps 1983, p. 12.
2410. Lord, Michel et Donald McKenzie, « Le Fantastique et la science-fiction dans les romans québécois pour la jeunesse», Lurelu, vol. 6, n° 1, printemps-été 1983, p. 4-6.
2411. *Janelle, Claude, « Le Fantastique au Québec. Les Jeunes Auteurs [Les Contes de l'ombre — Légendes du vieux manoir] », Québec français, n° 50, mai 1983, p. 44-45.
2412. *Godbout, Gaétan, [Les Méandres du temps], Imagine, vol. 5, n° 1, août-septembre 1983, p. 67-70.
2413. *Le Brun, Claire, [Argus intervient], Imagine, vol. 5, n° 1, août-septembre 1983, p. 75-76.
2414. *M[arquis], D[aniel], «L'Épée Arhapal», Des livres et des jeunes, vol. 6, n° 16, automne 1983, p. 45.
2415. *Lord, Michel, [Argus intervient], Lurelu, vol. 6, n° 2, automne 1983, p. 14.
2416. Louthood, Louise et Michèle Gélinas, « Le Sexisme et les romans québécois pour les jeunes », Lurelu, vol. 6, n° 2, automne 1983, p. 5.
2417. *Janelle, Claude, «Les Méandres du temps », Nuit blanche, n° 10, automne 1983, p. 76.
2418. *Lord, Michel, « Tradition et nouveauté, 1. Les Méandres du temps », Lettres québécoises, n° 32, hiver 1983-1984, p. 31-32.

SÉVIGNY, Marc

2419. *Fortin, Andrée, «Marie-Soleil ou la Crise du carbure », Nuit blanche, n° 8, hiver 1983, p. 13-14.
2420. *Mélusine, «Marie-Soleil ou la Crise du carbure », Nos livres, vol. 14, mai-juin 1983, p. 32.

SIGOUIN, Gérald

2421. *Bourassa, André, [Théâtre en lutte : le Théâtre Euh !], Lettres québécoises, n° 30, été 1983, p. 30-31.

SIMPSON, Danièle

2422. *D'ALFONSO, Antonio, «*Je cours plus vite que la lycose*», *Nos livres*, vol. 14, octobre 1983, p. 40.

SIROIS, Serge

2423. *DUMONT, Martine, «*Les Pommiers en fleurs*», *Jeu*, n° 26, 1er trimestre 1983, p. 137-138.

SMITH, Donald

2424. *VANASSE, André, «*L'Écrivain devant son oeuvre*», *Lettres québécoises*, n° 31, automne 1983, p. 71.
2425. *CHABOT, Marc, «*L'Écrivain devant son oeuvre*», *Nuit blanche*, n° 10, automne 1983, p. 7-8.
2426. *LASNIER, Louis, «*L'Écrivain devant son oeuvre*», *Nos livres*, vol. 14, octobre 1983, p. 41.
2427. *BOIVIN, Aurélien, «*L'Écrivain devant son oeuvre*», *Québec français*, n° 51, octobre 1983, p. 19.
2428. *T[HÉORET], F[rance], «*L'Écrivain devant son oeuvre*», *Spirale*, n° 37, octobre 1983, p. 6.
2429. *MANGUEL, Alberto, « Voyeurs chez nous [*L'Écrivain devant son oeuvre*] », *Books in Canada*, Vol. 12, No. 9, November 1983, p. 31-33.

SOMCYNSKY, Jean-François

2430. *JANELLE, Claude, «*La Planète amoureuse*», *Nuit blanche*, n° 8, hiver 1983, p. 48.
2431. *MOREAU, Jean-Marie, «*La Planète amoureuse*», *Nos livres*, vol. 14, février 1983, p. 49.
2432. *LORD, Michel, « Deux Histoires de possession, 2. L'Amour fabuleux [*La Planète amoureuse*] », *Lettres québécoises*, n° 29, printemps 1983, p. 36-37.
2433. *GADBOIS, Vital, «*La Planète amoureuse*», *Québec français*, n° 50, mai 1983, p. 7.
2434. *BENSON, M[ark], « Aimer et se connaître [*Peut-être à Tokyo*] », *Canadian Literature/Littérature canadienne*, No. 97, Summer 1983, p. 102-103.
2435. *THÉRIO, Adrien, «*Vingt Minutes d'amour*», *Lettres québécoises*, n° 30, été 1983, p. 80.
2436. *OUELLETTE-MICHALSKA, Madeleine, [*Vingt Minutes d'amour*], *Châtelaine*, vol. 24, n° 10, octobre 1983, p. 20.
2437. *[ANONYME], «*La Planète amoureuse*», *Écriture française dans le monde*, vol. 5, n° 3-4, novembre 1983, p. 132.

SOUCY, Jean-Yves

2438. *MEZEI, Kathy, « Windows on Invention [*Les Chevaliers de la nuit*] », *Canadian Literature/Littérature canadienne*, No. 97, Summer 1983, p. 130-131.

SOULIÈRES, Robert

2439. *B[RICAULT], C[amille], «*Seul au monde*», *Des livres et des jeunes*, vol. 5, n° 14, printemps 1983, p. 33.
2440. *DEMERS, Dominique, «*Seul au monde*», *Châtelaine*, vol. 24, n° 6, juin 1983, p. 87.
2441. *LAFRENIÈRE, Joseph, «*Un été sur le Richelieu*», *Vidéo-Presse*, vol. 12, n° 10, juin 1983, p. 54.
2442. *B[RICAULT], C[amille], «*Un été sur le Richelieu*», *Des livres et des jeunes*, vol. 5, n° 15, été 1983, p. 48.

2443. LOUTHOOD, Louise et Michèle GÉLINAS, « Le Sexisme et les romans québécois pour les jeunes », *Lurelu*, vol. 6, n° 2, automne 1983, p. 5, 7-8.

SPEHNER, Norbert

2444. *PETTIGREW, Jean, *«Aurores boréales»*, *Nuit blanche*, n° 11, décembre 1983, p. 68-69.

STANTON, Julie

2445. *BROCHU, André, [*La Nomade*], *Voix et images*, vol. 8, n° 3, printemps 1983, p. 504-505.
2446. *RUNTE, Hans R., « Of Women, Men & Muses [*La Nomade*] », *Canadian Literature/Littérature canadienne*, No. 97, Summer 1983, p. 115.

STÉPHANE, Michel

2447. *MAILHOT, Michèle, *«Feu de joie »*, *Lettres québécoises*, n° 29, printemps 1983, p. 71.

STRARAM, Patrick

2448. *THÉORET, France, « La Continuité/la discontinuité. *Blues clair. Tea for One/No More Tea »*, *Spirale*, n° 36, septembre 1983, p. 11.
2449. *D'ALFONSO, Antonio, *«Blues clair. Tea for One/No More Tea »*, *Nos livres*, vol. 14, octobre 1983, p. 42-43.

SUTAL, Louis [pseud. de Normand Côté]

2450. LORD, Michel et Donald MCKENZIE, « Le Fantastique et la science-fiction dans les romans québécois pour la jeunesse », *Lurelu*, vol. 6, n° 1, printemps-été 1983, p. 5, 7.

SZUCSANY, Désirée

2451. *ANDERSEN, Marguerite, *«L'Aveugle »*, *Poetry Canada Review*, Vol. 5, No. 2, Winter 1983-1984, p. 4.

TARDIEU-DUBÉ, Thérèse

2452. *FORTIN, Yves, [*Une fois, deux fois, trois fois...*], *L'Écrilu*, vol. 2, n° 5, mars 1983, p. 7.

TARDIF-DELORME, Paule

2453. [ANONYME], « Un conte de Paule Tardif-Delorme sur une musique d'André Prévost [*Le Conte de l'oiseau*] », *Le Compositeur canadien/The Canadian Composer*, n° 179, mars 1983, p. 41.

TARDIVEL, Jules-Paul

2454. SHEK, Ben-Z[ion], « Bulwark to Battlefield : Religion in Quebec Literature », *Journal of Canadian Studies/Revue d'études canadiennes*, Vol. 18, No. 2, Summer 1983, p. 44.

TAVERNIER, Janine

2455. *MATTEAU, Robert, *«Naïma, fille des dieux »*, *Nos livres*, vol. 14, mai-juin 1983, p. 32-33.

TÉTREAU, François

2456. *ROGERS, David F., [*L'Architecture pressentie (Précis d'intuition)*], *Canadian Literature/Littérature canadienne*, No. 97, Summer 1983, p. 158-159.

THÉORET, France

2457. [ANONYME], « Repères bio-bibliographiques », *La Nouvelle Barre du jour*, n⁰ 122-123, février 1983, p. 228.
2458. SAINT-JARRE, Chantal, « D'une fin qui ne ferait pas mélancolie [*Nous parlerons comme on écrit*] », *La Nouvelle Barre du jour*, n⁰ 124, mars 1983, p. 103-104.
2459. THÉORET, France, « Ce grand vide qu'on dit intérieur », *Études littéraires*, vol. 16, n⁰ 1, avril 1983, p. 163-166.
2460. DUPRÉ, Louise, « De la chair à la langue », *La Vie en rose*, n⁰ 11, mai 1983, p. 54-55.
2461. MICHON, Jacques, [*Nous parlerons comme on écrit*], *University of Toronto Quarterly*, Vol. 52, No. 4, Summer 1983, p. 341-342.
2462. *DESJARDINS, Normand, «*Nous parlerons comme on écrit* », *Nos livres*, vol. 14, juillet-août 1983, p. 54-55.
2463. THÉORET, France, « Prendre la parole quand on est femme », *Canadian Women's Studies/Les Cahiers de la femme*, Vol. 5, No. 1, Fall 1983, p. 61-62.

THÉRIAULT, Marie-José

2464. *BAYARD, Caroline, «*Invariance*. Séduction, pulsions, mais pour l'amour des femmes évacuez le référent », *Lettres québécoises*, n⁰ 29, printemps 1983, p. 42-43.
2465. PROVOST, Michelle, « Outils et techniques [*Tableau 5 : récits poétiques — Agnès et le singulier bestiaire*] », *Vie pédagogique*, n⁰ 24, avril 1983, p. 27.
2466. *CHAMBERLAND, Roger, «*Invariance* suivi de *Célébration du prince* », *Québec français*, n⁰ 50, mai 1983, p. 9.
2467. *GÉLINAS, Michèle, [*Agnès et le singulier bestiaire*], *Lurelu*, vol. 6, n⁰ 2, automne 1983, p. 16.
2468. *BROCHU, André, [*Invariance*], *Voix et images*, vol. 9, n⁰ 1, automne 1983, p. 142.
2469. *GARNEAU, René, «*Invariance* suivi de *Célébration du prince* », *Écrits du Canada français*, n⁰ 49, 4ᵉ trimestre 1983, p. 177-180.
2470. *MORIN, Michel, « La Douloureuse Nécessité d'aimer [*Invariance* suivi de *Célébration du prince*] », *Jonathan*, n⁰ 15, novembre 1983, p. 12-13.

THÉRIAULT, Yves

2471. *DERRAUGH, Orville J., «*Les Dauphins de Monsieur Yu. Une aventure de Volpek* », *The Canadian Modern Language Review/La Revue canadienne des langues vivantes*, Vol. 39, No. 2, January 1983, p. 295-296.
2472. *LAMBERT, Wilma E., «*Le Secret de Mufjarti. Une aventure de Volpek* », *The Canadian Modern Language Review/La Revue canadienne des langues vivantes*, Vol. 39, No. 2, January 1983, p. 294-295.
2473. *SIVYER, Linda, «*Le Château des petits hommes verts. Une aventure de Volpek* », *The Canadian Modern Language Review/La Revue canadienne des langues vivantes*, Vol. 39, No. 2, January 1983, p. 296.
2474. *ÉMOND, Maurice, «*Oeuvres de chair. Récits érotiques* », *Québec français*, n⁰ 49, mars 1983, p. 5.
2475. *M[ICHAUD], R[obert], «*Kuanuten, vent d'est* », *Des livres et des jeunes*, vol. 5, n⁰ 14, printemps 1983, p. 35.
2476. LORD, Michel et Donald MCKENZIE, « Le Fantastique et la science-fiction dans les romans québécois pour la jeunesse », *Lurelu*, vol. 6, n⁰ 1, printemps-été 1983, p. 7.
2477. *[ANONYME], «*L'Herbe de tendresse* », *Québec Hebdo*, vol. 5, n⁰ 13, 25 avril 1983, p. [4].

2478. *MARCOTTE, Gilles, « Pour les grands espaces blancs mieux vaut Thériault que Clavel [*L'Herbe de tendresse*] », *L'Actualité,* vol. 8, n° 5, mai 1983, p. 80.

2479. POULIN, Jeanne, « Le Secteur littéraire en quête d'un marché populaire pour survivre », *P.S. Post-Scriptum,* vol. 4, n° 1, mai 1983, p. 36.

2480. *MARCOTTE, Gilles, « Pour les grands espaces blancs mieux vaut Thériault que Clavel [*L'Herbe de tendresse*] », *L'Actualité,* vol. 8, n° 7, juillet 1983, p. 80.

2481. *COSSETTE, Gilles, « La Langue de l'authenticité ? *L'Herbe de tendresse* », *Lettres québécoises,* n° 31, automne 1983, p. 30-31.

2482. LOUTHOOD, Louise et Michèle GÉLINAS, « Le Sexisme et les romans québécois pour les jeunes », *Lurelu,* vol. 6, n° 2, automne 1983, p. 7.

2483. *DALINGWATER, Margot, «*Kuanuten, vent d'est* : Thériault et l'appel du vent d'est », *Canadian Children's Literature,* No. 31-32, 1983, p. 97-98.

2484. PARÉ, François, « Éditorial. Hommage à Yves Thériault », *Canadian Children's Literature,* No. 31-32, 1983, p. 5-6.

2485. *ÉMOND, Maurice, «*L'Herbe de tendresse* », *Québec français,* n° 51, octobre 1983, p. 15.

2486. *[ANONYME], «*Oeuvres de chair — Valère et le grand canot* », *Écriture française dans le monde,* vol. 5, n° 3-4, novembre 1983, p. 133.

2487. [ANONYME], [Décès d'Yves Thériault], *Québec Hebdo,* vol. 5, n° 39, 7 novembre 1983, p. 4.

2488. ÉMOND, Maurice, « Hommage à Yves Thériault », *Québec français,* n° 52, décembre 1983, p. 21.

2489. *LA BOSSIÈRE, Camille R., « Aux anges [*Popok le petit Esquimau*] », *Canadian Literature/Littérature canadienne,* No. 99, Winter 1983, p. 126-127.

2490. [ANONYME], « Yves Thériault, 1915-1983 », *Lettres québécoises,* n° 32, hiver 1983-1984, p. 10.

TOUGAS, Francine

2491. *[ANONYME], «*L'Âge d'or* », *Dramaturgies nouvelles,* vol. 4, n° 2, janvier 1983, p. [2].

2492. *LEFEBVRE, Paul, «*Grandir* (en hommage à ma fille) », *Jeu,* n° 26, 1er trimestre 1983, p. 129.

2493. *[ANONYME], «*Grandir* (en hommage à ma fille) », *Dramaturgies nouvelles,* vol. 4, n° 4, mai 1983, p. [2].

TOUGAS, Gérard

2494. *ROY, Michèle, «*Destin littéraire du Québec* », *Nuit blanche,* n° 8, hiver 1983, p. 6.

2495. *L[ABINE], M[arcel], «*Destin littéraire du Québec* », *Spirale,* n° 32, mars 1983, p. 8.

2496. *VIGNEAULT, Robert, « Épices et aruspices. *Destin littéraire du Québec* », *Lettres québécoises,* n° 29, printemps 1983, p. 63-66.

2497. *MICHON, Jacques, « La Littérature selon Saint-Sulpice et Gérard Tougas. *Destin littéraire du Québec* », *Voix et images,* vol. 8, n° 3, printemps 1983, p. 512-513.

2498. *HAYNE, David M., [*Destin littéraire du Québec*], *University of Toronto Quarterly,* Vol. 52, No. 4, Summer 1983, p. 518-520.

2499. *B[EAUDOIN], R[éjean], « Le Retour d'une littérature annoncée [*Le Destin littéraire du Québec*] », *Liberté,* vol. 25, n° 4, août 1983, p. 94-99.

TOURANGEAU, Rémi

2500. *USMIANI, Renate, « Church & Stage [*L'Église et le théâtre au Québec*] », *Canadian Literature,* No. 96, Spring 1983, p. 139-141.

TREMBLAY, Marc-Adélard

2501. *GAGNON, Gabriel, [*L'Identité québécoise en péril*], *Anthropologie et sociétés*, vol. 7, n° 3, 1983, p. 173-174.

TREMBLAY, Marguerite

2502. *LAPRÉS, Raymond, «*Un beau règne*. Prix du quatrième concours littéraire du mensuel *Le Troisième Âge*», *Nos livres*, vol. 14, juillet-août 1983, p. 62-63.
2503. *VIDRICAIRE, André, «*Un beau règne*», *Nuit blanche*, n° 10, automne 1983, p. 12.
2504. *BOIVIN, Aurélien, «*Un beau règne*», *Québec français*, n° 52, décembre 1983, p. 9.

TREMBLAY, Michel

2505. *MARCOTTE, Gilles, « Une spectaculaire chronique du Plateau Mont-Royal [*La Duchesse et le roturier*] », *L'Actualité*, vol. 7 [sic], n° 1, janvier 1983, p. 57.
2506. KRYSINSKI, Wladimir, « Tchekhov, Tremblay et Brassard ou Comment changer la vie par le théâtre », *Avant-Première*, vol. 9, n° 3, janvier 1983, p. 10-11.
2507. *LYNCH, Michael, «*Michel Tremblay* [de Renate Usmiani] », *Canadian Drama/ L'Art dramatique canadien*, Vol. 9, No. 1, 1983, p. 197-199.
2508. LE BLANC, Alonzo, « Femmes en solo », *Revue d'histoire littéraire du Québec et du Canada français*, n° 5, hiver-printemps 1983, p. 92.
2509. MAILHOT, Laurent, « Prolégomènes à une histoire du théâtre québécois », *Revue d'histoire littéraire du Québec et du Canada français*, n° 5, hiver-printemps 1983, p. 13-21.
2510. *R[OOKE], C[onstance], «*The Fat Woman Next Door Is Pregnant* », *Malahat Review*, No. 64, February 1983, p. 220-221.
2511. *[ANONYME], [*La Duchesse et le roturier*], *L'Écrilu*, vol. 2, n° 5, mars 1983, p. 5.
2512. [ANONYME], « Michel Tremblay. Traduction », *L'Envers du décor*, vol. 15, n° 5, mars 1983, [s.p.].
2513. *HAYWARD, Annette, «*La Duchesse et le roturier* », *Québec français*, n° 49, mars 1983, p. 4-5.
2514. JANELLE, Claude, [*La Cité dans l'oeuf — Les Belles-Soeurs*], *Solaris*, vol. 9, n° 2, mars-avril 1983, p. 9.
2515. *POULIN, Gabrielle, « Le Désespoir créateur. *La Duchesse et le roturier* », *Lettres québécoises*, n° 29, printemps 1983, p. 19-21.
2516. [ANONYME], «*À toi, pour toujours, ta Marie-Lou* », *Avant-Première*, vol. 9, n° 4, avril 1983, p. 3.
2517. GABORIAU, Linda, « Michel Tremblay... derrière le rideau de dentelle », *Avant-Première*, vol. 9, n° 4, avril 1983, p. 4-5.
2518. GABORIAU, Linda, « Notre Marie-Lou... », *Avant-Première*, vol. 9, n° 4, avril 1983, p. 6-7.
2519. MONTMORENCY, André, « Tremblay et le réalisme éclaté », *Avant-Première*, vol. 9, n° 4, avril 1983, p. 5, 12.
2520. *BORKOWSKI, Andrew, « Monsieur Universe [*Michel Tremblay* de Renate Usmiani] », *Books in Canada*, Vol. 12, No. 4, April 1983, p. 16-17.
2521. L[APIERRE], R[ené], « Les Prix de la crise », *Liberté*, vol. 25, n° 2, avril 1983, p. 81.
2522. TREMBLAY, Michel, « Mes stars à moi... », *Ticket*, vol. 1, n° 2, avril-mai 1983, p. 67-69.
2523. MANGUEL, Alberto, [*La Duchesse et le roturier*], *Books in Canada*, Vol. 12, No. 5, May 1983, p. 8-9.
2524. *ALMÉRAS, Diane, « L'Écrivain et le roturier [*La Duchesse et le roturier*] », *Relations*, vol. 43, n° 491, juin 1983, p. 171-172.
2525. SHEK, Ben-Z[ion], « Bulwark to Battlefield : Religion in Quebec Literature », *Journal of Canadian Studies/Revue d'études canadiennes*, Vol. 18, No. 2, Summer 1983, p. 53.

2526. *DIONNE, André, « Le Théâtre qu'on joue : *À toi, pour toujours, ta Marie-Lou* », *Lettres québécoises*, n⁰ 30, été 1983, p. 34.

2527. MICHON, Jacques, [*La Duchesse et le roturier*], *University of Toronto Quarterly*, Vol. 52, No. 4, Summer 1983, p. 333-334.

2528. BERTIN, Raymond, [*Les Anciennes Odeurs*], *Jeu*, n⁰ 28, 3ᵉ trimestre 1983, p. 73.

2529. *MACDUFF, Pierre, «*À toi, pour toujours, ta Marie-Lou*. Entre l'incantation et le hiératisme : le tragique », *Jeu*, n⁰ 28, 3ᵉ trimestre 1983, p. 136-137.

2530. *BIVILLE, Claire R. et Natalie BOISSEAU, [*La Duchesse et le roturier*], *L'Écrilu*, vol. 3, n⁰ 1, août 1983, p. 10-11.

2531. O'CONNOR, John J., « Tremblay's Troupe [*Les Anciennes Odeurs*] », *Canadian Literature/Littérature canadienne*, No. 98, Autumn 1983, p. 79.

2532. O'CONNOR, John J., « Tremblay's Troupe [*Sainte-Carmen of the Main*] », *Canadian Literature/Littérature canadienne*, No. 98, Autumn 1983, p. 78-79.

2533. *O'CONNOR, John J., « Tremblay's Troupe [*Damnée Manon, sacrée Sandra*] », *Canadian Literature/Littérature canadienne*, No. 98, Autumn 1983, p. 78.

2534. *O'CONNOR, John J., « Tremblay's Troupe [*The Impromptu of Outremont*] », *Canadian Literature/Littérature canadienne*, No. 98, Autumn 1983, p. 77-78.

2535. *O'CONNOR, John J., « Tremblay's Troupe [*The Fat Woman Next Door Is Pregnant*] », *Canadian Literature/Littérature canadienne*, No. 98, Autumn 1983, p. 76-77.

2536. *PLANT, Richard, «*Michel Tremblay* [de Renate Usmiani] », *Canadian Literature/ Littérature canadienne*, No. 98, Autumn 1983, p. 75-76.

2537. TREMBLAY, Michel, « 'The Most Important Book in My Whole Life' », *Saturday Night*, Vol. 98, No. 11, November 1983, p. 70-71.

2538. *LÉ[PINE], S[téphane], « Du théâtre au cinéma [*À toi, pour toujours, ta Marie-Lou*] », *Virus-Viva*, vol. 6, n⁰ 9, novembre 1983, p. 8.

2539. GERMAIN, Georges-Hébert, « Un auteur qui a du souffle [*Albertine en cinq temps*] », *L'Actualité*, vol. 8, n⁰ 12, décembre 1983, p. 132.

2540. *MAILHOT, Laurent, « Le Rêve [*La Duchesse et le roturier*] », *Canadian Literature/ Littérature canadienne*, No. 99, Winter 1983, p. 130.

2541. *WHITFIELD, Agnès, « Renate Usmiani, *Michel Tremblay* », *Queen's Quarterly*, Vol. 90, No. 4, Winter 1983, p. 1156-1157.

TREMBLAY, Roger

2542. *STEUR, William, «*Visages du Québec*», *The Canadian Modern Language Review/ La Revue canadienne des langues vivantes*, Vol. 39, No. 4, May 1983, p. 908.

TRUDEL, Sylvie

2543. *MATTE, Louise, « Les Strip-Teaseuses, des femmes à raconter [*Strip*] », *Liaison*, n⁰ 26, mars-avril 1983, p. 31.

2544. *VALLÉE, Danièle, « 'Tu verras des rêves de femmes, des femmes de rêves...' [*Strip*] », *Liaison*, n⁰ 28, septembre 1983, p. 64.

2545. *LÉPINE, Stéphane, «*Strip* », *Nos livres*, vol. 14, octobre 1983, p. 15-16.

TURCOTTE, Élise

2546. *MARTIN, Raymond, «*Dans le delta de la nuit*», *Moebius*, n⁰ 16, hiver 1983, p. 68-69.

2547. *BOUCHARD, Christian, «*Estuaire* a reçu *Dans le delta de la nuit*», *Estuaire*, n⁰ 27, printemps 1983, p. 89.

2548. BAYARD, Caroline, [*Dans le delta de la nuit*], *University of Toronto Quarterly*, Vol. 52, No. 4, Summer 1983, p. 364-365.

2549. *DIONNE, André, «Dans le delta de la nuit», Nos livres, vol. 14, juillet-août 1983, p. 55-56.

2550. BEAUSOLEIL, Claude, « Le Prétexte égyptien [Dans le delta de la nuit] », La Nouvelle Barre du jour, n° 129, septembre 1983, p. 103-104.

TURENNE, Roger

2551. MOTUT, Roger, « L'État de la recherche et de la vie française dans l'Ouest canadien [Mon pays noir sur blanc] », Bulletin du Centre d'études franco-canadiennes de l'Ouest, n° 13, février 1983, p. 3.

TURGEON, Pierre

2552. *LEGIE, Stuart, «The First Person», Quill and Quire, Vol. 49, No. 1, January 1983, p. 30.

2553. *STUEWE, Paul, « In Translation [The First Person, traduction de David Lobdell] », Books in Canada, Vol. 12, No. 3, March 1983, p. 25-26.

2554. MEZEI, Kathy, [The First Person], University of Toronto Quarterly, Vol. 52, No. 4, Summer 1983, p. 391-392.

2555. *S[COBIE], S[tephen], «The First Person», Malahat Review, No. 65, July 1983, p. 139.

UGUAY, Marie

2556. *ALMÉRAS, Diane, « Urgence de sens [Autoportraits] », Relations, vol. 43, n° 487, janvier-février 1983, p. 35.

2557. *BROCHU, André, [Autoportraits], Voix et images, vol. 8, n° 3, printemps 1983, p. 506-507.

2558. *FERRETTI, Andrée, «Marie Uguay. La vie, la poésie. Entretiens par Jean Royer », Le Temps fou, n° 27, avril 1983, p. 66.

2559. B[ONENFANT], J[oseph], « Avant-Propos », Ellipse, n° 31, 1983, p. 4-6.

2560. FOURNIER, Danielle, « Urgent : Life and Marie Uguay », Ellipse, n° 31, 1983, p. 26-34.

2561. BAYARD, Caroline, [Autoportraits], University of Toronto Quarterly, Vol. 52, No. 4, Summer 1983, p. 365.

2562. *STANTON, Julie, « Poésie de l'âme et du quotidien [Autoportraits] », La Gazette des femmes, vol. 5, n° 3, septembre-octobre 1983, p. 4.

VADEBONCOEUR, Pierre

2563. TEBOUL, Victor, « Écrire et être Juif aujourd'hui au Québec », Jonathan, n° 10, février 1983, p. 2.

2564. *CHABOT, Marc, «Trois Essais sur l'insignifiance », Nuit blanche, n° 9, printemps-été 1983, p. 6.

2565. *GAGNON, Gabriel, « De l'insignifiance [Trois Essais sur l'insignifiance] », Possibles, vol. 7, n° 3, 1983, p. 165-166.

2566. *VACHER, Laurent-Michel, « Don Quichotte contre Mal moderne. Trois Essais sur l'insignifiance », Spirale, n° 33, avril 1983, p. 7.

2567. *DUMONT, Monique, «Trois Essais sur l'insignifiance », La Vie en rose, n° 11, mai 1983, p. 66.

2568. *MARCOTTE, Gilles, « Trois Essais sur le bon vieux temps [Trois Essais sur l'insignifiance] », L'Actualité, vol. 8, n° 5, mai 1983, p. 103-104.

2569. *MARCOTTE, Gilles, « Trois Essais sur le bon vieux temps [Trois Essais sur l'insignifiance] », L'Actualité, vol. 8, n° 6, juin 1983, p. 103-104.

2570. *PILON, Michel, «Trois Essais sur l'insignifiance », Nos livres, vol. 14, juillet-août 1983, p. 56-57.

2571. *L[APIERRE], R[ené], « L'Indifférente Lumière de l'indifférence [*Trois Essais sur l'insignifiance*] », *Liberté*, vol. 25, n° 4, août 1983, p. 89-93.

2572. *VIGNEAULT, Robert, « L'Essai, cette passion du sens. *Trois Essais sur l'insignifiance* », *Lettres québécoises*, n° 31, automne 1983, p. 65-67.

2573. ARBOUR, Rose-Marie, « Vadeboncoeur et le féminisme [*Trois Essais sur l'insignifiance*] », *Possibles*, vol. 8, n° 1, 1983, p. 181-189.

2574. *GADBOIS, Vital, « Lire Pierre Vadeboncoeur », *Québec français*, n° 51, octobre 1983, p. 26.

VAILLANCOURT, Lise

2575. *VAÏS, Michel, «*Ballade pour trois baleines* — Martha Jenkins », *Jeu*, n° 26, 1er trimestre 1983, p. 128.

2576. McMURRAY, Line, « Ballade pour des voix mises en pièces [*Ballade pour trois baleines* — *Martha Jenkins*] », *Spirale*, n° 31, février 1983, p. 10.

VAILLANCOURT, Marie-Claire

2577. [ANONYME], « Repères bio-bibliographiques », *La Nouvelle Barre du jour*, n° 122-123, février 1983, p. 228.

VAÏS, Michel

2578. *[ANONYME], «*L'Erreur* », *Dramaturgies nouvelles*, vol. 4, n° 2, janvier 1983, p. [2].

VALAIS, Gilles

2579. *LAFORTUNE, Aline, «*Les Deux Frères* », *Nos livres*, vol. 14, janvier 1983, p. 27-28.

VALLIÈRES, Michel

2580. TRUAX, Denise, « Moi ! Parler d'amour ? [Entrevue] », *Liaison*, n° 25, janvier-février 1983, p. 36-37.

VALLIÈRES, Pierre

2581. *CHABOT, Marc, «*Changer de société* », *Nuit blanche*, n° 8, hiver 1983, p. 6.

2582. *GUAY, Jacques, « Du Bloc populaire à Pierre Vallières. 40 Ans d'histoire et une société à changer [*Changer de société*] », *Nuit blanche*, n° 8, hiver 1983, p. 5.

2583. *CHARTIER, Monique, «*Nègres blancs d'Amérique* », *Nos livres*, vol. 14, avril 1983, p. 23-24.

VANASSE, André

2584. AMPRIMOZ, Alexandre L., « Folie et littérature dans *La Saga des Lagacé* d'André Vanasse », *Protée*, vol. 11, n° 1, printemps 1983, p. 97-101.

2585. *KRÖLLER, Eva-Marie, « Le Règne du scorpion [*La Saga des Lagacé*] », *Canadian Literature/Littérature canadienne*, No. 97, Summer 1983, p. 132-133.

VANHEE-NELSON, Louise

2586. *LAURIN, Michel, «*Archibaldo le dragon* », *Nos livres*, vol. 14, juillet-août 1983, p. 57.

2587. *HAMAN, Guylaine, [*Archibaldo le dragon*], *Lurelu*, vol. 6, n° 2, automne 1983, p. 11.

2588. *[ANONYME], «*Archibaldo le dragon* », *Châtelaine*, vol. 24, n° 12, décembre 1983, p. 20.

VANIER, Denis

2589. [ANONYME], « Repères bio-bibliographiques », *La Nouvelle Barre du jour*, n° 122-123, février 1983, p. 228-229.

VAN ROEY-ROUX, Françoise

2590. *LAMY, Suzanne, « Pas assez ou trop de méthode. *La Littérature intime du Québec* », *Spirale*, n° 36, septembre 1983, p. 4.
2591. *OUELLET, Réal, «*La Littérature intime du Québec* », *Lettres québécoises*, n° 32, hiver 1983-1984, p. 48-49.

VAN SCHENDEL, Michel

2592. *FILSON, Bruce K., [Prix du Gouverneur général 1981, *De l'oeil et de l'écoute*], *Poetry Canada Review*, Vol. 4, No. 3, Spring 1983, p. 13.

VEILLEUX, Alfred

2593. *BOUCHARD, Christian, «*Larry Stevens milliardaire et... saint* », *Lettres québécoises*, n° 30, été 1983, p. 83.
2594. *LAFORTUNE, Aline, «*Larry Stevens milliardaire et... saint* », *Nos livres*, vol. 14, juillet-août 1983, p. 58-59.

VEKEMAN, Gustave

2595. *D'ALFONSO, Antonio, «*Chants de ma solitude* », *Nos livres*, vol. 14, mars 1983, p. 36.

VEKEMAN, Lise

2596. *D'ALFONSO, Antonio, «*Comme marge entamée* », *Nos livres*, vol. 14, octobre 1983, p. 43.

VÉZINA, France

2597. *BOURASSA, André, [*L'Androgyne*], *Lettres québécoises*, n° 30, été 1983, p. 30.
2598. *LÉPINE, Stéphane, «*L'Androgyne* », *Nos livres*, vol. 14, juillet-août 1983, p. 59-60.

VIGNEAULT, Gilles

2599. [ANONYME], « Remise des prix du Québec 1983 [Prix Denise-Pelletier] », *Québec Hebdo*, vol. 5, n° 38, 24 octobre 1983, p. 4.
2600. *[ANONYME], «*La Petite Heure* », *Écriture française dans le monde*, vol. 5, n° 3-4, novembre 1983, p. 134.
2601. LACERTE, Pierre, « Les Mots agiles... », *Au masculin*, vol. 1, n° 6, décembre 1983-janvier 1984, p. 6-9.
2602. *TURCOTTE, Susy, «*Comptine pour endormir l'enfant qui ne veut rien savoir* », *Nuit blanche*, n° 11, décembre 1983, p. 19.
2603. PARADIS, Andrée, « Les Six Prix du Québec [Prix Denise-Pelletier] », *Vie des arts*, vol. 28, n° 113, décembre 1983-janvier-février 1984, p. 21.
2604. [ANONYME], [Prix Denise-Pelletier], *Lettres québécoises*, n° 32, hiver 1983-1984, p. 9.

VIGNEAULT-PROVENCHER, Gertrude

2605. *[ANONYME], [*Des rêves à dire...*], *L'Écrilu*, vol. 2, n° 4, janvier 1983, p. 3.

2606. *Boudreau, Nicole, [*Des rêves à dire...*], *L'Écrilu*, vol. 3, n⁰ 1, août 1983, p. 5.

VILLEMAIRE, Yolande

2607. *Stanton, Julie, «*Ange amazone*», *La Gazette des femmes*, vol. 4, n⁰ 6, janvier-février 1983, p. 4.
2608. *Martin, Raymond, «*Ange amazone*», *Moebius*, n⁰ 16, hiver 1983, p. 68.
2609. [Anonyme], « Repères bio-bibliographiques », *La Nouvelle Barre du jour*, n⁰ 122-123, février 1983, p. 229.
2610. *Letarte, Genesse, [*Ange amazone*], *Le Temps fou*, n⁰ 25, février 1983, p. 60.
2611. *Bouchard, Christian, «*Estuaire* a reçu *Adrénaline* », *Estuaire*, n⁰ 27, printemps 1983, p. 89.
2612. *Bayard, Caroline, « Yolande Villemaire ou le Rire de la désopilance surcodée [*Adrénaline*] », *Lettres québécoises*, n⁰ 29, printemps 1983, p. 44.
2613. *Brochu, André, [*Du côté hiéroglyphe de ce qu'on appelle le réel*], *Voix et images*, vol. 8, n⁰ 3, printemps 1983, p. 506.
2614. L[apierre], R[ené], « Les Prix de la crise », *Liberté*, vol. 25, n⁰ 2, avril 1983, p. 81.
2615. *M[élançon], R[obert], « Du même auteur [*Du côté hiéroglyphe de ce qu'on appelle le réel — Ange amazone — Adrénaline*] », *Liberté*, vol. 25, n⁰ 2, avril 1983, p. 117-119.
2616. *Corriveau, Hugues, « Pulsion urgente. *Adrénaline* », *Spirale*, n⁰ 33, avril 1983, p. 4, 2.
2617. Villemaire, Yolande, « Rrose Sélavy », *La Vie en rose*, n⁰ 11, mai 1983, p. 57.
2618. Bayard, Caroline, [*Adrénaline*], *University of Toronto Quarterly*, Vol. 52, No. 4, Summer 1983, p. 359-360.
2619. [Anonyme], « Bio-Bibliographie », *Arcade*, n⁰ 4-5, septembre 1983, p. 141-142.
2620. Beausoleil, Claude, « Le Prétexte égyptien [*Du côté hiéroglyphe de ce qu'on appelle le réel*] », *La Nouvelle Barre du jour*, n⁰ 129, septembre 1983, p. 105-107.
2621. Chevrier, Chantal, « Écrire, une bande dessinée co(s)mique. Un entretien avec Yolande Villemaire », *Virus-Viva*, vol. 6, n⁰ 8, octobre 1983, p. 18-21.
2622. Chassay, Jean-François, [*La Vie en prose*], *Études françaises*, vol. 19, n⁰ 3, hiver 1983, p. 93-103.

VILLENEUVE, Jocelyne

2623. *[Anonyme], «*Nanna Bijou, le géant endormi* », *Écriture française dans le monde*, vol. 5, n⁰ 3-4, novembre 1983, p. 134.

VONARBURG, Élisabeth

2624. Beaulieu, René, « SF, mythes et métamorphoses [Entrevue] », *Nuit blanche*, n⁰ 9, printemps-été 1983, p. 68-71.
2625. [Anonyme], « Bio-Bibliographie », *Arcade*, n⁰ 4-5, septembre 1983, p. 142.
2626. *Bélil, Michel, [*Le Silence de la Cité*], *Pour ta belle gueule d'ahuri*, vol. 3, n⁰ 2, 1983, p. 20-22.

WALLOT, Hubert

2627. *Viswanathan, Jacqueline, « La Langue poétique [*Intermèdes, poésie et prose*] », *Canadian Literature/Littérature canadienne*, No. 98, Autumn 1983, p. 108-109.

WARNANT-CÔTÉ, Marie-Andrée

2628. *C[hampagne]-B[oulais], D[anielle], «*Des dieux et des hommes* », *Des livres et des jeunes*, vol. 5, n⁰ 15, été 1983, p. 45.

WILSON, Serge

2629. *CHARTIER, Monique, «*Fend-le-vent et le sabre de Takayama*», *Nos livres*, vol. 14, mai-juin 1983, p. 34-35.
2630. *DEMERS, Dominique, «*Fend-le-vent et le sabre de Takayama*», *Châtelaine*, vol. 24, n° 6, juin 1983, p. 87.
2631. *LORD, Michel, [*Fend-le-vent et le sable de Takayama*], *Lurelu*, vol. 6, n° 2, automne 1983, p. 13.
2632. LOUTHOOD, Louise et Michèle GÉLINAS, « Le Sexisme et les romans québécois pour les jeunes », *Lurelu*, vol. 6, n° 2, automne 1983, p. 5-6, 7.

YERGEAU, Robert

2633. *BROCHU, André, [*L'Oralité de l'émeute*], *Voix et images*, vol. 8, n° 2, hiver 1983, p. 365-366.
2634. *BROCHU, André, [*Déchirure de l'ombre*], *Voix et images*, vol. 8, n° 2, hiver 1983, p. 366-367.
2635. *MARQUIS, André, « Lecture de *Déchirure de l'ombre* », *Grimoire*, vol. 6, n° 4, avril 1983, p. 6-7.
2636. *BOURAOUI, Hédi, «*Déchirure de l'ombre*», *Poetry Canada Review*, Vol. 4, No. 4, Summer 1983, p. 12.

YON, Armand

2637. SYLVAIN, Philippe, « L'Abbé Armand Yon (1895-1981) », *Les Cahiers des Dix*, n° 43, 1983, p. 15-18.

YVON, Josée

2638. *TRÉPANIER, Marie-Claude, «*Danseuses-Mamelouk*», *Nuit blanche*, n° 8, hiver 1983, p. 16.
2639. [ANONYME], « Repères bio-bibliographiques », *La Nouvelle Barre du jour*, n° 122-123, février 1983, p. 229.
2640. CADORET, Diane, [*Danseuses-Mamelouk*], *Le Temps fou*, n° 25, février 1983, p. 60-61.
2641. *SALESSE, Michèle, «*Danseuses-Mamelouk*», *Lettres québécoises*, n° 29, printemps 1983, p. 73.
2642. *LEWIS, Jocelyne, «*Danseuses-Mamelouk*», *Nos livres*, vol. 14, avril 1983, p. 51-52.
2643. *CORRIVEAU, Hugues, « Pulsion urgente. *Danseuses-Mamelouk* », *Spirale*, n° 33, avril 1983, p. 4, 2.
2644. BAYARD, Caroline, [*Danseuses-Mamelouk*], *University of Toronto Quarterly*, Vol. 52, No. 4, Summer 1983, p. 367-368.
2645. *BROCHU, André, [*Danseuses — Mamelouk*], *Voix et images*, vol. 9, n° 1, automne 1983, p. 142-143.

4. INDEX DES AUTEURS D'ARTICLES

A

A., C., 754.
ABLAMOWICZ, Aleksander, 21.
ABLEY, Mark, 1627, 2095, 2313, 2345.
AGUIAR, Flavio, 606, 1413, 2044, 2098.
ALAINGO, 355, 465, 1417.
ALLARD, Diane, 1967.
ALLARD, Jacques, 694.
ALLEN, Patrick, 1283, 1839, 1840.
ALMÉRAS, Diane, 995, 1010, 1046, 1104, 1168, 1198, 1215, 1223, 1581, 1848, 2524, 2556.
ALONZO, Anne-Marie, 1271, 1920, 2288.
AMPRIMOZ, Alexandre L., 16, 106, 331, 854, 1051, 1080, 1434, 1673, 1716, 2117, 2146, 2355, 2370, 2584.
ANAOUÏL, Louise, 216, 217, 1573.
ANDERSEN, Marguerite, 334, 661, 982, 2451.
ANDRÉ, Marion, 240.
ANDRÈS, Bernard, 410, 438, 670, 725, 910, 1468, 1475, 1932, 2092, 2135, 2261, 2271.
ANGERS, François-Albert, 607.
ANONYME, 32, 34, 39, 40, 41, 42, 43, 44, 45, 46, 50, 51, 52, 53, 56, 58, 59, 60, 61, 62, 65, 66, 68, 69, 70, 73, 76, 77, 78, 79, 80, 81, 82, 83, 88, 114, 115, 138, 149, 170, 189, 190, 218, 226, 227, 230, 231, 234, 242, 243, 254, 255, 256, 261, 272, 353, 362, 381, 382, 388, 389, 412, 413, 414, 415, 416, 434, 435, 437, 470, 471, 548, 549, 560, 566, 568, 623, 624, 663, 669, 671, 689, 693, 695, 696, 715, 720, 723, 736, 738, 759, 760, 763, 777, 779, 782, 796, 798, 824, 825, 826, 835, 840, 846, 853, 855, 856, 857, 862, 866, 877, 881, 891, 895, 902, 903, 908, 928, 930, 934, 939, 952, 963, 965, 966, 984, 991, 1003, 1005, 1015, 1022, 1027, 1029, 1039, 1061, 1081, 1082, 1083, 1087, 1089, 1096, 1099, 1101, 1117, 1126, 1127, 1128, 1146, 1167, 1169, 1173, 1174, 1187, 1193, 1205, 1218, 1219, 1227, 1228, 1229, 1230, 1235, 1244, 1246, 1247, 1268, 1276, 1288, 1295, 1304, 1320, 1328, 1338, 1348, 1353, 1354, 1355, 1356, 1357, 1359, 1361, 1370, 1371, 1373, 1380, 1381, 1399, 1402, 1411, 1414, 1416, 1431, 1439, 1453, 1454, 1458, 1465, 1478, 1493, 1497, 1509, 1510, 1514, 1515, 1518, 1525, 1536, 1592, 1605, 1612, 1632, 1633, 1637, 1654, 1677, 1678, 1684, 1687, 1694, 1698, 1702, 1705, 1707, 1708, 1717, 1725, 1750, 1762, 1767, 1769, 1775, 1790, 1794, 1797, 1803, 1810, 1830, 1831, 1832, 1838, 1851, 1855, 1861, 1865, 1876, 1881, 1883, 1884, 1885, 1913, 1916, 1919, 1922, 1950, 1974, 1989, 1991, 1994, 2004, 2007, 2025, 2045, 2050, 2051, 2055, 2074, 2094, 2096, 2097, 2110, 2118, 2133, 2149, 2154, 2167, 2180, 2181, 2183, 2195, 2208, 2212, 2225, 2231, 2238, 2256, 2289, 2290, 2291, 2297, 2301, 2310, 2312, 2317, 2318, 2324, 2325, 2326, 2357, 2364, 2366, 2375, 2377, 2388, 2390, 2393, 2394, 2396, 2409, 2437, 2453, 2457, 2477, 2486, 2487, 2490, 2491, 2493, 2511, 2512, 2516, 2577, 2578, 2588, 2589, 2599, 2600, 2604, 2605, 2609, 2619, 2623, 2625, 2639.
ARBOUR, Rose-Marie, 2573.
ARGUIN, Maurice, 1870.
ARSENAULT, Patrick, 705.
AUBIN, Jacqueline, 878, 2145.
AUBIN, Pierre, 986.
AUBRY, Suzanne, 460.
AUDETTE, Michèle, 1815.
AUDIFFREN, Nicole, 98.
AUTRES, 241.

B

B., J., 1724, 1971.
BABY, François, 103.
BAILLIE, Robert, 122.
BALCAEN, Hubert L., 147.
BARBOUR, Doug, 806, 1894.
BARKER, Terry, 1706.
BARRETT, Caroline, 948, 1793, 2223.
BARTLETT, Donald R., 1086.
BASKERVILLE, Fran, 85.
BASZCZYNSKI, Marilyn, 422, 423, 879, 1800, 1804, 1805, 2157, 2165.
BAUDON, Pierre, 107.
BAYARD, Caroline, 318, 804, 810, 1050, 1059, 1068, 1133, 1208, 1274, 1307, 1376, 1407, 1923, 1977, 1985, 2152, 2179, 2464, 2548, 2561, 2612, 2618, 2644.
BEAUDIN, René, 1727.
BEAUDOIN, Léo, 783, 784, 1812.
BEAUDOIN, Réjean, 269, 571, 2072, 2499.
BEAULIEU, Ivanhoé, 35, 36.
BEAULIEU, Janick, 2344.
BEAULIEU, Michel, 322.
BEAULIEU, René, 647, 2624.
BEAULNE, Guy, 363, 1330, 1331.

M

Liste des revues dépouillées (1983)

A

Acadiensis (Fredericton)
L'Action nationale (Montréal)
L'Actualité (Montréal)
The Alchemist (Lasalle, Qué.)
Amphora (Richmond, B.C.)
Anthropologie et sociétés (Québec)
The Antigonish Review (Antigonish, N.S.)
L'Apropos (Aylmer, Qué.)
Arcade (Montréal)
Archivaria (Ottawa)
Archives (Québec)
L'Archiviste/The Archivist (Ottawa)
Ariel (Calgary)
Artmagazine (Toronto)
Association for Canadian Theatre History/Association d'histoire du théâtre au Canada (Willowdale, Ont.)
Asticou (Hull)
The Atlantic Advocate (Fredericton)
Atlantis (Wolfville, N.S.)
Au masculin (Montréal)
Avant-Première (Ottawa)
L'Axe (Rimouski)

B

BC Studies (Vancouver)
The Beaver (Winnipeg)
Books in Canada (Toronto)
Brick (London, Ont.)
Bulletin de l'ACLA/Bulletin of the CAAL (Montréal)
Bulletin de l'EDAQ (Montréal)
Bulletin de la Société de philosophie du Québec (Trois-Rivières)
Le Bulletin des agriculteurs (Montréal)
Bulletin du Centre d'études franco-canadiennes de l'Ouest (Saint-Boniface)
Bulletin du Centre de recherche en civilisation canadienne-française (Ottawa)
Bulletin du Cercle juif (Montréal)
Bulletin of Canadian Studies (London, Angleterre)

C

Les Cahiers d'arts et lettres du Québec (Montréal)
Cahiers d'histoire (Montréal)
Les Cahiers d'histoire de l'Université Laval (Québec)
Les Cahiers d'histoire de la Société d'histoire de Beloeil-Mont-Saint-Hilaire (Beloeil)
Cahiers d'histoire de la Société d'histoire de Québec (Québec)
Cahiers d'histoire des pays d'en haut (Saint-Sauveur-des-Monts)
Les Cahiers de Cap-Rouge (Cap-Rouge)
Cahiers de géographie du Québec (Québec)
Les Cahiers de la Société historique acadienne (Moncton)
Cahiers des arts visuels du Québec (Montréal)
Les Cahiers des Dix (Montréal)
Les Cahiers du psychologue québécois (Montréal)
Les Cahiers du socialisme (Montréal)
Les Cahiers nicolétains (Nicolet)
Caledonian (Prince George, B.C.)
Canadian Author and Bookman (Niagara-on-the-lake)
Canadian Children's Literature (Guelph, Ont.)
Canadian Dimension (Winnipeg)
Canadian Drama/L'Art dramatique canadien (Waterloo, Ont.)
Canadian Ethnic Studies/Études ethniques au Canada (Calgary)
Canadian Fiction Magazine (Vancouver)
The Canadian Forum (Toronto)
The Canadian Geographer/Le Géographe canadien (Toronto)
Canadian Heritage (Toronto)
The Canadian Historical Review (Toronto)
The Canadian Journal of Linguistics/La Revue canadienne de linguistique (Toronto)
Canadian Journal of Philosophy (Edmonton)
Canadian Journal of Political Science/Revue canadienne de science politique (Waterloo, Ont.)
The Canadian Journal of Sociology/Cahiers canadiens de sociologie (Toronto)

Canadian Library Journal (Brampton, Ont.)

The Canadian Literary Review/La Revue littéraire canadienne (Scarborough, Ont.)

Canadian Literature (Vancouver)

The Canadian Modern Language Review/ La Revue canadienne des langues vivantes (Welland, Ont.)

Canadian Notes and Queries/Questions et réponses canadiennes (Kingston, Ont.)

Canadian Oral History Association/ Société canadienne d'histoire orale. Journal (Ottawa)

Canadian Poetry (London, Ont.)

Canadian Printer and Publisher (Toronto)

Canadian Review of Comparative Literature/Revue canadienne de littérature comparée (Edmonton)

The Canadian Review of Sociology and Anthropology/La Revue canadienne de sociologie et d'anthropologie (Montréal)

Canadian Theatre Review (Downsview, Ont.)

Canadian Woman Studies/Les Cahiers de la femme (Scarborough, Ont.)

Capilano Review (Vancouver)

Carrefour (Ottawa)

Châtelaine (Montréal)

Clin d'oeil (Ville Mont-Royal)

Communauté chrétienne (Montréal)

Communication information (Sainte-Foy, Qué.)

Comparative Literature in Canada/Littérature comparée au Canada (Edmonton)

Le Compositeur canadien/The Canadian Composer (Toronto)

Considérations (Montréal)

Contact-Acadie (Moncton)

Copie-Zéro (Montréal)

Corpus (Ottawa)

Critère (Montréal)

Cross Canada Writer's Quarterly (Toronto)

Culture & Tradition (Québec)

CVII : Contemporary Verse Two (Winnipeg)

D

Dalhousie Review (Halifax)

Dandelion (Calgary)

Dérives (Montréal)

Des livres et des jeunes (Sherbrooke)

Descant (Toronto)

Di'al-og (Toronto)

Dialogue (Ottawa)

Dires (Montréal)

Documentations et bibliothèques (Montréal)

Dramaturgies nouvelles (Montréal)

Dreamweaver (Toronto)

Dreamweaver Magazine (Toronto)

E

L'Écrilu (Montréal)

L'Écritoire (Montréal)

Écrits du Canada français (Montréal)

Écriture française dans le monde (Sherbrooke)

Égalité (Moncton)

L'Église canadienne (Montréal)

Ellipse (Sherbrooke)

Éloïzes (Moncton)

Entre nous (Ottawa)

L'Envers du décor (Montréal)

Essays on Canadian Writing (Downsview, Ont.)

Estuaire (Québec)

Ethos (Toronto)

Études françaises (Montréal)

Études Inuit Studies (Québec)

Études littéraires (Québec)

Event (New Westminster, B.C.)

F

The Fiddlehead (Fredericton)

Fireweed (Toronto)

First Encounter (Sackville)

Forces (Montréal)

Fuse (Toronto)

G

Gaspésie (Gaspé)
La Gazette des femmes (Québec)
Géographie physique et quaternaire (Montréal)
Grain (Saskatoon)
Grimoire (Saint-Élie d'Orford)

H

Les Herbes rouges (Montréal)
L'Histoire au pays de Matane (Matane)
Histoire sociale/Social History (Ottawa)
Historical Reflections/Réflexions historiques (Waterloo, Ont.)
Hom-Info (Montréal)
Humanist in Canada (Victoria, B.C.)

I

Imagine (Montréal)
Impulse (Toronto)
Intervention (Québec)

J

Jeu (Montréal)
Jonathan (Montréal)
Journal of Canadian Art History/Annales de l'histoire de l'art canadien (Montréal)
Journal of Canadian Studies/Revue d'études canadiennes (Peterborough, Ont.)
Journal of Commonwealth Literature (London, Angleterre)

L

Langue et société/Language and Society (Ottawa)
Langues et linguistique (Québec)
Laurentian University Review/Revue de l'Université Laurentienne (Sudbury)
Lettres québécoises (Montréal)
Lèvres urbaines (Montréal)
Liaison (Ottawa)
Liberté (Montréal)
Littérature du Québec (Montréal)
Lurelu (Montréal)

M

Maclean's (Toronto)
Malahat Review (Victoria, B.C.)
Material History Bulletin/Bulletin d'histoire de la culture matérielle (Ottawa)
Matrix (Lennoxville)
Le Médecin du Québec (Montréal)
Medium (Montréal)
Méta (Montréal)
Moebius (Montréal)
Moosehead Review (Québec)
Mosaic (Winnipeg)
Multiculturalism (Toronto)

N

Neuve-France (Québec)
Newest Review (Edmonton)
The New Quarterly (Waterloo, Ont.)
Northern Light (Winnipeg)
Northward Journal (Moonbeam, Ont.)
Nos livres (Montréal)
La Nouvelle Barre du jour (Montréal)
Nouvelles de l'ASTED (Montréal)

O

Ontario Geography (Waterloo, Ont.)
Ontario History (Toronto)
The Ontario Review (Windsor)
Open Letter (Toronto)

P

Pacific Northwest Quarterly (Seattle)
Parachute (Montréal)
Parallelogramme (Montréal)
Passages (Sherbrooke)
Perception (Ottawa)
Performing Arts in Canada (Toronto)
Le Petit Berdache (Montréal)
La Petite Revue de philosophie (Longueuil)
Phi-Zéro (Montréal)
Philocritique (Montréal)
Philosophiques (Montréal)
Philosophy of the Social Sciences (Waterloo, Ont.)
Poetry Canada Review (Toronto)
Polyphony (Toronto)
Possibles (Montréal)

The Pottersfield Portfolio (Dartmouth, N.S.)
Pour ta belle gueule d'ahuri (Québec)
Prairie Fire (Winnipeg)
Pratiques théâtrales (Montréal)
Prism International (Vancouver)
Proceedings of the Royal Society of Canada/Délibérations de la Société royale du Canada (Ottawa)
Prospectives (Montréal)
Protée (Chicoutimi)

Q

Quarry (Kingston)
Québec français (Québec)
Québec Hebdo (Québec)
Queen's Quarterly (Kingston)
Questions de culture (Québec)
Quill and Quire (Toronto)

R

Racar (Ottawa)
Raincoast Chronicles (Madeira Park, B.C.)
Rampike (Toronto)
Recherches amérindiennes au Québec (Québec)
Recherches sémiotiques/Semiotic Inquiry (Edmonton)
Recherches sociographiques (Québec)
Reflets (Pierrefonds)
Relations (Montréal)
Réseau (Montréal)
Résistances (Jonquière)
La Revue (Montréal)
La Revue canadienne du droit d'auteur (Montréal)
Revue d'histoire de l'Amérique française (Montréal)
Revue d'histoire du Bas Saint-Laurent (Rimouski)
Revue d'histoire littéraire du Québec et du Canada français (Ottawa)
Revue de l'ACELF (Québec)
Revue de l'Université d'Ottawa (Ottawa)
Revue de l'Université de Moncton (Moncton)
Revue de l'Université Sainte-Anne (Church Point, N.S.)

Revue des sciences de l'éducation (Montréal)
Revue du Nouvel Ontario (Sudbury)
Revue Frontenac Review
Revue québécoise de linguistique (Sillery, Qué.)
Revue québécoise de psychologie (Montréal)
Room of One's Own (Vancouver)

S

Le Sabord (Chicoutimi)
Saguenayensia (Chicoutimi)
Saturday Night (Toronto)
Scholarly Publishing (Toronto)
Séquences (Montréal)
Si que (Moncton)
Société royale du Canada. Présentation (Ottawa)
Sociologie et sociétés (Montréal)
Solaris (Longueuil)
Spirale (Montréal)
The Squatchberry Journal (Geraldton, Ont.)
Studies in Canadian Literature (Fredericton)
Studies in Religion/Sciences religieuses (Toronto)
Sub-Stance (Madison, Wisconsin, USA)

T

Le Temps fou (Montréal)
Theatre History in Canada/Histoire du théâtre au Canada (Kingston)
This Magazine (Toronto)
Ticket (Montréal)
Transactions of the Royal Society of Canada/Mémoires de la Société royale du Canada (Ottawa
Le 30 (Montréal)
True North/Down Under (Lantzville, B.C.)

U

L'Union médicale du Canada (Montréal)
University of Toronto Quarterly (Toronto)
University of Windsor Review (Windsor)
Urgences (Rimouski)

V

Vidéo-Presse (Montréal)
Vie des arts (Québec)
La Vie en rose (Montréal)
Vie française (Québec)
Vie pédagogique (Montréal)
24 Images (Longueil)
Virus-Viva
Voix et images (Montréal)

W

Wascana Review (Regina)
Waves (Toronto)
West Coast Review (Vancouver)
Word Loom (Winnipeg)
Writ (Toronto)

Liste des revues qui ont cessé de paraître en 1982 ou qui n'ont pas paru en 1983 :

Acte I (Montréal)
Arts Canada (Toronto)
L'Atulu (Québec)
L'Avenir (Saint-Jérôme)
Les Cahiers du CRSR (Québec)
Exile (Downsview, Ont.)
Féminin pluriel (Montréal)
Gnosis (Montréal)
Humanities Association of Canada Newsletter/Bulletin de l'Association canadienne des humanités (Sackville)
Incidences (Ottawa)
Livres et auteurs québécois (Québec)

Nebula (North Bay)
Offensives (Montréal)
Papers of the Bibliographical Society of Canada (Toronto)
Le Pays théâtral (Montréal)
Prélude (Ottawa)
Présence francophone (Sherbrooke)
Prétexte (Montréal)
Sphinx (Regina)
The Tamarack Review (Toronto)
Le Témiscouata (Cabano)
La Vie médicale au Canada français (Québec)

7. RENSEIGNEMENTS DIVERS

LE « CORPUS D'ÉDITIONS CRITIQUES »

Le projet « Corpus d'éditions critiques », mis en chantier en septembre 1981 et qui consiste dans l'édition d'un ensemble de textes des littératures canadienne-française et québécoise, est une entreprise de longue durée qui s'échelonnera en plusieurs phases : c'est, en quelque sorte, un corpus en devenir.

La première phase, dont la réalisation est en cours, comporte l'édition critique de dix-huit textes (dont quatre comprennent les œuvres complètes d'un auteur) choisis d'après leur valeur particulière, la facilité d'accès à la documentation, la compétence et la disponibilité des chercheurs.

Selon les impératifs mêmes d'un travail d'édition critique, les premières années ont été consacrées, dans chaque projet particulier, à la recherche et à l'analyse de la documentation, à l'établissement et à l'annotation du texte. Travail obscur, lent, minutieux, comme l'exige tout fondement d'ouvrage, mais qui, en revanche, a donné lieu à de très intéressantes découvertes (manuscrits d'œuvres, inédits, correspondances, documents) que les chercheurs eux-mêmes dévoileront lors de leur publication.

On commencera bientôt la publication des textes aux Presses de l'Université de Montréal dans la collection « Bibliothèque du Nouveau Monde », dirigée par Roméo Arbour, Laurent Mailhot et Jean-Louis Major.

Pour la fin de 1985, on annonce les *Relations* de Jacques Cartier, dont ce sera la première édition critique en langue française, établie d'après les manuscrits par Michel Bideaux (Montpellier), avec la collaboration de François Larocque (Montpellier) pour la traduction de Hakluyt, de Pierre Morisset (biologie, Laval) et de Christian Morissonneau (géographie, UQAM); le premier volume des *Chroniques* d'Arthur Buies, avec le relevé des variantes ainsi que le texte des chroniques non recueillies par l'auteur lors des éditions antérieures (édition préparée par Francis Parmentier, UQTR); *la Scouine* d'Albert Laberge, avec les variantes provenant des jeux d'épreuves corrigées par l'auteur (édition préparée par Paul Wyczynski, Ottawa); le premier volume des *Écrits* de Paul-Émile Borduas, qui présente les textes théoriques, publiés ou restés inédits, et relève les multiples corrections effectuées par l'auteur (édition préparée par André-G. Bourassa et Jean Fisette, UQAM).

Au cours de 1986 et au début de 1987, paraîtront, entre autres, les *Œuvres littéraires* de Joseph Lenoir (John Hare et Jeanne d'Arc Lortie, Ottawa); *la Chasse-Galerie* d'Honoré Beaugrand (François Ricard, McGill); *Un homme et son péché* de Claude-Henri Grignon (Antoine Sirois, Sherbrooke); *À l'ombre de l'Orford* d'Alfred Desrochers (Richard Giguère, Sherbrooke) ainsi qu'un premier volume des *Œuvres* d'Alain Grandbois, *Visage du Monde* (Jean-Cléo Godin, Montréal). Chaque édition présentera un nouvel établissement des textes (dont certains accompagnés de nombreux inédits) et un vaste appareil critique qui éclaire les textes et leur genèse. La publication se poursuivra au rythme de quatre ou cinq volumes par année jusqu'en 1990.

Le Comité de rédaction

Achevé d'imprimer
en octobre
mil neuf cent quatre-vingt-cinq
sur les presses des
Ateliers graphiques Marc Veilleux
à Cap-Saint-Ignace (Québec)